Wissenschaftliche Beiträge
aus dem Tectum Verlag

Reihe Rechtswissenschaften

WISSENSCHAFTLICHE BEITRÄGE
AUS DEM TECTUM VERLAG

Reihe Rechtswissenschaften

Band 32

Klaus Schaefer

Der Prozess gegen Otto John

Zugleich ein Beitrag zur Justizgeschichte der frühen Bundesrepublik Deutschland

Tectum Verlag

Klaus Schaefer

Der Prozess gegen Otto John.
Zugleich ein Beitrag zur Justizgeschichte der frühen Bundesrepublik Deutschland

Wissenschaftliche Beiträge aus dem Tectum Verlag:
Reihe: Rechtswissenschaften; Bd. 32

Zugl.: Frankfurt am Main, Univ. Diss. 2009

ISBN: 978-3-8288-2086-9

ISSN: 1861-7875

D 30.

Umschlagabbildung: Presse- und Informationsamt der Bundesregierung. Konrad Adenauer und Otto John im Palais Schaumburg anläßlich des 78. Geburtstags des Bundeskanzlers am 05.01.1954

Besuchen Sie uns im Internet
www.tectum-verlag.de

Bibliografische Informationen der Deutschen Bibliothek
Die Deutsche Bibliothek verzeichnet diese Publikation in der Deutschen Nationalbibliografie; detaillierte bibliografische Angaben sind im Internet über http://dnb.ddb.de abrufbar.

Inhalt

Vorwort

Die vorliegende Arbeit hätte nicht ohne zahlreiche Helfer gelingen können, die mir - dem am Beginn schon über 82 Jahre alten Jurastudenten - im Laufe der mehr als vier Jahre langen Bearbeitungszeit mit Rat und Dokumenten zur Seite gestanden haben. Es ist unmöglich, alle Namen zu nennen, so daß ich mich hiermit zunächst bei allen pauschal herzlich bedanken möchte. Manche werden sich in der Arbeit zitiert wiederfinden

Die von Einzelnen geleistete Hilfe war aber so außergewöhnlich, daß ich diesen hier meinen Dank in chronologischer Reihenfolge abstatten will. Ich begann meine Recherchen Mitte 2003 mit einem Brief an die letzte mir bekannte Anschrift von Dr. Otto John: Hohenburg in Igls in Tirol. Tatsächlich meldete sich Frau Brigitte Magis, die Eigentümerin der Hohenburg, sofort telephonisch und gab mir den entscheidenden Hinweis auf Johns Testamentsvollstrecker Rechtsanwalt Dr. Hansjörg Schweinester in Innsbruck. Vier Jahre später entdeckte Frau Magis noch wertvolle Akten auf dem Speicher ihres Hauses.

Herr Dr. Schweinester verwies mich an die noch in England lebende Stieftochter und Alleinerbin von Otto John, Gisela Stone, deren Einwilligung er benötige, bevor er Auskünfte erteilen könne. Mrs. Stone erteilte nicht nur die Einwilligung sofort, sondern gab auch den im Imperial War Museum (IWM) in London lagernden Nachlaß Johns zur Einsicht durch mich frei. Herr Dr. Schweinester war dann sehr hilfreich mit Akteneinsicht und Auskünften und verwies mich an Dr. Gerhard Jungfer in Berlin, der als Strafverteidiger das letzte Wiederaufnahmeverfahren für John geführt hatte. Die Rechtsanwälte Dr. Jungfer und vor allem sein damaliger Mitarbeiter Dr. Dirk Lammer standen mit Überlassung von Kopien von wichtigen Vorgängen und Informationen zur Verfügung.

Dr. Schweinester war es auch, der mich an Walter Bonhoeffer verwies, der meine Arbeit von Anfang an nicht nur mit großem Interesse verfolgte, sondern mir auch viele Hinweise und Dokumente aus seinen eigenen Nachforschungen zum Fall John überließ. Er hatte engen persönlichen Kontakt mit Otto John, der ja der engste Mitarbeiter seines Vaters war, bis zu Johns Tod 1997. Er verwies mich auch an Marita Gleiss, Lektorin an der Akademie der Künste in Berlin, die durch ihre Zusammenarbeit bei einer Buchveröffentlichung mit Otto John in seinen späten Jahren befreundet war und mir viele Dokumente aus ihrem persönlichen John-Archiv übergeben konnte und die Arbeit mit vielen Ratschlägen begleitete.

Im IWM in London und später in Duxford war es der Archivar Stephen Walton, der bei meinen Besuchen sehr hilfreich war und mich auf weitere Fundstellen besonders in den National Archives in Kew hinwies.

Der Zugang zu den umfangreichen John-Akten im Bundesamt für Verfassungsschutz wurde mir - nach entsprechend gründlicher Überprüfung meiner Person und unter strengen Auflagen - von Präsident Heinz Fromm großzügig gewährt, wobei seine Mitarbeiter Robert Appel und Joachim Wüst mich bei meiner Arbeit vielfach unterstützten.

Besonderer Dank gilt den Professoren, die die Arbeit begleitet und beurteilt haben.

Hier nenne ich an erster Stelle Herrn Prof. Dr .jur. Hubert Rottleuthner, der mein „inoffizieller" Betreuer war, nachdem mich mein „Doktorvater" wegen dessen speziellen Kenntnissen über die Justizgeschichte der frühen Bundesrepublik an ihn verwiesen hatte. Ihm bin ich für wichtige Daten aus seinem Computer, für die kritische Durchsicht der ersten hundert Seiten und für einen regen elektronischen und persönlichen Gedankenaustausch bis zur Fertigstellung dieser Arbeit zu sehr großem Dank verpflichtet. Dem Erstgutachter, „Doktorvater" Prof. Dr. jur. Cornelius Prittwitz, der mir vorschlug, mit dem selbst gewählten Thema bei ihm die Dissertation anzufertigen und der den wichtigen Untertitel hinzufügte, bin ich besonders dankbar, daß er zu keinem Zeitpunkt auf Abgabe der Arbeit drängte - sonst wären mir die noch 2007 gefundenen Beweise vielleicht entgangen. Dem Zweitgutachter, Prof. Dr. jur. Joachim Rückert, danke ich sehr herzlich für sein kritisches, trotz Forschungssemester außerordentlich schnell erstelltes Gutachten, das durch die akribischen Korrekturen bis ins Detail mir geholfen hat, bei der Buchveröffentlichung viele handwerkliche Fehler auszumerzen.

Der Prüfungskommission unter Vorsitz von Herrn Prof. Dr. jur. Dr. h.c. mult. Winfried Hassemer danke ich, daß sie trotz der erwähnten Fehler das Endergebnis anerkannt und mich am 5. Februar 2009 cum laude promoviert hat.

Last not least: Ohne die unermüdliche Geduld und Hilfe meiner Frau Renate während 13 Semestern Jurastudium wäre die Vollendung der Arbeit nicht möglich gewesen.

Klaus Schaefer Frankfurt am Main, im Mai 2009

Ich betrachte es als meine erste Pflicht,
mich aus allen Parteien herauszuhalten,
um die Unabhängigkeit zu wahren,
denn diese darf nur einen Herren haben:
Die Wahrheit

Romain Rolland[1]

A. Einleitung

Diese Arbeit ist ein Versuch, einen Strafprozeß, der vor über 50 Jahren vor dem Bundesgerichtshof stattgefunden hat, unter heutiger Beurteilung nachzuvollziehen und unter Berücksichtigung neuer Quellen zu einer Entscheidung zu kommen, ob der Angeklagte Dr. Otto John, Präsident des Bundesamtes für Verfassungsschutz 1950 bis 1954 (berufen auf Lebenszeit) nach seinem Verschwinden am 20. Juli 1954 in West-Berlin, seinem anschließenden Auftauchen in Ost-Berlin und nach seiner von ihm behaupteten Flucht zurück in den Westen am 12. Dezember 1955 zu Recht nach einem Aufsehen erregenden Prozeß am 22. Dezember 1956 wegen landesverräterischer Fälschung und anderen Delikten zu vier Jahren Zuchthaus verurteilt wurde, oder ob es sich um ein „skandalöses Fehlurteil"[2] gehandelt hat. Entscheidend für diese Frage ist, ob John sich - wie vom Bundesgerichtshof angenommen - freiwillig in den östlichen Machtbereich begeben hat, um dort politische Kontakte zu finden, und freiwillig dort geblieben ist und durch sein Auftreten der Bundesre-

1 Wandspruch in einem Zimmer des Bundesamtes für Verfassungsschutz.

2 NL Arndt, Bd. 233.

publik mit verfassungsfeindlicher Absicht geschadet hat, oder ob er - wie von ihm selbst behauptet - Opfer einer Entführung geworden, und danach Gefangener der Russen und später in deren Auftrag Gefangener des Ministeriums für Staatssicherheit der DDR gewesen ist.

Da es ein politischer Prozeß war, ist es erforderlich, vor Diskussion des Tatbestandes, der dem Urteil zugrunde gelegt wurde, sich in die Jahre der frühen Bundesrepublik und des Kalten Krieges zurückzuversetzen, in denen besonders in der Justiz auf Grund einer weitgehenden Amnestie[3] wieder Personen tätig wurden, die bereits im NS-Regime zur Elite gezählt hatten. Es ist zu prüfen, ob den Richtern wegen ihrer Tätigkeit in der NS-Zeit und der dadurch geprägten politischen Einstellung Befangenheit vorzuwerfen ist, da sie ein Urteil gegen einen ehemaligen Widerstandskämpfer des 20. Juli 1944 sprechen mußten. Hierfür ist es notwendig, der Vergangenheit der Richter und Bundesanwälte nachzuspüren.

Da von den Prozeßbeteiligten - vor allem von Bundesanwälten, Bundesrichtern und Belastungszeugen, aber auch von der Verteidigung - tatsächliche oder angebliche Ereignisse aus der Tätigkeit des Angeklagten vor Übernahme seiner neuen Aufgabe in der jungen Bundesrepublik in den Prozeß eingeführt wurden, ist eine Biographie des Angeklagten vorangestellt, in der besonders auf diese Ereignisse Bezug genommen wird.

Bei der Diskussion des Urteils von 1956 darf zunächst nicht berücksichtigt werden, daß der Sachverhalt heute nicht mehr zu einem strafbaren Tatbestand führen könnte, weil es das geteilte Deutschland nicht mehr gibt. Bei der Diskussion der Wiederaufnahmeverfahren finden dann die neuen Erkenntnisse Berücksichtigung, die den Bundesrichtern 1956 noch nicht bekannt waren. Die unsichere Quellenlage[4] hat vor allem wegen fehlender Einsichtnahme in die Akten des KGB (jetzt FSB) in Moskau bisher eine zweifelsfreie Beurteilung des Sachverhalts unmöglich gemacht. Da die meisten Zeugen, die im Prozeß 1956 oder bei den späteren Wiederaufnahmeverfahren gehört wurden, heute nicht mehr leben, konnte in der zeitgeschichtlichen Forschung bisher nur auf die umfangreichen Bestände in vielen Archiven, vor allem im Bundesarchiv Koblenz und in den Beständen der Bundesbeauftragten für die Unterlagen des Staatssicherheitsdienstes der ehemaligen Deutschen Demo-

3 Unten B. I. 3., S. 7f.

4 Bernd Stöver, E-Mail v. 23 .Juli 2003 und persönliche Mitteilung Mai 2004 in Potsdam; s. L. III. 6., S. 230 ff.

kratischen Republik (BStU)[5] zurückgegriffen werden. Dem Verfasser standen darüber hinaus bisher nicht ausgewertete Quellen zur Verfügung: die seit 2004 durch seine Intervention bedingt freigegebenen Handakten der Bundesanwaltschaft[6], die Akten von Anwälten, die Otto John vertreten haben; der private Nachlaß von Otto John im Imperial War Museum in England sowie in Igls und Innsbruck, sowie der nur unter strengen Auflagen zugängliche Erkenntnisstand des Bundesamtes für Verfassungsschutz. Lediglich einige wichtige Zeugen, die im fünften Wiederaufnahmeverfahren aussagen sollten, das nach Otto Johns Tod 1997 eingestellt wurde, sowie einer der Verteidiger im Prozeß 1956 leben noch hochbetagt und konnten vom Verfasser befragt werden[7].

Auch die zahlreichen Veröffentlichungen in Büchern, Zeitungen und Zeitschriften, Filmen, Johns detaillierte Darstellung in seiner Biographie[8] und vor allem die wichtigsten vorliegenden zeitgeschichtlichen Bearbeitungen des Falles John[9] wurden als Quellen benutzt und werden diskutiert. Hierbei werden Zeitungsartikel als Quellenangaben sehr zurückhaltend berücksichtigt, da es fast immer Meinungsäußerungen der Journalisten, also Sekundärquellen sind, und weil ihre Diskussion einen wesentlichen Teil der 2005 erschienenen zeitgeschichtlichen Arbeit von *Gieseking* zum Fall John darstellt. Es ist wohl selten so viel jahrzehntelang bis in die allerneueste Zeit über einen Fall publiziert worden wie über den mysteriösen Fall John. An jedem besonderen Datum (Verschwinden Johns 1954, Rückkehr Johns 1955 in die Bundesrepublik, Hauptverhandlung 1956, jeweils an Jahrestagen wie dem 20. Juli 1944) rauscht es im deutschen Blätterwald. Nicht nur die Boulevardpresse, auch seriöse Zeitungen beteiligen sich oft mit Behauptungen, die einer Nachprüfung nicht standhalten. Auch eine Reihe von Fernsehfilmen wurden produziert, von denen zwei als gut recherchierte Dokumentarfilme wichtig sind[10].

---

5 Auch „Gauckbehörde" (jetzt „Birthlerbehörde") oder „Stasi-Akten".

6 Offiziell noch bis 2016 als VS-Sache eingestuft.

7 Die Zeugen Markus Wolf (*19.1.1923 , † 9. November 2006) und Otto Wolff v. Amerongen (* 6. August 1918 † 8. März 2007) sind inzwischen verstorben.

8 *John* I.

9 *Murphy et al.1997, Stöver 1999, Gieseking 2005.*

10 C. M. Fröhder: Ich will nicht als Verräter sterben, 22.9.1993; Erwin Leiser: Otto John, Eine Deutsche Geschichte, Uraufführung in der Akademie der Künste am 24. April 1995, Kopien im Archiv des Verfassers.

B. Vorgeschichte des Falles Otto John

Die wichtigsten Ereignisse, die in der vorliegenden Arbeit behandelt werden - der ungeklärte Übertritt von Otto John am Abend des 20. Juli 1954 von West-Berlin nach Ost-Berlin, sein Aufenthalt in der DDR, in Rußland und wieder in der DDR, seine Rückkehr in den Westen am 12. Dezember 1955 sowie der Prozeß gegen ihn Ende 1956 - bedürfen zum Verständnis der Situation einer Schilderung des politischen Klimas der damaligen Zeit.

I. Das politische Klima in der frühen Bundesrepublik Deutschland

1. Der Kalte Krieg und die weltpolitische Situation

Nach der bedingungslosen Kapitulation des Deutschen Reiches am 8. Mai 1945 wurde in den vier deutschen Besatzungszonen die Entnazifizierung von der Militärregierung durchgeführt. Die politisch durch ihre Tätigkeit in der NS-Zeit Belasteten sollten auf Dauer von öffentlichen Ämtern ferngehalten werden. Nach dem Nürnberger Prozeß, bei dem die Spitzen des „Dritten Reiches" zu Todesstrafen verurteilt wurden, ergingen in den Nachfolgeprozessen teilweise hohe Freiheitsstrafen gegen führende Militärs und Beamte.

In Westdeutschland entstand nach Vorarbeiten im Parlamentarischen Rat unter Mitwirkung von Prof. Theodor Heuss zunächst aus der britischen und amerikanischen Zone die Bizone, die nach dem Beitritt der französischen Zone 1949 zur Bundesrepublik wurde, die sich das Grundgesetz als Verfassung einer parlamentarischen Demokratie und eines Rechtsstaats gab. Theodor Heuss wurde 1949 zum ersten Bundespräsidenten, Konrad Adenauer zum ersten Bundeskanzler gewählt. Adenauer trieb die Westintegration voran, ohne im Prinzip das Ziel der Wiedervereinigung mit der sowjetischen Besatzungszone aufzugeben.

Parallel dazu entstand 1949 aus der sowjetischen Besatzungszone die DDR (Deutsche Demokratische Republik), die von den Westmächten vor allem wegen des Fehlens freier Wahlen nicht anerkannt wurde. Während im Westen durch den Marshallplan mit massiver amerikanischer Hilfe und mit der Währungsreform vom 21. Juni 1948 der Wiederaufbau in Angriff genommen wurde, versuchte die Sowjetunion durch die Blockade Berlins den Westen unter Druck zu setzen, um ein vereinigtes Deutschland nach sowjetischen Vorstellungen zu erreichen. Die amerikanische Luftbrücke verhinderte die Trennung West-Berlins von der Bundesrepublik. 1949 wurde die

NATO (Nordatlantische Verteidigungsgemeinschaft) gegründet. Walter Hallstein[11] wurde 1950 Staatssekretär im Bundeskanzleramt, sein Nachfolger wurde Hans Globke[12]. Nach der Hallsteindoktrin unterhielt die Bundesrepublik keine diplomatischen Beziehungen zu Ländern, die die DDR anerkannten. Die EVG-Verträge, die dem Schutz vor Angriffen der Sowjetunion dienen sollten, wurden 1952 geschlossen, die Ratifizierung scheiterte aber am Widerstand des französischen Parlaments. Die EVG-Verträge wurden durch die Pariser Verträge von 1954 mit Gründung der Westeuropäischen Union (WEU) ersetzt. Die Bundesrepublik wurde Mitglied der WEU, trat 1954 der NATO bei und gewann 1955 weitgehende Souveränität.

Unüberbrückbare Gegensätze zwischen Moskau und den Westmächten waren entstanden. Die Zeit seit 1947 wird allgemein als Kalter Krieg bezeichnet, in dem die Gegensätze der zwei Jahre zuvor noch gemeinsam gegen Hitler-Deutschland siegreichen Alliierten eskalierten und zu verstärkter, auch atomarer Aufrüstung beider Seiten und Wiederbewaffnung der Bundesrepublik führten. In Korea wurde 1950–1953 ein Stellvertreterkrieg geführt, der mit der Teilung des Landes in Nord- und Südkorea endete. Die Demarkationslinie, die Deutschland gemäß den Verträgen von Jalta[13] nach dem Sieg der Alliierten in vier Besatzungszonen aufteilen sollte, verlief mitten durch die ehemalige Reichshauptstadt Berlin. Berlin wurde nach der Kapitulation von den Militärmissionen der vier Alliierten kontrolliert, die gleichzeitig Zentren der Geheimdienste waren. Im Kalten Krieg wurde aus der Demarkationslinie im Osten der „Eiserne Vorhang", der den Machtbereich der Sowjetunion mit immer schwerer zu überwindenden Grenzen abschloß.

---

11 Walter Hallstein, 17.11.1901–29. 3. 82, Jurist und Politiker, 1930-1941 Professur in Rostock, ab 1941 an der Universität Frankfurt am Main, 1942 Kriegsdienst (Reserveoffizier), 1944 amerikanische Gefangenschaft, 1945 wieder Professor für Rechtswissenschaft an der Johann Wolfgang Goethe-Universität in Frankfurt am Main und deren erster Rektor. 1950 Eintritt in die Politik, 1951 St. S. im Bundeskanzleramt und später im AA bis 1957, 1958-1967 Präsident der EWG-Kommission, 1969-1972 MdB (CDU).

12 Hans Globke, geb. 10.9.1898, bekannt vor allem durch seinen Kommentar (mit Wilhelm Stuckart) zu den „Nürnberger Gesetzen" vom 15.9.1935. Näheres z. B. *Engelmann*, S. 14 ff.; *Jäckel*, S. 225 ff. et passim. Zu Wilhelm Stuckart, der als hoher SS- Führer noch wesentlich stärker als Globke belastet war, aber nach Verbüßung seiner Strafe im Wilhelmstraßenprozeß 1949 dem BHE beitrat, s. Jäckel , S.497 ff.

13 4.-11. Feb. 1945 zwischen Churchill, Roosevelt und Stalin. Dem nicht an der Konferenz vertretenen Frankreich wird die vierte Besatzungszone zugestanden.

Nachdem Hunderttausende Ostdeutsche den Weg von Ost nach West über die „grüne Grenze" nahmen, schuf die DDR die Tatbestände der Republikflucht und der Fluchthilfe, die mit langjährigen Freiheitsstrafen bedroht waren. Immer noch fanden besonders in Berlin viele Menschen Fluchtwege, sodaß sich die DDR am 13. August 1961 zum Bau der streng bewachten Berliner Mauer entschloß. Versuche zur Flucht über die Mauer durften mit der Waffe verhindert werden, notfalls auf Grund des berüchtigten „Schießbefehls", der auch den gezielten Todesschuß zuließ.

Menschenraub in der durch den „Eisernen Vorhang", aber noch nicht durch die Mauer geteilten Stadt Berlin war an der Tagesordnung. Die Zustände in dieser Zeit in Berlin werden nach dem Zusammenbruch der Sowjetunion und der DDR von führenden Leuten der Geheimdienste der Alliierten und von anderen Autoren beschrieben. Besonders interessant ist das kurz nach Johns Tod erschienene Buch „Battleground Berlin". Ein Kapitel befaßt sich mit dem Fall John und läßt die Frage offen, warum und auf welche Weise Otto John die Grenze überschritt[14]. Ob Otto John Opfer eines solchen Menschenraubs geworden ist oder ob er sich freiwillig in die DDR begeben hat, steht als entscheidende Frage im Mittelpunkt dieser Arbeit.

2. Die „Renazifizierung" in der frühen Bundesrepublik

Es ist eine bekannte Tatsache, daß sich Konrad Adenauer zu Beginn seiner Kanzlerschaft auch mit Personen umgab, die im „Dritten Reich" in einflußreichen Stellungen und durch unrühmliche Aktivitäten belastet waren. Globke und Oberländer[15] sind gern zitierte Beispiele, aber sie sind nur die Spitze eines Eisbergs. *Golo Mann* urteilt summarisch über Adenauer: „... wenn er nur allzu geneigt war, den Dienern Hitlers zu verzeihen und die bürokratischen Könner unter ihnen aufs neue zu verwenden, so nicht aus Sympathie für die Vergangenheit, sondern weil nur die Gegenwart und die Praxis ihn interessierten"[16]. Es ist hier nicht der Ort, zu untersuchen, ob Adenauer gar keine andere Wahl hatte, weil ausgebildete Fachleute nach dem Aderlaß des Zweiten Weltkrieges und der Vertreibung oder Vernichtung des jüdischen Bildungsbürgertums nicht in aus-

---

14 *Murphy* et al., S. 183-201, The Mysterious Case of Otto John.

15 Theodor Oberländer, * 1.5.1905 , † 4. Mai 1998, war u.a. Mitgründer des Gesamtdeutschen Blocks/BHE, einer weit rechts stehenden, revanchistischen Organisation, wurde 1953 Minister, mußte aber 1960 wegen seiner Tätigkeit in der NS-Zeit aus der Politik ausscheiden.

16 *Mann, Golo*, S. 992.

reichender Zahl zur Verfügung standen. Auf die weitgehend ungenutzte Möglichkeit des Einsatzes von Remigranten wird unten[17] kurz eingegangen, weil Otto John ein Remigrant war. Es soll nur gezeigt werden, daß in diesen frühen Jahren der Bundesrepublik der Beamtenapparat und vor allem die Justiz mit Leuten durchsetzt waren, die sich nicht als Gegner des NS-Regimes ausweisen konnten und damit latente Vorbehalte, wenn nicht gar Animositäten, gegen einen Mann wie Otto John hatten, der an der Verschwörung gegen Hitler beteiligt war, die in dem Attentat des 20. Juli 1944 gipfelte.

Es gibt eine umfangreiche Literatur, die sich mit diesem Phänomen beschäftigt. Besonders seit den 90er Jahren, nachdem einerseits die Generation der Betroffenen zu einem hohen Prozentsatz nicht mehr lebte, andererseits durch den Zusammenbruch der Sowjetunion und der DDR neue Quellen zugänglich wurden, sind zahlreiche Aufsätze und Bücher erschienen, die sich mehr oder weniger vorurteilsfrei mit den frühen Jahren der Bundesrepublik und der in ihr integrierten NS-Eliten in Justiz und Gesellschaft auseinandersetzen[18].

Das fehlende Unrechtsbewußtsein der „Ewiggestrigen" wurde immer wieder deutlich, besonders drastisch z.B. bei dem Fall des ehemaligen OLG-Präsidenten Ludwig Scriba, der 1955 einen Prozeß gegen das Land Hessen[19] um seinen vollen Pensionsanspruch führte, und mit dem Ausspruch zitiert wird: „Dafür, daß er neun Jahre das Amt des Landgerichtspräsidenten ohne Vorwurf führte, habe er noch 2 ½ Jahre ins KZ gemußt". Er spielte dabei auf seine Zwangsinternierung an, die für alle leitenden Beamten von den Alliierten 1945 vorgenommen wurde. Es ist aber bekannt, daß gerade in der amerikanischen Zone die Ernährung der Internierten oft besser war als die der Zivilbevölkerung. Der Vergleich mit dem KZ ist ein Hohn auf die Leiden der KZ-Häftlinge, die überwiegend die Haft nicht überlebten.

Wie sehr die Böcke zu Gärtnern gemacht wurden, sei hier nur an einem willkürlich herausgegriffenen Beispiel verdeutlicht, das Inge *Deutschkron* neben vielen anderen erwähnt. Der erste Finanzminister Fritz Schäffer unter Adenauer (1949–1957) berief den als Alt-Nazi bekannten Dr. Ernst Féaux de la Croix in Nordrhein-Westfalen zum obersten Beamten für Wiedergutmachungsfragen[20]. Hartmut *Jäckel*

---

17 B. I. 4. , S. 12ff.

18 Stellvertretend für viele die im Literaturverzeichnis genannten Veröffentlichungen von *Frei, Freudiger, Friedrich, Jäckel, v. Miquel, Perels, Rottleuthner, Rüthers, Schneider,* sowie Joachim Rückert und Michael Stolleis.

19 *Miquel*, S. 188.

20 *Deutschkron*, S. 129.

schreibt - schärfer formulierend als Golo Mann - zu diesem Fall: „Sicher ist, daß seine stark angebräunte Biographie den Verdacht wecken muß, in Teilen der Hoheitsverwaltung des demokratischen Deutschland lebe eine Gesinnung fort, die bei den Verbrechen des Dritten Reiches Pate gestanden hat. Solche Verdachtsgründe nicht wirksam ausgeräumt (oder gar nicht erst geliefert) zu haben, zählt zu den gravierendsten Versäumnissen, die der Ära Adenauer, beginnend mit dem Schadensfall Globke, anzulasten sind" [21]

Besonders eindrucksvoll schildert *Frei* die Fehler, die beim Aufbau der Justiz nach 1945 unter alliierter Aufsicht gemacht wurden[22]. Er verschweigt jedoch auch nicht die Schwierigkeiten, die sich daraus ergaben, daß ausgebildete, nicht belastete Juristen kaum zu finden waren[23].

Die Renazifizierung und die beginnende Wiederaufrüstung der Bundesrepublik im Kalten Krieg, durch die nicht nur viele schwer belastete Zivilisten der NS-Zeit wieder zu Macht und Einfluß gelangten, sondern vor allem auch ehemalige hohe Militärs, führten zu einer Situation, in der sich Otto John als erster Präsident des Bundesamtes für Verfassungsschutz (BfV) in politischem Gegensatz zu vielen maßgebenden Persönlichkeiten befand.

3. Gesetzliche Grundlagen zur „Renazifizierung"

Für die vorliegende Untersuchung sind die eindeutig belegten Wiedereinstellungen belasteter Juristen aus dem „Dritten Reich" auf Grund des Straffreiheitsgesetzes von 1949[24], des „131er-Gesetzes" 1951[25] und des Straffreiheitsgesetzes von 1954[26] in den ersten Jahren der Bundesrepublik wichtig.

Hierbei sagt Art. 131 GG Satz 1 lediglich, daß die Rechtsverhältnisse von Personen, die am 8. Mai 1945 (Waffenstillstand des Zweiten Weltkriegs als Stichtag) im öffentlichen Dienst standen, durch Bundesgesetz zu regeln sind. Schon das Straffreiheitsgesetz von 1949

---

21 *Jäckel*, S.182.

22 *Frei II*, S. 186 ff.

23 *Frei II*, S. 188.

24 BGBl. 1949, S. 37 f., Gesetz über die Gewährung von Straffreiheit v. 31.12.1949; ausführlich *Frei I*, S. 29 ff.

25 BGBl. I, Nr. 22 v. 13.5.1951, S. 291 ff. , Gesetz zur Regelung der Rechtsverhältnisse der unter Art. 131 des Grundgesetzes fallenden Personen.

26 BGBl. 1954, S. 203-209, Gesetz über den Erlaß von Strafen und Geldbußen und die Niederschlagung von Strafverfahren und Bußgeldverfahren v. 17.7.1954; ausführlich *Frei I*, S, 100 ff.

führte in der jungen bundesdeutschen Justiz dazu, daß viele von der Entnazifizierung Betroffene wieder entsprechend ihrer früheren Stellung in der Justizhierarchie tätig werden konnten, aber das „131er-Gesetz" als das vom Grundgesetz verlangte Gesetz führte völlig zum Durchbruch. Dies galt vor allem auch für den Bundesgerichtshof, der sich in der Tradition des Reichsgerichts sah, geführt von seinem Präsidenten Hermann Weinkauff[27]. Während seiner Präsidentschaft fand der John-Prozeß 1956 statt. Die Anzahl der Bundesrichter stieg in den Jahren 1950 bis 1956 von 40 auf 112, der Prozentsatz der schon in der NS-Zeit tätigen Richter von 68 auf 79 Prozent[28].

Diese in großer Zahl wiedereingestellten Beamten werden allgemein als „131er" bezeichnet. Rechtspolitisch interessant ist ein Streit zwischen Bundesverfassungsgericht und Bundesgerichtshof über die vom Parlamentarischen Rat offen gelassene Frage, ob die Rechtsverhältnisse der „131er" untergegangen seien[29]. Das Bundesverfassungsgericht hatte entschieden: „Alle Beamtenverhältnisse sind am 8. Mai 1945 erloschen"[30]. Der BGH setzte sich mit einem Beschluß vom 20.5.1954[31] in Widerspruch zu der Auffassung des BVerfG, die Vorlage dieses Beschlusses wurde vom BVerfG als unzulässig erklärt[32], nachdem es am gleichen Tage seine Rechtsauffassung noch einmal ausdrücklich bekräftigt hatte[33]. Der Streit war fast ohne praktische Auswirkung, weil die „131er" auf Grund des Gesetzes von 1951 längst wieder in ihre alten bzw. in vergleichbare Positionen gelangt waren oder ihre beamtenrechtlichen Pensionen bezogen. Es handelte sich aber um eine wichtige politische Auseinandersetzung, weil die Bundesrichter des BGH unter ihrem Präsidenten Weinkauff - selbst durch ihr Verhalten im „Dritten Reich" Betroffene - den Standpunkt vertraten (verkürzt ausgedrückt), daß die Beamten unpolitisch ihre verwaltenden und rechtsprechenden Funktionen ausgeübt hätten, und mit fortschreitender Radikalisierung der nationalsozialistischen Führung „nur unter scharfer innerer Ablehnung und unter schärfstem Terror" die Bindung an den NS-Staat ertragen hätten. Dem hielten die Verfassungsrichter an unzähligen Beispielen die Wirklichkeit in der NS-Zeit entgegen, die zeigte, wie sich viele

---

27 Dr. Dr. h. c. Hermann Weinkauff (10.2.1894 - 9.7.1981), Präsident des BGH 1. 10. 1950 - 31. 3. 1960; s. *Godau-Schüttke II.*

28 *Rottleuthner III*, S. 97.

29 *Frei I*, S. 94 ff.

30 Urteil des BVerfG vom !7.12.1953, BVerfGE 3, S. 58-162.

31 BGHZ **13**, S. 265-319.

32 Beschluß v. 19. 2. 1957, BVerfGE **6**, S. 222-246.

33 Beschluß v. 19. 2 .1957, BVerfGE **6**, S. 132-222.

Beamte auf allen Ebenen der Gerichte, Finanz- und Zollbehörden sowie Polizei willfährig in den Dienst des NS-Staates gestellt hatten.

Man sollte meinen, daß mit dem 131er-Gesetz der großen Mehrheit der Staatsdiener im „Dritten Reich" Genüge getan war. Dies war aber nicht der Fall. Es gab die „Schlußstrich-Mentalität", die eine völlige Beendigung aller Strafverfahren, also auch gegen stark Belastete - am liebsten mit einer Generalamnestie - forderte. Vor allem von der FDP, Koalitionspartner von Adenauers CDU, wurde mit ihren weit rechts stehenden, aus der NS-Zeit belasteten Mitgliedern Achenbach[34] und Best[35] ein solches Gesetz gefordert. Nach den Entwürfen von Best hätte die Verfolgung von NS-Straftaten aufgehört (Generalamnestie). Wie stark z. B. Achenbach mit seiner Vergangenheit belastet war, zeigt seine Tätigkeit als Leiter der politischen Abteilung des Botschafters Otto Abetz in Paris. Das folgende Telegramm[36] an das Auswärtige Amt ist deutlich:

> *... Oberstltnt Winkler ... von hinten durch zwei Schüsse verletzt ...noch in der Nacht verstorben ...Als v o r l ä u f i g e Sühnemaßnahme ist geplant, 2000 Juden zu verhaften und nach dem Osten zu bringen. Achenbach.*

„Nach demOsten zu bringen" war ein Euphemismus für Verschleppung in Vernichtungslager.

Das Bundesjustizministerium arbeitete einen Gesetzesvorschlag aus, der den neuen und lange umstrittenen „Zusammenbruchs-Paragraphen" enthielt, der NS-Verbrechen nach dem 1. Oktober

---

34 Ernst Achenbach, geb. 9. 4. 1909, gest. 2. 12. 1991, Jurastudium ab 1927, Referendar 1931, Assessor 1936, Eintritt in das Auswärtige Amt, als Mitarbeiter des deutschen Botschafters Otto Abetz in Paris an Judendeportationen beteiligt, 1946 Rechtsanwalt in Essen, 1947/48 Verteidiger im IG-Farben- und im Wilhelmstraßenprozeß. 1952 stand er dem Naumann-Kreis („Gauleiterverschwörung") nahe; s. unten B. III. 2. b). aa), S. 37.

35 Werner Best, geb. 10. 7. 1903, gest. 23. Juni 1989, Jurastudium in Frankfurt am Main ab 1921, führende Stellung im völkisch-antisemitischen „Deutschen Hochschulbund", 1930 Eintritt in die NSDAP, 1931 in die SS, Mitarbeiter Himmlers, bearbeitet die Listen der im Röhm-Putsch zu Ermordenden, 1938 im Reichssicherheitshauptamt, dort Stellvertreter Heydrichs, 1942 Reichsbevollmächtigter in Dänemark, dort 1948 zum Tode verurteilt, 1950 zu 12 Jahren Haft gemildert, 1951 begnadigt, dann Mitarbeiter in der Kanzlei Achenbach.

36 Telegramm „citissime" an das AA v. 15. Feb. 1943, 22:30; zitiert nach Deutsche Woche v. 4. 2 .1953, Originalzeitungsausschnitt in ACDP I-483 083/1.

1944 weitgehend straffrei stellte. Dabei muß man beachten, daß im BMJ, angefangen mit dem Leiter der Strafrechtsabteilung Schafheutle[37], fast nur Mitarbeiter des früheren Reichsjustizministeriums saßen[38].

Das 1954 verabschiedete Straffreiheitsgesetz führte de facto zur weitgehenden Einstellung der Verfolgung von NS-Straftaten mit Ausnahme der wenigen ganz schweren Verbrechen, soweit sie nicht von den Alliierten längst abgeurteilt waren und nicht unter die Amnestie fielen. Kriminalbeamte, Staatsanwälte und Richter, die mit dem Fall John seit 1954 befaßt waren, waren ausnahmslos schon in der NS-Zeit tätig gewesen, wie an den wichtigsten Beispielen an Hand ihres Lebenslaufs im Detail gezeigt wird[39]. Otto John als Mann des 20. Juli 1944 sah sich deshalb bei der Be- und Verurteilung seines Falles keinen wohlwollenden oder wenigstens neutralen Richtern gegenüber.

4. Remigranten in der frühen Bundesrepublik

Otto John war ein Remigrant. Remigranten sind diejenigen, die nach 1933 als politisch oder rassisch Verfolgte aus Deutschland emigrierten und nach 1945 wieder den Weg in die alte Heimat gesucht und gefunden haben. Es ist deshalb nützlich, einen Blick darauf zu werfen, wie die Emigranten in derr NS-Zeit von einem großen Teil der Deutschen gesehen wurden. Im akademischen Bereich wurden diese oft als Nachfolger auf die unfreiwillig aufgegebenen Lehrstühle berufen, im wirtschaftlichen Bereich übernahmen sie die Leitung der „arisierten" Betriebe. Auf diese trafen in der jungen Bundesrepublik dann die Remigranten, wenn sie Positionen anstrebten, auf die auch die „131er" Anspruch erhoben, oder die diese bereits wieder besetzt hatten.

Es wird hierbei oft übersehen[40], daß unmittelbar vor dem „131er-Gesetz" ein Gesetz stand, das den Remigranten Vorrechte geben

---

37 Dr. Josef Schafheutle, 17.3.1904 - 23.12.1973, Mitgründer der CDU Berlin, Ministerialdirektor im Bundesministerium der Justiz,. war in der NS-Zeit im Reichsjustizministerium unter Freisler mit der Ausarbeitung des „Heimtückegesetzes" befaßt und in der jungen Bundesrepublik federführend für das „Blitzgesetz", s. unten K.1. Zu Schafheutle s. z. B Hans Daniel, Tief im Graben des kalten Krieges, Junge Welt, 24.05.2005,abrufbar <http://www.nrw.vvnbda.de/texte/0165_jw_-justizgeschichte.htm>

38 *Frei I*, S. 116.

39 Unten Kapitel J. , S. 151 ff.

40 *Perels*, S. 137 ff. mwN.

sollte[41]. In der Praxis hatte dieses Gesetz aber wenig Bedeutung. Das lag nicht nur an den Widerständen, die die wenigen Remigranten zu überwinden hatten, sondern auch an ihrer geringen Zahl. Die Schätzungen liegen bei etwa 600 betroffenen Remigranten gegenüber 450.000 „131ern".

Der umstrittene, aber nach 1945 wieder hoch angesehene deutsche Rechtswissenschaftler Carl Schmitt[42] hat über Emigranten nach 1933 geschrieben: „Die deutschen Intellektuellen" ... „aus Deutschland sind sie ausgespieen für alle Zeiten"[43]. Die Kernthese Schmitts ging dahin, daß emigrierte deutsche Intellektuelle, die das neue, nationalsozialistische Deutschland jetzt von außen kritisierten, niemals zur deutschen Nation gehört hätten.[44] Daß von diesen Emigranten nur sehr wenige den Weg zurück nach Deutschland fanden, ist nicht verwunderlich. Einerseits war einigen von Ihnen der Aufbau einer neuen Existenz in den Aufnahmeländern gelungen, andererseits wollten sie mit Deutschland, das ihnen und ihren im NS-Machtbereich zurückgebliebenen Verwandten so übel mitgespielt hatte (dies galt vor allem für die rassisch Verfolgten), nichts mehr zu tun haben. Otto John gehörte nicht zu dieser Gruppe, die durch das „Gesetz zur Wiederherstellung des Berufsbeamtentums" vom 23. 3. 1933[45] betroffen war. Er war „Arier" und gehörte auch keiner der besonders verfemten Parteien (SPD, KPD), aber auch nicht der NSDAP an. Trotzdem trafen ihn dieselben Vorbehalte als Remigrant[46].

Das Schicksal eines Prominenten sei hier erwähnt, weil es das politische Klima zu Beginn der Bundesrepublik besonders deutlich beleuchtet. Andreas Hermes, der in der Weimarer Republik der Zentrumspartei angehörte und u.a. seit 1922 Finanzminister war, geriet nach 1933 in Widerspruch zur NS-Regierung, wurde einige Monate

---

41 BGBl. I, Nr.21 v. 12.5.1951, Gesetz zur Regelung der Wiedergutmachung nationalsozialistischen Unrechts für Angehörige des öffentlichen Dienstes.

42 Carl Schmitt, 1888 - 1985, Verfassungsrechtler bereits in der Weimarer Republik, dann Protagonist für nationalsozialistische neue Rechtslehren mit Verherrlichung des „Führers" Adolf Hitler als oberste Rechtsquelle selbst nach den Morden des Röhm-Putsches 1934, die er in seinem berüchtigten Aufsatz „Der Führer schützt das Recht (DJZ v.1. Aug. 1934, Sp. 945) rechtfertigte; nach 1945 zwar Verlust seines Lehrstuhls, aber 1953 und später wieder in Festschriften hochgeehrt.

43 *Carl Schmitt*, Westdeutscher Beobachter vom 31. 5. 1933, S. 2.

44 Zitiert nach *Rüthers* I, S. 133.

45 RGBl. I 175ff.

46 Unten B. III.2. c)., S. 43.

inhaftiert und wanderte 1938 nach Kolumbien aus. Beim Versuch, seine Familie aus Deutschland nachzuholen, wurde er in Deutschland vom Krieg überrascht. Er blieb in der „inneren Emigration". Wegen seiner Verwicklung in den 20. Juli 1944 wurde er verhaftet und am 11. Januar 1945 zum Tode verurteilt, aber durch das Kriegsende vor der Vollstreckung des Todesurteils gerettet. Er gründete am 26. Juni 1945 in der sowjetischen Besatzungszone die CDU Berlin als gesamtdeutsche Partei, geriet aber bei den Russen in Ungnade, weil er der „Bodenreform" (Enteignung) nicht zustimmte. Adenauer, der in der Berliner CDU nicht mitwirkte, berief am 22. Januar 1946 in der britischen Zone eine Versammlung der CDU nach Herford ein. Der anwesende Hermes wurde von Adenauer an der weiteren Teilnahme mit dem Hinweis gehindert, daß nach Besatzungsrecht nur Personen mit Wohnsitz in der britischen Zone teilnahmeberechtigt seien. Daraufhin wurde Adenauer zum Vorsitzenden der West-CDU gewählt[47].

Wie unterschiedlich aber auch Remigrantenschicksale sein können, sei als Ausnahmeerscheinung am Beispiel des jüdischen Remigranten Dr. Rudolf Katz aufgezeigt[48]. Als prominentes SPD-Mitglied und Jude emigrierte er im März 1933 und kehrte im Juli 1946 nach Deutschland zurück, wo er von Ende 1947 bis Herbst 1950 Justizminister in Schleswig-Holstein wurde. Die bekannte Renazifizierung in diesem Bundesland wird ihm zugeschrieben. Er erklärte die Todesurteile des Sondergerichts Kiel für rechtmäßig.

Aus den vielen Beispielen, wie Remigranten diffamiert wurden, sobald sie sich eine prominente Stellung erkämpfen wollten, sei auch auf die Erfahrungen Willy Brandts[49] hingewiesen. Seine Rückkehr nach Deutschland ist mit der von Otto John vergleichbar. Auch Willy Brandt war zunächst als Berichtserstatter für einen ausländischen Staat beim Nürnberger Kriegsverbrecher-Prozeß. Dann entschloß er sich zur definitiven Rückkehr nach Deutschland, wurde

---

47 *Karl Feldmeyer*, Unbequeme Erinnerung , FAZ, 15.7.2003, S. 5.

48 *Godau-Schüttke*, S. 128 f.

49 Willy Brandt, 18.12.1913 - 8.10.1992, in Lübeck als Karl Frahm geboren, war früh in der SAP (Sozialistische Arbeiterpartei) tätig, nahm den Decknamen Willy Brandt an und konnte 1933 nach Norwegen fliehen, wurde 1940 norwegischer Staatsbürger, kehrte 1946 mit einem Diplomatenpaß nach Deutschland zurück, nahm wieder die deutsche Staatsangehörigkeit an. 1949 Bundestagsabgeordneter für die SPD, 1957 Regierender Bürgermeister von Berlin, 1969 Bundeskanzler, 1971 Friedensnobelpreis, 1974 Rücktritt wegen der Guillaume-Affaire. Günter Guillaume war seit 1951 Mitarbeiter des MfS und zuletzt persönlicher Referent von Willy Brandt im Bundeskanzleramt. Am 14. April 1974 wurde Guillaume verhaftet.

wieder deutscher Staatsangehöriger und setzte seine politische Arbeit in der SPD fort. Als Remigrant wurde er von den weiter rechts stehenden politischen Gegnern oft in unfairer Weise angegriffen, z.B. von Franz Josef Strauß [50]: „Eines wird man Herrn Brandt fragen dürfen: Was haben Sie zwölf Jahre lang draußen gemacht? Wir wissen, was wir gemacht haben".

Konrad Adenauers Adressierung von Willy Brandt als „alias Frahm" in seiner Wahlrede am 14. August 1961[51] ist berüchtigt. Adenauer spielte damit auf die uneheliche Geburt Willy Brandts, aber auch auf seine gegen die NS-Herrscher gerichtete journalistische Tätigkeit in der Emigration an.

Welchen Widerständen sich ein Remigrant gegenübersehen mußte, der noch dazu ein Widerstandskämpfer gegen Hitler gewesen war, geht z.B. aus dem Beitrag von McCloy[52] in der Anthologie von Jacobsen hervor. Hier wird deutlich, wie in den ersten Nachkriegsjahren und in der frühen Bundesrepublik Deutschland das Attentat auf Hitler vom 20. Juli 1944 noch sehr kontrovers diskutiert wurde. Es gab noch viele, die in den Widerstandskämpfern Verräter sahen. In diesem Klima konnte ein Mann wie Remer[53], der einen wesentlichen Teil an der Niederschlagung des Widerstands nach dem 20. Juli1944 und der Festnahme oder standrechtlichen Erschießung der Verschwörer hatte, und der dafür von Hitler zum Generalmajor befördert wurde, noch eine erhebliche neonazistische Rolle spielen, bis ihm das Handwerk gelegt wurde.

Dies muß man sich vor Augen halten, wenn man die vielfachen Anfeindungen gegen den Remigranten Otto John verstehen will. Theodor Heuss hat anläßlich der Gedenkfeier am 20. Juli1954 in Berlin das weithin fehlende Verständnis für die Rolle der Widerstandskämpfer so ausgedrückt: „Das Vermächtnis ist noch in Wirksamkeit, die Verpflichtung noch nicht eingelöst"[54]

50 *Münkel*, S. 403.

51 *Münkel*, S. 404.

52 *McCloy*, S.311 ff.

53 Otto Ernst Remer, 1912 - 1997, stand in der Bundesrepublik am äußersten rechten Rand,, Mitbegründer der SRP, 1952 wegen übler Nachrede und Verunglimpfung Verstorbener verurteilt, erhielt auch inspäteren Jahren Strafen wegen Volksverhetzung und als Holocaust-Leugner, bis er sich 1994 einer Verurteilung zu 22 Monaten Haft durch Flucht nach Spanien entzog (IDGR, Lexikon des Rechtsextremismus).

54 Theodor Heuss: Dank und Bekenntnis. Gedenkrede zum 20. Juli 1944, Tübingen 1954.

II. Lebenslauf von Otto John (bis 1950)

1. Biographie bis zum Anschluß an den Widerstand

Otto John wurde am 19. März 1909 in Marburg an der Lahn als Sohn des preußischen Beamten (Vermessungsrat) Willy Karl Hermann John und seiner Ehefrau Dorothea Philippine Auguste geb. Kehr geboren. Nach Versetzung des Vaters nach Treysa besuchte er dort die Volksschule und die Sexta der Höheren Knaben- und Mädchenschule. Nach erneuter Versetzung des Vaters nach Wiesbaden besuchte er ab Ostern 1923 das dortige Staatliche Realgymnasium und legte Ostern 1929 die Reifeprüfung ab. Von April 1929 bis März 1930 war er Lehrling in Fa. A & E. Fischer, Chem.-pharm. Spezialitäten-Großhandlung in Mainz[55]. Im Sommersemester 1930 wurde er für das Studium der Rechtswissenschaft an der Universität Frankfurt immatrikuliert und nach 6-semestrigem Studium im Sommersemester 1933 zur Vorbereitung auf die Referendarprüfung beurlaubt. Am 10. Mai 1933 gab er die vorgeschriebene ehrenwörtliche Erklärung über seine arische Abstammung ab[56].

Die erste juristische Staatsprüfung (Referendar) bestand er am 24. Februar 1934 am OLG Frankfurt am Main. Anschließend war er im juristischen Vorbereitungsdienst erst am OLG Frankfurt und dann am Amtsgericht Wehen i.Ts. tätig. Am 6. Februar 1935 wurde er mit der Arbeit „Der Rechtsbehelf zur Wahrung der Rechte Dritter im Vollstreckungsverfahren" [57] von der juristischen Fakultät an der Universität Marburg cum laude zum Dr. jur. promoviert[58].

Otto John gehörte zu den wenigen Deutschen, die vom ersten Tag an das Hitlerregime durchschauten und versuchten, sich zu distanzieren. Bei Beginn seiner Berufslaufbahn nach seiner Promotion als Jurist wählte er trotz guten Examens nicht den Staatsdienst oder den Anwaltsberuf, sondern er hoffte durch seinen Eintritt bei der Lufthansa als Volontär auf dem alten Frankfurter Flughafen Rebstock 1936[59] auf eine Möglichkeit, im Ausland tätig zu werden[60]. Er lernte

---

55 Staatsarchiv Marburg, Bestand 307 b, Nr. P. 1746, Lebenslauf Otto John in seinem Gesuch v. 10. Nov. 1934 an Prof. de Boor zur Zulassung als Doktorand, obwohl er in Frankfurt am Main studiert hatte.

56 Daten aus den vollständig erhaltenen Unterlagen im Studentensekretariat der Johann Wolfgang Goethe-Universität Frankfurt am Main.

57 Deutsche Bibliothek, IDN 35074727X

58 Sitzungsbuch der Rechts- u. Staatswissenschaftlichen Fakultät Marburg, Band 1930 - 1946; jetzt FB Rechtswissenschaft Universität Marburg.

59 *John I*, S. 21.

60 *John I*, S. 24 f, 44.

den Chef der Lufthansa, Carl Freiherr v. Gablenz kennen, der ihm wegen seiner guten Sprachkenntnisse eine spätere Beschäftigung im Ausland in Aussicht stellte, allerdings unter der Bedingung, daß er noch seinen Assessor machte. Deshalb durchlief Otto John noch die vorgeschriebene Ausbildung am Oberlandesgericht in Frankfurt am Main, und arbeitete nebenbei als Assistent von Professor Albrecht v. Unruh an der Universität Frankfurt über Luftrecht. Nach Ablegung des zweiten juristischen Staatsexamens begann er am 1. November 1937 seine Tätigkeit bei der Lufthansa in Berlin in der Rechtsabteilung unter Klaus Bonhoeffer[61], einem Bruder des bekannten Theologen Dietrich Bonhoeffer[62].

In Berlin wohnte er mit seinem Bruder Dr. iur. Hans John in Berlin-Dahlem.

2. Die Verschwörung gegen Hitler als prägendes Ereignis

Otto John fand in Klaus Bonhoeffer einen Gleichgesinnten, der ihn allmählich in den Widerstandskreis einführte[63]. Dazu gehörte vor allem auch Klaus Bonhoeffers Schwager Hans von Dohnanyi. [64], Um Johns Rolle im Widerstand zu verstehen, muß man sich daran erinnern, daß die Alliierten die Rolle des deutschen Widerstandes gegen Hitler vor und im Krieg völlig falsch gesehen haben. Vor und in München glaubten die Alliierten, vor allem die englische Regierung und Diplomatie, in Hitler einen „normalen" Staatsmann zu sehen, der legitimes Oberhaupt eines Staates war und dessen Interessen verfocht. Mit „München" ist hier die Konferenz am 29. September 1938 gemeint, an der - nach Vorgesprächen zwischen Hitler und Chamberlain in Berchtesgaden und Godesberg - neben Hitler und

---

61 Dr. Klaus Bonhoeffer, Jurist, 5.1.1901 - 23.4.1945. Er war ein aktives Mitglied des Widerstands, wurde vom Volksgerichtshof (Roland Freisler) am 2. 2. 1945 zum Tode verurteilt und gleichzeitig mit seinem Schwager Rüdiger Schleicher (Ministerialdirigent im Luftfahrtministerium und Honorarprofessor für Luftrecht), Dr. Hans John, Schleichers Assistent sowie zwölf weiteren Widerstandskämpfern von einem SS-Kommando mit Genickschuß getötet. Die russische Armee war schon in Berlin.

62 D. Dietrich Bonhoeffer, 4. 2. 1906 - 9. 4. 1945, nach langer KZ-Haft von einem SS-Standgericht im KZ Flossenbürg zum Tode verurteilt und zusammen mit Admiral Wilhelm Canaris und Oberst Hans Oster, Ludwig Gehre, Karl Sack und Theodor Strünck erhängt; s dazu auch unten S. 175.

63 *John I*, S. 24 ff.

64 Dr. Dohnanyi, 1.1.1902 - 8.4.1945, unter Admiral Canaris und Oberst Oster der führende Kopf des Widerstand in der Militärischen Abwehr, im KZ Sachsenhausen Tod durch den Strang.

Mussolini auf der einen Seite die Premierminister der Alliierten Chamberlain und Daladier mit ihren Ministern und Diplomaten auf der anderen Seite teilnahmen[65]. Das Ergebnis wird in der Literatur meist als „Appeasement" bezeichnet und hat den Beigeschmack eines unerfreulichen Kompromisses, der Entscheidungen nur hinauszögert, aber zu keinem guten Ende führt.

Daß die Alliierten in München mit einem Verbrecher verhandelten, erkannten sie zu spät. An dieser Fehleinschätzung sind schon 1938 erste Versuche des Widerstands gescheitert, den Krieg durch einen Putsch gegen Hitler zu vermeiden. Schon damals war Generaloberst Ludwig Beck[66] bereit, loszuschlagen, aber er mußte sich vergewissern, daß bei einem erfolgreichen Umsturz die neue Regierung anerkannt würde, bzw. später nach Ausbruch des Krieges, daß ein Friedensschluß mit der neuen Regierung möglich wäre. Die Kontakte bestanden vor allem mit der englischen Regierung. Englische Politiker wie Vansittart, Lord Lloyd, Halifax, Chamberlain waren aber völlig uneinsichtig. Sie sahen in dem Widerstand vor allem hohe Offiziere, die gegen ihr rechtmäßiges Staatsoberhaupt putschen wollten. Mehrere gewagte Kontaktaufnahmen durch Goerdeler[67] (den vom Widerstand als künftigen Regierungschef vorgesehenen ehemaligen Leipziger Bürgermeister), den Rittergutsbesitzer Ewald v. Kleist-Schmenzin[68], den ehemaligen Oberstleutnant Hans Böhm-Tettelbach und die Gebrüder Kordt konnte das Appeasement in München und den späteren Kriegsausbruch nicht verhindern[69]. Auch Adam von Trott[70], der kurz vor dem Ausbruch des Zweiten Weltkriegs 1939 von Chamberlain empfangen wurde, gelang es nicht, bei dieser Gelegenheit und einige Monate später bei einem

---

65 *Ploetz*, S. 750 f.

66 Ludwig Beck trat als Chef des Generalstabs des Heeres nach den Entlassungen des Reichskriegsministers v. Blomberg und des Oberbefehlshabers des Heeres Generaloberst v. Fritsch am 27. August 1938 zurück, *Ploetz*, S.748.

67 Carl Friedrich Goerdeler, 31.7.1884 - 2.2.1945. Goerdeler war Leipziger Oberbürgermeister bis 1937, wurde entlassen, als er sich der Entfernung des Denkmals für Mendelssohn-Bartholdy widersetzte, nach dem Attentat vom 20. Juli 1944 am 8. September zum Tode verurteilt, am 2. Februar 1945 in Plötzensee erhängt.

68 Geb. 22. März 1890, hingerichtet 9.April 1945 in Plötzensee.

69 *Graml / Krausnick*, S.274 ff.; *John I.*, S. 38.

70 Adam von Trott zu Solz, 9. 8. 1909 - 26. 8. 1944, nach Eintritt in die NSDAP 1940 (zur Tarnung) als Legationsrat im Auswärtigen Amt eingestellt, gehörte zum „Kreisauer Kreis". Am 25. 7. 1944 verhaftet und in Plötzensee hingerichtet.

Aufenthalt in den USA, die Alliierten zu einer Zusammenarbeit mit der deutschen Opposition zu bewegen.[71]

Wegen der Möglichkeit, die Außenstelle der Lufthansa in Madrid unverdächtig zu besuchen, wurde Otto John zum Verbindungsmann zu den Alliierten. Obwohl - nach dem Rücktritt Becks nach dem außenpolitischen Erfolg des Appeasement und nach dem ein Jahr später von Hitler vom Zaun gebrochenen Krieg mit den militärischen Anfangserfolgen in Frankreich und Polen - die Zeit für die Aktionen gegen Hitler denkbar ungünstig war, suchte Goerdeler weiter den Kontakt zu den Alliierten und beauftragte Otto John mit Sondierungen für einen Kontakt zu Roosevelt[72]. Dieser Kontakt in Madrid lief über Don Louis Ruiz de Valdivia, einen Freund von Louis Ferdinand[73]. Die Sache verlief im März 1944 ähnlich erfolglos wie die früheren Versuche von Goerdeler selbst und anderen als Emissäre des Widerstandes. Es gelang nicht, die Alliierten davon zu überzeugen, daß ein separater Friedenschluß der Westmächte mit einem neuen Deutschland nach dem Sturz Hitlers sinnvoll wäre[74]

Beck und Goerdeler blieben führende Köpfe des Widerstands, der aber in viele Gruppen zersplittert war. Otto John war oft zwischen den Gruppen der Vermittler[75]; so brachte er einen Kontakt zwischen Louis Ferdinand und Ernst von Harnack[76] zustande[77]. John war mit Louis Ferdinand durch ihre gemeinsame Zeit bei der Lufthansa befreundet. Die Freundschaft hielt bis zu dem Tod des 86-jährigen Prinzen, der drei Jahre vor John verstarb. Auch Fabian v. Schlabrendorff schildert die wichtige Vermittlungsaufgabe von John[78].

Besonders stolz[79] war Otto John auf die Vermittlung des Kontaktes zwischen dem Sozialdemokraten Leber[80] und Stauffenberg[81], dem

---

71 Zu Adam v. Trotts Mission auch *Boveri II*, S. 11 f.

72 *John I*, S. 87 ff.

73 Prinz Louis Ferdinand von Preußen , 9. 11. 1907 - 26. 9. 1994, Enkel von Kaiser Wilhelm II, der in Doorn in Holland im Exil lebte, nach dessen Tod präsumtiver Thronerbe.

74 *John I*, S. 147ff., 173 et passim

75 *John I*, S. 55 ff.

76 Ernst v. Harnack, geb.15. 7. 1988 , am 3. 3. 1945 hingerichtet in Plötzensee wegen Hochverrats nach dem Prozeß „Rote Kapelle".

77 *John I*, S.72.

78 Unten G. 2. a) , S. 105.

79 *John I.*, S. 152

80 Julius Jeber , 16. 11. 1891- 5. 1. 1945, sm 5. 7. 1944 verhaftet, von Freisler zum Tode verurteilt und in Plötzensee erhängt. Leber war schon in der Weimarer Republik als Reichstagsabgeordneter ein Kämpfer gegen die

Attentäter des 20. Juli 1944. Die verschiedenen politischen Richtungen des Widerstandes hatten ein gemeinsames Band: den Haß auf Hitler mit dem Ziel, ihn zu stürzen und Deutschland eine demokratische Regierung zu geben. „Zivilisten" wie vor allem Goerdeler wollten Hitler vor einem ordentlichen Gericht sehen, aber die Ansicht, daß man ihn töten müsse, um dem Widerstand zum Sieg zu verhelfen, gewann die Oberhand.

Als sich mit Hitlers Angriffskrieg und den Verbrechen der Einsatzgruppen in den besetzten Ostgebieten der wahre Charakter des Hitlerregimes immer deutlicher zeigte, näherten sich die verschiedenen Widerstandskreise von hervorragenden Männern, auch der Kreisauer Kreis unter Helmuth v. Moltke[82], einander an. Die Mehrheit der Verschwörer waren fest entschlossen, Hitler zu töten. Zum Verschwörerkreis gehörten auch genügend hohe Offiziere, die über die Macht verfügten, einen Umsturz herbeizuführen und militärisch abzusichern. Otto John war weiterhin der Vermittler zwischen den verschiedenen Gruppen. Das Haus Erlenbruch 16 in Dahlem wurde der Ort konspirativer Treffen[83].

NSDAP und gehörte zu den profiliertesten und mutigsten Personen des Widerstands. Nach 1933 einem Mordanschlag entgangen, war er jahrelang im KZ und nahm nach seiner Entlassung 1937 sofort wieder den Kampf gegen Hitler auf.

81 Claus Schenck Graf v Stauffenberg, 15. 11. 1907 - 20. 7. 1944, verübte das Attentat auf Hitler, standrechtlich erschossen im Bendlerblock bei der Niederschlagung des Umsturzes.

82 Helmuth James Graf von Moltke, 11. März 1907 – 23. Januar 1945 (hingerichtet in Plötzensee), nach dessen Gut in Kreisau der Kreisauer Kreis benannt wurde. Moltke war auf Grund seiner christlich/ethischen Einstellung (Christian Science) ebenso wie Otto John von Anfang an ein Gegner des Nationalsozialismus, trat nicht der NSDAP bei und wählte kein Staatsamt, sondern die Anwaltpraxis. Als Völkerrechtler arbeitete er nach Englandaufenthalten in der Abwehr unter Canaris und geriet in das Visier der Gestapo, wurde schon Anfang 1944 verhaftet und nach dem 20. Juli 1944 vom VGH (Roland Freisler) zum Tode verurteilt.

83 John I, S. 92, 100 et passim.

3. Das Attentat vom 20. Juli 1944 und Johns Flucht nach England

Mit der treibenden Kraft Stauffenbergs, den Olbricht[84] als Stabschef eingeschleust hatte, sodaß er direkten Zugang zum „Führer" Adolf Hitler hatte, kamen nach zwei mißlungenen Attentaten durch Tresckow[85] und Gersdorff[86] die Umsturzpläne Ende 1943 in eine konkrete Phase. Otto John erhielt einen Auftrag von Stauffenberg, in Madrid einen Kontakt zum Hauptquartier von Eisenhower zu suchen[87]. Auch dies blieb erfolglos wie ein zweiter Versuch im Februar 1944. John legte das Ergebnis seiner Erkundungen in Memoranden für die Führung des Widerstandes nieder. Für ihn stand fest, daß die Alliierten keinesfalls einen Sonderfrieden ohne Rußland schließen und daß sie auf einer bedingungslosen Kapitulation bestehen würden[88].

Es ist nicht Aufgabe dieser Arbeit, das auf Grund zeitgeschichtlicher Forschung in Entstehung, Durchführung und Mißlingen heute in allen Einzelheiten bekannte Attentat auf Hitler zu untersuchen. Es geht lediglich darum, zu verdeutlichen, welch entscheidenden Einfluß auf Otto John das Erlebnis seiner Tätigkeit im Widerstand hatte. Wie oben geschildert, hatte John mit vielen führenden Leuten des Widerstands persönlichen Kontakt. Besonders eng war er mit Hauptmann Gehre[89] in der militärischen Abwehr befreundet, der mit Oster[90] und Dohnanyi zu den aktivsten Widerstandskämpfern gehörte[91]. Im Frühjahr 1944 wurde Gehre von der Gestapo verhaftet,

84 Generalmajor Friedrich Olbricht, 15. 7. 1988 - 20. 7. 1944, Ritterkreuzträger aus dem Polenfeldzug, stand schon 1938 mit Beck in Verbindung und stieß 1942 zu Goerdeler und Tresckow als führender Mann des Widerstands. Er arbeitete die „Walküre"- Befehle aus, mit denen nach dem Attentat am 20. Juli 1944 der Umsturz herbeigeführt werden sollte. Nach dem Mißlingen wurde er standrechtlich erschossen.

85 Generalmajor Henning von Tresckow, 10. 1. 1901- 21. 7. 1944. Nach dem Scheitern des Attentats erschoß er sich, seine Leiche wurde auf Befehl Himmlers ebenso exhumiert und verbrannt wie die Leichen der standrechtlich im Bendlerblock erschossenen Verschwörer.

86 Rudolf Freiherr v. Gersdorff, 27. 3. 1905 - 27. 1. 1980, war einer der wenigen Verschwörer, der mit dem Leben davon kam.

87 *John I*, S. 139 ff.

88 *John I*, Anhang, S. 361 ff.

89 Ludwig Gehre, geb. 15. 10. 1895, ermordet am 9. 4 1945 von einem SS-Standgericht im KZ Flossenbürg..

90 Generalmajor Hans Oster.. 9. 8. 1987 - 9. 4. 1945., mit Hans v. Dohnanyi und Canaris im Zentrum des Widerstands in der militärischen Abwehr, in KZ Flossenbürg ermordet; s. dazu Fn S. 15, 17.

91 *John I*, S. 56.

ihm gelang die Flucht[92]. Die Brüder Hans und Otto John versteckten den Flüchtling in dem Dahlemer Haus und waren dadurch selbst äußerst gefährdet[93]. Trotzdem kam Otto John, der sich in Madrid in relativer Sicherheit befand, auf Grund eines Funkspruchs am 19. Juli 1944 nach Berlin zurück[94]. Am 20. Juli war er in der Bendlerstraße, wo Stauffenberg im Glauben, Hitler bei dem Attentat in der Wolfsschanze getötet zu haben, die „Walküre"-Befehle zur Übernahme der vollziehenden Gewalt ausführen ließ. Otto John, der sich als Zivilist dort überflüssig vorkam, fuhr nach Dahlem, um mit seinem Bruder Hans und Klaus Bonhoeffer bei Sekt das vermeintliche Ende der Diktatur zu feiern[95]. Als Hitler dann am Radio sprach und Otto John am nächsten Tag von Adam von Trott erfuhr, daß Stauffenberg und andere standrechtlich erschossen worden waren und Ludwig Beck sich selbst getötet hatte, hielt er sich für verloren.

Merkwürdigerweise erschien aber die Gestapo in den nächsten Tagen nicht und Otto John konnte am 24. Juli mit einem planmäßigen Flugzeug der Lufthansa nach Madrid entkommen[96]. In Madrid berichtete er zuerst Don Louis Ruiz de Valdivia[97] über das Geschehen in Berlin, der über das Attentat das Wort prägte „Falsch und zu spät". Otto John war aber in dem Spanien Francos vor der Verfolgung durch die Gestapo nicht sicher und wollte mit Hilfe seines Freundes Juan Terrasa nach Portugal entkommen, der dorthin gefahren war, um die Möglichkeiten zu erkunden. John hielt sich zwei Tage im Hotel Madrid auf und wurde von vielen Spaniern nach den Ereignissen in Berlin gefragt, wobei er stets behauptete, von nichts etwas bemerkt zu haben und auch nur das zu wissen, was in den Zeitungen steht. Neugierige Frager lenkte er von seinem beabsichtigten Fluchtweg über Portugal ab, indem er als Reiseziel Paris angab und zum Beweis einen Grenzübertrittsschein West des OKW vorzeigte. Juan Terrasa kam am dritten Tag mit einem mit den Engländern verabredeten Fluchtplan zurück, der zunächst nach Portugal führte, von wo Otto John die Flucht nach England durch seine englischen Freunde ermöglicht werden sollte. Ein Geheimdienstmann verkleidet als Gepäckträger brachte Johns Koffer in den

92 *John I*, S.148 f.

93 Kaltenbrunner-Berichte, BA Lichterfelde, NS 6/14, fiche 1, S .9-11. Ernst Kaltenbrunner war seit 1943 Chef der Sicherheitspolizei und des Reichsicherheitshauptamtes. Er wurde in den Nürnberger Prozessen zum Tode verurteilt und am 16. 10. 1946 hingerichtet.

94 *John I*, S. 160; Kaltenbrunner-Berichte, a.a.O..., S. 12/13.

95 *John I*, S.167.

96 *John I*, S .169 - 186.

97 Oben B. II. 2., S. 19.

Schnellzug nach Paris und trug sie auf der anderen Seite wieder heraus zu dem in einem Auto wartenden Terrasa. John wurde dann von einer jungen Französin zu einer spanischen Witwe gebracht, deren Mann von den Franco-Faschisten umgebracht worden war. John wurde als ein von den Deutschen abgeschossener englischer Pilot vorgestellt, dem die Flucht gelungen war und der zurück nach England wollte. Von dort sollte John nach Gibraltar gebracht und nach England ausgeflogen werden. Er wurde von der Französin regelmäßig mit Zeitungen versorgt, aus denen er das Schicksal seiner Freunde in Deutschland erfuhr und vor allem in Gedanken an seinen Bruder verzweifelte, der nur durch ihn in den Widerstandskreis gezogen worden und lediglich eine Randfigur war.

Eines Tages kam die Französin und färbte seine Haare schwarz, weil sein blondes Haar zu auffällig sei. Schließlich brachte sie ihn Ende August mit einem Taxi zu einem ihm unbekannt gebliebenen Franzosen, wo er eine Nacht verbrachte und am nächsten Tag einem Mitarbeiter der britischen Botschaft übergeben wurde, der ihn nach Asturien fuhr und nicht nach Gibraltar!

Otto John wurde bei Nacht über die Grenze nach Portugal geschmuggelt und von der britischen Botschaft übernommen, die ihn in zu einer Herberge mit einer Schlafstelle in einer Scheune bringen ließ, in der auch Spanier untergebracht waren, die gegen Franco gekämpft hatten. Die Odyssee, die Otto John zweimal fast in die Hände der Gestapo fallen ließ, ging weiter mit dem Aufenthalt in einer primitiven Gefängniszelle in der mittelalterlichen Festung Aljube, bis er durch die Aktivität von Miss Rita Windsor (sie kannte Otto John als Verbindungsmann zum deutschen Widerstand von geheimen Zusammenkünften in Madrid) bei der britischen Botschaft in Lissabon mit einem Clipper-Flugboot nachts von Tejo nach Pool geflogen wurde[98].

4. Aufenthalt und Tätigkeit in England

a) Mitarbeit am Soldatensender Calais

In England angekommen wurde Otto John, der gehofft hatte, am BBC sprechen und der Welt die Wahrheit über die deutsche Widerstandsbewegung sagen zu können, zunächst als feindlicher Ausländer interniert[99]. Nach mehreren Wochen nahm Sefton Delmer, ein bekannter englischer Journalist, Kontakt zu Otto John auf, „befreite"

98 *John I*, S. 179-186.

99 *John* I, S. 187 ff.

ihn im September 1944 aus der Internierung und gewann ihn unter dem Decknamen Oskar Jürgens als Mitarbeiter im Stab des Soldatensenders Calais[100]. Diese redaktionelle Tätigkeit an einem Rundfunksender war keine geheimdienstliche oder Agenten-Tätigkeit. „Oskar Jürgens" entwarf Reden, die er nicht selbst am Radio verlesen durfte, damit seine Stimme nicht erkannt wurde[101]. Der Inhalt der Reden zielte drauf, den deutschen Soldaten klar zu machen, daß der Krieg verloren war und daß jeder weitere Widerstand sinnlos sei. Nach damaligem Recht war das „Wehrkraftzersetzung". Tatsächlich handelte Otto John aber als Patriot, der auch nach dem gescheiterten Attentat vom 20. Juli mithelfen wollte, den Krieg schneller zu beenden und seine deutsche Heimat vor weiterer Zerstörung zu bewahren.

Bei Kriegsende bekam Sefton Delmer den Auftrag, in Deutschland mit Sitz in Hamburg in der britischen Zone eine neue Zeitung nach britischem Muster zu schaffen im Sinne einer Umerziehung der Deutschen zur Demokratie. Otto John sollte später zu Delmers Redaktionsstab stoßen[102], dazu kam es aber nicht mehr, weil nach der Abwahl von Churchill 1945 das Projekt aufgegeben wurde.[103]

b) Versuche, nach Kriegsende beruflich wieder Fuß zu fassen

aa) Erste Fühlungnahme mit deutschen Stellen

Sobald der Briefverkehr nach Deutschland wieder möglich war, hatte Otto John seine Verbindungen zu alten Freunden in Deutschland aufgenommen mit dem Ziel, nach Deutschland zurückzukehren und beim Wiederaufbau Deutschlands als ein politisch Unbelasteter eine Aufgabe zu übernehmen, in der er als Jurist seine liberalen Vorstellungen als echter Patriot einbringen konnte. In diesen Zusammenhang gehört ein Brief an Frau Sauerbruch, Frau des berühmten Chirurgen Prof. Sauerbruch. Ihre Antwort, die auch einige Zeilen von Prof. Sauerbruch enthält, ist erhalten. Dieser Brief ist als Zeichen der Zeit in Kopie beigefügt[104].

Otto John erhielt Ende 1945 einen Nansenpaß als Ersatz für seinen verlorenen deutschen Reisepaß[105] und konnte dank Vermittlung von

---

100 *Delmer*, S. 121, S. 178 ff. , *John* I, S. 189 ff.

101 *John I*, S. 194 f.

102 *John I*, S. 196, 197.

103 *Delmer*, Chapter 22, S. 227 ff.

104 Anhang I. , S.362 f.

105 *John I*, S. 198.

Leonhard Ingram[106], einem für das Foreign Office dienstverpflichteten Bankier, den Status eines englischen Kriegsberichterstatters erhalten. Dies ermöglichte ihm eine erste mehrwöchige Reise Anfang 1946 nach Deutschland. Da er sich im Nachkriegsengland als Deutscher fremd fühlte, hat er diese Reise benutzt, um sich ein Bild über die Verhältnisse in Deutschland zu machen, alte Freunde zu besuchen und eine Woche bei seinen Eltern in Wiesbaden zu verbringen. In Wiesbaden kam es auch zu einem Gespräch mit Ministerpräsident Karl Geiler, der John ein Regierungsamt vorschlug. Deutsche Freunde, vor allem von Schlabrendorff, rieten ihm dazu , lieber seine Situation in England zu benutzen, um einen Einfluß auf die englische Regierung im Sinne einer vernünftigen Wiederaufbaupolitik auszuüben, nachdem sich John einen Eindruck von den Mißständen verschafft hatte[107]. Auf dieser Reise hatte John auch die Möglichkeit, kurz als Beobachter auf der Pressetribüne den Nürnberger Kriegsverbrecherprozeß zu verfolgen[108].

bb) „Screening" von hohen deutschen Offizieren in Kriegsgefangenenlagern

Nach England von dieser dreiwöchigen Reise zurückgekehrt, lieferte Otto John seinen Reisebericht an Leonard Ingram ab. Er wurde dann zur Mitarbeit an einem großzügigen Programm der britischen Regierung zur politischen Weiterbildung der deutschen Kriegsgefangenen im Lager Wilton Park in Steyning (West Sussex)herangezogen[109]. Zu seinen Aufgaben gehörte auch das „Screening" der Lagerinsassen, die darauf überprüft werden sollten, wieweit sie noch immer dem untergegangenen NS-Regime nachtrauerten. Hierbei wurden die Klassen A bis C unterschieden. Klasse A waren keine Nazis und konnten sofort entlassen werden, Klasse B waren indifferent und Klasse C aktive Nazis. Diese Aufgabe hat Otto John einige Freundschaften, vor allem aber viele Feindschaften eingebracht, besonders weil manche der C-Klassifizierten später in der frühen Bundesrepublik wieder zu Amt und Würden bzw. wirtschaftlichem Erfolg kamen[110]. Hierzu gehören beispielsweise der

---

106 *John I*, S. 200.

107 *John I*, S. 205.

108 *John I*, S. 203.

109 *John I*, S. 207.

110 *John I*, S. 208 ff.; *Gieseking*, S. 46 ff.

Generalmajor Heinz Trettner[111] und SS-Standartenführer Gunter d'Alquén[112].

cc) Juristische Tätigkeit in England

Otto John hatte über die Ansichten hoher deutscher Militärs, wie sie ihm durch das Screening bekannt geworden waren, Aufsätze geschrieben und Vorträge gehalten, die die Aufmerksamkeit von Oberst Telford Taylor fanden, nach Robert H. Jackson der Hauptankläger des amerikanischen Militärgerichts in Nürnberg.. Oberst Taylor lud Otto John zu einem Gedankenaustausch im Januar 1948 nach Nürnberg ein, wo er dann für seine historischen Forschungen über die NS-Zeit in den Archiven der Amerikaner fast ein halbes Jahr blieb[113].

Zu diesem Zeitpunkt fand der Prozeß gegen hohe Beamte des Auswärtigen Amtes statt, darunter auch Ernst v. Weizsäcker. Der Verteidiger Weizsäckers, Hellmuth Becker [114], bat Otto John, in England von Lord Vansittart eine eidesstattliche Erklärung zu besorgen, daß Weizsäcker 1939 die Gebrüder Kordt [115] zu geheimen Verhandlungen ermächtigt habe, um den Frieden zu retten. Otto John suchte Lord Vansittart auf, der aber eine völlig andere Erklärung abgab: „Die Gebrüder Kordt hätten durch ihn versucht, die britische Regierung davon abzuhalten, einen Beistandspakt mit Polen zu schließen, um Hitler nicht zum Krieg gegen Polen zu provozieren". Diese Erklärung war nicht günstig für v. Weizsäcker.

Durch Vermittlung seines früheren Lehrers an der Frankfurter Universität, Professor Ernest Cohn, der selbst Berater des Foreign Office für Deutsches Recht war, konnte Otto John 1948 in das Anwaltsbüro Brodt & Co[116] eintreten. Er erhielt die Zulassung als „Berater für

---

111 Heinz Trettner, 19. 9. 1907 , Träger des Ritterkreuzes mit Eichenlaub, mit verantwortlich für die völkerrechtswidrige Bombardierung von Rotterdam 1940, wegen Kriegsverbrechen in Italien am Ende des 2. Weltkriegs besonders in Fiesole (Florenz) beschuldigt, aber nie formell angeklagt, 1956 als Generalmajor reaktiviert, 1964-1966 Generalinspekteur der Bundeswehr.

112 Gunter d'Alquén, 24. 10. 1910 - 15. 5. 1998, „Alter Kämpfer" (NSDAP seit 1927), Chefredakteur von „Völkischer Beobachter" und „Das Schwarze Corps", war seit 1950 erfolgreich im Wirtschaftswunder mit der Weberei Krall und Roth in Mönchengladbach.

113 *John I*, S. 214.

114 *Gieseking*, S. 88.

115. Oben B. II. 2. S. 18

116 *Gieseking*, S. 50.

Deutsches und Internationales Recht"[117]. In dieser Eigenschaft wurde ihm eine Tätigkeit im Mansteinprozeß angeboten.

c) Auftreten Otto Johns im Mansteinprozeß

Feldmarschall von Manstein war für Otto John kein Unbekannter. In der Widerstandszeit hatte Henning v. Tresckow nach der unklaren Haltung des Feldmarschalls v. Kluge versucht, v. Manstein zur Mitarbeit in der Verschwörung zu gewinnen, was aber nicht gelang. Otto John hat dann in seiner Eigenschaft als „Screener" versucht, in langen Gesprächen auf Spaziergängen mit v. Manstein Näheres über diese Kontakte zu erfahren, die v. Manstein kategorisch abstritt. Er hätte sich auch nie für einen Sturz Hitlers hergegeben.[118]

Im Herbst 1948 übernahm Otto John auf Vorschlag von Brigadier Shappcott, dem Leiter der Rechtsabteilung der britischen Armee, die Aufgabe, als Berater für deutsches Recht und als Dolmetscher im Prozeß gegen v. Manstein in Hamburg mitzuarbeiten.[119]. Von Manstein wurde das Mitwissen an Kriegsverbrechen gegen die Zivilbevölkerung, vor allem auch gegen Juden in seinem Befehlsbereich an der Ostfront vorgeworfen. Es kam unter anderem darauf an, ob v. Manstein Kenntnis von den Greueltaten der deutschen Streitkräfte (nicht nur der SS) an der Ostfront hatte, was v. Manstein energisch abstritt.

Elwyn Jones, der Vertreter der Anklage, ließ Otto John eine bestimmte Seite aus dem Kriegstagebuch der 11. Armee aufschlagen. Diese Armee unterstand v. Manstein. Auf dieser Seite waren einige Zeilen überklebt. Sie lauteten: „Der neue Oberbefehlshaber wünscht nicht, daß Offiziere bei der Erschießung von Juden zusehen. Das ist eines deutschen Offiziers nicht würdig."[120]

Erich v. Manstein[121] wurde (nicht wegen der Judenfrage) zu 18 Jahren Freiheitsstrafe verurteilt, die auf 12 Jahre revidiert wurden. Aus gesundheitlichen Gründen wurde er schon 1953 aus der Haft entlassen.

---

117 *John I*, S. 213.

118 *John I*, S. 102.

119 *John I*. S. 216.

120 *John I*, S. 219.

121 Dazu unten M. 4. b), S. 270.

d) Eheschließung in England

Während seiner Tätigkeit für Sefton Delmer lernte Otto John Gisela Mankiewitz[122] und durch sie deren Mutter Lucie Manén[123] kennen. Lucie stammte aus vermögender deutsch-jüdischer Familie. Als bekannte Sängerin hatte sie den Künstlernamen Manén angenommen. Sie emigrierte, da ihr in Deutschland kein Auftreten mehr möglich war, nach England. Dort war unter Leitung der Emigranten Fritz Busch und Carl Ebert die private Oper in Glyndebourne entstanden, in der sie zuerst noch auftreten konnte. Mit Kriegsbeginn war das einer „feindlichen Ausländerin" nicht mehr möglich.

Anlaß für eine Rückkehr nach Deutschland war ein Gespräch, das Otto John noch während des Mansteinprozesses[124] mit Bundespräsident Theodor Heuss, auf dessen Einladung in Bad Godesberg führte. Otto John hatte Theodor Heuss in der NS-Zeit im Haus von Klaus Bonhoeffer kennen gelernt. Frau Emmi Bonhoeffer war eine Kusine von Frau Elli Heuss-Knapp. Eine neue freundschaftliche Verbindung bestand dadurch, daß Lucie John-Manén Theodor Heuss seit frühester Kindheit gut kannte. Ihr Vater war ein enger Freund des Bruders von Theodor Heuss.

Diese Verbindung erleichterte sicher Lucie Manén, die sich in England eine Existenz mit Gesangsunterricht und medizinischen Forschungen über die menschliche Stimme aufgebaut hatte, Otto John in das Land zu folgen, das mit dem Verbrechen der Judenvernichtung belastet war. An Weihnachten 1949 wurde die Ehe in England geschlossen[125].

---

122 Tochter Lucie Manéns aus erster Ehe. Sie hatte den Namen Gisela Mann angenommen. Otto Johns Stieftochter hing sehr an ihrem Stiefvater. Sie lebt in London, verheiratet mit Evan Stone, einem hohen englischen Richter im Ruhestand. Verfasser verdankt ihr den Zugang zu Otto Johns Nachlaß, den sie dem IWM übergeben hat.

123 Lucie Manén war eine Tochter des Gynäkologen Mainzer aus Berlin. Ihr Schwiegervater aus erster Ehe war Paul Mankiewicz, einer der führenden Männer der Deutschen Bank in der Kaiserzeit und der Weimarer Republik. Sein Porträt, gemalt von Max Liebermann, hängt im Sitzungssaal des Aufsichtsrats der Deutschen Bank in Berlin.

124 Oben B. II. 4. c), S. 27.

125 *John I*, S. 221.

III. Otto John wird Präsident des Bundesamtes für Verfassungsschutz

1. Johns Ernennung und Stellung im Amt

a) Vorgeschichte der Bewerbung

Nach der Gründung der Bundesrepublik Deutschland 1949 suchte Otto John als Patriot eine Aufgabe beim Aufbau der Bundesrepublik. Er benutzte dafür seine Verbindung aus der Widerstandszeit zu Jakob Kaiser, der Minister für gesamtdeutsche Fragen im ersten Kabinett Adenauer geworden war. Er schrieb am 23. Sept. 1949 an Jakob Kaiser, nachdem er von dessen Ernennung erfahren hatte und schlug ein persönliches Treffen vor[126]. Am 12. 10. 1949 schrieb Kaiser kurz und freut sich auf baldiges Wiedersehen in Bonn[127]. Mit seinem ausführlichen Brief aus London vom 5. November 1949[128] an Jakob Kaiser, dem auch ein detaillierter Lebenslauf beilag[129], schilderte Otto John sein allgemeines Interesse, einen Beitrag zum Aufbau der Bundesrepublik einzubringen. Speziell interessierte er sich für zwischenstaatliche Aufgaben auf europäischer Ebene. Ganz gezielt ging es um die Stellung des deutschen Rechtsberaters bei der Internationalen Ruhrbehörde, von deren bevorstehender Besetzung Otto John Kenntnis hatte. Er bat Jakob Kaiser, ihn beim Bundeskanzler in die Vorschlagsliste aufnehmen zu lassen. Ein persönliches Treffen verlief sehr befriedigend. Louis Ferdinand[130] erwähnt dieses Gespräch in einem befürwortenden Schreiben vom 15 12. 1949 an Kaiser[131]. Die Bewerbung gelangte dann an Franz Blücher [132], der Ende 1949 deutscher Vertreter bei der Ruhrbehörde (später Montanunion) wurde. Es kam aber nicht zu einem Einstellungsgespräch.

Otto John hatte sich auch für eine Tätigkeit im auswärtigen Dienst interessiert. Das Auswärtige Amt befand sich noch im Aufbau. Die Vorgeschichte zu dieser Bewerbung bestand in einem Brief vom 21.

---

126 BArchKO, B 362 / 4618, Bl. 571.

127 Erkenntnislage des BfV.

128 *NL Blücher*, fiche 5, S. 259 - 261.

129 A.a.O.., S. 262-264.

130 Prinz Louis Ferdinand von Preußen, s. oben B. II. 2., S. 17.

131 BArchKO, B 362 / 4618, Bl. 572.

132 Franz Blücher, 24. März 1896 - 26. März 1969, 1949-1957 Bundesminister für Angelegenheiten des Marshallplan, später für wirtschaftliche Zusammenarbeit; Mitglied der Hohen Behörde dr Montanunion; Stellvertreter des Bundeskanzlers.

September 1949[133] von Emmi Bonhoeffer, der Witwe des mit Hans John und anderen noch am 23. April 1945 von der SS ermordeten Klaus Bonhoeffer[134], an ihren angeheirateten Vetter, den Bundespräsidenten Theodor Heuss. Sie gab eine überzeugende Empfehlung über „den nächsten Freund und Mitarbeiter ihres Mannes", erwähnt Johns juristische Kenntnisse und Beherrschung vieler Fremdsprachen - „charakterlich - nun eben Klaus' wichtigster Vertrauensmann, das sagt ja alles". Der Eingangsstempel des Bundespräsidialamts ist vom 4. Oktober 1949. Am 8. Oktober 1949[135] forderte Ministerialdirektor Dr. Klaiber, der Kanzleichef im Bundespräsidialamt, einen Lebenslauf von Otto John an, der sich in Hamburg wegen des Mansteinprozesses[136] aufhielt, wie Emmi Bonhoeffer ihm mitgeteilt hatte. Am 15. Oktober 1949 bewarb sich Otto John[137] und nannte als mögliche Arbeitgebiete die Reorganisation der deutschen Luftfahrtgesellschaften oder die Beitreibung der im neutralen Ausland unterschlagenen oder versteckten Vermögenswerte des Reiches. Theodor Heuss schrieb am 19. Oktober 1949[138], daß er damit rechne, Otto John in Bad Godesberg zu sehen, um „dann gemeinsam die Arbeits- und Berufsmöglichkeiten zu besprechen". Am 18. Dezember 1949 bedankte sich Otto John beim Bundespräsidenten Heuss für das Gespräch, das inzwischen in Bonn stattgefunden hatte Dieser Brief wird „gez. Ministerialrat v. Herwarth" am 31.12.49 beantwortet, obwohl der Inhalt wie eine persönliche Antwort von Heuss klingt. Merkwürdigerweise leitete v. Herwarth am 5. Januar 1950 „den an mich[139]. gerichteten Brief des Dr. John vom 18. Dezember 1949" sowie einen Lebenslauf, der sich bei unseren Akten befand"[140] an Geheimrat Melchers[141] im Bundeskanzleramt weiter, ohne zu erwähnen, daß es eine Korrespondenz mit dem Bundespräsidenten war, daß der Lebenslauf angefordert worden war, und daß ein Gespräch mit dem Bundespräsidenten stattgefunden hatte. Melchers leitete das „Organisationsbüro für die konsularisch-wirtschaftlichen Vertretungen im Ausland, aus dem später das Auswärtige Amt entstand. Die Anrede ist „Lieber Melchers". Es ist nicht zu erkennen, ob

---

133 BArchKO, B 122 / 2186.

134 s. oben B. II. 2. , S. 17.

135 BArchKO, B 122 / 2186.

136 Oben B. II. 4. c), S. 27.

137 BArchKO, B 122 / 2186.

138 BArchKO, B 122 / 2186.

139 Unterstreichung vom Verfasser.

140 BArchKO, B 122 / 2186.

141 Zu Melchers s.auch *Döscher*, S. 232 u.243 f.

Theodor Heuss die Korrespondenz seit dem 18. Dezember überhaupt gesehen hat.

Bei Melchers blieb die Bewerbung viele Monate liegen[142]. Die Vorstellung „des uns von verschiedenen Seiten empfohlenen" Kandidaten verlief negativ, nachdem sich Herr Dr. Melchers über „die Antecedentien des Herrn John in Nürnberg näher erkundigt" hatte. Diese „Antecedentien" waren vor allem ein vertraulicher Brief des Anwalts Hellmut Becker, der Ernst v. Weizsäcker in Nürnberg verteidigt hatte und auf die Anwesenheit Johns in Nürnberg hinwies, sowie Johns Mitwirkung im Mansteinprozeß. Melchers teilte dies mit Brief vom 24. März 1950 mit den Personalakten an den „lieben Klaiber" mit[143]. Wörtlich heißt es. „Was Herrn John selbst anbetrifft, so haben wir ihn hier empfangen und beide, sowohl Herr Haas als auch ich, einen sehr wenig günstigen Eindruck von ihm gehabt". Herr Klaiber im Bundespräsidialamt gab die Personalakten mit Brief vom 28. März an den „lieben Melchers" zurück und hielt es für angebracht, den Bundespräsidenten über die Gründe der Ablehnung zu informieren. Im Klartext heißt dies, daß Klaiber und Melchers Otto John für eine Tätigkeit im späteren Auswärtigen Amt für ungeeignet hielten, weil seine politische Einstellung zu den Vorgängen in der NS-Zeit nicht ihrer eigenen entsprach. Für das politische Klima in der frühen Bundesrepublik ist es bezeichnend, daß Personalentscheidungen beim Aufbau des Beamtenapparates von Beamten getroffen wurden, die selbst in führenden Stellungen im „Dritten Reich" waren[144]. Diese dokumentierten Intrigen schildert Otto John auch in seiner Biographie richtig[145], obwohl ihm die hier genannten Quellen (Akten des Bundespräsidialamtes und des Auswärtigen Amtes im Bundesarchiv Koblenz) nicht zur Verfügung standen.

b) Otto Johns Bewerbung zum Leiter des Bundesamts für Verfassungsschutz (BfV)

Auf Empfehlung von Jakob Kaiser bewarb Otto John sich im Oktober 1950 um die neu zu schaffende Stelle des Präsidenten des BfV[146]. Bundeskanzler Adenauer hatte bereits zahlreiche Vorschläge für die Besetzung dieser Position gemacht, die zum damaligen Zeitpunkt noch der Zustimmung der Alliierten bedurfte. Gegen viele Kandi-

142 *John I*, S. 221.

143 BAchKO B 122 / 2186.

144 Zu den Kontinuitäten bis heute s. unten G. 3., S. 108 f.

145 *John I*, S.221 f.

146 *John I*, S. 222.

daten gab es Widerspruch von Seiten der Alliierten wegen ihrer Tätigkeit in der NS-Zeit[147]. Gegen Otto John, ein Mann des Widerstands, der nach dem Attentat gegen Adolf Hitler am 20. Juli 1944 nur mit knapper Not nach England entkommen war[148], konnten solche Einwände nicht erhoben werden. Adenauers Wunschkandidat war sein persönlicher Referent im Kanzleramt Ernst Wirmer[149], gegen den es ebenfalls keine Einwendungen hinsichtlich seiner Haltung in der NS-Zeit gab. Diese Wahl scheiterte aber am Widerspruch der SPD[150]. Adenauer übertrug dann die Kandidatensuche dem Bundesminister des Innern Dr. Robert Lehr,[151] da das BfV dem Ministerium des Innern unterstand. Giesekings Zahl von neun Kandidaten vor John, deren Namen er nennt, ist wohl die zuverlässigste. Die Angabe von John selbst „über ein Dutzend" ist vermutlich übertrieben[152]. Antony Glees spricht von 13 Personen[153]. Dr. Lehr veranlaßte auf Grund der Anregung von Jakob Kaiser die Vorstellung von Otto John.

Daß Jakob Kaiser sich für John eingesetzt hat, ergibt sich auch aus dem zweiten Absatz eines Briefes von Prinz Louis Ferdinand[154]: „Otto berichtete mir sehr befriedigt über sein Zusammensein mit Ihnen. Es wäre wundervoll, wenn unser gemeinsamer Freund hier im Vaterlande ein geeignetes Betätigungsfeld finden würde"

Das Vorstellungsgespräch mit Innenminister Dr. Lehr und seinem Staatsekretär Ritter von Lex[155] verlief sehr positiv, wobei die Verbindung von Frau John zu Theodor Heuss, dem ersten Bundespräsidenten, von der die Herren Lehr und v. Lex wußten, sicher hilfreich war.

---

147 *John I*, S.223.

148 Oben B. II. 3. , S. 21 f.

149 Ernst Wirmer,* 7. Januar 1910; † 19. August 1981, war später langjähriger Ministerialdirigent im Bundesverteidigungsministerium. Sein Bruder wurde nach dem 20. Juli 1944 zum Tode verurteilt

150 *Gieseking*, S. 85..

151 Robert Lehr (* 20. August 1883 in Celle; † 13. Oktober 1956 in Düsseldorf) war ein deutscher Politiker (DNVP, CDU). Er war von 1950 bis 1953 Bundesminister des Innern

152 *John I*, S. 223.

153 Glees, S.230.

154 Louis Ferdinand an Jakob Kaiser am 15.12.49; BArchKO B 362 / 4618 Bl. 572.

155 Hans Ritter von Lex (* 27. Oktober 1893 in Rosenheim; † 26. Februar 1970 in München). Von 1950 bis 1960 war er beamteter Staatssekretär im Bundesministerium des Innern

Das Bewerbungsschreiben von Otto John mit ausführlichem Lebenslauf ist erhalten[156].

Bundesminister Kaiser hat später abgestritten, daß der Vorschlag von ihm kam. *Gieseking*[157] nimmt ausführlich Stellung, ohne zu einer Entscheidung zu kommen. Er übersieht[158], daß Herwarth eigentlich namens des Bundespräsidenten geschrieben hat und daß Herwarth John vermutlich gar nicht persönlich kannte. Für die Tatsache, daß Kaiser John empfohlen hat, spricht auch die Aussage von Lucie John bei ihrer Vernehmung unmittelbar nach dem Verschwinden Johns „Mein Mann hat sich die letzten Jahre von England aus geradezu die Finger wundgeschrieben, um eine Stelle in Deutschland zu finden ... Ganz unvorhergesehen erhielt er durch Jakob Kaiser das Angebot, die Stellung als Leiter des Bundesamtes zu übernehmen"[159]. Jeden Zweifel schließt Otto Johns Brief vom 3. Juni 1950 an Josef Kaiser aus[160], in dem er sich „für die wiederholten Bemühungen" bedankt. John antwortete sehr ausführlich auf einen Brief von Ludwig v. Hammerstein[161], in dem dieser auf Widerstände in Johns Bewerbung hingewiesen hatte, und entkräftete alle Einwände. Das Ganze wird schließlich bestätigt durch einen Brief Hammersteins vom 7. November 1950 auf Briefbogen des Bundesministers für gesamtdeutsche Fragen (das war Jakob Kaiser): „....dabei sprach mein Chef nochmal mit Lehr, der erklärte, er sei entschlossen, Sie zu nominieren die Leute werden sich demnächst direkt an Sie wenden"[162].

Die drei Hohen Kommissare mußten zustimmen, wobei die Ansicht der Engländer wichtig war, weil Otto John die letzten Jahre in England verbracht hatte. Die Routineanfrage an die Britische Regierung ergab die Mitteilung, daß gegen John auf Grund seiner Tätigkeiten in England von 1944 - 1949 keine Bedenken vorlägen. Bei entsprechenden früheren Anfragen an die Alliierten hatte jeweils mindestens einer der Alliierten Einspruch gegen den Bewerber bzw. gegen die Vorschläge der Regierung Adenauer erhoben.

---

156 Erkenntnislage des BfV.

157 *Gieseking*, S. 77 ff.

158 *Gieseking*, S. 87, Fn 166.

159 BArchKO, B 362/10940, Bl. 84-130, S. 46 des Protokolls.

160 BArchKO, B 362/10942, Bl. 814 - 818.

161 1922-1996, Pressereferent von Jakob Kaiser, Bruder von Kunrat v. Hammerstein, Sohn von General Kurt v. Hammerstein-Equord, alle eng mit dem Widestand gegen Hitler verbunden.

162 Erkenntnislage des BfV.

c) Die Übernahme des Amtes

Das neugegründete BfV mit Sitz in Köln in der britischen Besatzungszone wurde zunächst kommissarisch von dem späteren Vizepräsidenten Albert Radke geleitet. Radke war von der Organisation Gehlen (dem späteren BND in Pullach bei München) delegiert worden. Sowohl sein Chef Gehlen als auch Radke selbst waren an einer Ernennung zum Präsidenten des BfV interessiert, aber ihre Tätigkeit in der NS-Zeit war nicht geeignet, die Zustimmung der Alliierten zu finden.

Am 4. Dezember 1950[163] übernahm Otto John die Leitung des BfV. Die von Dr. Lehr als Bundesminister des Innern mit Zustimmung des Bundeskanzlers unterzeichnete Urkunde[164] zur kommissarischen Leitung des Bundesamtes für Verfassungsschutz stammt vom 7. Januar 1951 und galt mit Wirkung vom 1. Dezember 1950.

Die lebenszeitliche Ernennung zum Präsidenten verzögerte sich aber noch fast um ein Jahr, weil von verschiedenen Seiten Einwendungen kamen. Diese kamen ganz allgemein aus den Kreisen der „Renazifizierten", die sich schon seinen Bewerbungen widersetzt hatten, aber vor allem von ehemaligen hohen Offizieren, die Otto John in England verhört und als C eingestuft hatte. General Busse, der ehemalige Stabschef von Erich v. Manstein, sprach bei Minister Lehr vor, um einen Protest der Generale gegen die Berufung von Otto John vorzubringen[165].

Gemäß Aktennotiz von Otto John vom 12. Februar 1951[166] mit Auszügen aus dem Protestschreiben bezeichnete Busse das Verhalten von Otto John beim „Screening" in den Kriegsgefangenenlagern in England *„als unwürdig für einen Deutschen"*. Busse schließt aus der von ihm behaupteten engen Verbindung Johns zum englischen „Secret Service" *„dass es vom deutschen Standpunkt nicht verständlich erscheint, ihm die Leitung einer so wichtigen Oberbehörde wie des Bundesamtes für Verfassungsschutz zu übertragen"*.

Mit Schreiben vom 6. März 1951 an Lehr widerlegt Otto John alle Anschuldigungen Punkt für Punkt, wobei er u.a. darauf hinweist, daß es einen britischen Geheimdienst mit der Bezeichnung „Secret Service" nie gegeben habe, was wohl übertrieben ist, da man sicher „Secret Service" als Sammelbegriff für die Geheimdienste verwen-

163 *John I*, S. 225.

164 Das Original befindet sich in *NL John II*.

165 *John I*, S. 233.

166 *NL John II*, Hefter Busse.

den kann, so wie man im Deutschen unter „Geheimdienste" sowohl das BfV wie den BND versteht. Aber jedenfalls habe er nie einem englischen Geheimdienst unter welcher Bezeichnung auch immer angehört. Das Schreiben Johns endet:

> *„Seine* [Busses] *staatsbürgerliche Besorgnis um die Leitung des Bundesamtes für Verfassungsschutz möge sich mit der Versicherung beruhigen, dass ich in meiner nicht ganz alltäglichen politischen Laufbahn die geistige Selbständigkeit und die persönliche Unabhängigkeit bewiesen habe, die die Leitung des Bundesamtes für Verfassungsschutz erfordert".*

Es gab Angriffe in der *Deutschen Soldatenzeitung,* einem von der amerikanischen Besatzungsmacht finanziell geförderten Blatt, das die geplante deutsche Wiederbewaffnung propagierte und die Tätigkeit Otto Johns als Emigrant anprangerte[167].

Auch Bundeskanzler Adenauer selbst beteiligte sich an den Einwendungen. So äußerte er einmal gegenüber Otto Lenz, dem damaligen Staatssekretär im Bundeskanzleramt, den Verdacht, daß John ein geheimes Mitglied der SPD sei, weil er gute persönliche Kontakte zu Kurt Schumacher, dem Vorsitzenden der SPD und zu dem Gewerkschaftsführer Hans Böckler hätte[168]. Ein anderes Mal äußerte er gegenüber Staatssekretär Lenz seinen Zorn auf Otto John, wobei sich dann herausstellte, daß es eine Verwechslung mit einem Oskar von John war[169].

Trotz dieser Widerstände erfolgte schließlich die Bestätigung der Ernennung von Otto John. Die Anordnung des Bundespräsidenten über die Festsetzung der Amtsbezeichnungen „Präsident des Bundesamtes für Verfassungsschutz" und „Vizepräsident des Bundesamtes für Verfassungsschutz" wurde veröffentlicht[170]. Die formelle Ernennungsurkunde zum Präsidenten auf Lebenszeit, unterschrieben von Bundespräsident Theodor Heuss, stammt vom 30. Oktober 1951[171].

---

167 *John I*, S. 238.

168 *John I*, S. 230.

169 *John I*, S. 232.

170 BGBl. No. 18, Teil I, S, 256 v. 24. 4. 51.

171 Erkenntnislage BfV, liegt bei Lebenslauf v. 6. Feb. 1950, Bl. 1774 - 1778.

2. Die Aufgaben des Verfassungsschutzes

a) Das Bundesamt für Verfassungsschutz

In dem geschilderten weltpolitischen Umfeld und nach der noch nicht bewältigten Vergangenheit der NS-Zeit sah die Bundesrepublik ihre Verfassung (das Grundgesetz) von Feinden von links und rechts bedroht und bedurfte dringend einer geheimdienstlich orientierten Behörde, auf die auch der friedlichste Staat in friedlichen Zeiten nicht verzichten kann. Besonders kritisch war die Situation in dem geteilten Deutschland, in dem die beiden deutschen Teilstaaten einen verbalen Kalten Krieg führten, hinter dem die verfeindeten Großmächte standen. Einerseits wollte die Bundesrepublik ihren Alleinvertretungsanspruch nicht aufgeben und hielt die Grenze für Bürger der DDR offen, andererseits hatte sie damit ein Einfallstor für östliche Agenten[172]. Punktuell wurde der Krieg heiß, weil die DDR ihre Einwohner mit Gewalt - die bis zum Todesschuß ging - am Verlassen ihres Gebietes, am Überschreiten des „Eisernen Vorhangs" hinderte. Entführungen von West nach Ost, besonders in Berlin, waren häufig. In dieser Situation wurde 1950 das Gesetz zur Errichtung der Verfassungsschutzämter des Bundes und der Länder erlassen[173].

Nach dem Gesetz war es Aufgabe der Verfassungsschutzämter, innerhalb des Bundesgebietes links- und rechtsradikale staatsfeindliche Umtriebe zu erforschen, die darauf gerichtet waren, einen Umsturz der verfassungsmäßigen Ordnung herbeizuführen[174]. Otto John unterzog sich im Geiste seiner demokratischen Grundauffassung den schwierigen Aufgaben des neuen Amtes. Gesetze zur Bestrafung der ermittelten Täter fehlten der Exekutive. Die Staatsschutzgesetze der NS-Zeit waren von den Alliierten aufgehoben worden[175]. Der Parlamentarische Rat hatte bei seinen Beratungen über das Grundgesetz der Bundesrepublik keine Staatsschutzgesetze im engeren Sinn vorgesehen, da die Erinnerung an die Gestapo noch frisch war und keine neue politische Polizei entstehen sollte. Das Land Hessen hatte sich eine Verfassung gegeben, die in Art. 146 ff. Bestimmungen zum Schutz der Verfassung enthielt, aber in Art. 149 hinsichtlich strafrechtlicher Folgen auf eine noch zu erlassende Ausführungsgesetzgebung verwies. Das Grund-

---

172 *Schiffers II*, S.51.

173 BGBl. 1950, S. 682.

174 *John I*, S. 225 ff.

175 Kontrollratsgesetze v. 20. 9. 1945, 30. 1. 1946, 20. Juni 1947; zitiert nach *Schiffers I*, S. 27.

gesetz enthält lediglich in Art. 96 Abs. 5 einen Hinweis auf die Möglichkeit, ein Gesetz für Strafverfahren auf dem Gebiet des Staatsschutzes zu erlassen. Der zum ersten Präsidenten des Bundesamtes für Verfassungsschutz 1950 ernannte Volljurist Dr. Otto John drängte auf die Schaffung eines solchen Gesetzes[176]. Es wurde nach langen Beratungen dann als „Blitzgesetz"[177] am 11. Juli 1951 im Bundestag verabschiedet[178].

b) Kritik am Bundesamt für Verfassungsschutz

In der frühen Bundesrepublik wurde aber die Tätigkeit des BfV und seines Präsidenten keineswegs überall so positiv wie von einem Beobachter aus dem neutralen Ausland[179] gesehen. Wie bereits angedeutet[180], war das BfV ständiger Kritik ausgesetzt. Daß diese vor allem von der äußersten Linken (KPD) und Rechten (SRP) kam, überrascht nicht. Die KPD (Kommunistische Partei Deutschlands) war schon in der Weimarer Republik Feind eines liberalen Rechtsstaats und zielte auf eine Diktatur nach sowjetischem Muster. Die SRP (Sozialistische Reichspartei) war ein Sammelbecken der Ewiggestrigen, die durch die Amnestiegesetze[181] wieder auftauchten und die Restauration einer rechtsextremen Diktatur anstrebten. Beide Parteien wurden als verfassungsfeindlich eingestuft, die KPD erst 1956 endgültig verboten, die SRP schon 1952. Es gab aber auch viel Kritik aus Kreisen, die in der NS-Zeit zu den Eliten gehört hatten und durch die Amnestien in einflußreiche Stellungen in der frühen Bundesrepublik gelangt waren. An besonders wichtigen Fällen wird nachstehend die Kritik verdeutlicht

aa) Die Naumann-Affäre

Bei der Naumannaffäre (oft auch als „Gauleiterverschwörung" bezeichnet) handelte es sich darum, daß sich ein Kreis ehemaliger hoher Naziführer, viele davon Mitglieder der FDP, in der britischen Zone zusammengefunden hatte, um eine „Machtergreifung" für 1957 vorzubereiten[182]. Der Naumannkreis erschien dem britischen Hochkommissar Sir Kirkpatrick so verdächtig, daß er von der briti-

---

176 *Schiffers II*, S. 52; Rede Johns im BT Rechtsauschuß, Wortprotokoll der 112. Sitzung, 15.6.1951, S. 12- 14.

177 Zur Wortwahl „Blitzgesetz". *Schiffers I*, S. 206 f.

178 Unten K. 1. , S. 183 ff.

179 Unten G. 3. b), S. 106.

180 Oben B. III. 2. b), S. 37 ff.

181 Oben B. I. 3. , S. 9 ff.

182 Adenauers Ansicht lt. *Gieseking*, S. 117.

schen Militärpolizei Verhaftungen vornehmen ließ, ohne deutsche Stellen vorher zu informieren. Soweit es Otto John betraf, hatte dieser die fehlende Kontaktaufnahme von Sir Kirkpatrick, mit dem er gut bekannt war, darauf zurückgeführt, daß dieser jeden persönlichen Kontakt mit ihm vermied, um ihn nicht als Geschöpf der Engländer erscheinen zu lassen[183]. Das BfV hatte zwar den Naumannkreis schon vorher überwachen lassen, hielt ein Eingreifen aber für verfrüht. Offiziell wurde das BfV erst eingeschaltet, als die Engländer ihr Beweismaterial der Bundesregierung übergaben. Das BfV erhielt die Aufgabe, die Unterlagen zu überprüfen und kam zur Auffassung, daß die Haftbefehle gegen Naumann und seine „Mitverschwörer" aufzuheben seien, was dann auch geschah. Trotzdem legte die breite Öffentlichkeit die Verhaftungen John und dem BfV zur Last[184].

bb) Die Vulkan-Affäre

Im April 1953 veranlaßte Oberbundesanwalt Dr. Wiechmann auf einen Schlag die Verhaftung von 35 Personen wegen Spionageverdacht[185]. Ermittlungsrichter war Dr. Kurt Weber. Die Verhaftungen waren durch einen aus Ost-Berlin geflüchteten Agenten eines amerikanischen Geheimdienstes ausgelöst worden. Otto John hatte dem Oberbundesanwalt (OBA) das Überwechseln dieses Agenten mitgeteilt, aber ausdrücklich darauf hingewiesen, daß im BfV keine Unterlagen über die Verläßlichkeit dieses Mannes vorlägen. Die auf Grund der Aussagen dieses Agenten vorgenommenen Verhaftungen trafen außer echten Spionen eine Reihe angesehener Männer aus Industrie und Wirtschaft und stellten sich bald zu einem großen Teil als Fehlgriffe heraus.

Zunächst veranlaßte aber in Abwesenheit von Bundeskanzler Adenauer, der sich in San Francisco befand, sein Stellvertreter Vizekanzler Blücher eine Kabinettssitzung und anschließende Pressekonferenz. John sollte auf der Pressekonferenz Blücher assistieren, hatte aber eine zwingende dienstliche Verabredung und übergab seine Unterlagen (die auch die unbedingt geheimzuhaltenden Namen der Verhafteten enthielten) seinem Vorgesetzten Ministerialdirektor Egidi. Vizekanzler Blücher, der sich in der ganzen Sache vermutlich in Abwesenheit von Adenauer profilieren wollte, nannte unverständlicherweise in der Pressekonferenz die Namen der Verhafte-

---

183 *John I*, S. 244.

184 *Gieseking*, S. 114.

185 *John I*, S. 247 ff.

ten. Einer der Verhafteten beging Selbstmord. In der Presse war das BfV und sein Präsident der Prügelknabe, obwohl die Verantwortung nicht bei ihm lag.

cc) Auseinandersetzung mit Georg August Zinn (Hessischer Ministerpräsident)

Hintergrund dieser Auseinandersetzung ist das Spannungsfeld zwischen den Landesämtern für Verfassungsschutz (LfV) und dem BfV. Die LfV's bestanden schon vor der Einrichtung des BfV und wachten eifersüchtig über ihre Selbstständigkeit, wobei die Weisungsbefugnis der Bundesbehörde nicht immer eindeutig geklärt war. Auch die persönliche Einstellung der einzelnen LfV's zu Otto John auf Grund ihrer Tätigkeit in der NS-Zeit und ihre Parteizugehörigkeit spielten eine Rolle. Manche waren parteilos, als CDU-Mitglieder waren sie eher der Kompetenz der Bundesregierung unter Adenauer und damit des BfV, als SPD-Mitglieder unter SPD-Ministerpräsidenten eher einer oppositionellen Rolle auf Landesebene zugeneigt.

In diesem Spannungsfeld entdeckte das LfV Hessen 1952 Aktivitäten einer rechtsgerichteten Jugendbewegung „Bund Deutscher Jugend" (BDJ), die einen „Krieg" gegen die kommunistische „Freie Deutsche Jugend" (FDJ) führte, die von der DDR gestützt und finanziert wurde. Der Ministerpräsident des „roten" Hessens, Georg Zinn[186], bat Otto John Ende September 1952 abends dringend um eine streng vertrauliche Aussprache in seinem Haus in Wiesbaden[187]. Dort waren eine größere Zahl von Herren versammelt, darunter Zinns Staatssekretär und sein Pressechef, Innenminister Zinkann, dessen Staatssekretär sowie der Polizeipräsident von Frankfurt am Main. Zinn teilte dem ahnungslosen John mit, daß er einer Neo-Naziorganisation auf die Spur gekommen sei, die heimlich im Odenwald Schießübungen veranstalte und einen Partisanenkrieg vorbereite. Es handele sich um eine Gruppe des BDJ, der von den Amerikanern unterstützt werde. Auf seine, Zinns, persönliche Anweisung seien soeben die Verhaftungen von Mitgliedern dieser Gruppe angelaufen.

Otto John sah zunächst den Verstoß der Landesregierung gegen Bundesrecht und fragte, wieso das LfV Hessen nicht sofort das BfV orientiert habe. Zinns Ansicht war, daß dann Adenauer davon erfahren und Mittel und Wege gefunden hätte, die Verhaftungen zu unterbinden. Otto John war bestrebt, keine Verstimmung mit den Amerikanern aufkommen zu lassen und schlug Zinn einen deutsch-amerikanischen Ausschuß zur Untersuchung der Sache vor. Gemeinsam mit General Truscott wurde die Einsetzung eines Aus-

186 Georg August Zinn, 27. Mai 1901 - 27. März 1976, Hessischer Ministerpräsident 1951-1969.

187 *John I*, S. 240.

schusses beschlossen sowie Stillschweigen, bis die Untersuchungen dieses Ausschusses vorlägen. Trotzdem spielte Zinn im Bundestag die Sache als einen politischen Angriff gegen die Bundesregierung eine Woche später hoch, wobei der Eindruck entstand, daß der Präsident des BfV die verfassungsfeindlichen Aktivitäten des BDJ geduldet habe. Neben der Desavouierung von Otto John hatte die Publizität zur Folge, daß in der DDR eine Reihe von BDJ-Angehörigen aufgespürt und zu langjährigen Zuchthausstrafen verurteilt wurden

dd) Kritik vom Bundeskanzler

Daß Bundeskanzler Konrad Adenauer, der in nachrichtendienstlichen Fragen eng mit Reinhard Gehlen zusammen arbeitete, eine distanzierte Haltung zu Otto John hatte, zeigte sich schon vor dessen endgültigen Bestätigung als Präsident des BfV[188]. Eine für die Haltung Adenauers typische Kritik bezog sich auf die Aktivitäten der Freien Deutschen Jugend (FDJ). Die FDJ war die Jugendorganisation der Sozialistischen Einheitspartei Deutschlands (SED), der de facto allein herrschenden Regierungspartei in der DDR. Die FDJ hatte auch in der Bundesrepublik Aktivitäten, die vom Verfassungsschutz beobachtet wurden. Die FDJ hatte als nicht genehmigte Demonstration einen zentralen Aufmarsch aus allen Teilen der Bundesrepublik an einem Sonntag zum Hotel Petersberg, der Residenz der drei Hohen Kommissare im Siebengebirge, organisiert, um „gegen Wiederaufrüstung und für einen Friedensvertrag" zu demonstrieren[189]. Adenauer sah durch ein Versagen des BfV das Leben der Hohen Kommissare gefährdet. Tatsächlich waren die Hohen Kommissare aber niemals sonntags an diesem Amtssitz und trafen sich dort nur gelegentlich zu Konferenzen. Auch die Geheimdienste der Alliierten hatten die Aktion der FDJ nicht so rechtzeitig in Erfahrung gebracht, daß polizeilich dagegen eingeschritten werden konnte. Auf Grund des Beweismaterials des BfV wurde die FDJ vom Bundesministerium des Innern wegen ihrer Finanzierung und Steuerung durch kommunistische Agenten der DDR als verfassungsfeindlich eingestuft und am 24. Juni 1951 verboten.

ee) Konkurrenzsituation zu Reinhard Gehlen

Zwischen Otto John und Reinhard Gehlen, dem Chef der Organisation Gehlen, die für die Auslandsspionage zuständig war, bestand von Anfang an ein gespanntes Verhältnis. Otto John wußte nicht nur alles über Gehlens Tätigkeit in der NS-Zeit, sondern auch von vielen ehemaligen SS-Führern, die in der Organisation Gehlen arbei-

---

188 Oben S. 34f.

189 *John I*, S . 240.

teten. General Gehlen hatte sich vor Kriegsende in den bayrischen Bergen mit umfangreichem Aktenmaterial aus seiner Tätigkeit in der militärischen Aufklärung versteckt gehalten und sich sofort der amerikanischen Besatzungsmacht zur Verfügung gestellt. Er hatte mit Resten des Stabes "Abteilung Fremde Heere Ost" bereits 1946 unter der Bezeichnung "Organisation Gehlen" für amerikanische Dienststellen im Bereich der militärischen Ostaufklärung gearbeitet. Die Mansteinsache[190] war vermutlich einer der Gründe für die ablehnende Haltung von Reinhard Gehlen, der Generalfeldmarschall von Manstein als sein militärisches Vorbild verehrte.

Markus Wolf, der jahrzehntelang die Spionage der DDR geleitet hat, schreibt über Gehlen[191] und seine Organisation: „Auf ....Gehlen stieß ich erstmals in einem Artikel des Londoner Daily Express mit der Schlagzeile: ‚Ex-Hitler-General spioniert jetzt für Dollars' ....Die Organisation Gehlen....wurde ein Sammelbecken... „alter Kameraden" aus Hitlers Zeiten.... Gehlen genoß nicht nur im Bonner Kanzleramt Vertrauen, sondern auch in arabischen Staaten, weil er ehemalige Nazioffiziere als Ausbilder in den Nahen Osten entsandte, darunter so manchen Experten in der Judenverfolgung". Autor des Artikels war Sefton Delmer[192].

Ende 1947 zog die "Organisation Gehlen" auf das noch heute durch den Bundesnachrichtendienst genutzte Gelände in Pullach. Gehlen, der das besondere Vertrauen von Adenauer genoß, hat es vielleicht auch nicht verschmerzt, daß er nicht Präsident des BfV geworden war. Gehlen war einer der Wunschkandidaten von Adenauer, wurde aber von den Alliierten wegen seiner führenden Stellung in der NS-Zeit abgelehnt. Nach Ansicht von Otto John kam es im Jahr 1952 bei einer Besichtigung des Hauptquartiers in Pullach auf Einladung von Gehlen beim Abendessen zu einer völligen Aussöhnung[193] mit dem Trinkspruch Gehlens: „Wir wollen das Vergangene vergessen. Auf gute Zusammenarbeit!" .

ff) Kritik von der Bundesanwaltschaft

Es gab aber auch Kritik von Seiten der Bundesanwaltschaft. Die Kritik gipfelte in einer 5-stündigen Aussprache am 10. Mai 1954 in Karlsruhe zwischen Otto John und den Vertretern der Bundesanwaltschaft, OBA Dr. Wiechmann und BA Dr. Max Güde. Regierungsdirektor Gerken vom BfV widerlegte die Behauptungen Punkt

---

190 Oben B. II. 4. c), S. 27.

191 *Wolf*, S. 62 f.

192 Oben B. II. 4. a), S. 23.

193 *John I*, S. 243.

für Punkt am 11. Mai 1954 in einem 11 Seiten langen sorgfältigen Schriftsatz[194], aus dem seine Ansicht über die Juristen auf der letzten Seite so amüsant ist, daß sie als Anlage V[195] beigefügt ist Gerken war anders als Otto John kein Jurist, wie sich aus den nachstehenden Daten ersehen läßt[196]:

Gerken, Richard	1900	Offizier	RSHA, Abt. IV = Gestapo, SS-Hauptsturmführer	Hauptmann OKW Amt Abwehr	BfV, Abt.Ltr. Beschaffung Abt.Ltr. Spionage-abwehr	52 - 57 57 - 64	Ltd. RegDir.

Die Sache sollte in einem abschließenden Gespräch in Karlsruhe nach der Rückkehr von Otto John aus Berlin nach dem 20. Jul 1954 geklärt werden.

c) Kritik an der Person Otto John

In vielen Fällen richtete sich die Kritik nicht in erster Linie gegen das Bundesamt für Verfassungsschutz, sondern unmittelbar gegen Otto John persönlich. Es waren dieselben Kreise, die schon seine Einstellung in den Auswärtigen Dienst und seine Ernennung als Präsident der BfV zu verhindern versucht hatten[197]. Da er Remigrant war, begegneten ihm diese an den Schalthebeln der Macht sitzenden „131er" mit entsprechenden Vorbehalten.

Statt an dieser Stelle punktuell auf die einzelnen Vorwürfe einzugehen, wird auf die zusammenfassende Beurteilung seiner Persönlichkeit verwiesen, die ohne Vorgriff auf die späteren Kapitel nicht vollständig wäre[198].

---

194 v. 11. 5. 1954, Erkenntnislage des BfV.

195 Anlage V., S. 356.

196 Quelle: Google „Personage BRD Geheimdienste".

197 oben B. III. 1. a), S. 29 f.

198 unten Kapitel G., S. 103 ff.

C. Otto Johns Berlin-Reise im Juli 1954

1. Tätigkeiten vom 15.-19. Juli 1954

Otto John war zu den Gedenkfeiern zehn Jahre nach dem Attentat vom 20. Juli 1944 in Berlin am 19. und 20. Juli 1954 eingeladen. Er nahm daran nicht in erster Linie als Präsident des BfV teil, sondern vor allem als einer der wenigen Widerstandskämpfer, die das Attentat und die danach von Hitler verlangte Vernichtung der Verschwörer überlebt hatten.

Er benutzte den Anlaß, dienstliche Aufgaben in Berlin wahr zu nehmen. Er flog am 15. Juli 1954 von Köln nach Berlin. Seine Frau begleitete ihn, weil sie mit Ingenieuren von Siemens über ein Gerät für Ihre Forschungsarbeiten sprechen wollte. Das Ehepaar John wohnte während seines Berlinaufenthalts im Hotel Schätzle, dessen Inhaberin mit Otto John aus seinen Berliner Jahren bekannt war. Im gleichen Hotel waren auch Prinz Louis Ferdinand und die Sekretärin von Otto John, Frau Vera Schwarte, untergebracht.

Am Flugplatz wurden Johns von Fritz Wussow, einem Mitarbeiter des LfV Berlin abgeholt, der Otto John auch in den nächsten Tagen als Fahrer für die verschiedenen Verabredungen zur Verfügung stand. Der 16. Juli war ein anstrengender Tag; zunächst etwa drei Stunden in der Außenstelle des BfV, dann am Ende des Vormittags ein kurzes Gespräch bei Hermann Fischer, dem Berliner Senator des Innern, nach der Mittagspause ein Besuch bei Dr. Walther Schreiber, dem Regierenden Bürgermeister von Berlin, anschließend Gespräche mit amerikanischen Dienststellen in Berlin-Dahlem[199].

Otto John hatte seit langem Frau Nehlsen, der Witwe eines Freundes aus der Widerstandszeit, versprochen, sich um ein Attest für Ihren verstorbenen Mann wegen einer Rente zu bemühen.

Dieses Attest sollte Dr. Wolfgang Wohlgemuth ausstellen, hatte es aber immer wieder verzögert. Wohlgemuth hatte Herrn Nehlsen im Krieg behandelt. Otto John kannte Wohlgemuth, der in der Uhlandstraße 175 seine Praxis hatte, aus seinen Berliner Jahren. Wohlgemuth hatte als Assistent von Sauerbruch Dr. Hans John, den Bruder von Otto, behandelt, der nach einem an der Ostfront erhaltenen Lungensteckschuß in der Charité auf die Möglichkeit einer Operation von Sauerbruch[200] untersucht worden war.

---

199 *Gieseking*, S. 123 ff.

200 Zu Sauerbruch und Wohlgemuth s. auch S. 248, 353, 277 f. und Anhang I., S. 362.

John rief am Samstag, dem 17. Juli zuerst bei Frau Nehlsen an, hörte aber, daß diese bis 27. Juli verreist sei. Dann erinnerte er Wohlgemuth telephonisch an das Attest. Sie verabredeten sich zum Abendessen im Restaurant Schlichter. Dort fragte Wohlgemuth Frau John, ob sie sich nicht einmal von ihm untersuchen lassen wolle. Lucie John lehnte dies überraschende Angebot ab, weil sie sich völlig gesund fühle. Wohlgemuth verabschiedete sich dann, weil er noch einen Patienten besuchen müsse[201].

Vormittags hatte Otto John eine dreistündige Besprechung im LfV Berlin und nochmals einen kurzen Besuch beim Senator des Innern. Nachmittags war eine mehrstündige Dienstbesprechung im LfV, an der auch Wussow und Detlev v. Platen, der vom BfV aus Köln gekommen war, teilnahmen.

Am Sonntag, dem 18. Juli hatte Wussow frei. Er kam erst am Montag, dem 19. Juli nachmittags wieder ins Hotel Schätzle, um wie verabredet Johns und Prinz Ferdinand zu einer in der Freien Universität veranstalteten Gedenkfeier für die Opfer des 20. Juli 1944 zu fahren. Frau John kam zu spät zu der Verabredung, sodaß Otto John und Louis Ferdinand mit dem Taxi vorausfuhren. Wussow brachte dann Lucie John auch noch rechtzeitig zu der Feier. Abends gab der Berliner Senat im Hotel Gerhus einen Staatsempfang, an dem auch der am 17. Juli wiedergewählte Bundespräsident Theodor Heuss teilnahm. Otto und Lucie John waren unter den geladenen Gästen. Der Bundespräsident, mit dem Lucie auf Grund langjähriger freundschaftlich/familiärer Verbindungen sehr gut bekannt war, ließ Johns an seinen Tisch bitten, an dem auch Christine v. Dohnanyi und eine Jugendfreundin von Lucie saß. Johns luden nach dem Empfang noch einen Kreis von etwa zwanzig engen Freunden vorwiegend aus der Widerstandszeit in ihr Hotel ein. Von den Anwesenden hat sich besonders Freiherr v. Gersdorff, der Otto John mehrfach während des Berlinaufenthaltes traf, sehr ausführlich positiv über die Person Otto John und über sein Verhalten an diesem Abend bei der Vernehmung durch OStA Loesdau am 26. 8. 1954 geäußert[202]: „Dr. John machte an diesem Abend einen ausgesprochen aufgeräumten und vergnügten Eindruck. Er machte u.a. Witze mit Minister Müller[203] und verabredete mit diesem ein baldiges Treffen in München." Zur Person: „In zahlreichen Gesprächen

201 *John I*, S. 270.

202 BArchKO, B 362/4618, Bl. 662-669.

203 Josef Müller (* 27. März 1898 in Steinwiesen (Oberfranken); † 12. September 1979 in München (genannt *Ochsensepp*) war in der Weimarer Republik Abgeordneter der Bayerischen Volkspartei und nach 1945 der erste Vorsitzende der CSU.

habe ich niemals erlebt, daß Dr. JOHN auch nur mit einer Silbe eine Kompromißbereitschaft, geschweige denn eine Vorliebe für den Osten erkennen ließ. Etwa um zwei Uhr morgens verabschiedeten sich die letzten Gäste"[204].

Am Montag, dem 19. Juli, als Frau John bei Siemens war und Otto John mit Mitarbeitern nach Tisch im Hotel Schätzle beim Kaffee saß, ließ sich Wohlgemuth aus der Hotelhalle durch den Oberkellner melden. Otto John ließ ihn durch den Kellner zum Kaffee dazu bitten. Wohlgemuth lehnte ab, weil er im Ordinationsanzug sei. John ging in die Halle, wo ihm Wohlgemuth vorschlug, am nächsten Abend[205] wegen des Attestes in seine Praxis zu kommen, ab 19 h sei er frei. John schlug vor, die Sache bis zum 27. Juli zu verschieben, weil Frau Nehlsen dann zurück sei, und er erneut in Berlin zu tun habe. Wohlgemuth sagte, daß er dann aber nicht in Berlin, sondern bei seiner Mutter in Leipzig sei. John sagte, daß er am nächsten Nachmittag einen Besuch eines Ehepaars aus Potsdam erwarte, das voraussichtlich zum Abendessen bleiben werde, sodaß er wohl nicht kommen könne.

2. Gedenkfeiern am 20. Juli 1954 und abends Verschwinden von Otto John

a) Die Gedenkfeiern

Am 20. Juli 1954 fanden die offiziellen Gedenkfeiern statt - erstmals zehn Jahre nach dem mißlungenen Attentat auf Hitler. Sie begannen mit einem Gottesdienst in der Dahlemer Dorfkirche[206] und setzten sich mit einer Kranzlegung im Bendlerblock fort, in dem Stauffenberg und seine ersten Mitverschwörer standrechtlich erschossen wurden. Hier war Otto John besonders im Gedenken an seinen noch am 23. April 1945 von der SS ermordeten Bruder sehr betroffen. Heuss hielt seine berühmte Rede im Rahmen der Gedenkfeier, bei der Otto John hinter Adenauer saß[207]. Nach einem Essen im Schöneberger Rathaus fuhren Johns mit General v. Falkenhausen, der auch dorthin wollte, zum Büro der British European Airways (BEA) am Kurfürstendamm, um ihre Flugtickets vom 21. auf den 22. Juli umschreiben zu lassen, weil Johns für den 21. Juli eine Einladung von

204 *Gieseking*, S. 125.

205 John I, S. 270.

206 Dort hielt in der in der NS-Zeit Martin Niemöller von der Bekennenden Kirche seine berühmten mutigen Predigten, bis er im Konzentrationslager verschwand; auch Hans und Otto John, die in der Nähe wohnten hörten damals diese Predigten.

207 *John I*, S. 271.

Finanzpräsident Helbig und seiner Frau - auch alte Freunde von Hans und Otto John aus der Kriegszeit - zum Mittagessen angenommen hatten und Otto John sich mit einem französischen Kollegen verabredet hatte. Johns fuhren ins Hotel zurück und gaben Wussow bis zum nächsten morgen frei, weil keine auswärtigen Besuche mehr für den 20. Juli geplant waren.

b) Besuch der Praxis von Dr. Wohlgemuth und Verschwinden von Otto John

Lucie John empfing einen Ingenieur von Siemens zur Besprechung, dann traf das Ehepaar Höttler aus Potsdam ein, mit dem Otto John Tee trank. Die Einladung zum Abendessen wurde ausgeschlagen, weil Höttlers schon eine andere Verabredung hatten. Otto John entledigte sich seines viel zu warmen Anzugs, den er noch von den Feiern anhatte, und machte ein „Nickerchen" in seinem Zimmer. Da nach seinem Aufwachen seine Frau immer noch in ihrer Besprechung war, hatte er die Idee, daß er doch die Sache mit dem Attest noch an diesem Tag erledigen könne, wie von Wohlgemuth vorgeschlagen, und hinterließ bei Frau Schätzle die Nachricht für seine Frau, daß er in der Stadt noch etwas zu erledigen habe, aber zum Abendessen zurückkäme.. Er ließ sich von einem Taxi um 19:40 Uhr im Hotel abholen[208], an der Ecke Uhlandstraße absetzen und ging in die Praxis von Wohlgemuth.

Dort mußte er warten, weil Wohlgemuth noch Patienten hatte. „Im Wartezimmer saß eine junge Dame. Plötzlich kam Wohlgemuth hereingestürmt und begrüßte mich überschwenglich: ‚Mensch, da bist Du ja! Hatte gar nicht geglaubt daß Du noch kommen würdest. Ich bin gleich fertig'. Er führte die Patientin hinaus und flüsterte mit ihr"[209].

Wohlgemuth ließ sich die Akte von der Sprechstundenhilfe bringen und sagte, daß er jetzt das Attest in seiner Wohnung in der Lietzenburgerstraße - von der John nichts wußte - machen würde. John bekam während des Wartens noch eine Tasse Kaffee angeboten, dann stieg er mit Wohlgemuth in dessen Auto. Wohlgemuth sagte, daß er noch schnell zu seinem Steuerberater fahren wolle, wogegen John widersprach, weil er zum Abendessen bei seiner Frau im Hotel sein wollte, und in die Lietzenburgerstraße nur ein Weg von wenigen hundert Metern war. Otto John sah noch Regentropfen auf der Mo-

---

208 Unten L. II. 2. b), S. 204.

209 Wörtlich zitiert aus *John I*, S. 272.

torhaube. Danach konnte er sich an nichts mehr erinnern - bis er auf dem Sofa des sowjetischen Geheimdienstes in Karlshorst[210] am übernächsten Morgen erwachte.

210 *John I*, S. 273 ff.. Karlshorst ist der Stadtteil von Ost-Berlin, in dem sich das Sperrgebet des KGB befand.

D. Die Reaktionen in West-Berlin und der Bundesrepublik

Bis hierher wurde das Leben von Otto John bis zu der Schicksalsstunde beschrieben, die sein Leben bis zu seinem Tod 43 Jahre später radikal veränderte. Es gilt herauszufinden, ob er diese Veränderung freiwillig gesucht hat oder ob er das Opfer eines Verbrechens geworden ist. Die letzten Tage in Berlin bis zu seinem Verschwinden wurden oben[211] nach Johns eigenen Angaben - die durch die Ermittlungen der Kriminalpolizei bestätigt sind - mit einigen zusätzlichen Einzelheiten aus der Untersuchung von Gieseking geschildert. Wie reagierte die westliche Welt auf die Nachricht vom Verschwinden des Präsidenten des Bundesamtes für Verfassungsschutz?

1. Die Reaktion von Frau Lucie John

Die erste Person, die das Verschwinden Otto Johns bemerkte, war seine Ehefrau Lucie John. Als sie aus ihrer Besprechung mit dem Ingenieur von Siemens kam und ihr Mann nicht im Hotel war, hatte sie zunächst keinen Grund zur Beunruhigung, da sie die Nachricht vom Hotelpersonal erhielt, daß ihr Mann etwas in der Stadt habe erledigen wollen. Auch als er nicht wie verabredet zum Nachtessen erschien, war sie nicht in Sorge, da der Beruf ihres Mannes es mit sich brachte, daß er manchmal unerwartet spät nach Hause kam. Als ihr Mann aber am späteren Abend immer noch nicht zurück war, beriet sie sich in ihrer steigenden Unruhe mit dem dänischen Journalisten Henrik Bonde-Henriksen und mit Prinz Louis Ferdinand, was man unternehmen solle[212]. Bonde-Henriksen hatte Otto John am 19. Juli kennen gelernt und war ins Hotel gekommen, weil er sich für den Abend des 20. Juli nach einem Vortrag von Louis Ferdinand mit Otto John zu einem Interview verabredet hatte. Die beiden Herren versuchten Lucie John zu beruhigen und rieten, zunächst noch abzuwarten. Schließlich rief sie Rat suchend am 21. Juli 1954 früh Wolfgang Höfer an, einen Schulfreund von Otto John, der sich noch am Vortag mit ihm getroffen hatte. Wolfgang Höfer war wegen seiner jüdischen Abstammung in der NS-Zeit nach USA ausgewandert und in den Dienst des CIA getreten. Seine Aufgabe in Berlin war offenbar die Überwachung von Otto John. Er hatte dies Otto John anvertraut und hinzugefügt, daß er seine Tätigkeit im

211 Kapitel C., S. 45 ff.

212 *John I*, S. 325.

CIA nicht länger ertragen könne und Otto John um Hilfe bei der Suche nach einer neuen Stellung gebeten. Höfer war für Lucie John eine mit ihrem Mann befreundete Vertrauensperson, die außerdem als CIA-Mitarbeiter hilfreich sein konnte. Vermutlich wollte sie auch zunächst Aufsehen durch Unterrichtung deutscher Behörden vermeiden, zumal Vera Schwarte, Johns Sekretärin, die im gleichen Hotel wohnte, von einer verfrühten großen Aktion abgeraten hatte, weil John ja jeden Augenblick wiederkommen könne[213]. Höfer kam sofort ins Hotel und fand dort auch Prof. Rheindorf[214] vor, den Frau Schwarte schon um 6:45 Uhr am 21. Juli 1954 ins Hotel gerufen hatte.

Nachdem die ersten Aktionen Höfers (er startete Nachforschungen in verschiedenen Lokalen) nichts gebracht hatten, verständigte Lucie John Regierungsdirektor Richard Gerken im Bundesamt für Verfassungsschutz etwa um 14 Uhr telephonisch[215]. Er flog mit der ersten Maschine abends nach Berlin.

2. Die Reaktion des Bundesamts für Verfassungsschutz

Das BfV wurde auch von Prof. Rheindorf telephonisch informiert. Detlev v. Platen, der schon einige Tage vorher mit Otto John in Berlin zusammen war[216], flog sofort wieder nach Berlin und wurde am 21. Juli 1954 um 21:30 Uhr von Prof. Rheindorf. in Tempelhof abgeholt[217].

Im Bundesamt für Verfassungsschutz wurde zunächst davon ausgegangen, daß es sich um eine Entführung handelte. Dies ergibt sich aus den bei der Kriminalpolizei durchgeführtem Vernehmungen aller Personen im BfV, die mit John in Kontakt standen.

In Berlin trafen Gerken und v. Platen bei Frau John zusammen und durchsuchten zunächst Otto Johns Hotelzimmer. Sie stellten fest, daß alle Akten vollständig waren und auch seine Akten und die Schlüssel zurückgeblieben waren. Da Frau John sich erinnerte, daß ihr Mann eventuell Dr. Wohlgemuth wegen des Attestes für Frau Nehlsen aufsuchen wollten, fuhren sie nach telephonischer Voranmeldung in die Praxis von Wohlgemuth. Dort erfuhren Sie von dem

---

213 *Gieseking*, S. 287 f,

214 Prof. Kurt Rheindorf (1897-1977), freier Mitarbeiter des BfV als Historiker, 1932 PD an der Uni Franfurt, wo John als Student ihn kennen lernte. John beschaffte ihm 1947 die Stelle als Interrogator in Nürnberg; *Gieseking*, S. 52 et passim; *NL Rheindorf*.

215 *Gieseking*, S. 132 ff.

216 Oben C. 1., S. 46.

217 *Gieseking*, S. 288.

Brief, den Wohlgemuth in der Nacht hinterlassen hatte, als er noch einmal kurz nach West-Berlin zurückgekommen war, sodaß nun feststand, dass Otto John sich in der DDR befand[218]. Gerken hatte den Eindruck, daß die Sprechstundenhilfe Ursula Gohrbandt etwas verschwieg, und wollte am nächsten Tag mehr von ihr erfahren. Dies scheiterte daran, daß inzwischen die Berliner Kripo die Ermittlungen übernommen hatte[219].

Bundesminister des Innern Dr. Gerhard Schröder[220] als für das BfV verantwortlicher Minister setzte am 26. Juli 1954 einen erfahrenen Juristen als kommissarischen Leiter des BfV ein, den Präsidenten des BKA Dr. Hanns Jess[221]. Es wurden Untersuchungen im Amt eingeleitet, die eindeutig ergaben, daß keine Anzeichen für einen Geheimnisverrat durch Otto John vorlagen. Im Gegenteil wurde in seinem Panzerschrank ein Manifest über die Gefahren der kommunistischen Unterwanderung der Bundesrepublik durch die KPD gefunden. Dies stand im Zusammenhang mit dem laufenden Verfahren zum Verbot der KPD, das nach Johns Verschwinden zu Ende geführt wurde.

3. Die Reaktion der Bundesregierung

a) Der Bundeskanzler

Konrad Adenauer befand sich im Urlaub auf der Bühler Höhe, als ihn die Nachricht vom Verschwinden Otto Johns erreichte. Er sah keinen Anlaß, seinen Urlaub zu unterbrechen und ließ sich laufend von Vizekanzler Blücher unterrichten. Insgesamt war er daran interessiert, die „Affäre John", die im In-und Ausland größtes Aufsehen erregte, herunterzuspielen. Charakteristisch dafür ist auch die von *Gieseking* als Motto seiner Einleitung zitierte Bemerkung Adenauers in einem Brief an Theodor Heuss vom 14. August 1958: „Auch ich habe von der Johnsache nichts mehr gemerkt, unsere Zeit vergißt sehr schnell"[222]. Diese Äußerung geschah kurz nach Johns Entlassung aus dem Zuchthaus. Später befaßt *Gieseking* sich ausführlich

---

218 Wortlaut des Briefes in L. III. 2. a), S. 222.

219 *Gieseking, S. 134* mwN.

220 Dr. Gerhard Schröder (* 11. September 1910 † 31. Dezember 1989) von 1953 bis 1961 Bundesminister des Innern (CDU), 1961 - 1966 Bundesminister des Auswärtigen, 1966 bis 1969 Bundesminister der Verteidigung. Dazu unten D. 3. b), S. 47; Kapitel O., S.271; vor allem Q. III. 3., S. 292 ff.

221 Dr. iur. Hanns Jess (1887-1975), Frankfurter Polizeivizepräsident 1949-1952, Präsident des BKA 1952- 1954.

222 *Gieseking*, S. 5.

mit der Reaktion Adenauers, der jedenfalls kein Freund Otto Johns war[223]. Für die vorliegende Arbeit sind die Äußerungen Adenauers entbehrlich, da sie sich stets auf politischem Feld bewegen und zur Aufklärung des Sachverhaltes und zur Rechtsfindung nicht beitragen können.

b) Der Bundesminister des Innern

Dr. Gerhard Schröder[224], dem das Bundesamt für Verfassungsschutz unterstand, trug die politische Verantwortung für die „Affäre John". Er war als Vorgesetzter von Otto John in Kenntnis von dessen Persönlichkeit und politischer Einstellung zunächst überzeugt, daß Otto John das Opfer einer Entführung geworden sei. Er vertrat diese Auffassung in einer Presseerklärung und vor dem Bundestagsausschuß[225]. Unter dem Eindruck von Johns Pressekonferenz vom 11.8. 1954[226] änderte Schröder seine Ansicht und sah in Otto John einen „Verräter".

Als Schröder noch von dem Vorliegen einer Entführung überzeugt war, lobte er die außergewöhnlich hohe Summe von 500.000 DM aus - befristet bis zum 31. Oktober 1954 -für Angaben, die zu einer völligen Aufklärung des Verschwindens von Otto John führen würden[227]. OBA Wiechmann hatte Bedenken angemeldet, u. a. weil die Auslobung Kritik an der bisherigen Arbeit des Oberbundesanwalts bedeute. Auch aus dem Bundesministerium für Justiz kamen Bedenken. In einer Unterredung bei Schröder, an der auch Ritter von Lex und Egidi teilnahmen, wurden aber die Bedenken zurückgestellt und mit Einverständnis von Bundeskanzler Adenauer nach dessen Rede am 6. August 1954 um 19:30 Uhr die Auslobung veröffentlicht[228].

4. Die Reaktion der Alliierten

Die Alliierten betrachteten den Fall John als eine rein deutsche Angelegenheit. Die Westalliierten unternahmen keine Schritte gegenüber Rußland, zumal sie von der deutschen Regierung nicht dazu aufgefordert wurden. Dies schloß aber den Einsatz der Geheimdienste nicht aus. Insbesondere der englische Geheimdienst wurde

223 *Gieseking*, S. 490-497.

224 Auch oben D. 2. , S. 52.

225 Unten Kapitel O. , S. 285 ff.

226 Unten E. I. 3., S. 59 ff.

227 Bulletin der Bundesregierung Nr. 147 v. 10. August 1954, S. 1319.

228 Vermerk des persönlichen Referenten von Dr. Schröder vom 6.8.1954, in NL Schröder, ACDP 01-483-284/2.

sofort aktiv, da er von der englischen Staatsbürgerin Lucie John-Manén das Verschwinden ihres Ehemanns auf dem Umweg über Wolfgang Höfer erfahren hatte.

Es gibt einen Brief von Peter Hope[229] vom 20. Oktober1954 an StS. Ritter v. Lex, mit dem auf dessen Anfrage vom 25. September 1954 (Akt.Z. 6318-A./928/54) alle Tätigkeiten Otto Johns in England von 1944 bis zum Ende seiner Anstellung bei der britischen Regierung am 31. Mai 1948 aufgeführt werden. Der Brief endet mit Punkt 5.:

„Ich bin weiterhin angewiesen worden Ihnen mitzuteilen, dass, wie sich aus dem obigen Bericht ergibt, Dr. John von keinem britischen Nachrichtendienst beschäftigt worden ist".

Sachbearbeiter war Min.Dir. Bargatzgy im BMI, der sofort Kopien an verschiedene Stellen (nicht alle leserlich) gab, vor allem an OBA Wiechmann und Bundesminister Schröder, der schon das Original am 2.11.54 abgezeichnet hatte.

5. Reaktionen der Öffentlichkeit

Die ersten Reaktionen in der Öffentlichkeit waren von dem geprägt, was in einer Flut von Mitteilungen in der Presse zu lesen war, sowie durch die Meinungsäußerungen einzelner Politiker am Rundfunk oder wiederum in der Presse. Je nach politischer Couleur nahmen die Stimmen zunächst eine Entführung an (links) oder von vornherein einen bewußten Seitenwechsel von Otto John (rechts). Nach der Pressekonferenz[230] vom 11. August 1954 schwenkte die öffentliche Meinung mit ganz wenigen Ausnahmen zur Annahme über, daß Otto John die Bundesrepublik freiwillig verlassen habe.

Es kann für die strafrechtliche Beurteilung zwar darauf ankommen, ob Otto John freiwillig die Seiten gewechselt hat, wie es die Presse fast unisono behauptete, aber da andererseits die öffentliche Meinung zur Aufklärung nichts beitragen kann, wird hier auf eine Aufbereitung der Meinungsäußerungen verzichtet, zumal sich *Gieseking*[231] gründlich damit befaßt hat.

Der Versuch zur gerichtsfesten Aufklärung über das wirkliche Geschehen am 20. Juli 1954 und danach kann nicht aus Meinungsäußerungen in der Presse und von einzelnen Politikern geschehen – so interessant deren Meinungen auch für die gesamte Beurteilung sind.

---

229 United Kingdom High Commission, Bonn, Akt.Z. Geheim 169/150/215/54G; Fundstelle vermutlich BArchKO, B 106 / 200143, Vierter Band , Kopie im Archiv des Verfassers.

230 Unten E. I. 3. S. 59ff.

231 *Gieseking*, S. 481 - 559.

E. Aufenthalt im Osten und Flucht zurück in den Westen am 12. Dezember 1955

I. Lebenszeichen von Otto John nach seinem Verschwinden

1. Die erste Nachricht, die Lucie John am 23. Juli 1954 erhielt

Ein handgeschriebener Brief, mit dem Otto John seine Frau beruhigen wollte, hat in dem Prozeß eine große Rolle gespielt. Er bestand darauf, diesen Brief zu schreiben, bevor er irgendeine „Arbeit" für die Russen zu übernehmen bereit war. Tschernow, der am Nachmittag des 22. Juli 1954 erschien[232] ließ den Brief mit Luftpost von West-Berlin nach Köln befördern, sodaß Lucie den Brief am nächsten Tag erhielt[233]. Eine Abschrift befindet sich im Bundesarchiv[234]. Dort wird auch die Auslegung des Briefes durch Lucie John besprochen, die den Brief richtig verstanden hat. Im Anhang[235] befindet sich der vollständige Wortlaut nach dem von Otto John wiedergefundenen Original, das er im Alter von 85 Jahren an das KG Berlin gab[236], als er nach dem ersten Schlaganfall seine Unterschrift nur noch krakelig leisten konnte:

Die Tatsache, daß die Wörter noch und gezwungen unterstrichen waren, interpretierte Lucie dahingehend, daß Otto John kein freier Mann, sondern das Opfer einer Entführung war. Sie war dabei in Übereinstimmung mit der Beurteilung der engsten Mitarbeiter von Otto John im BfV, Merz und Müllenmeister, die sich an eine derartige Verabredung in der Besprechung über den Fall Linse erinnerten[237]. Der Briefumschlag hatte außen den Vermerk BEA. Lucie meinte, daß dies bedeute, daß sie sich mit ihrer Tochter nach London begeben solle. Es war aber vermutlich lediglich ein Hinweis von Tschernow, daß der Brief in West-Berlin aufgegeben und von British European Airways befördert werden sollte.

Staatsanwaltschaft und Verteidigung haben später den Brief unterschiedlich interpretiert. Das Gericht schloß sich der Ansicht der

232 *John I*, S. 279.

233 *John I*, S. 280 f.

234 BArchKO, B 362 / 4618, Bl. 527.

235 Anhang II., S. 365.

236 Schreiben Otto John v. 8. Mai 1995, BArchKO, B 362 / 4625, Bl. 303, Brief Bl. 304.

237 Fall Linse, unten H. II. 1.c) bb), S. 136 ff.

Staatsanwaltschaft an und sah in dem Text keinen Hinweis auf eine Verschleppung. Otto John selbst gab an, daß er die Worte unterstrichen habe, um seine Zwangslage zu kennzeichnen[238].

2. Die ersten Rundfunkerklärungen von Otto John

a) Die erste Erklärung vom 23. Juli 1954

Deutlich wird die Zwangslage von Otto John in der ersten Verlautbarung vom 23. Juli 1954, in der eine Erklärung von Dr. Otto John über die Gründe seines Übertritts am ostdeutschen Rundfunk gesendet wurde. Diese von Otto John handschriftlich unterzeichnete Erklärung trägt das Datum vom 22. Juli 1954[239] und wurde von Otto John an diesem Tag auf Tonband gesprochen[240]. Man wagte keineswegs, ihn etwa am Fernsehen am 22. Juli diese Erklärung abgeben zu lassen, was doch sehr einfach und überzeugend gewesen wäre, da jedermann dann hätte sehen können, in welcher Verfassung John war. Im Anhang[241] ist die Erklärung in Abschrift aus den Akten des MfS wiedergegeben. Die Diktion - schon die Anrede - ist deutlich die Sprache der DDR.

b) Die zweite Erklärung vom 28. Juli 1054

Hierbei handelt es sich um einen Aufruf zur Wiedervereinigung, der offensichtlich der von Stalin propagierten Bildung eines neutralen, nicht bewaffneten Gesamtdeutschlands entsprach. Solange die sowjetische Armee in der DDR stand, konnte diese Perspektive für das unter dem Marshallplan aufstrebende Westdeutschland nicht attraktiv sein. Diesen Aufruf zur Wiedervereinigung hatte Otto John als „Arbeit" gewählt, nachdem er andere Vorschläge von General Pitowranow abgelehnt hatte. Auf die Wiedergabe der Erklärung[242] wird hierverzichtet, weil die Erklärung vom 11. August 1954 zur Eröffnung der Pressekonferenz dieselben Argumente wesentlich ausführlicher bringt.[243]

---

238 *John I*, S. 280 f.

239 BArchKO, VS B362 / 10931, Bl. 872f (dieses f ist die Seitenbezeichnung, es ist nur eine Seite).

240 *John I*, S. 281 f.

241 Anhang III., S. 367.

242 AdG 24 (1954) 4654; zitiert nach *Gieseking* , S. 165.

243 Anhang IV., S. 369 ff., ausführlich dazu hier unten E. I. 3. a), S. 59.

c) Die Erklärung zum Tod von Höfer

Otto Johns Schulfreund Wolfgang Höfer[244] hatte wenige Tage nach dem Treffen mit Otto John in West-Berlin unter ungeklärten Umstanden Selbstmord begangen. Es wurden sofort Spekulationen angestellt, ob diese Tat etwas mit dem Verschwinden Johns zu tun haben könnte. Otto John sprach in seiner Erklärung vom 30. Juli 1954 seine tiefe Betroffenheit über den Tod seines Freundes aus, wies aber jeden Zusammenhang mit seinem Schritt zurück. Die Sache Höfer ist für die Analyse des Prozesses gegen John ohne Bedeutung. Die Erklärung wurde u.a. über dpa veröffentlicht[245].

d) Stellungnahme von Franz Josef Strauß zu den Erklärungen

Interessanterweise hat Franz Josef Strauß, der kein Freund Johns war, die Erklärungen in einem langen Brief am 31. Juli 1954 an Adenauer wie folgt beurteilt: *„Seine Rundfunkerklärungen enthalten keinen Beweiswert. Denn mit einem Mann wie John kann man mit den üblichen Methoden wohl alles erreichen, insbesondere die Abgabe jeder gewünschten Erklärung. Dafür spricht ja auch, daß er bei keiner Pressekonferenz gezeigt wurde, daß seine Stimme nur aus einer Bandaufnahme am Radio zu hören war und seine letzte Erklärung über Höfer sogar nur verlesen wurde"*[246].

3. Die Pressekonferenz am 11. August 1954

a) Die Vorbereitungen, Verlauf und eine Panne

Während alle, die Otto John persönlich kannten, und darunter auch der Bundesminister des Innern Gerhard Schröder die ersten Rundfunkerklärungen sofort als unecht bzw. erzwungen einstuften, und deswegen an der Entführungsthese festhielten, war es wesentlich schwieriger, nach dem Auftreten von Otto John auf der Pressekonferenz noch zu glauben, daß Otto John nicht freiwillig in den Osten gegangen war. Seine ausführliche Erklärung[247], die er zur Eröffnung der Pressekonferenz abgab, wurde offenbar recht überzeugend von ihm vorgetragen.

Von Otto John wissen wir, daß die Pressekonferenz drei Wochen lang sorgfältig von den Russen einstudiert wurde. Er beschreibt dies

---

244 Oben D. 1., S. 51f.

245 Wortlaut der Erklärung in AdG 24 (1954) 4655; zitiert nach *Gieseking* S. 165.

246 BArchKO, B 136 / 1755 fiche 2, S. 72 - 78.

247 Anhang IV., S. 369 ff.

ausführlich in seiner Autobiographie[248]. Otto John schrieb Entwürfe auf Deutsch, die mit den üblichen Propagandaphrasen des DDR-Regimes gespickt waren. Zahlreiche sowjetische Journalisten, die ihn bei der Abfassung der Texte „berieten", sandten die ins Russische übersetzten Entwürfe nach Moskau, von dort kamen sie korrigiert und kommentiert zurück. Da keine befriedigenden Ergebnisse erzielt wurden, erschien schließlich General Pitowranow mit einem hohen Funktionär, der als „Genosse Michailow aus Moskau "[249] vorgestellt wurde. Daß es sich um Korotkow[250] handelte, wurde Otto John vermutlich erst 1995 klar[251]. „Michailow" zog härtere Seiten auf und diktierte Teile von Erklärungen, die Otto John abgeben sollte, wörtlich. Die dazu gehörenden Fragen sollten von östlichen Journalisten gestellt werden.

Daß dies so war, ergibt sich nicht nur aus Johns Aussage, sondern auch aus der Aussage des Überläufers Walter Hiebsch[252], der von 1950 bis 1957 im Dienst des MfS stand und am 29. Mai 1958 nach West-Berlin flüchtete. Hiebsch sagte aus, daß er und Major Herbert Wünsch vom MfS die Pressekonferenz zu organisieren hatten. Hierbei wurden die Sitze der Journalisten aus dem Westen „dispersed and ca. 60 MfS members plus 30 informants strategically placed in the conference room in the Haus der Deutschen Presse". Hiebsch beschrieb weiter die Warnungen an Otto John, die diesem eine Stunde vor der Konferenz gegeben wurden, daß es keinen Sinn hätte, während der Pressekonferenz einen Skandal auszulösen, da der Leiter, Girnus vom Zentralkomitee (ZK) der SED, dann sofort eingreifen und erklären würde, daß Dr. John krank geworden sei.

C.W.Schmitz, Liaison Officer des Office of the Cooperation and Special Advisor Mehlem, der die Einzelheiten der Vernehmung von Hiebsch dem Präsidenten des BfV Schrübbers mitteilte, hält die Angaben von Hiebsch für wahr. Die Aussagen von Hiebsch wurden am 21. August 1958 erstmals dem Generalbundesanwalt (GBA)[253] zum Strafverfahren gegen Wohlgemuth, dann erneut am 6. Juli

---

248 *John I*, .S. 233-288.

249 *John I*, S. 284.

250 Alexandr Mikhailowich Korotkow, schon 1941 in Berlin als „resident" des sowjetischen Geheimdienstes in Berlin, seit Juni 1945 Aufbau des Karlshorster Zentrums des KGB in Deutschland, später in der Zentrale des KGB in Moskau unter Serow; zitiert nach *Murphy*, S. 33 ff. et passim.

251 Brief von „Tschernow", S. 4., dazu auch *Murphy* et al., S. 195-197.

252 dazu auch *Gieseking*, S. 172 f.

253 BfV Az. IV/A-3-111-P-13807-4/58.

1966[254] an den GBA z H Bundesanwalt (BA) Schmatloch fernschriftlich übersandt.

Dr. Brehmer[255] zur einstudierten Pressekonferenz: „Das haben wir doch immer so gemacht"

Die Darstellung von Otto John über die Pressekonferenz zeigt sich damit als richtig. Es besteht kein Anlaß, an anderen, nicht nachprüfbaren Details zu zweifeln. Otto John konnte nicht wissen, daß Michailow niemand anderes war als Korotkow. Auch bei Veröffentlichung seiner Autobiographie 1969 wußte er es nicht. Aus der Schilderung von *Murphy*[256] geht eindeutig hervor, daß Serow[257] mit den Erfolgen von Pitowranow unzufrieden war und deshalb Korotkow nach Karlshorst entsandte.

Zu den sorgfältigen Vorbereitungen zu der Pressekonferenz gehörte nicht nur, daß ausgewählte linientreue Journalisten mit ihren Fragen vorprogrammiert wurden, sondern auch, daß auf eventuell zu erwartende Fragen westlicher Journalisten die Antworten Otto Johns vorgeschrieben wurden. Weil die Pressekonferenz aber als eine deutsche Angelegenheit erscheinen sollte, wurde nach fast drei Wochen Vorarbeit Dr. Girnus zugezogen, der die Generalprobe leitete und die „Hauptaufführung" zu einem überzeugenden Erfolg für die östliche Propaganda gestaltete.

John schreibt, daß er Dr. Girnus dem Namen nach als Sekretär des Ost-Berliner kommunistischen „Ausschusses für deutsche Einheit" kannte, und nennt ihn einen intelligenten und hochgebildeten Philologen. Um der Gerüchteküche noch ein Gewürz hinzuzufügen, erwähnt er, daß Girnus im September 1964 während der Konferenz der „Internationalen Hegel-Gesellschaft" in einem Interview ausgesagt hat, daß er nie der Meinung gewesen sei, daß Otto John im eigentlichen Sinn übergelaufen, sondern im Auftrag des englischen Secret Service gekommen sei![258].

---

254 BfV Az. IV/A-111-P-50601-4/66.

255 Unten L.II.3.c), S. 211f.

256 *Murphy et al.*, S. 195-197.

257 Ivan Aleksandrowitch Serow, Chef des KGB in Moskau, Korotkow war ihm direkt unterstellt. Serow war gemeinsam mit Malenkow an dem Sturz des mächtigen Geheimdienstchefs Beria 1953 beteiligt; *Murphy et al.*, S. 154.

258 *John I*, S. 286.

Stephen Parker, ein ausgewiesener Kenner der deutschen Literatur und besonders der Entwicklung in der DDR schreibt über Girnus[259] als Leiter der Zeitschrift „Sinn und Form“:

> „Nach jahrelanger Haft in den Konzentrationslagern Sachsenhausen und Flossenbürg begegnete Girnus allen vom Parteidogma abweichenden politischen Formen sowie deren Verfechtern mit äußerster Feindseligkeit. In hochrangigen Funktionen als Journalist, Diplomat, Minister und Universitätsprofessor praktizierte, ja lebte er die marxistisch-leninistische Ideologie, in der er die Existenzgrundlage der antifaschistischen DDR sah. „Sinn und Form“ war für ihn eine späte, unverhoffte, unwiderstehliche Herausforderung. Wie aus seiner Korrespondenz mit Ministerkollegen hervorgeht, betrachtete er diese Mission als Teil der Außenpolitik. Aus seinem Selbstverständnis als beauftragter Stratege der Partei, das diejenigen, die seinen Aufstieg in noch höhere Ämter verhindert hatten, nur allzugut kannten, schöpfte er die Überzeugung, daß seine Ansichten richtig seien, und versuchte mit allen Mitteln, deren allgemeine Geltung zu erreichen. Girnus' furchteinflößende Entschlossenheit, seine Position wo und gegen wen auch immer zu behaupten...“

Die Russen hatten sich den richtigen Mann ausgewählt. Vorgeschichte und Verlauf der Pressekonferenz werden hier so ausführlich geschildert, weil das Auftreten und die Aussagen von Otto John an der Pressekonferenz ein entscheidender Punkt zu seiner Verurteilung im späteren Prozeß war. Eine Entscheidung, ob er sich im Sinne der §§ 100 a und d StGB strafbar gemacht hatte, hängt eventuell davon ab, ob alles, was er auf der Pressekonferenz gesagt hat, ohne Zwang und auf Grund seiner persönlichen Überzeugung gesagt wurde, oder ob er zu diesen Aussagen gezwungen wurde und beim Abweichen von der vorgeschriebenen Linie mit dem ganzen ihm bestens bekannten fürchterlichen Szenario des russischen Geheimdienstes zu rechnen hatte. Eventuell steht hier deswegen, weil man mit Jescheck[260] der Ansicht sein kann, daß selbst bei Annahme eines freiwilligen Auftretens von Otto John dessen Aussagen nicht die subjektiven Tatbestände der §§ 100a und 100d des StGB erfüllten, nach denen er verurteilt wurde.

Selbst gute Freunde, die Otto John schon kannten, bevor er die Stellung als Präsident des BfV übernahm, ließen sich durch sein fast perfektes Auftreten in der ihm zugewiesenen Rolle täuschen. Sie wandten sich entweder ganz von Otto John ab und fielen auf die

---

259 „Sinn und Form unter Wilhelm Girnus“ in Sinn und Form 51 (1999) 87-106.

260 Unten L. I. 2. b) bb), S. 198ff.

hervorragende Propagandaarbeit der östlichen Seite herein, oder standen vor einem Rätsel über seine plötzliche Wandlung. Dazu gehörten auch so erfahrene Journalisten wie Sefton Delmer, der in England mit Otto John bis zum Kriegsende fünf Monate täglich zusammengearbeitet hatte[261] und ihn auch in Deutschland in den Jahren der frühen Bundesrepublik mehrfach traf. Sefton Delmer erkannte seinen Fehler später. Er schrieb dann, daß er sich über die Schlagfertigkeit Johns in der Pressekonferenz wundere. Das sei kein Wesenzug von Otto John gewesen. Alles müsse einstudiert gewesen sein[262]. Nicht täuschen ließ sich die Ehefrau Lucie John, die die wenigen Andeutungen in den zensierten Briefen ihres Mannes richtig verstand, sowie einige seiner besten Freunde aus Widerstandszeiten, darunter Prinz Louis Ferdinand. Lucie John hat während der Abwesenheit ihres Mannes ständig brieflich und telephonisch Kontakt zu halten versucht. Sie hat auch eine umfangreiche Korrespondenz mit Staatsanwaltschaft und Verteidigung geführt. Soweit diese Korrespondenz erhalten und für den Gang der vorliegenden Arbeit wichtig ist, wird daraus zitiert. Zu keinem Zeitpunkt hat Lucie John daran geglaubt, daß ihr Mann sich freiwillig in den Osten begeben habe sondern war fest überzeugt, daß er durch Wohlgemuth entführt worden sei.

Es ist im Hinblick auf die sorgfältige Vorbereitung der Pressekonferenz durch die russische Seite und Otto Johns „vorschriftsmäßiges" Verhalten nicht verwunderlich, daß der Bundesinnenminister Dr. Gerhard Schröder, der in den Anschauungen der NS-Zeit aufgewachsen war, unter dem Eindruck der Pressekonferenz von seiner ursprünglichen Meinung, daß Otto John mit List in den Osten verschleppt wurde, abrückte und ihn als einen Verräter bezeichnete. Seine endgültige Meinung hat er aber später wieder geändert und eindeutig festgelegt[263].

Bemerkenswert ist, daß einmal während der Pressekonferenz fast eine Panne eingetreten wäre. John beschreibt diese Szene aus dem Gedächtnis 15 Jahre später wie folgt:

> *„Sie [die Pressekonferenz] verlief wie einstudiert – bis eine junge Journalistin fragte: ‚Haben Sie nicht an Ihre Frau geschrieben: ‚Umstände, die ich noch nicht erklären kann, haben mich gezwungen, einen Schritt zu tun, den ich später erklären werde' ? ‚Ja, so ungefähr - stotterte ich'. ‚Also auch das Wort gezwungen?' ".*

261 Oben B. II. 4. a)., S. 23.

262 Mikrofiche Film John, Erkenntnislage des BfV.

263 Unten L. III. 9., S. 238 f.

Mit sicherem Instinkt witterte Girnus eine Gefahr und machte das Mädchen mundtot, indem er ihr weitere Fragen abschnitt"[264]

Es gibt den authentischen Bericht über diese Szene in der Pressekonferenz (stenographisches Protokoll), der dem BfV vorlag[265]. Dort steht:

„New York Times

Warum haben Sie Ihrer Gattin geschrieben, daß Sie gezwungen waren, im Ostsektor zu bleiben?

OJ

Das habe ich nicht geschrieben

? Dame

Sie haben Ihrer Gattin zwei Briefe geschrieben, deren Wortlaut im Westen veröffentlicht worden ist. Darf ich Sie fragen, ob dieser Text nicht nur von Ihnen stammt „Gründe, die ich [noch[266]] *nicht erklären kann, haben mich gezwungen einen Schritt zu tun, den ich später erklären werde."*

OJ

Ja, so ungefähr habe ich geschrieben

? Dame

Also das Wort gezwungen muß weg. (Heiterkeit)

OJ

Ich finde es nicht besonders fair oder fein, wenn meine Privatbriefe hier diskutiert werden. Schließlich gibt es noch eine private Sphäre, die respektiert werden sollte.

? (NB.Das war Girnus)

Außerdem hat Dr. John eingangs in der Feststellung von der Stimme, der inneren Stimme, gesprochen, die ihn veranlaßt hat zu seiner Entscheidung. Es gibt auch so etwas wie den Zwang der persönlichen Überzeugung. Das scheint aber manchen Leuten unbekannt zu sein. (Heiterkeit)"

---

264 *John I*, S. 287.

265 Erkenntnislage des BfV, Mikrofichefilm „John".

266 Kopie des Briefes Anhang II., S. 365.

Besonders bemerkenswert ist, daß im Bundesarchiv Koblenz ein Tonband vorliegt, das den ganzen Verlauf der Pressekonferenz wiedergibt. Dies Tonband stammt offensichtlich aus Unterlagen des MfS. Der Teil über die junge Journalistin mit ihren kritischen Fragen fehlt auf diesem Tonband

In den Erinnerungen[267], die Otto John in der Heidelberger Klinik 1956 knapp zwei Jahre nach der Pressekonferenz schrieb, schildert er den Vorfall noch genauer. Zuerst sei die Frage von der Vertreterin der New York Times gekommen und anschließend von einer Vertreterin des „Hamburger Anzeigers" [268] vertieft worden. Dies ändert aber nichts an der Tatsache, daß die Pressekonferenz fast an diesem Punkt „geplatzt" wäre, wenn der erfahrene Dr. Girnus nicht eingegriffen hätte.

Eine sehr genaue Beschreibung der Pressekonferenz und der minutiösen Vorbereitungen findet sich auch bei Gieseking, der die Angaben des Zeugen Hiebsch zitiert[269].

Verfasser will an dieser Stelle klar zu erkennen geben, daß er auf Grund seiner Recherchen, deren Ergebnisse erst in späteren Kapiteln detailliert folgen können, die Überzeugung gewonnen hat, daß Otto John nicht im Sinne des Urteils des BGH[270] schuldig war. Otto Johns Fähigkeit, konsequent die Rolle der Kooperation mit den von ihm vorher in seiner dienstlichen Aufgabe im BfV bekämpften Kommunisten zu spielen, wurde ihm in einer vom Gericht angeordneten gründlichen psychiatrischen Untersuchung bescheinigt[271]. Wie richtig und konsequent das Verhalten von Otto John war, als er sich in den Händen des KGB befand, wird unten[272] ausführlich begründet. Johns Lage war in verblüffender Weise vergleichbar mit der Lage des Benito Cereno in Melvilles höchst lesenswerter gleichnamiger Erzählung. [273].

b) Die EVG-Verträge

Den Äußerungen Johns auf der Pressekonferenz kommt besondere Bedeutung zu, weil der BGH daraus den Vorwurf der landesverräterischen Fälschung und landesverräterischer Beziehungen begrün-

267 *Gefangener*, S. 44.

268 Gemeint ist wohl das Hamburger Abendblatt.

269 *Gieseking*, S. 165 ff., 172 f. mwN.

270 F. II. 5. , S. 101; Anhang VII. , S. 378.

271 F. I. 4. c), S. 89.

272 H. II. 1. c) bb), S. 136ff.

273 H.II.I.c) bb), S. 139.

dete und unter §§ 100 a, 100d StGB subsumierte, um die Zuchthausstrafe zu rechtfertigen.

Tatsächlich hat Otto John auf die Frage eines ostdeutschen Journalisten, ob es geheime Abreden zu den EVG-Verträgen gäbe, geantwortet. „Es gibt geheime Verträge. Das deutsche Volk hat Anspruch auf Unterrichtung."

Über den Inhalt dieser angeblichen Geheimverträge hat John nichts gesagt. Wie man heute weiß, waren Frage und Antwort einstudiert. Aber selbst wenn Otto John diese Aussage aus freien Stücken als seine eigene Meinung gemacht hätte, konnte sie aus vielen Gründen nicht strafbar sein. Hierauf wird später eingegangen[274]

II. Weiteres Geschehen während des Aufenthaltes von Otto John im Osten

1. Warten auf Verhöre durch den sowjetischen KGB

Otto John blieb nach seiner Darstellung noch eine Zeit lang im russischen Sperrgebiet in Ost-Berlin. Er hatte keinerlei Kontakt zur Außenwelt und kam sich wie im Gefängnis vor. Er erhielt Besuche von Pitowranow, Tschernow und vor allem von Oberst Vladimir Witoldowitsch Kutschin, der als sein besonderer Betreuer vorgesehen war. Kutschin sagte, daß er Otto John auf einer Reise in die Sowjetunion begleiten und mit ihm Ferien auf der Krim verbringen werde.[275]

Der Abflug verzögerte sich und Otto John wurde in dieser Zeit in der Ost-Berliner Öffentlichkeit gezeigt, um deutlich zu machen, daß er freiwillig in der DDR sei. Die Aufnahmen, die Otto John zusammen mit bekannten Persönlichkeiten der DDR zeigen, wurden an die Weltpresse zu einem Zeitpunkt versandt, als er schon heimlich nach Moskau gebracht worden war[276].

2. Die Verhöre in Moskau und Gagra

Da das KGB-Archiv in Moskau unzugänglich ist, können hier allein Otto Johns Aussagen zugrunde gelegt werden. In dem Auszug, den Kondrashow 1997 aus den KGB Akten erhielt, steht lediglich lapi-

274 Unten H. II. 1. d), S.142 f; L. I. 2., S. 194 ff.

275 *John I*, S. 290.

276 *John I*, S. 290 ff.

dar: „John was held in safe houses in Berlin and went on holiday to Moscow and Gagra“[277].

Otto Johns wie immer glaubhafte Erzählung ist wesentlich ausführlicher[278]. Er beschreibt sehr detailliert, wie die Russen aus einer Mischung von freundschaftlicher Behandlung, verlockenden Geldangeboten und versteckten Drohungen ihn zu einer anderen Qualität der „Arbeit“ für sie zu bringen versuchten. Sie sahen in ihm den Agenten des britischen Geheimdienstes, der nach Deutschland eingeschleust war. Für seine Tätigkeit im BfV interessierten sie sich wenig. Sie bewiesen ihm an Hand von den neuesten Tätigkeitsberichten des Amtes, daß sie voll informiert seien[279]. Da Kutschin mit John keine Fortschritte erzielte, erschien wieder Michailow[280] in Gagra, wo die Gruppe offiziell Badeferien machte, aber John sehr energisch über seine Tätigkeit „für den Secret Service“ im Krieg und später ausgefragt wurde. Die Russen waren überzeugt, daß mit dem Attentat des 20. Juli 1944 das Ziel verfolgt worden war, gemeinsam mit den Alliierten gegen Rußland zu kämpfen und daß dies auch jetzt wieder das Ziel der deutschen Außenpolitik mit der Wiederaufrüstung sei. Soweit es den Zweiten Weltkrieg betraf, konnte John von den Abfuhren berichten, die er selbst und andere Emissäre auf die Frage eines Sonderfriedens mit den Westmächten erhalten hatten[281]. John gewann den Eindruck, daß bei den Russen wirklich Angst vor einem westlichen Angriffskrieg bestand[282].

Otto John versucht am Schluß seines Buches[283] eine Erklärung dafür zu geben, warum die Russen sich bei den scharfen Verhören nur auf seine Beziehungen zum englischen Geheimdienst konzentriert hatten. Er bringt dies mit der Tätigkeit des russischen Spions Philby in Zusammenhang. Philby war jahrzehntelang unentdeckt in hoher Position im britischen Geheimdienst tätig, bis er wegen der Gefahr seiner Entdeckung 1963 nach Rußland floh. Kim Philby war im Anfang 1944, als Otto John die Memoranden des Widerstands über einen Separatfrieden nach dem Sturz Hitlers über Spanien an die britische Regierung übergab[284], der für Spanien zuständige Mitarbei-

---

277 *Murphy et al.*, S. 197.

278 *John I*, S. 289-317.

279 Durch den Überläufer Deriabin erfuhr er 1959, daß schon seit 1952 ein russischer Agent im BfV war.

280 Deckname für Korotkow, s. oben E. I. 3. a), S. 60.

281 Oben B. II. 2. , S. 19.

282 *John I*, S. 304.

283 *John I*, S. 351-354.

284 Oben B. II. 2. , S. 19.

ter im britischen Geheimdienst[285] und habe die Memoranden nicht an Churchill weitergegeben. Durch Johns Bestätigung, daß es tatsächlich diese Memoranden gab, daß die britische Regierung aber jede Zusammenarbeit in diesem Sinne abgelehnt habe und mit dem Beharren auf der bedingungslosen Kapitulation Deutschlands vertragstreu gegenüber Rußland geblieben sei, habe er Philby vom Verdacht entlastet, ein Doppelspion gewesen zu sein. John beruft sich hierzu auch auf die Darstellung von Trever-Roper[286]. Der Zusammenhang ist nicht klar erkennbar, aber für die strafrechtliche Beurteilung des Falles John unwesentlich, weil es nicht darauf ankommt, warum die Russen Otto John in ihren Gewahrsam brachten und behielten, sondern nur darauf, ob sie es gegen seinen Willen taten.

Schließlich flog Michailow unverrichteter Dinge nach Moskau zurück. Kutschin und John folgten einige Wochen später. John befürchtete, daß er nun mit stalinistischen Methoden bearbeitet würde. Es kam aber anders. Das Ende des Stalinismus begann. John sah Michailow nie wieder, statt dessen tauchte Tschernow wieder auf. Er brachte Otto John zum Abschied zu einem Höflichkeitstreffen mit Panjuschkin[287].

Dann flog John mit einer Linienmaschine mit Kutschin und dessen Frau nach Ost-Berlin. Er wurde von seinen bisherigen „Betreuern" Michew und Scholz empfangen und in ein Haus am Zeuthener See gebracht, in dem der Genosse Paul Voigt mit Frau und Schwiegermutter ihn „betreuten". Die Fensterläden waren von außen verriegelt und durften nachts (was Otto John gleich vergeblich versuchte, worauf Genosse Vogt unangemeldet erschien) nicht geöffnet werden. Das Grundstück war mit einer elektrischen Alarmanlage gesichert und wurde von drei dressierten Schäferhunden überwacht[288].

3. Reden von Otto John für die Wiedervereinigung

Nachdem Otto John durch Verhöre in Moskau und seine „Ferien" in Gagra monatelang aus dem Verkehr gezogen worden war, tauchte

---

285 *Philby*, S.216.

286 Hugh Trever-Roper, The Philby Affair, London 1968.

287 Gen.Maj. Alexandr Semyonowitsch Panjuschkin, hoher russischer Diplomat und Geheimdienstmann, Botschafter in Washington und Peking, nach Stalins Tod und Berias Verhaftung seit Juli 1953 oberster Chef des KGB, *Murphy et al.*, S. 197, 440 et passim; *John I*, S. 316. *Gieseking* verwechselt ihn zweimal mit dem russischen Botschafter in Ost-Berlin Puschkin, S. 70, 474, richtig auf S. 138, 391.

288 *John I*, S. 318 ff.

er später wieder in der DDR als Wanderprediger für die Wiedervereinigung Deutschlands nach Stalins Vorschlägen auf.

Nach den früheren hartnäckigen Aufforderungen der Russen, für sie zu „arbeiten“[289], wurde es doch recht deutlich, daß die Russen daran dachten, daß Otto John sie nach einer Rückkehr in den Westen mit Nachrichten versorgen könne. Da er sich aber darauf nicht einließ, bedeutete diese Formel künftig Mitwirkung an der östlichen Propaganda, wie sie mit seinen ersten Erklärungen nach seinem Auftauchen im Osten[290] und der Pressekonferenz begonnen worden war. Die „Freunde“ übergaben Otto John jetzt dem MfS, das Otto John weiter in diesem Sinne einsetzen sollte.

Otto John hatte schon für seine Rundfunkerklärung das Thema „Wiedervereinigung“ gewählt[291], weil es ihm unverbindlicher als andere Vorschläge erschien. Otto John blieb bei dem Thema der deutschen Wiedervereinigung. Er reiste - stets unter Bewachung der ihm „zum Schutz“ beigegebenen Sicherheitsbeamten - durch die DDR und hielt Reden im Sinne der Wiedervereinigung à la Stalin, d.h. ein neutralisiertes Deutschland unter Aufgabe der einseitigen Westbindung und ohne Armee. Dies war nicht die von einer Mehrheit in der Bundesrepublik unterstützte Politik Adenauers. Es gab aber eine durchaus honorige Minderheit auch im Westen, die diese Ansicht - nach dem Beispiel des Staatsvertrages für Österreich - teilte. Auch wenn Otto John nach allem, was man über seine Persönlichkeit und seine Haltung vor dem 20. Juli 1954 weiß, durchaus westlich und antikommunistisch eingestellt war, kann man nicht ausschließen, daß er dieser Idee der Wiedervereinigung anhing. Es ist also denkbar, daß Otto John hier seine wirkliche Überzeugung äußerte. Für die strafrechtliche Beurteilung in dieser Arbeit ist das ohne Belang, da das Äußern einer abweichenden politischen Meinung in einer Demokratie kein Straftatbestand ist. John hielt als „Reisender in Sachen Wiedervereinigung“ von Frühjahr bis Herbst 1955 etwa 30 Vorträge[292] an vielen Orten der DDR.

---

289 *John I*, S. 276 ff.

290 Oben E. I. 2. , S.58 ff; Anhang III. , S. 368; Anhang IV. , S. 369 ff.

291 *John I*, S. 281.

292 *Gieseking*, S. 187.

III. Flucht mit Hilfe von Henrik Bonde-Henriksen

1. Darstellung Johns und die vom Osten gesteuerten Zweifel daran

Die Flucht am 12. Dezember 1955 von Ost-Berlin zurück ist in allen möglichen Varianten in der Presse geschildert worden. Für den Verfasser gibt es keinen Grund, im Hinblick auf die immer wieder bewiesene Wahrhaftigkeit Johns in seiner Autobiographie an seiner detailliierten Darstellung[293] zu zweifeln. Auch der dänische Journalist Henrik Bonde-Henriksen hat in mehreren Veröffentlichungen die Flucht genauso beschrieben[294].

Demnach hat Otto John seine beiden Bewacher überlistet. Sie fuhren ihn zur Humboldt-Universität, wo er vorgab, ein Gespräch führen zu müssen. In seinem Auto hatte er eine Mappe mit einem Betrag von 8000 Mark, die er angeblich zum Ankauf eines Bootes verwenden wollte. Die Bewacher sollten besonders auf diese Mappe achten. John betrat die Universität durch den Eingang auf der hinteren Seite. Er verließ das Gebäude sofort auf der anderen Seite, vor dem Bonde-Henriksen wie verabredet mit seinem Wagen wartete. Otto John wurde mit dunkler Brille, Schal und Pfeife getarnt. Die Volkspolizisten ließen das deutlich mit „Presse" und der dänischen Flagge gekennzeichnete Fahrzeug, das sich vorschriftsmäßig im 5 km-Tempo dem Brandenburger Tor näherte, nach kurzem Anhalten ohne weiteres passieren.

Gieseking[295] schildert die Spekulationen, die sich an diese Flucht knüpfen, kann aber mangels sicherer Quellen nicht zu einer Entscheidung kommen, wenn er auch sehr viel mehr als Stöver geneigt ist, John zu glauben. Umstritten war bisher immer, ob es überhaupt eine Flucht war, oder ob die Russen das Interesse am Verbleiben von Otto John in ihrem Machtbereich verloren hatten und ihm gar keine Hindernisse zur Rückkehr in die Bundesrepublik in den Weg legten. So hat die östliche Seite dies in der ersten Verlautbarung nach der Rückkehr von Otto John hinzustellen versucht mit der Behauptung, daß Otto John sich entschlossen habe, wieder in die Bundesrepublik zurückzukehren, um dort den Kampf gegen die Adenauerregierung und für die Wiedervereinigung fortzusetzen. Daß diese unzutreffende Behauptung eine schnell erfundene Propagandalüge war, kann man auch daran erkennen, daß am Tag der

---

293 *John I*, S. 328 ff.

294 Berlingske Tidende v. 14. u. 15. 12. 1955, deutsche Übersetzung in BArchKO B362 / 4611,Bl. 720-734.

295 *Gieseking*, S. 205 ff.

Flucht (bevor diese bekannt sein konnte) in der DDR eine Veröffentlichung erschien, John „habe nun eine große Aufgabe angetragen bekommen, ein Nachrichtenbüro in Ost-Berlin zu errichten".[296]

Man kann es aber auch aus dem Auskunftsbericht der Hauptabteilung XX des MfS vom 2. November 1967[297] schließen, der auf den Originalseiten 27 - 31 die Flucht detailliert schildert. Das Kapitel heißt[298] „Organisierte Flucht des JOHN nach West-Berlin und Reaktion der westlichen Presseinstitutionen". Hierbei entspricht der Auskunftsbericht[299] genau der von Bonde-Henriksen und Otto John gegebenen Darstellung. Auf Originalseite 29[300] heißt es: „Anläßlich eines Gespräches über die Flucht JOHN's äußerte der Gen. [Name geschwärzt] vom DIZ, daß er der Ansicht ist, daß die Unterstützung BONDE-HENRIKSENS bei der Flucht den Tatsachen entspricht".

1967 hat also das MfS intern nicht mehr den Versuch unternommen, an der Propagandalüge festzuhalten, daß Otto John jederzeit die DDR hätte verlassen können. Durch einen Aktenfund am Ende der vierjährigen Bearbeitungszeit dieser Arbeit konnten die letzten Zweifel ausgeräumt werden[301].

Begreiflicherweise hatte die russische Seite, die ihre These von der freiwilligen Anwesenheit von Otto John im Osten aufrecht erhalten und keinesfalls mit dem Odium der Verschleppung belastet sein wollte, alles Interesse daran zu behaupten, daß Otto John sich in der DDR frei bewegen und auch die DDR jederzeit verlassen konnte. Auch Bailey[302] bestätigt aus den KGB-Akten diese offizielle Version der Russen. Die Otto John auf Schritt und Tritt begleitenden bewaffneten Geheimdienstmitarbeiter wurden von dem MfS als „Beschützer" oder „Begleiter" bezeichnet, sollten aber in Wirklichkeit nicht nur eine Flucht verhindern, sondern auch unerwünschte Kontakte unterbinden.

Hier werden deshalb nur zusätzliche Argumente und Beweise gegeben, die bisher nicht bekannt waren, die keinen Zweifel daran lassen, daß man auf der westlichen Seite die Flucht sehr ernst nahm und entsprechende Vorkehrungen getroffen hatte.

---

296 *Gieseking*, S. 217.

297 BStU, MfS AP 11263/56 Bd.23, S. 000006 ff.

298 A.a.O... S. 000032.

299 Auskunftsberichte wurden im MfS intern erstellt, wenn eine andere Abteilung oder eine vorgesetzte Stelle sie anforderte.

300 A.a.O.. S. 000034.

301 Unten R. I. 5. b), S. 327 f.

302 *Murphy et al.*, S. 200.

2. Die Vorbereitungen der westdeutschen Behörden auf die Flucht

Wie sich die Vorbereitungen zur Flucht am 12. Dezember 1955 auf westdeutscher Seite nach Kenntnisnahme der Fluchtpläne, nach der „Sistierung" von Otto John in West-Berlin abgespielt haben, ist am genauesten in einem Bericht des Präsidenten[303] des BfV festgehalten[304]. Wie bei allen nachprüfbaren Angaben stimmt dies mit der Schilderung von Otto John[305] überein; bis auf Einzelheiten, die Otto John ebensowenig wie den Bericht kennen konnte. Der streng geheime Bericht war Gieseking nicht zugänglich. Aus den elf eng beschriebenen Seiten des Berichtes ergibt sich in gekürzter Fassung insbesondere folgendes:

Am 2. Dez. 1955 erhielt der Präsident des BfV (Schrübbers) einen Anruf von Mr. Andersen von der britischen Botschaft in Bonn, der seinerseits von Mr. Abbot, Intelligence officer in West-Berlin, davon verständigt war, daß ein dänischer Journalist[306] angefragt habe, was mit John nach einer gelungenen Flucht geschehen würde. Die Engländer erklärten, daß dies eine rein deutsche Sache sei und man John sofort den deutschen Behörden überstellen werde. Der Staatssekretär im Bundesjustizministerium, Dr. Walter Strauß [307], sei bereits im Sommer[308] deshalb von Bonde-Henriksen angesprochen worden und habe bestätigt, daß ein Haftbefehl gegen Otto John nicht vorläge. Otto John habe durch Bonde-Henriksen erklären lassen, daß er sich den deutschen Behörden stellen werde. Als Fluchtzeitpunkt wurde Mitte Dezember 1955 angegeben. Der Präsident des BfV erklärte, daß er auf deutscher Seite die Vorbereitungen übernähme. Staatssekretär Globke sollte noch am 2. Dez. 1955 von Roger Allan, Stellvertreter des britischen Botschafters, unterrichtet werden. Die Engländer wollten sich völlig von dem Unternehmen distanzieren. Am gleichen Tage wurden noch Einzelheiten mit Staatssekretär Ritter von Lex und dessen Vertreter Min. Dirigent

---

303 Hubert Schrübbers, *3. November 1907, gest. 26. September 1997, Jurist, Staatsanwalt in der NS-Zeit Präsident des BfV 1955-1972, Rücktritt, als seine NS-Vergangenheit bekannt wurde.

304 Erkenntnislage des BfV, S. 1737 - 1747. .

305 *John I*, S. 326 ff.

306 Dies war offensichtlich Bonde-Henriksen.

307 *Kondraschow in Murphy et al.*, S. 200; in der deutschen Übersetzung S.253.

308 Lt. Heinz Vielain in : Die Welt - Nr. 290, 12. Dez. 1980: „Mit Strauß und Wehner zweifeln fast alle Bonner Spitzenpolitiker an Otto Johns Schuld" fand das Gespräch im Haus des Bonner Berlin Bevollmächtigten Vockel statt.

Bargatzky[309] besprochen. Der OBA sollte sofort wegen eines eventuellen Haftbefehls informiert werden; auch Bundesminister Schröder wurde informiert. Mit Zustimmung von Staatssekretär Strauß wurde OBA Loesdau, der das Verfahren gegen Wohlgemuth bearbeitete, aus Karlsruhe nach Bonn gebeten. Die Besprechung mit Loesdau fand dann am 5. Dez. 1955 im BMI bei Herrn Bargatzky statt. Der nicht vorliegende Haftbefehl war Gegenstand der Besprechung, man hielt Tatsachen, die unter § 100 e StGB fallen, für ausreichend und einigte sich darauf, daß ein Haftbefehl vor Eintreffen Johns nicht erforderlich sei, eine vorläufige Festnahme sei immer möglich. Walter Strauß wurde vom Präsidenten des BfV unterrichtet, daß er Einzelheiten von Loesdau erfahren werde.

Mr. Andersen teilte dann alle Einzelheiten für die am 12. oder 14. Dezember geplante Flucht mit, die dann genau der am 12. Dezember tatsächlich gelungenen Flucht entsprachen. Mr. Andersen betonte nochmals, daß die Engländer nichts mit der ganzen Sache zu tun haben wollten. Wichmann[310], der Leiter des LfV Berlin, wurde vom Präsidenten des BfV informiert, er solle Otto John in Berlin übernehmen, mit der nächsten Maschine nach Köln oder Düsseldorf fliegen und mit oder ohne seinen Willen von Beamten der Sicherungsgruppe (SG) in eine geheime Unterkunft in den Taunus bringen. Nach der vorläufigen Festnahme sollte er dann einem Richter zum Erlaß eines Haftbefehls vorgeführt werden.

Der Präsident des BfV war dann am nächsten Tag, dem 6. Dezember 1955 bei Staatssekretär Globke und stellte fest, daß dieser noch nicht von Roger Allan über die geplante Flucht Otto Johns unterrichtet war. Globke wollte sich erkundigen, ob ein ungenutztes Haus der Familie Georg v. Opel im Taunus als Unterkunft für Otto John verwendet werden könne. Inzwischen teilte Mr. Andersen mit, daß die Flucht definitiv am 12. Dez. versucht werde. Der Präsident des BfV

---

309 Dr. Walter Bargatzky,* 13. April 1910 in Baden-Baden; † 4. November 1998 in Bonn), erhebliche Belastung in der NS-Zeit (SA, NSDAP), Lt. Wikipedia vor dem 20. Juli 1944 dem Widerstand in Paris nahestehend (Quelle? Eigene Schutzbehauptung?), trotzdem unangefochten bis Kriegsende in seiner Stellung als Angehöriger der Abteilung „Justiz“ im Verwaltungsstab und zeitweise Persönlicher Referent von Jonathan Schmidt, Leiter des Verwaltungsstabes des Militärbefehlshabers. Min. Dir. im BMI später St.S. Wegen mangelnden Vertrauens der Justizministerin (SPD) der großen Koalition wurde er 1966 in den Ruhestand versetzt.

310 Nicht zu verwechseln mit dem OBA Wiechmann; durch i oder ie unterschieden, aber leider in der Literatur (auch in John I) oft falsch geschrieben.

wählte nun, weil ihm eine telephonische Instruktion an Wichmann zu gefährlich erschien, einen Kurier „der ein Mann sein sollte, der Otto John völlig unvoreingenommen gegenübertreten" und „rechtliche Schwierigkeiten sofort durch geeignete Maßnahmen überwinden konnte". Die Wahl fiel auf Reg. Direktor Dr. Ludwig, einen früheren Oberstaatsanwalt (OStA). Er flog am 8. Dezember unter strengster Geheimhaltung nach Berlin. Ludwig instruierte Wichmann über den Plan, der der späteren Durchführung entsprach[311]: Flug 17:.45 Uhr ab Tempelhof mit der Maschine der PAA nach Wahn, auf der für Bonde-Henriksen und Otto John Plätze unter Decknamen reserviert waren, sowie für Wichmann und Ludwig. Der Präsident des BfV wollte sich dann in Wahn um alles Weitere kümmern, da Globke wegen des Quartiers noch keine Nachricht gegeben hatte. Ludwig wurde beauftragt, sich darum zu kümmern. Am 10. Dezember gegen 12 Uhr erreichte den Präsidenten des BfV ein Anruf von Ritter von Lex, daß die Sache Otto John doch vom OBA übernommen werden solle. Ludwig wurde daraufhin nach Karlsruhe bestellt, um Einzelheiten zu besprechen. Ludwig unterrichtete den Präsident des BfV „am Sonntagnachmittag" (11.Dez.), daß der OBA am nächsten Morgen einen Haftbefehl gegen Otto John erwirken wolle, daß dann zwei Beamte der SG nach Berlin fliegen und notfalls Otto John festnehmen könnten. Der OBA wollte inzwischen klären, in welches Gefängnis Otto John einzuliefern sei. Der Präsident des BfV hielt diese Regelung „nicht für ganz glücklich, da einmal Otto John ausdrücklich erklärt worden war, es liege kein Haftbefehl vor, und zum anderen psychologische Schwierigkeiten durch dieses Vorgehen hervorgerufen werden konnten, die nicht zu übersehen waren". Aus Zeitgründen war an dem Plan nichts mehr zu ändern. Mit den Beamten der SG sollte Ludwig nur Augenverbindung halten, damit nicht der Eindruck einer Verhaftung entstehe. „Drei bewaffnete Beamte des LfV wurden in der Nähe des Brandenburger Tors bereitgehalten, die bei einer etwaigen Verfolgung des Wagens in den Westsektor durch Organe der Sowjets oder der Vopo eingreifen sollten".

Der Präsident des BfV unterrichtete am 12. Dezember vormittags Staatsekretär Dr. Walter Strauß persönlich von der Planänderung durch den OBA. Strauß war nicht einverstanden, weil für ihn die ganze Sache ein Politikum war und wohl auch deswegen, weil er Bonde-Henriksen ausdrücklich versichert hatte, daß kein Haftbefehl vorläge. Deshalb wurde Staatssekretär v. Lex unterrichtet und erwogen, die ganze Sache abzublasen, weil die Gefahr bestünde, daß die Maschine von sowjetischen Fliegern abgefangen oder sogar ab-

---

311 *John I.*, S.330.

geschossen werden könne. Daraufhin wurde BMI Gerhard Schröder informiert, der die Bedenken nicht teilte und anordnete, daß alles nach dem neuen Plan abgewickelt werden sollte. Er zweifelte aber, ob in Anbetracht der inzwischen vielen Mitwisser die Sache überhaupt glücken werde. Im übrigen war er auch für eine politische Behandlung und zweifelte, ob überhaupt Voraussetzungen für einen Haftbefehl gegeben seien. OBA Loesdau wurde aus Karlsruhe herzitiert und nach dessen Eintreffen am 12.12.um 16:15 Uhr eine neue Besprechung beim Bundesjustizminister anberaumt, an der auch Staatssekretär Strauß teilnahm. Der Bundesjustizminister schloß sich der Meinung des OBA an, Strauß widersprach. Der Präsident des BfV kehrte ohne eine Entscheidung, was nach Landung der Maschine in Wahn geschehen soll, in sein Dienstzimmer zurück, weil er ab 18:00 Uhr an der Sitzung des Ausschusses für Verfassungsschutz[312] teilnehmen sollte. Schrübbers rief Herrn Brückner zu sich und erteilte ihm den Auftrag, ohne ihm den Zweck des Einsatzes auseinanderzusetzen, „mit einigen Beamten um 19:30 Uhr am Flughafen Wahn zu sein und dort einen Herrn zu übernehmen, der ihm von Dr. Ludwig übergeben werde. Dieser Herr solle im Gebäude der SG untergebracht und sorgfältig bewacht werden."

Es kann nach heutiger Kenntnis kein Zweifel bestehen, daß Otto John kein freier Mann in der DDR war, sondern unter ständiger Bewachung stand; daß ihm die lange angestrebte Flucht mit Hilfe von Bonde-Henriksen schließlich gelang, daß er aber dann entgegen gegebener Zusage in der Bundesrepublik nicht endlich die erhoffte Freiheit fand, sondern in einer bereits Untersuchungshaft entsprechender Sicherheit gehalten wurde[313], obwohl ihm kein Haftbefehl vorgelegt wurde.

3. Die Reaktion von Lucie John

Die Reaktion von Lucie John war erstaunlich. Bei den vielen telephonischen Kontakten mit Otto John, solange er hinter dem Eisernen Vorhang war, hatte dieser die Gespräche, die selbstverständlich ebenso wie seine Korrespondenz überwacht wurden, immer mit dem Satz beendet „Laß' es Dir gutgehen, mein Liebes". Als Lucie John ihn Anfang Dezember 1955 anrief, was er sich zu Weihnachten wünsche, beendete er das Gespräch mit „Auf Wiedersehen". Lucie

---

312 Der „Johnausschuß"; dieses zeitliche Zusammentreffen amüsierte Bundeskanzler Adenauer besonders; darauf bezog sich seine oft zitierte Bemerkung „selten so jelacht".

313 Einzelheiten dazu unten F. I. 1. , S. 77 ff; R. I. 5. a), S. 326.

verstand sofort und rief ihre Tochter an „Otto kommt zurück“[314]. Sie war aber doch sehr überrascht, als er sie schon am nächsten Abend aus Bonn anrief.

314 *John I,* S. 331 f.

F. Der Prozeß 1956 gegen Otto John vor dem 3. Strafsenat des BGH

I. Haftbefehl und Untersuchungshaft

1. Die Haftbefehle vom 12. und 23. Dezember 1955

Die Präzision der Darstellung von Otto John läßt sich in Verbindung mit dem ersten Haftbefehl erneut beweisen. Otto John schreibt[315], daß am Tage seiner geglückten Flucht der Staatsanwalt bereits den Haftbefehl in der Tasche hatte, ohne dies aber Otto John zu sagen. Dieser Haftbefehl datiert vom Tag der Rückkehr am 12. Dezember 1955 und nicht vom 23. Dezember (das war ein zweiter Haftbefehl, ausgestellt von Ermittlungsrichter Clauß[316]), wie immer wieder falsch zu lesen ist, so auch in neuester Zeit bei *Hartmut Jäckel*: „Am 23. Dezember, elf Tage nach seiner Rückkehr, wurde er verhaftet"[317]. Richtig ist aber, daß es bereits einen vor der Rückkehr von Otto John nach West-Berlin ausgestellten Haftbefehl gab, der hier wegen seines Wortlauts nach dem Original wiedergegeben wird. Er spricht eine deutliche Sprache über das „Vorurteil".

Dies war der Haftbefehl, den der Staatsanwalt bei Empfang von Otto John in der Tasche hatte. Er mußte davon aber keinen Gebrauch machen, weil der ahnungslose Otto John im Glauben, nun endlich wieder die Freiheit erlangt zu haben, sich freiwillig - wie er meinte zu seiner eigenen Sicherheit bei den Berliner Verhältnissen im Kalten Krieg und aus Furcht vor den Russen - in die Obhut der westdeutschen Behörden begab.

---

315 *John I.*, S. 333

316 BArchKO, B 362/10936, Bl. 1110-1112.

317 *Jäckel II*, S. 5.

Der Ermittlungsrichter
des Bundesgerichtshofs

Karlsruhe, den 12. Dezember 1955

1 BGs 11/55
B Js 351/54

H a f t b e f e h l

Der Beschuldigte,

Dr. Otto J o h n,
geboren am 19. März 1909 in Marburg, zuletzt wohnhaft in Köln, An der Münze 9,
z.Zt. in der sowjetisch besetzten Zone (SbZ) flüchtig,

ist zur Untersuchungshaft zu bringen.

Er ist dringend verdächtig,

am 20. Juli 1954 im Sowjetsektor von Berlin Beziehungen zu Einrichtungen asserhalb des Geltungsbereichs des ersten Strafrechtsänderungsgesetzes, nämlich zu Behörden der sowjetrussischen Besatzungsmacht aufgenommen zu haben die die Mitteilung von Staatsgeheimnissen zum Gegenstand hatten, und diese Beziehungen in der Folgezeit unterhalten zu haben,

- Vergehen nach §§ 99, 100 e Abs 1 StGB -

indem er nach Teilnahme an den Feiern zur Erinnerung an den 20. Juli 1944 zusammen mit Dr. med. Wolfgang Wohlgemuth in dessen PKW Westberlin verliess, etwa um 21,oo Uhr über die Heydekrug-Brücke in den Sowjetsektor Berlins gelangte und hier mit sowjetrussischen Behörden in Verbindung trat, die er bis heute aufrechterhielt.

Es besteht Fluchtverdacht, weil sich der Beschuldigte zur Zeit ausserhalb der Bundesrepublik und Westberlins aufhält, deshalb als flüchtig im Sinne von § 112 Abs 1 Nr 1 StPO angesehen werden muss. Auch wenn der Beschuldigte in die Bundesrepublik oder nach Westberlin zurückkehren sollte, besteht Fluchtverdacht fort, da es mit einer an Sicherheit grenzenden Wahrscheinlichkeit anzunehmen ist, dass sich der Beschuldigte, der in der Bundesrepublik nur Bestrafung und Anfeindung zu gewärtigen hat, erneut zu seinen östlichen Auftraggebern begibt oder bei seinen zahlreichen Verbindungen zu ausländischen Freunden und Bekannten in das westliche Ausland flieht.

Gegen diesen Haftbefehl ist die Beschwerde zulässig. Ausserdem ist der Beschuldigte berechtigt, statt der Beschwerde mündliche Verhandlung gemäss § 114 d StPO zu beantragen.

Dr. v. Engelbrechten

Das Widersinnige an diesem Haftbefehl ist insbesondere:

a) daß Otto John an dem Tag, an dem seine freiwillige Rückkehr in die Bundesrepublik erwartet wurde, als flüchtig außerhalb der Bundesrepublik bezeichnet wird.

b) daß nach seiner Rückkehr in die Bundesrepublik Fluchtgefahr angenommen wird, obwohl er sich gerade durch Flucht aus seinem Zwangsaufenthalt im Osten befreit hatte.

Daß dieser Haftbefehl durch einen neuen am 23. Dezember 1955 ersetzt wurde, war an sich nicht nötig. Es drängt sich der Verdacht auf, daß die Tatsache verschleiert werden sollte, daß die Bundesanwaltschaft und der 3. Senat des BGH von vornherein von der Schuld Otto Johns überzeugt waren, und deshalb ein Haftbefehl ausgestellt worden war, bevor ein Richter den Beschuldigten gehört hatte.

Hierzu gibt es zwei Vermerke:

1.

Von OStA Loesdau, der sich in Wiesbaden befand, vom 16. Dezember 1955. Er hält fest, daß OBA Wiechmann am 12.Dezember um 12:00 Uhr plötzlich verreisen mußte, den Entwurf des Haftbefehls aber gebilligt habe, den er, Loesdau dann vom Ermittlungsrichter des BGH, Dr. v. Engelbrechten, habe unterschreiben lassen und an sich genommen habe.[318]

2.

Ganz offensichtlich auch von Loesdau ohne Datum (gleiche Maschine und Anordnung), aber im Namen von OBA Wiechmann (gez. Wiechmann), daß OStA Loesdau mit LGD Clauss[319] am 13. Dezember 1955 um 11:48 Uhr in Bonn eingetroffen seien - Loesdau hatte den Haftbefehl bei sich. Der OBA riet von einer sofortigen Vollstreckung ab, da sich der Beschuldigte freiwillig in eine Verwahrung begeben habe, die die gleiche Sicherheit wie eine Haftanstalt biete.

---

318 BArchKO B 362 / 4611 Bl. 607.

319 Sic - richtig ist Clauß.

Dem Ermittlungsrichter habe er (OBA) am Mittwoch, dem 14. Dezember 1955 dies mitgeteilt.[320]

Da das Datum im 1. Vermerk in einen freigehaltenen Platz handschriftlich eingesetzt wurde, kann man davon ausgehen, daß beide Vermerke nachträglich am 16. Dezember 1955 in die Akten kamen.

In der Tat gibt es eine Abschrift dieses Vorgangs[321] mit dem Absender „Der Oberbundesanwalt bei dem Bundesgerichtshof - B Js 351/54 - z. Z. Wiesbaden, den 16. 12. 1955" (hier ist das Datum mit Maschine eingesetzt), mit dem der OBA 14 Bände Akten, 18 Urkundenmappen, 1 Heft „An den Ermittlungsrichter des Bundesgerichtshofs Herrn Landgerichtsdirektor Dr. Clauss" übersendet (vermutlich von OStA Loesdau persönlich im BKA in Wiesbaden übergeben, wo Dr. Clauß das Verhör von Otto John seit 13. Dezember 1955 durchführte). Hier steht der klare Satz: „ Vor der Rückkehr des Beschuldigten John in die Bundesrepublik hat der Ermittlungsrichter des Bundesgerichtshofs auf meinen Antrag am 12. 12. 1955 gegen den Beschuldigten Haftbefehl erlassen. Von dem Vollzug wurde bisher abgesehen"

Interessant ist, daß sich in dieser Sache OBA Wiechmann in einem Beschwerdebrief vom 27. Dezember 1955 an den Süddeutschen Rundfunk über eine „Falschmeldung" vom 22. Dezember beklagt, daß gegen Otto John vor dem 23. Dezember bereits ein Haftbefehl vom 12. Dezember vorgelegen haben solle, der in Bonn hätte vollstreckt werden sollen, und in dem fehlerhaft von Landesverrat sowie Flucht und Verdunklungsgefahr die Rede sei[322]. Mit Schreiben vom 2. Januar 1956[323] entschuldigte sich Dr. Fritz Eberhard vom Süddeutschen Rundfunk für den Fehler seines übereifrigen Reporters. Im wesentlichen war die Meldung aber richtig; es gab den Haftbefehl, und er war für die Vollstreckung in Bonn gedacht.

Warum hat der OBA schriftlich nachweisbar gelogen? Er rechnete wohl kaum damit, daß jemand fünfzig Jahre später seine streng geheimen Handakten genau lesen würde. Es bestätigt jedenfalls den oben ausgesprochenen Verdacht, daß OBA Wiechmann die Vorverurteilung vertuschen wollte.[324]

---

320 BArchKO B 362 / 4611 Bl. 608.

321 BMI Anl. 1 zu 63A 3453/55, Abschrift im Archiv des Verfassers, gleicher Text auch BarchKO VS B 362 / 10944 Bl. 986-995.

322 BArchKO B 362 / 4611 Bl. 640 a.

323 BArchKO B 362 / 4611 Bl. 641.

324 Dazu auch J. II. 4. , S. 168 ff.

2. Verhöre bis zum 22. Dezember 1955 durch den Ermittlungsrichter des BGH

Otto John wurde nach einer Übernachtung bei der SG in Bonn zum BKA Wiesbaden gebracht und dort zwei Wochen lang von LGD Dr. Clauß als Ermittlungsrichter des BGH verhört. Otto John wurde nicht etwa zu seiner Frau nach Köln entlassen, oder ihm wenigstens das Wohnen bei seinen Eltern in Wiesbaden gestattet - er war ein Gefangener auf Grund des Haftbefehls vom 12. Dezember 1955, auch wenn „von der Vollstreckung bisher abgesehen wurde“[325], wie OBA Wiechmann empfahl. In Wirklichkeit wurde ihm der Haftbefehl überhaupt nicht eröffnet, entgegen § 114 a StPO. Deshalb kam Otto John auch nicht auf die Idee, einen Anwalt zu verlangen. Für eine wahrheitsgemäße Aussage bedarf es keines Anwalts. Seine aus London mit ihrer Tochter mit dem ersten Flugzeug angereiste Frau, die er 17 Monate nicht gesehen hatte, durfte er nur kurz im Beisein von Dr. Brückner sprechen. Alle Einzelheiten über diesen Empfang des mit gutem Gewissen in die Bundesrepublik Zurückgekehrten sind seiner für den Bundestag bestimmten Petitionsschrift zu entnehmen[326].

Auch für diese Schilderung Johns gibt es einen Beweis. In den Handakten der Staatsanwaltschaft befindet sich der Aktenvermerk[327] von Dr. Brückner (BKA/SG) über das erste Treffen von Lucie John und Otto John, das er auftragsgemäß überwacht habe.

Man muß sich über das Geschehen und die Rechtsstaatlichkeit des Vorgehens des BGH Gedanken machen. Ein Verdächtiger, bei dem es sich um den Leiter einer hohen Behörde und um einen unbescholtenen Bürger handelt, kehrt mit einem dänischen Journalisten als Fluchthelfer nach 1 ½ Jahren Zwangsaufenthalt im östlichen Machtbereich in den Westen zurück und stellt sich sofort den deutschen Behörden, weil er aus Presseberichten weiß, daß die unsinnigsten Vorwürfe gegen ihn erhoben werden, die er widerlegen will. Er fliegt unter Bewachung (die aber nicht als solche ihm gegenüber deklariert wird; auch im Osten hatte er ständig zwei „Beschützer“)von West-Berlin nach Bonn. Einer seiner Bewacher ist OStA Loesdau, der später die Anklage vorbereiten wird. Dieser hat einen Haftbefehl in der Tasche, den er aber dem Verdächtigten (der nicht weiß, daß er als Verdächtigter angesehen wird) nicht eröffnet. Gegen § 114 a StPO wurde eindeutig verstoßen. Das Verhalten des Ermittlungsrichters, der ihn ab dem nächsten Tag neun Tage im

325 Oben F. I. 1., S. 80.

326 Unten R. I. 7. c), S. 334.

327 BArchKO VS B 362 / 10944, Bl. 983-985.

BKA in Wiesbaden vernimmt, ohne ihm den Haftbefehl zu eröffnen, entspricht nicht den gesetzlichen Vorgaben des § 115 StPO.

Das 116 Seiten umfassende Protokoll der Vernehmung durch LGD Clauß kann hier nicht wiedergegeben werden. Clauß, zu dessen unrühmlicher Vorgeschichte in der NS-Zeit die Tätigkeit als Richter am Sondergericht in Posen gehört[328], kann man als „alten Nazi" bezeichnen. Seine oft unfreundliche, direkt feindliche Verhandlungsführung mit Fangfragen, die der vorgefaßten Meinung der Bundesrichter entsprachen, die ihn ausgewählt hatten, wird recht deutlich. Hier nur ein einziges Beispiel aus dem langen Protokoll:

John:

„Juristisch gesehen möchte ich sagen, ohne damit meiner juristischen Verteidigung vorzugreifen, daß ich mich in einer Zwangslage oder einem Notstand befunden habe, der eben gewisse Handlungen erforderlich machte, die ich bei freier Willensentscheidung selbstverständlich nicht gemacht hätte."

Kurz danach Clauß:

Vorhalt

„Nach Ihrer politischen Beurteilung der Lage und Ihrem Verhalten im Osten, liegt die Vorstellung nahe, Sie könnten sich im Sommer 1954 in einer ähnlichen Lage in der Bundesrepublik gefühlt haben wie zehn Jahre vorher unter Hitler. Sie sahen sich vielleicht in der Bundesrepublik einer Politik gegenüber, die Sie für verderblich hielten, und gegen die Sie etwas drastisches unternehmen zu müssen glaubten. Ist es etwa so gewesen, und sind Sie etwa aus diesem Grunde nach dem Osten gegangen, sei es auch nur, um vielleicht nicht drüben zu bleiben, sondern nur, um Fühlung zu nehmen oder irgendwelche Leute über die Sie bewegenden Fragen zu sprechen?"

John widersprach deutlich und überzeugend. Die Frage dekuvriert aber, daß Clauß getreu dem Zeitgeist argumentierte, den Gehlen auf die knappe Formulierung: „Einmal Verräter, immer Verräter" gebracht hatte. Ebenso wie der Senatspräsident später in der HV stellt Clauß den Kampf gegen Hitler auf eine Stufe mit dem angeblich freiwilligen Übertritt Johns in den Osten, um von dort politisch gegen die Adenauer-Regierung zu agieren.

---

328 Unten J. II. 11., S. 175 ff.

3. Der zweite Haftbefehl vom 23. Dezember 1955

Nach den Vorgaben von OBA Wiechmann formulierte und unterschrieb Clauß den zweiten Haftbefehl am 23. Dezember 1955 am Ende seines Verhörs in Wiesbaden vom 13. bis 22. Dezember 1955, der ordnungsgemäß eröffnet wurde[329].

4. Die Untersuchungshaft

a) Unterbringung und Verlauf

Am 23. Dezember 1955 wurde Otto John auf Grund des abgeänderten zweiten Haftbefehls von Wiesbaden im Dienstwagen von zwei Kriminalbeamten, die ihn aus seiner Tätigkeit als Präsident des BfV kannten, in das Gerichtsgefängnis in Pforzheim und später in das Landesgefängnis Mannheim zur Untersuchungshaft überführt, weil in Karlsruhe keine Zelle frei war[330].

Otto John blieb ein Jahr in Untersuchungshaft, trotz aller Versuche seiner Anwälte, ihm auf Grund der gesetzlich alle drei Monate vorgeschriebenen Haftprüfungstermine die Freiheit zu verschaffen. Die Begründung der Ablehnung durch die Bundesrichter war immer gleichlautend: Fluchtgefahr, Verdunkelungsgefahr. Johns Erklärung, daß er sich nach seiner Flucht zurück in die Bundesrepublik freiwillig selbst den Behörden gestellt habe, und daß er während der intensiven Verhöre vom 12. - 22. Dezember 1955 bereits alle wesentlichen Angaben gemacht habe, nützten ebensowenig wie das Angebot einer Kaution. Die einzelnen Anträge und Begründungen werden hier nicht nachvollzogen, weil sie zu dem eigentlichen Verfahren nichts Neues bringen. Der erste Haftprüfungstermin wird später noch einmal diskutiert[331].

In diesem Haftprüfungstermin im Frühjahr 1956 nahm Otto John noch sein Recht auf mündliche Verhandlung wahr, auf das er später verzichtete. Er konnte bei dem Termin feststellen, daß er sich voreingenommenen Richtern gegenüber befand, die sich ihr Urteil bereits gebildet hatten. Dies galt besonders für den Senatspräsidenten Dr. Geier, einen ehemaligen Wehrmachtsrichter[332].

Mit dem ausführlich begründeten Antrag von Dr. Dix, dem ersten Verteidiger von Dr. John, vom 28. Juni 56 wird noch einmal ein

---

329 BArchKO, VS B 362 / 10944, Bl. 1110-1112. NB, Fn evtl falsch; richtig jedenfalls B 362 / 10936.

330 *John I*, S. 335.

331 R. I. 7. e), S. 336 f.

332 unten J. II. 1. a), S. 157f.

vergeblicher Versuch unternommen[333]. Dr. Dix führte mit Recht aus, daß sich Otto John durch die Flucht die Möglichkeit einer Rehabilitierung verbauen würde, daß er mit seiner Ehefrau in Deutschland leben will und sich auch jeder Beschränkung (Paßhinterlegung, Bewachung etc.) unterziehen würde und auch zur Stellung einer Kaution bereit sei. Dr. Dix diskutierte auch schon die Haltlosigkeit der Vorwürfe wegen Geheimnisverrat und die Unmöglichkeit, aus Johns Äußerungen im östlichen Machtbereich Schlüsse auf seine wirklichen Ansichten zu ziehen; ganz abgesehen davon, daß eine Befürwortung der Wiedervereinigung durch Verhandlungen mit dem Osten kein Straftatbestand sein könne, da diese Ansicht auch von vielen Politikern im Westen geteilt und öffentlich vertreten wurde. Ein hohes Strafmaß, das eine schon ein halbes Jahr andauernde Untersuchungshaft rechtfertige, sei bei der Unmöglichkeit der Aufklärung der Vorgänge in der Nacht zum 21. Juli 1954 nicht zu erwarten. Auch die Auslobung von 500.000 DM durch Innenminister Dr. Gerhard Schröder habe nichts zur Aufklärung beigetragen.

Der OBA wies diesen Antrag mit Schreiben vom 13. Juli 1956 mit Standardfloskeln von sechs Zeilen zurück[334]. Am 16. Juli 1956 übernahm die Sozietät Dr. Caemmerer in Karlsruhe die Verteidigung[335]. Sie teilte dem BGH-Ermittlungsrichter am 24. Juli 1956 mit, daß Otto John auf seinen am 17. Juli 1956 gestellten Antrag auf mündliche Verhandlung über die ablehnende Entscheidung verzichte[336]. Am 27. Juli 1956 beschloß der 3. Strafsenat unter Vorsitz von Dr. Geier mit den Richtern Dr. Mannzen und Dr. Wirtzfeld, daß die Haft fortzudauern habe. Nach diesem Schema verlief auch der nächste Haftprüfungstermin bis zur Hauptverhandlung.

Bezeichnend für die Haltung des Gerichts gegenüber dem Beschuldigten ist, daß in einigen Stellungnahmen des Gerichts als Begründung für die Fluchtgefahr herangezogen wird, daß Otto John sich ja schon 1944 erfolgreich der Gestapo durch Flucht entzogen habe und daß ihm ja auch die Flucht aus der DDR gelungen sei. Ebenso bezeichnend ist später, daß die gleichen Richter 1958 - noch vor einem ersten Haftprüfungstermin - den der Entführung von Dr. John angeklagten Dr. Wohlgemuth gegen eine Kaution von 30.000 DM freiließen, obwohl gegen ihn der schwerwiegende Verdacht des Menschenraubes oder der Beihilfe dazu vorlag. Die Begründung des Gerichts, John nicht von der Untersuchungshaft zu verschonen, lag

333 BArchKO, VS B 362/10949, Bl. 686-690.

334 a. a. O., Bl. 685.

335 a. a. O., Bl. 680.

336 a. a. O., Bl .698.

auch in der Höhe der zu erwarteten Freiheitsstrafe. Dies ist wiederum ein Indiz dafür, daß das Gericht von vornherein eine hohe Zuchthausstrafe gegen John im Auge hatte, während es Wohlgemuth nicht wegen des Menschenraubs oder der Beihilfe dazu verurteilen wollte.

b) Gerichtliche Voruntersuchung durch Dr. Kurt Weber

Dr. Weber wurde vom Präsidenten des BGH am 20. Januar 1956 zum Untersuchungsrichter des BGH bestellt[337]. Weber eröffnete die gerichtliche Voruntersuchung[338] am 21. Januar 1956 wegen Verbrechen nach §§ 99, 100 Abs. 1, 100 a Abs. 2, 101, 73, 74 StGB

Er begann mit der Vernehmung aber erst drei Monate später[339]. Otto John sah in dieser Verzögerung eine Schikane und drohte schließlich mit Hungerstreik, zumal er in der Untersuchungshaft von allen anderen Gefangenen isoliert war und nur abends bei Dunkelheit einen Rundgang im Gefängnishof machen durfte. Kurt Weber gab als Erklärung, daß er zuerst die 800 Zeugenaussagen durcharbeiten musse.

Otto John in seiner Gutgläubigkeit dachte zunächst, in Weber einen wohlwollenden Richter gefunden zu haben[340]. Er hatte sich aber getäuscht. Weber war für John nicht nur eine Belastung durch die Art seiner Verhöre, bei denen er auch vor tückischen Fangfragen nicht zurückschreckte, sondern durch viele Schikanen während der überlangen Untersuchungshaft, wie z.B. der Briefzensur. John beschreibt dies im einzelnen[341].

Dieses Verhalten des Untersuchungsrichters nach allen vorangegangenen Belastungen setzte dem Gesundheitszustand von Otto John stark zu. Er hatte fast 20 kg abgenommen. Auf Veranlassung des Senats wurde Otto John für sechs Wochen zur Erholung in die geschlossene Abteilung der Psychiatrischen Universitätsklinik Heidelberg verlegt[342].

c) Psychiatrische Untersuchung in Heidelberg

Auf Grund des Beschlusses des BGH vom 24.Juni 1956 wurde von Prof. Dr. W. v. Baeyer, Direktor der Psychiatrischen und Neurologi-

---

337 BArchKO VS B 362 / 10931, Bl. 818.

338 A.a.O., Bl. 819.

339 *John I*, S. 335 f.

340 Zu Weber ausführlich J. II. 2. , S. 162 ff.

341 *John I*, S. 335 - 343.

342 *John I*, S. 336 f.

schen Klinik der Universität Heidelberg, ein ausführliches psychiatrisches Gutachten über Otto John erstellt[343]. Dieses Gutachten ist für Otto John sehr positiv.

Der Gutachter hatte insbesondere die folgenden Fragen des Gerichts (hier verkürzt wiedergegeben) zu beantworten:

1.) Verfügt Dr. John über eine normale psychische Widerstandskraft und seelische Belastbarkeit?

2.) Könnte Dr. John vor oder nach dem 20. Juli 1954 durch Drogen oder Hypnose beeinflußt worden sein? Ist er als Medium geeignet?

3.) Hat Dr. John eine außergewöhnliche Fähigkeit, sich zu verstellen? Ist ihm zuzutrauen, daß er nach dem 20. Juli1954 bis zu seiner Rückkehr die von ihm behauptete Rolle konsequent durchgeführt hat?

Der Gutachter nimmt in seiner sehr sorgfältigen Analyse sozusagen den Verlauf der Hauptverhandlung vorweg. Er bewertet die wichtigsten Zeugenaussagen aus den kompletten Ermittlungsakten[344]. Er exploriert Otto John zu allen Details seines Lebenslaufs und „verhört" ihn sehr genau über die Ereignisse am und nach dem 20 .Juli 1954[345].

Die medizinischen Befunde sind weitgehend normal. Körperlich wird ein leichtes Untergewicht festgestellt. Während des Aufenthalts in der Klinik „erholte sich Otto John körperlich und nahm 1 ½ kg an Gewicht zu"[346]. Besonders interessant ist das psychische Gutachten. Prof. Baeyer erwähnt, daß Otto John während seines Klinikaufenthaltes ein 113 Seiten langes Manuskript „Gefangener des sowjetischen Geheimdienstes" verfaßt hat[347], das flott geschrieben sei. Inhaltlich deckt es sich mit dem, was Otto John auch im Gespräch erzählt hat, „in einem Tone absoluter Sicherheit und Überzeugtheit vorgetragen, der an sich geeignet erschien, jeden Zweifel an der Glaubwürdigkeit auszuschließen. Da gab es kein Zaudern und Schwanken, keine Verschiedenheit der Versionen, kein vages Daherreden, keinen Mangel an Plastizität und Konkretheit der Aus-

---

343 BArchKO, VS B362/10949, Bl. 701 - 779.

344 A.a.O., Bl. 702-724.

345 A.a.O., Bl. 725-761.

346 A.a.O., Bl. 762.

347 *Gefangener,* von C.M. Fröhder dem Verfasser überlassen.

sagen, der einen hätte stutzig machen können“[348]. In diesem Ton geht es weiter. Die Persönlichkeit wird durchgehend sehr positiv beurteilt, lediglich ein gewisses Geltungsbedürfnis und das Herausstellen von Verbindungen zu bedeutenden Persönlichkeiten wird betont. Der Befund sagt abschließend: „Schließlich möchte ich noch sein selbstsicheres, gewandtes, einnehmendes Auftreten hervorheben. Gewisse Zeichen von Anspannung und Verkrampfung waren nur in der ersten Zeit des Klinikaufenthalts bemerkbar“[349].

Verfasser hält deswegen den von Otto John nur knapp zwei Jahre nach dem 20. Juli 1954 verfaßten und von einem erfahrenen Klinikchef als wahrhaftig bezeichneten Bericht nicht nur für die subjektive, sondern auch für die objektive Wahrheit.

Diese Beurteilung durch den vom BGH bestellten Gutachter, insbesondere zur Frage der Glaubwürdigkeit der von Otto John gegebenen Schilderung seiner Erlebnisse, ist deswegen besonders interessant, weil sie deutlich im Gegensatz zu der Beurteilung durch den Senatspräsidenten Dr. Geier in der Hauptverhandlung steht.

In der abschließenden Beurteilung hält der Gutachter Otto John für voll zurechnungsfähig, mit Ausnahme der etwa 20 Stunden der Bewußtlosigkeit nach der eventuellen Verschleppung am Abend des 20. Juli 1954. „Die Richtigkeit der Schilderungen des Angeschuldigten scheint auch mir vom medizinischen Standpunkt nicht widerlegbar zu sein“[350]. Das „auch“ bezieht sich auf das gerichtsmedizinisch-pharmakologische Gutachten der Universität Heidelberg vom 5. Mai. 1955.

Zur Frage 1.) äußert sich der Gutachter sehr detailliert[351]. Zusammenfassend kann man zitieren:„Eine erhebliche Verminderung der psychischen Widerstandskraft im Sinne übermässiger Beeindruckbarkeit und mangelnder Willensspannkraft ist bei Dr. John sicher nicht gegeben“.[352]

Zur Frage 2.) scheint dem Gutachter eine vor dem Ereignis vom 20. Juli 1954 vorgenommene und nachwirkende hypnotische Beeinflussung, wie sie vor allem immer wieder von Frau Lucie John als Zeugin vorgebracht wird, weitgehend ausgeschlossen, „abgesehen von

348 BArchKO, VS B362/10949., Bl. 764.

349 A.a.O., Bl. 767.

350 Aa.O., Bl. 769.

351 A.a.O., Bl. 775-777.

352 A.a.O., Bl. 776.

der vom Beschuldigten selbst behaupteten, medizinisch nicht widerlegbaren Verschleppung im bewußtlosen Zustand".[353].

Zur Frage 3.) traut der Gutachter auf Grund von Otto Johns „intellektueller Wendigkeit und elastischer Außenanpassung ..." ihm durchaus zu, „daß er in der Zeit vom 20. Juli 1954 bis zu seiner Rückkehr in die Bundesrepublik eine Rolle in dem von ihm behaupteten Sinne gespielt und so konsequent durchgeführt hat, daß er auch in Unterredungen unter vier Augen von niemandem durchschaut werden konnte"[354].

Es wurde noch ein ausführliches psychologisches Gutachten mit Rorschachprotokoll am 14.Juni 1956 von Dr. med. Dr. phil. Kisker abgegeben, das zu keinen wesentlich anderen Aussagen über die Persönlichkeitsstruktur führte[355].

d) Gelbsuchterkrankung

Die weiter feindselige Verhandlungsführung des Untersuchungsrichters nach Otto Johns Rückkehr aus Heidelberg sah er auch als den Grund für seine Erkrankung an Gelbsucht an. Er wurde in das Gefängnislazarett Hohenasperg bei Ludwigsburg (den „Demokratenbuckel") verlegt[356]. Sein Gesundheitszustand verschlechterte sich weiter, sodaß der Anstaltsarzt nicht allein die Verantwortung übernehmen wollte und ein Ärztekonsilium einberief. Die Entscheidung lautete auf sofortige Entfernung der Gallenblase. Otto John, der dafür sogar zu einer Operation durch einen Spezialisten im Ausland aus der Untersuchungshaft hätte entlassen werden können, verweigerte die Operation, weil er den Beginn des Prozesses nicht verzögern wollte[357]. Am 12. November 1956 begann die Hauptverhandlung, wozu Otto John aus der Untersuchungshaftanstalt in das Gerichtsgefängnis in Karlsruhe überführt wurde.

II. Die Hauptverhandlung (HV)

1. Vorbemerkung

Der BGH hat sich im Prozeß 1956 auf Grund der umfangreichen Ermittlungen während der ein Jahr dauernden Untersuchungshaft und der Aussagen von Zeugen in der HV bemüht, ein Bild von dem

353 A.a.O., Bl. 777.

354 A.a.O., Bl. 779.

355 A.a.O., Bl. 780 - 811.

356 *John I*, S. 338.

357 *John I*, S. 343.

wirklichen Geschehen zu machen. Bei Durchsicht der Fülle des Materials, aus dem der BGH eine Auswahl treffen mußte gewinnt man den Eindruck, daß diese Auswahl nicht immer ausgewogen, sondern oft zu Lasten des Angeklagten geschah. Hier wird nur der Verlauf der Hauptverhandlung skizziert und die Diskussion auf später verschoben[358].

Es würde den Rahmen dieser Arbeit völlig sprengen, den Verlauf der HV in allen Einzelheiten darzustellen. Dies scheint auch nicht erforderlich, da es einen wesentlichen Teil der Arbeit von Gieseking bildet. Er hat die HV Tag für Tag geschildert und diskutiert, sodaß ein an allen Einzelheiten interessierter Leser auf ihn verwiesen werden kann[359]. Zur Beurteilung des Johnprozesses gehören aber auch zwingend die Argumente, die Otto John später im Kampf gegen das Urteil nur in Wiederaufnahmeverfahren vorbringen konnte, weil es keine Berufungsinstanz gab. Da Vieles davon neu war, wie es § 359 Abs. 5 StPO verlangt, wird es später bei den Wiederaufnahmeverfahren behandelt[360].

Allerdings beruht Giesekings Schilderung der HV überwiegend auf den täglichen mündlichen Berichten der Vertreter des Bundesministeriums des Innern[361], sowie auf dem von Bundesanwalt Dr. Walter Wagner herausgegebenen Bericht über den John-Prozeß[362]. Die Zusammenfassung von *Wagner* in HuSt Bd. II gibt jedoch nicht alle Einzelheiten, z.B. nicht die vollständige Urteilsbegründung wieder, sondern nur Auszüge aus den Urteilsgründen. *Wagner* war an den John-Verfahren nicht unbeteiligt. Er hat auch zusammen mit Dr. Willms - einem der Bundesrichter, die das Urteil im Johnprozeß 1956 gefällt hatten - später eine apologetische Schrift über den 6. Strafsenat[363] des BGH veröffentlicht[364]. Man kann deshalb Wagners Darstellung nicht unbesehen als objektiv einstufen.

Verfasser beschränkt sich auf Ergänzungen und Berichtigungen vor allem auch aus den Handakten der Bundesanwaltschaft[365], die Gie-

---

358 Unten H. , S. 123 ff.

359 *Gieseking*, S. 262-349.

360 Kapitel P. . S. 274 ff.

361 BArchKO, Bestand B 106. Meist telephonische Berichte, anfangs von MR von Perbandt, Personalchef im BMI, später RR Dr.Dr, Eichstätt und vorwiegend MR Harting.

362 *Wagner,* HuSt II, S. 77 ff.

363 Bis 1.10.1956 war das der am 1.3.1954 errichtete 3. Strafrechtssenat. Er wurde dann umbenannt in 6. Senat.

364 *Willms,* im Literaturverzeichnis; s. auch unten J. II. 6. , S. 171.

365 BArchKO, Bestand B 362, teilweise noch VS.

seking nicht einsehen konnte. Hierbei handelt es sich oft um die ersten und ausführlichen Vernehmungen der Zeugen im Ermittlungsverfahren unmittelbar nach dem Verschwinden von Otto John durch Kriminalbeamte oder Staatsanwälte. Diese Aussagen bieten oft genauere Informationen, als die Aussagen in der HV, die über zwei Jahre später stattfand, oder sie stammen von Zeugen, die in der HV gar nicht gehört wurden.

2. Zeugenaussagen

Ein großes Problem bestand darin, daß sich auf Grund der 500.000 DM-Auslobung des Bundesministers des Innern Dr. Gerhard Schröder etwa 800 Zeugen gemeldet hatten[366]. Selbst die Auswahl von Zeugen, die von Staatsanwalt und Verteidigung getroffen wurde, und die dann wirklich vom Gericht in der HV gehört wurden, ist sehr umfangreich. Es werden deshalb nur einige besonders wichtige oder typische Zeugenaussagen zu den Anschuldigungen gegen Otto John hier getrennt nach Themen vorgestellt und diskutiert. Hierbei muß man unterscheiden zwischen den Themenbereichen, die auf die Person Otto John zielen und die später zusammenfassend als „Legenden" diskutiert werden[367], und den Zeugenaussagen, die sich wirklich auf den Versuch der Aufklärung des Geschehens am 20 Juli 1954 und danach in der DDR beziehen.

a) Aussagen zur Persönlichkeit Otto John

aa) Thema Homosexualität

Dies ist das erste Thema zur Legendenbildung über Otto John[368]. Typisch ist hier das Protokoll der Vernehmung von Frau Anneliese Pabst[369] mit den roten Unterstreichungen in den Handakten der Staatsanwaltschaft[370]. Die Unterstreichungen stammen wohl von Ermittlungsrichter Dr. Kurt Weber - jeweils an Stellen, die Otto John im Sinne der Staatsanwaltschaft belasten. So behauptet Frau Pabst homosexuelle Betätigung von John mit Dr. Niehaus, der als Untermieter bei den Eltern John in Wiesbaden wohnte. Die Unwahrheit dieser Behauptung wird durch die sehr detaillierte und überzeugende Aussage von Dr. Niehaus[371] bewiesen Die Aussage von Nie-

---

366 Oben D. 3. b), S. 54.

367 Unten Kapitel M., S. 263 ff.

368 Unten M. 1. , S. 263ff.

369 Anneliese Pabst geb. Wepner, geb. 13.11.94.

370 BArchKO, B 362/10943, Bl. 880-885.

371 BArchKO, B 362/10943, Bl. 886-892.

haus, daß Otto John nicht homosexuell veranlagt sei, gewinnt dadurch an Gewicht, daß Niehaus sich offen zu seiner Homosexualität bekennt, die wohl nur auf Jungen gerichtet, also eine pädophile Neigung war. Gerade zu unglaublich ist die Lüge von Frau Pabst[372] „daß John....nicht absolut ablehnend dem Nationalsozialismus gegenüber eingestellt war. Das ist aber der wahre Charakter Johns, der sich restlos nach dem Winde dreht und überall seine Vorteile sucht[373]."

Die Darstellung klingt wie die Rache einer alt gewordenen, seit 1936 verschmähten Liebhaberin. Frau Pabst war mit einem angesehenen Industriellen verheiratet. Sie war 15 Jahre älter als Otto John. Den letzten Brief von Otto John hatte sie von 1941, der sie schon damals der Denunziation beschuldigte. Frau Pabst war 1932 38 Jahre alt, Otto John 23; als sie die Aussage machte, war sie 61. Sie meldete sich wegen der Auslobung von 500.000 Mark[374]. Dem Verfasser erscheint die Tatsache, daß die Bundesanwaltschaft die Aussage einer so offensichtlich wenig vertrauenswürdigen Zeugin verwendet hat, um den Charakter Otto Johns zu beleuchten, als einer der vielen Beweise, mit welchen Vorurteilen gearbeitet wurde.

Aufschlußreich ist auch die Vernehmung von Schiffer[375], auf den die Staatsanwaltschaft durch Niehaus aufmerksam wurde. Er schildert detailliert, wie er durch den Nerotherbund in homosexuelle jugendliche Kreise geriet, und wie er von Niehaus zu „harmloser" homosexueller Betätigung (gemeinsames Onanieren) verführt wurde. Auf Grund dieser genauen Schilderungen versucht der vernehmende Kriminalsekretärs (KS) Krohns auf Befragen etwas über die von Frau Pabst behauptete Homosexualität von Otto John zu erfahren. Die Antwort „Ich habe aber nie bemerkt, ich kann auf keinen Fall Beweise dafür erbringen, daß Dr. John mit Herrn Niehaus auf homosexueller Basis verkehrt hat." ist nicht unterstrichen, wohl aber: „Herr Niehaus hatte des öfteren in meiner Gegenwart mit Herrn Hans John politische Gespräche, aus denen man klar die kommunistische Einstellung dieser Beiden entnehmen konnte."[376]. Dr. Hans John war der jüngere Bruder von Otto John, er studierte ebenso wie sein Bruder in Frankfurt am Main Jura und wurde 1939 dort magna cum laude (nach mündlicher Prüfung 1937 sehr gut bis ausgezeich-

---

372 BArchKO, B 362/10943, Bl. 885.

373 Unterstreichungen im Original rot.

374 *Gieseking*, S. 520.

375 BArchKO, B 326/10943, Bl. 893-898

376 BArchKO, B 362/10943, Bl. 897.

net) promoviert[377]. In der Tat neigte Hans John ganz im Gegensatz zu seinem Bruder Otto zu kommunistischen Ansichten. Es ist aber interessant, daß durch den Ermittlungsrichter und auch später in der HV immer wieder versucht wurde, Otto John kommunistische Ansichten zuzuschreiben, weil daraus ein Motiv für seinen angeblich freiwilligen Übertritt in die DDR konstruiert werden sollte.

Da keiner der vielen zu diesem Thema schon von der Kriminalpolizei 1954 und später vernommenen Zeugen etwas von einer Homosexualität bei Otto John wußte, hat zwar der Senat in seiner Urteilsbegründung die Behauptung der Homosexualität als falsch angesehen, aber vorurteilsfreie Staatsanwälte und Richter hätten solche Zeugen gar nicht erst in die Hauptverhandlung geladen, weil die Tatsachen aus den Votermittlungen klar waren und mit dem Tatvorwurf gegen Otto John, in die DDR übergewechselt zu sein, um der Bundesrepublik zu schaden, überhaupt nichts zu tun hatten. Der Presse gab das in den täglichen Berichten Gelegenheit zu Sensationsmeldungen und einer Vorverurteilung des Angeklagten in der öffentlichen Meinung.

bb) Zum Thema Verrat des Standortes Peenemünde für die VA-2 Raketen

Dies war eine der unsinnigsten Anschuldigungen, die auch der BGH nicht geglaubt hat, die aber unmittelbar nach dem Verschwinden Johns schon 1954 aufgebracht wurde. Aus den gleichen Kreisen, die 1950 versucht hatten, Otto Johns Berufung zum Präsidenten des BfV zu verhindern, wurde eine Strafanzeige wegen vielfachen Totschlags erstattet, weil durch einen Verrat Johns der Standort Peenemünde den Engländern bekannt geworden sei. In Peenemünde wurden die von Werner v. Braun entwickelten Raketen gebaut und auf London abgeschossen. Interessant ist an dieser Strafanzeige vor allem das politische Klima in der frühen Bundesrepublik, in dem eine solche offensichtlich widersinnige Anzeige ernsthaft verfolgt wurde, sowie die Einstellung derjenigen, die sie erstattet haben. Der deutsche Angriffskrieg war längst durch die Nürnberger Prozesse verurteilt worden. Die Kreise, die hinter diese Anzeige standen, hätten besser gegen sich selbst Strafanzeige erstattet.

377 Personalakte im Archiv des Studentensekretariats der Johann Wolfgang Goethe-Universität, Frankfurt a. M. Zu Hans John s. auch oben B. II. 1., S. 17; sowie S. 27, 40.

Selbst der OBA meinte, der Verdacht des Verrats von Peenemünde durch Otto John sei unhaltbar. Zeugen wurden in der HV dazu gar nicht mehr gehört[378].

cc) Thema Alkoholismus

Die in der Presse immer wieder aufgebrachte Behauptung, daß Otto John Alkoholiker gewesen sei, führte dazu, daß bei allen Zeugenvernehmungen durch Kriminalpolizei, Staatsanwaltschaft und Gericht stereotyp die Frage nach Otto Johns Alkoholkonsum gestellt wurde. Keiner der Zeugen, auch die gründliche psychiatrische Untersuchung in Heidelberg, hat von Alkoholismus gesprochen bzw. ihn festgestellt. Lediglich einzelne Aussagen erwähnten, daß Otto John gelegentlich bei Festen „einen über den Durst" getrunken habe. Sein Fahrer Dahm, der ihn während der ganzen Dienstjahre bei solchen Anlässen gefahren hatte, sagte in den Vorermittlungen aus, daß Otto John zwei- oder dreimal „schwankend" zum wartenden Wagen gekommen sei. Unter Alkoholismus versteht man aber etwas anderes[379]. Dahm wurde in der Hauptverhandlung nicht gehört.

dd) Thema Kommunismus

Auch hier haben die systematischen Befragungen nichts zu Tage fördern können, weil es nichts gab. Dies hat auch der Senat klar erkannt und unmißverständlich in die Urteilsbegründung geschrieben[380].

b) Aussagen zum Übertritt in die DDR am 20. Juli 1954 und zum Verbleiben dort

Hier liegen die Kernfragen des Prozesses. Dementsprechend wurde auch vom BGH durch umfangreiche Zeugenvernehmungen versucht, konkret verwertbare Erkenntnisse zu erlangen. Lediglich eine einzige an dem Übertritt beteiligte Person war für das Gericht greifbar, der Angeklagte. Der BGH mußte also seine Schlüsse neben den Aussagen von Otto John, denen er von vornherein nicht glaubte, aus den Beobachtungen von Zeugen im Umfeld des Geschehens (Zeugen vom Hörensagen) und aus den indirekten Aussagen des wegen Menschenraubs verdächtigten Dr. Wohlgemuth ziehen, der seiner Vorladung zur HV keine Folge leistete. Diesen Kernfragen wird unten ein eigenes Kapitel gewidmet, in dem auch wichtige Zeugen-

---

378 *Gieseking*, S. 36 ff., S. 263, 265.

379 Dazu ausführlich M. 2., S. 266.

380 Näheres unten M. 5., S. 272.

aussagen diskutiert werden[381]. Vorweg kann man hier sagen, daß sich aus diesen Zeugenaussagen kein alle Zweifel ausschließendes Bild ergab, sodaß schon die Anklage des OBA auf schwachen Füßen stand, das Gericht aber jedenfalls „in dubio pro reo" hätte entscheiden müssen. Die Tatsachen, die zum Zweifel hätten führen müssen, sind aus der mündlichen Urteilsbegründung deutlich zu erkennen[382]. Verfasser weist auch nochmals darauf hin, daß ein an allen Details der Durchführung des Prozesses interessierter Leser den Verlauf der einzelnen Prozeßtage bei *Gieseking* nachlesen kann[383].

c) Die Aussage von Rosemarie Wohlgemuth[384]

Dieser Aussage kommt eine besondere Bedeutung zu, nicht nur, weil Frau Wohlgemuth eine Reihe wichtiger Details zu der Zusammenarbeit ihres Mannes mit Wonsig[385] wußte, sondern vor allem deswegen, weil das Gericht mit den Aussagen dieser Zeugin in ganz ungewöhnlicher Weise umging[386]. Sie trat am 22. November 1956 als Zeugin der Anklage auf, nachdem bereits frühere ausführliche und beeidete Aussagen von ihr vorlagen. Hierbei ist besonders das neun Seiten umfassende Protokoll zu beachten, das sie am 23. Juli 1954 bei derBerliner Kriminalpolizei unterschrieben hatte, als ihr noch alles in frischer Erinnerung war[387]. Die Zeugin war in der HV nervös, sprach mit flüsternder Stimme, verwickelte sich in Widersprüche. Auf Befragen gab sie zu, daß sie ihren Mann nach seinem Übergang in den Osten „mindestens viermal" gesprochen hätte, zuletzt vor wenigen Tagen. Sie gab auch zu, von ihrem Mann in den Osten gerufen worden zu sein, um ihre Aussagen abzusprechen. Ihre Aussagen widersprachen dem, was sie am 23. Juli 1954 bei der Kriminalpolizei und weiteren Vernehmungen ausgesagt (bei der dritten Vernehmung unter Eid, der die beiden ersten Vernehmungen einschloß) und was ihr Mann schriftlich angegeben hatte. Wegen dieser Gründe hätte das Gericht auf die Verwertung der Aussagen dieser Zeugin verzichten müssen und hätte sie keinesfalls vereidigen dür-

381 Unten L. II. 2. , S. 204 ff.

382 Unten H. II. 1. b) , S. 132 ff.

383 *Gieseking*, S. 221-359.

384 Rosemarie Wohlgemuth geb. Fürstenberg, *16. 6. 1934, Eheschließung am 19. 12. 1951, Trennung von ihrem Mann am 16. 6. 1953

385 Max Wonsig, sowjetischer Agent ,Altkommunist, in der NS-Zeit lang in KZ-Haft, nach 1945 in Frankfurt am Main, bis das KGB ihn wegen Befürchtung der Enttarnung in die DDR zurückzog, Mit Wohlgemuth die Schlüsselfigur im Fall John, s unten L. III. 4., S. 226 ff et passim.

386 *Gieseking*, S. 255 und S. 301.

387 Ausführlich unten L. II. 4. , S. 212 ff.

gen dürfen. Statt dessen wurde ihr nachträglich nach einem Hinweis des OBA und mindestens zwei Ermahnungen des Senatspräsidenten die Möglichkeit eröffnet, die ihren Mann belastenden Aussagen zurückzunehmen. Für den Rest wurde sie vereidigt.

d) Auswahl der Zeugen

Senatspräsident Geier war ein Meister in der Strategie der Hauptverhandlung. Zunächst erschienen überwiegend Zeugen, die ein recht positives Bild von dem Angeklagten zeichneten, aber im Laufe der Wochen wurden immer mehr Belastungszeugen gehört, sodaß am Ende der negative Eindruck deutlich überwog. In zunehmendem Maße wurde auch von der Möglichkeit Gebrauch gemacht, Zeugen der Verteidigung nicht zu hören und zu unterstellen, daß die Zeugenaussage der Wahrheit entspräche.. Wenn dies auch im Sinne der Prozeßökonomie sinnvoll ist, entspricht es doch nicht den Anforderungen des § 261 StPO.

Vor allem hat Verfasser in den noch für die Öffentlichkeit gesperrten VS-Akten der Staatsanwaltschaft viele Zeugenaussagen gefunden, von denen nicht klar ist, ob sie der Verteidigung bekannt waren. Zu den definitiv nicht gehörten Zeugen gehört u.a. der Zollbeamte Richard Hanke, der die vom BGH als wichtig angesehene, Otto John belastende Aussage seines Kollegen Schmidt relativierte[388].

Besonders gravierend ist hier der Fall des Zeugen Gruner, der ebenfalls nicht gehört wurde[389].

Das LG Aachen teilte am 3. Dez. 56 an den 3. Strafsenat des BGH mit, daß eine Voruntersuchung wegen Landesverrat gegen den mehrfach vorbestraften Manfred Gruner geführt werde und daß dieser zugunsten Johns aussagen wolle, daß „Major Lehmann vom MfS ihm mitgeteilt habe, daß John nicht aus freiem Entschluß gekommen sei". Aus eigener Erfahrung mit dem SSD sei Zeuge Gruner der festen Überzeugung „daß mit John eine Schurkerei getrieben worden ist". Auf der Rückseite des Blattes steht in der bekannten feinen Schrift von Geier: „Ich bin der Auffassung, daß § 244 Abs. 2 StPO nicht gebietet, Gruner als Zeuge zur Hauptverhandlung zu laden". Diese Regieanweisung muß man mit seinem Verhalten gegenüber dem von der Kripo als völlig unglaubwürdig bezeichneten Betrüger Röhrig vergleichen, den Geier „zur [negativen] Charakterisierung von John" laden wollte[390].

---

388 Unten L. II. 2. c), S. 206 f.

389 BarchKO, B 362/4612, Bl. 1356.

390 Unten H. I. 2. , S. 125.

Diese eigenartige Auffassung des § 244 Abs. 2 StPO wirft ein deutliches Licht auf die Voreingenommenheit des Senatspräsidenten.

Weitere Beispiele zur einseitigen Zeugenauswahl finden sich auch in der Diskussion der Beweiswürdigung[391] und bei dem Versuch des Verfassers, Einzelheiten über den Grenzübertritt am 20. Juli1954 zu klären[392]

3. Plädoyer des Oberbundesanwalts

Dr. Max Güde [393] wurde erst ab 1. April 1956 mit dem Fall John befaßt, als OBA Dr. Carlo Wiechmann in den Ruhestand trat. Wiechmann hatte mit dem Untersuchungsrichter Dr. Kurt Weber und OStA Joachim Loesdau die Klage bereits sehr gut vorbereitet, sodaß sich Güde weitgehend auf Loesdau verließ. Zu einem sehr ausführlichen Schreiben des Foreign Office of the American Embassy" in Frankfurt in deutscher Sprache schreibt er an OStA Loesdau

„Ich habe die Schriftstücke einstweilen nicht gelesen, weil mir die Zusammenhänge fehlen. Sagen sie mir gelegentlich, ob etwas Besonderes drin steht". In der öffentlichen Hauptverhandlung trat neben OStA Loesdau hauptsächlich Güde für die Anklage auf.

Das Plädoyer[394] von Güde wird in der Literatur immer wieder als hervorragend, z.B. als „brillantes Feuerwerk", bezeichnet. Verfasser schließt sich dem ohne Einschränkung an, soweit es sich auf die rhetorische Meisterleistung bezieht. Es zeigt einen hochgebildeten, auch in der lateinischen Sprache versierten, von den Grundprinzipien des Rechtsstaats überzeugten Juristen. Man muß diese Leistung umsomehr bewundern, wenn man weiß, daß der Oberbundesanwalt gegen seine innerste Überzeugung gesprochen hat. Das wurde aus seinem privaten Gesprächen mit den Verteidigern - besonders an einem Abend während der Hauptverhandlung[395] - sowie aus den Aussagen seines Sohnes gegenüber dem Verfasser deutlich. Schon während der Untersuchungshaft hatten die Herren Caemmerer die ein gutes Verhältnis zu Güde hatten, Otto John beruhigen können,

391 Unten H. I. 2. , S. 124 ff.

392 Unten L. II. 2. c), S. 206 f.

393 Zur Person unten J. II. 3., S. 166f.

394 Verfasser stützt sich auf das ihm von Dr. Caemmerer jr. überlassene Exemplar, das die Darstellung von OStA Loesdau nicht enthält.

395 Unten J. I. 3. , S. 154.

daß Güde innerlich auf der Seite Johns stünde[396] und Freispruch beantragen werde[397] .

Auch zu diesem Plädoyer gibt *Gieseking* eine Darstellung, die auf den Notizen des Prozeßbeobachters Harting vom BMI und auf Pressemitteilungen basiert[398]. Wie immer wird hier deshalb nur auf wesentliche Punkte eingegangen, die entweder der Darstellung Giesekings widersprechen oder sie ergänzen.

Gieseking erwähnt den Vortrag von OStA Loesdau zu den im Prozeß getroffenen Feststellungen, eine Beweiswürdigung und eine juristische Bewertung. Dazu gehört die Behauptung der Anklagevertretung von der „inszenierten Rückkehr" von Otto John 1955 in die Bundesrepublik. Wenn das Gericht den Aussagen von Otto John und seinem Fluchthelfer Bonde-Henriksen geglaubt hätte, konnte es besonders in diesem Punkt die Wahrheit der Darstellung des Angeklagten erkennen. Heute weiß man, daß es sich um eine echte Flucht gehandelt hat, und entsprechende Vorbereitungen von Seiten des Westens, besonders des Bundesamtes für Verfassungsschutz, getroffen worden waren[399]. Das BfV hat aber diese Erkenntnis nicht an das Gericht weitergegeben. Endgültige Gewißheit, daß es eine echte, für Bonde-Henriksen und Otto John lebensgefährliche Flucht war, und keine „Inszenierung", wie es der voreingenommene OStA Loesdau meinte, hat man heute durch die Akten des MfS.[400]

Wenn man weiß, daß Max Güde durch seinen Antrag auf höchstens zwei Jahre Zuchthaus den Angeklagten vor der von den Richtern im Vorfeld diskutierten Strafe von sieben bis acht Jahren Zuchthaus bewahren wollte, weil er in Kenntnis der Voreingenommenheit des Gerichtes die Durchsetzung eines Freispruchs für ausgeschlossen hielt, lesen sich die Feststellungen im Plädoyer ganz anders. Güde charakterisierte John als einen Schwächling, als einen Mann von schwacher Intelligenz und bat deshalb um ein mildes Urteil. Diese Behauptungen sind mit allem, was man über Johns langes Leben, seine juristische Ausbildung, seine Tätigkeit im Widerstand gegen die NS-Diktatur und seine Veröffentlichungen und Briefe weiß, objektiv völlig unhaltbar. Wenn man aber weiß, daß Güde damit Otto John helfen wollte, werden sie verständlich.

---

396 *John I*, S. 340.

397 *John I*, S. 342.

398 *Gieseking*, S. 349 ff.

399 Unten R. I. 5. a), S. 326.

400 Unten R. I. 5. b), S. 327.

Ziemlich unverständlich bleiben allerdings die Ausführungen, daß die Ehre des Widerstands nur den Toten, also den im „Dritten Reich" Hingerichteten gebührt. Weil Otto John mit einem erheblichen Maß an Zivilcourage und auf Rat von Klaus Bonhoeffer die Flucht vor der Gestapo gelang, versagt ihm der Staatsanwalt die Ehre für sein mutiges Handeln im Widerstand. Genauso gut könnte man Fabian von Schlabrendorff, der als Freund aus den Widerstandstagen Otto John in einem seiner Wiederaufnahmeverfahren als Anwalt vertreten hat, diese Ehre versagen, weil er - durch den „Unfalltod" des Vorsitzenden des Volksgerichtshofs, Roland Freisler am 3. Februar 1945 - überlebt hat[401]. Der BGH hat diese Sicht der Anklage begierig in die Urteilsbegründung 1956 aufgenommen[402].

Zusammenfassend ist zu dem Plädoyer zu sagen, daß es durchaus geeignet war, dem Gericht den Boden für eine langjährige Haftstrafe zu entziehen. Daß der 3. Strafsenat des BGH trotzdem das Strafmaß gegenüber dem Antrag des Oberstaatsanwalts verdoppelte, war für Güde eine herbe Enttäuschung, wie sich aus seinem Schriftwechsel im Jahr 1957 mit Arndt und anderen ergibt.[403]

4. Plädoyer der Verteidigung

Das Plädoyer der Verteidiger Dr. Gerhard Caemmerer (Vater) und Dr. Hans Caemmerer (Sohn) fand am 18. Dezember 1956 statt. Der 94 Seiten umfassende Text wurde dem Verfasser von Dr. Hans Caemmerer bei einem Interview in Karlsruhe[404] aus dem privaten Nachlaß seines Vaters überlassen[405]. Weitere Prozeßakten sind in der Kanzlei Caemmerer nicht mehr vorhanden.

Otto John hatte Dr. Caemmerer jr. schon nach dem Krieg in England als „einen Verfechter demokratischer, sozialer und rechtsstaatlicher Gedanken kennen gelernt"[406]. Zu ihm und seinem Vater bestand ein echtes Vertrauensverhältnis[407], beide Verteidiger waren von der Unschuld ihres Mandanten überzeugt. Die Verteidiger hatten ihr Plädoyer in vier Komplexe aufgeteilt:

1. Teil: Das Ereignis am 20./21. Juli 1954

---

401 An den 100. Geburtstag v. Schlabrendorffs hat der DFL am 1. Juli 2007 in einer Gedenksendung erinnert. Dazu auch Schlabrendorff, S. 176 ff.

402 Unten H. II. 1. a), S. 130.

403 Unten H. II. 1. d), S. 142 ff.

404 Am 26. August 2004, s. unten Fn in J .I .3. , S. 154.

405 Plädoyer befindet sich auch in BArchKO, B106 / 63057.

406 *John I*, S. 340.

407 *John I*, S. 342.

2. Teil: Was geschah drüben?

3. Teil: Stellungnahme zu den Anklagepunkten ohne Berücksichtigung des Notstands

4. Teil : Der Notstand

Dr. Caemmerer jr. übernahm den 3. Teil, die anderen Teile Dr. Caemmerer sen. Die Ausführungen des unfangreichen Plädoyers können hier nicht im einzelnen wiedergegeben werden. In der Sache werden die Vorgänge in der vorliegenden Arbeit behandelt und bewertet, besonders in den Kapiteln C., E. und L. Im 1. Teil haben die Verteidiger zunächst die charakterlichen Unterschiede zwischen John und Wohlgemuth sehr deutlich herausgestellt - hier der untadelige Ehrenmann und Präsident einer Bundesbehörde, in glücklicher Ehe lebend (John), dort der schlecht beleumdete, verschuldete, drei Mal geschiedene Ehemann, der daneben eine Reihe von intimen Freundinnen hatte, meist Patientinnen oder Angestellte, von denen allein neben der (formalen) dritten Ehefrau sechs als Zeuginnen im Prozeß auftraten (Wohlgemuth). Seine dritte Ehefrau bezeugt, daß er nach der Eheschließung keine intime Beziehung mehr mit ihr hatte, und daß die Sprechstundenhilfe Annemarie Weyres in das eheliche Schlafzimmer einzog.[408] Dies war Frau Weyres, seine spätere vierte Ehefrau, die nach Bezeugung von Nachbarn einige Tage vor dem 20. Juli Reisevorbereitungen traf und dann in der Nacht, nachdem Wohlgemuth John bei den Russen abgeliefert hatte und noch einmal kurz in die West-Berliner Praxis zurückkam, mit ihm nach Ost-Berlin fuhr, wo sie dann mit ihm zusammen lebte.

Die Zeugin Weyres erwähnte als einzige (außer Wohlgemuth natürlich, der nicht anwesend war) in der HV den beabsichtigten Besuch des Grabes von Hans John, wie Wohlgemuth es ihr „später einmal" erzählt habe. Zu dem Besuch des Grabes sei es aber nicht gekommen, weil John anderthalb Stunden in der Praxis hätte warten müssen. Die Zeuginnen Gohrbandt, Lankau und Bubolz sagten aber aus, daß es höchstens 10 Minuten[409]. gewesen seien! Dies erklärt auch, warum John gar nicht erst den Mantel ausgezogen hatte.

Wohlgemuth, der ein wichtiger, vielleicht sogar der einzige wirkliche Zeuge des Übertritts über die Grenze am Abend des 20. Juli 1954 war, erschien nicht zur HV, gab aber nachweislich mindestens sieben verschiedene Versionen in Briefen an Dritte sowie gegenüber

408 Plädoyer S. 12.

409 Plädoyer S. 27.

dem Untersuchungsrichter und schriftlich an das Gericht. Allein dadurch ist seine Glaubwürdigkeit völlig erschüttert[410].

Im 2. Teil befaßt sich die Verteidigung mit den Vorgängen während Otto Johns Aufenthaltes im Osten[411]. Im 3. und 4. Teil stehen Rechtsfragen im Vordergrund, besonders zur Auslegung und Anwendung der Staatsschutzgesetze 100 a , d StGB. Dies wird unten in Kapitel K und L. I. 2. diskutiert.

Der 4. Teil setzt sich mit der Frage des Notstands auseinander, der bejaht wird, sodaß den unter Zwang abgegebenen Erklärungen keine rechtliche Bedeutung zukommt. Diese Frage wird in der vorliegenden Arbeit im Zusammenhang mit dem Gutachten von Prof. Jescheck diskutiert.[412]

5. Das Urteil vom 22. Dezember 1956

Entgegen dem Antrag des Generalbundesanwalts, der eine Haftstrafe von höchstens zwei Jahren beantragt hatte, verurteilte der 3. Strafsenat des BGH Otto John wegen landesverräterischer Fälschung nach § 100 a Abs. 2 StGB und wegen landesverräterischer Konspiration im Sinne des § 100 d Abs. 2 und 3 StGB in besonders schwerem Fall zu vier Jahren Zuchthaus. Eine Kopie des Urteils ohne die Begründungen ist im Anhang.[413]

---

410 Plädoyer S. 25 f.

411 Oben Kapitel E. , S. 57 ff.

412 Unten L. I. 2. b) cc), S. 201 ff.

413 Anhang VII., S. 378.

G. Exkurs über die Persönlichkeit Otto John

1. Vorbemerkung

Bevor die Hauptverhandlung im einzelnen diskutiert wird, muß eine Beurteilung der Persönlichkeit von Otto John vorausgeschickt werden, wie sie Verfasser aus vielen Zeugnissen gewonnen hat, wobei dieses Urteil im Widerspruch zu der in seinem Plädoyer vorgetragenen Beurteilung des OBA Dr. Max Güde [414] steht. Man weiß heute, daß der Vortrag nicht der inneren Überzeugung von Max Güde entsprach, sondern daß er Otto John zu einer milderen Strafe verhelfen wollte gegenüber Richtern, die bereits vor der HV von einer langjährigen Zuchthausstrafe gesprochen hatten[415].

Der Oberbundesanwalt hat eine unzutreffende Darstellung der Persönlichkeitsmerkmale von Otto John in seinem Plädoyer gegeben. Diesem Bild wird hier teilweise mit Rückgriff auf bereits geschilderte Ereignisse ein völlig anderes Bild des Verurteilten gegenübergestellt, um zu verdeutlichen, daß Otto John nicht an Charakterfehlern, sondern an einer aus der NS-Zeit tradierten feindlichen Umwelt in der frühen Bundesrepublik gescheitert ist. Zur Rechtfertigung dieser Beurteilung muß man neben dem Kesseltreiben in der Presse vor allem die Führung der Hauptverhandlung durch den Senatspräsidenten Geier heranziehen. Negative Urteile über die Persönlichkeit des Angeklagten wurden ausführlich zugelassen, positive Urteile mehrfach ganz unterdrückt[416].

Zunächst haben wir den Lebenslauf von Otto John bis zum Ereignis des 20. Juli 1954 zu berücksichtigen[417]. Dieser Lebenslauf zeigt einen normalen, fleißigen und nicht unbegabten Jurastudenten, der sein Studium noch in der Weimarer Republik begann, es in sechs Semestern als Referendar mit anschließender Promotion cum laude abschloß. Inzwischen war das „Dritte Reich" gekommen. Anders als die Mehrzahl seiner Kommilitonen hielt er sich von jeder NS-Organisation fern und ergriff auch nicht die ihm nach dem Assessor offenstehende Laufbahn im Dienst eines Staates, dessen NS-Regierung er aus fester liberal-demokratischer Einstellung ablehnte. Durch seinen Eintritt 1937 in die Rechtsabteilung der Lufthansa kam er in Kontakt mit Gleichgesinnten und wurde unter dem Einfluß seines Chefs und späteren Freundes Klaus Bonhoeffer, dem Syndi-

---

414 Dazu oben F. II. 3., S. 97 f.; unten J. II. 3., S. 166.

415 Unten J. I. 3., S. 154.

416 Dazu unten H. I. 2. S. 124 ff.

417 Oben B. II., S. 16 ff.

kus der Lufthansa, ein aktives Mitglied des Widerstandes gegen Hitler.

Nichts in diesem Lebenslauf weist darauf hin, daß John bis zu seiner geglückten Flucht vor der Gestapo am 24. Juli 1944 die ihm später angedichteten Charakterfehler oder Verhaltensweisen gezeigt hat (Neigung zum Kommunismus, Alkoholabhängigkeit, Homosexualität, Landesverrat, Agent des britischen Geheimdienstes, mangelnde Intelligenz)[418]. Auch Urteile und Beobachtungen aus Otto Johns privaten und beruflichen Umfeld vor seinem Verschwinden am 20. Juli 1954, die nur zum Teil durch Zeugenaussagen im Prozeß bekannt waren oder nicht angemessen berücksichtigt wurden, sind wichtig.

Die hier geschilderte Persönlichkeit, wie sie sich aus allen Aussagen von Zeugen ergibt, die Otto John wirklich persönlich gut kannten, läßt die „Tat" für einen Mann, der alle seine Wurzeln und Verbindungen im Westen hatte und seit vier Jahren mit einer Engländerin (jüdische Emigrantin aus Deutschland aus gutbürgerlichem Hause) in glücklicher Ehe lebte, als unvorstellbar erscheinen.

2. Urteile aus dem persönlichen und beruflichen Umfeld und der Presse

a) Persönliches und berufliches Umfeld.

Generaloberst von Falkenhausen, der Otto John vor seinem Verschwinden 1954 seit 1948 gut kannte und in Berlin noch am 20. Juli 1954 mit ihm zusammen war, beschreibt ihn[419] als „liebenswürdig, zuvorkommend, ruhig und ausgeglichen". Ähnlich positive Urteile über die menschlichen Qualitäten werden von einer Reihe von Zeugen abgegeben, die mit Otto John in den Kriegsjahren und früher, aber auch während seiner Amtszeit im Bundesamt für Verfassungsschutz in den Jahren 1950 bis 1954 Kontakt hatten. Viele dieser Zeugen hatten schon kurz nach dem 20. Juli 1954 bei den Vernehmungen durch Kriminalpolizei oder später bei Staatsanwaltschaft und Ermittlungsrichter meist unter Eid ihre positive Beurteilung abgegeben. Sie blieben bei ihren Aussagen über zwei Jahre später in der HV. Das gilt auch für Wera Schwarte (Sekretärin)[420], Peter Dahm (Chauffeur)[421], Albert Radke (Stellvertreter)[422], die alle fast vier Jahre

418 Dazu auch Kapitel M., S. 263 ff.

419 Aussage Generaloberst a.D. v. Falkenhausen, am 6.8.1954, B 362 / 4617, Bl. 260 f.

420 Am 3.8.1954, B 362 / 4617, Bl. 220 ff.

421 Am 5.8.1954, B362 / 4617, Bl. 230 ff

lang seit Beginn des Amtsantritts von Otto John im BfV täglich mit ihm zusammen gearbeitet hatten. Auch weitere Mitarbeiter und Vorgesetzte haben sich als Zeugen im Prozeß sehr positiv geäußert[423].

Fabian v. Schlabrendorff, einer der sehr aktiven Widerstandkämpfer, dem ein Attentat auf Hitler am 13. März 1943 mißlungen war[424], zeichnet Otto John 1946, als die Erinnerung noch frisch war, und als er noch nicht wissen konnte, daß John vier Jahre später Präsident des BfV wurde, wie folgt[425]:

„Guttenberg und Delbrück brachten mich mit Hauptmann Ludwig Gehre und den Brüdern Hans und Otto John zusammen. Alle drei waren von großer Aktivität. Otto John war uns durch seine Beziehungen nach Spanien, insbesondere durch seine Verbindung zu dem britischen Botschafter in Madrid, Lord Templewood (früher Sir Samuel Hoare), sehr nützlich. Durch ihn [gemeint ist Otto John], *der ein besonders kluger und begabter Kämpfer gegen Hitler war, wurde ich mit dem Leipziger Oberbürgermeister Dr. Goerdeler bekannt*[426] *und durch diesen wiederum mit Generaloberst Beck."*

Man vergleiche diese Charakterisierung Otto Johns mit dem, was Güde über den „Schwächling" in seinem Plädoyer vortrug[427]. Es ist bemerkenswert, daß auch in der zweiten noch von Schlabrendorff selbst vor seinem Tod 1980 überarbeiteten Auflage des Buches, die 1984 bei Siedler in Berlin erschien, dieser Absatz unverändert übernommen wurde. Schlabrendorff hat sich also durch den Prozeß von 1956, die gescheiterten Wiederaufnahmeverfahren und die davor und danach gestarteten Pressekampagnen gegen Otto John nicht in seinem positiven Urteil beirren lassen.

Das gleiche gilt für Prinz Louis Ferdinand von Preußen, der seit der gemeinsamen Zeit bei der Lufthansa und im Widerstand bis an sein Lebensende in unverbrüchlicher Freundschaft zu Otto John stand. Im August 1954, als die Hetzkampagne gegen John einen Höhepunkt erreichte, gab Louis Ferdinand ein Interview, aus dem Schilling-Bardeleben[428] die zur Veröffentlichung bestimmte Erklärung

---

422 Am 28. und 30. 7. 1954, B 362 / 4617, Bl. 174 ff.

423 U.a Egidi, Gerken, Lehr, Lenz, v.Lex, Merz, Mosheim, Müllenmeister;. s. auch oben F. II. 2. , S. 91 ff.

424 *Schlabrendorff*, S. 67 ff.; *John I*, S. 117 ff.

425 *Schlabrendorff*, S. 59.

426 *John I*, S. 97.

427 Oben F. II. 3., S. 97 f.

428 Herausgeber des Pressedienstes „Kontakte zwischen Politik und Wirtschaft", Berlin.

des Prinzen als Fernschreiben an die Redaktion des Tagesspiegel weitergab. Die Erklärung beginnt:

„Trotz aller Dr. John belastenden Meinungsäußerungen bleibe ich auch jetzt noch überzeugt, dass er nicht in verräterischer Absicht in den Ostsektor Berlin gegangen sein kann."

und enthält viele Sätze über die Tage in Berlin vor dem Verschwinden Johns, als der Prinz im gleichen Hotel wie das Ehepaar John wohnte und bei vielen Gelegenheiten mit ihm zusammen war:

„Er hat mir gegenüber weder gelegentlich unseres Berliner Treffens noch zu irgendeinem anderen Zeitpunkt irgendwelche kritischen oder abfälligen Äußerungen über die Bundesregierung und ihre Praxis laut werden lassen. Im Gegenteil: John erwies sich in Gesprächen mit mir als ein kompromissloser Gegner des kommunistischen Regimes. Diese Kompromisslosigkeit war so eklatant und schien derart einem tiefen Glaubenssatz zu entsprechen, dass eine Schwenkung um 180 Grad einfach unvorstellbar ist!"

Die ausführliche Erklärung setzt sich mit allen in der Presse aufgetauchten Verleumdungen auseinander und enthält noch einen besonders interessanten Satz:

„ ... die einzige Erklärung, die ich finden kann ist die, dass John die Absicht hatte, drüben eine Unterredung im Interesse seines Dienstes zu führen, später aber an der Rückkehr gehindert und gegen seinen Willen in die östliche Propaganda-Maschinerie eingespannt wurde."

Zu der denkbaren, wenn auch entfernten Möglichkeit des kurzfristigen Übertritts aus ganz persönlichen Gründen wird später noch Stellung genommen[429].

b) Presse

Unzählige John feindliche, ihn persönlich herabsetzende Presseartikel werden hier nicht zitiert; nicht nur, weil sich Stöver und Gieseking sehr eingehend mit der Presse beschäftigt haben, sondern vor allem, weil immer wieder die durch nichts bewiesenen negativen Behauptungen auftauchen, die ein Journalist vom anderen abschreibt. Diese „Legenden" werden unten in Kapitel M. zusammenfassend behandelt.

Wie ein neutraler Beobachter Otto John in seiner Tätigkeit sah, wird hier aus einem Artikel zitiert, der 1952 in der Schweiz[430] nach einem langen Interview veröffentlicht wurde:

---

429 L. IV. 2. , S. 246 ff.

430 Die Weltwoche, Zürich 28. 9. 1952, im Archiv des Verfassers.

„Leute vom Nachrichtendienst, seien es Chefs oder Agenten, dürfen nichts Auffallendes an sich haben, erst recht nicht Dämonisches, von dem nur der kleine Moritz träumt. Nein – es sind Menschen wie Du und ich. Otto John ist dafür das beste Beispiel. Die blauen Augen schauen freundlich in die Welt, aufmerksam zwar, gesammelt und kritisch, je nach der Wendung des Gesprächs, doch niemals in glitzernder Neugier. Das volle Gesicht mit der wohlgeformten Nase, das blonde Haar, die kräftig-schlanke Statur, dazu ein ruhiges Wesen, das keine Nervosität zu kennen scheint: das alles macht den Typus des normalen Bürgers aus, des intellektuellen zwar, aber doch, ich sagte es schon, eines Bürgers, wie Du und ich es sind. Er zählt jetzt 43 Jahre. Der Vater war Beamter, von altem Schrot und Korn, tüchtig, treu, wacker in jedem Sinne. Davon scheint etwas noch im Sohne fortzuleben".

Aber auch die großen Schwierigkeiten, die Otto John beim Aufbau des neuen Amtes zu überwinden hat, verschweigt der Schweizer Beobachter nicht:

„Man sieht, John steht vor einer durchaus schweren, sicher auch undankbaren Aufgabe, und es mag ihn hart ankommen, wenn er die grossen Geldmittel und die geschulten Kräfte der Gegenseite, insbesondere des ostdeutschen Kominform, überblickt und mit dem eigenen Etat vergleicht. Immerhin hat John das Bundesamt weit über die Beschränkung an Mitteln und Menschen hinaus zu einem wertvollen Werkzeug der Staatssicherheit ausgebaut und damit eigentlich ein Kunststück vollbracht. Es zeugt für seine fachliche Überlegenheit und seine hochentwickelte Menschenkenntnis, die es versteht, die Mitarbeiter im Amt selbst und draussen zu tüchtigen Kräften zu erziehen. Aber nicht alles hängt von John ab: vieles ist eine Frage der Kompetenz und der offenbar allzu spärlich fliessenden Geldmittel."

Während der Untersuchungshaft 1956 wurde eine auf sechswöchigem Klinikaufenthalt basierende sehr gründliche psychiatrische Untersuchung von Prof. Bayer vorgenommen, der keine relevanten abnormalen Eigenschaften feststellte, sondern im Gegenteil die Charaktereigenschaften hervorhob, die die Aussagen von Otto John selbst als durchaus glaubwürdig erscheinen lassen[431].

Wenn man diese sehr positive Beurteilung von vielen Seiten mit der vernichtenden Kritik nicht nur durch Staatsanwaltschaft und Gericht, sondern auch und vor allem durch die Presse vergleicht, kommt man kaum umhin, wie Prinz Louis Ferdinand von einem deutschen Dreyfus-Prozeß zu sprechen: „Ich halte Otto John für

431 BArchKO, VS B 362/10949, Gutachten von Prof. Dr. W .von Baeyer, Direktor der Psychiatrischen und Neurologischen Klinik der Universität Heidelberg mit einem psychologischen Zusatzgutachten von Dr. med. et phil. Kisker, Mitarbeiter der Klinik, s. oben F. I. 4. c), S. 87.

unschuldig. Sein Fall hat eine verzweifelte Ähnlichkeit mit der Affäre Dreyfus. Ich bin aber auch überzeugt, daß sein Fall neu aufgerollt werden und daß er mit Gottes Hilfe völlig rehabilitiert werden wird"[432].

Die Parallele ist bedrückend. Der französische Hauptmann Dreyfus war Jude und stand am Ende des 19. Jahrhunderts in einem Prozeß wegen Landesverrat einer Militärkaste und einer Öffentlichkeit gegenüber, die stark von Antisemitismus geprägt war. Otto John war zwar kein Jude, aber als Remigrant stand er in der frühen Bundesrepublik einem Beamtenapparat und auch einer Öffentlichkeit gegenüber, die noch sehr von eigener Tätigkeit und Anschauungen in der NS-Zeit geprägt war. Anders als Dreyfus, der in dem wortmächtigen Schriftsteller Emile Zola mit seinem „J'accuse" einen Befürworter fand, der schließlich die Wiederaufnahme des Prozesses mit Freispruch nach etwa 15 Jahren erreichte, scheiterte Otto John mit vier Wiederaufnahmeverfahren in vier Jahrzehnten. Nach seinem Tod 1997 wurde das fünfte, vom BGH noch nicht entschiedene, Verfahren eingestellt[433].

3. Vorbehalte gegen den Remigranten

Die allgemein in der frühen Bundesrepublik vorliegenden Vorbehalte gegen Emigranten und Remigranten wurden bereits oben geschildert[434]. In diesem Zusammenhang soll nochmals auf die vergebliche Bewerbung Otto Johns 1949 im Auswärtigen Amt (AA) bzw. der Vorläuferbehörde eingegangen werden.

Im Zusammenhang mit Otto Johns Bewerbung für den Auswärtigen Dienst hat Emmi Bonhoeffer, die Otto John als langjährigen Mitarbeiter Ihres Mannes gut kannte, ein sehr gutes Zeugnis über Ausbildung und Charakter von Otto John abgegeben[435]. Es ist interessant, aus heutigem Blickwinkel zu sehen, woran die Bewerbung Otto Johns gescheitert ist.

Wes Geistes Kind damals und bis in die Gegenwart nachwirkend die hohen Beamten des AA, die alle schon unter von Ribbentrop in der NS-Zeit dienten, in der frühen Bundesrepublik waren, wurde kürzlich wieder in Erinnerung gerufen, als Bundesaußenminister Fischer durch Verweigerung ehrender Nachrufe für aus der NS-Zeit

---

432 BArchKO, B 362/10953, Bl. 51; Zitat aus Spiegel Nr.24 v. 6. Juni 1966. „Kaiserliche Hoheit".

433 Unten Kapitel P. , S. 289 ff.

434 B. I. 4., S. 12 ff. und B. III. 1. a), S. 30f.

435 Oben B. III. 1. a), S. 29; BArchKO, B 122 / 2186.

belastete Beamten des AA[436] auch heute noch einen Proteststurm auslöste. Das Forum Justizgeschichte e.V. hat dies beispielhaft an der Karriere des 1909 geborenen Dr. Franz Nüßlein geschildert[437], für den Fischer im Jahre 2005 einen ehrenden Nachruf für unangebracht hielt. Der Altersgenosse (geb. 12. Okt. 1909) von Otto John machte ziemlich gleichzeitig mit ihm 1936 seinen Assessor, aber anders als Otto John, der in der unpolitischen Tätigkeit bei der Lufthansa seine Zuflucht suchte, machte Nüßlein mit Protektion des „Reichsprotektors" Reinhard Heydrich eine Blitzkarriere in der Tschechoslowakei. Er wurde 1942 stellvertretender Generalstaatsanwalt und später als Generalstaatsanwalt Leiter der Staatsanwaltschaft Prag, die als oberste Reichsbehörde die höchste Anklagebehörde für die gesamte ehemalige Tschechoslowakei („Protektorat Böhmen und Mähren") war. In dieser Zeit wurden allein von der 3. Kammer des Sondergerichts Prag unter Vorsitz von Dr. Kurt Bellmann über 110 Todesurteile verhängt. Es genügten dafür kritische Meinungsäußerungen wie das Bedauern über das Mißlingen des Attentats vom 20. Juli 1944. Insgesamt soll Dr. Nüßlein an etwa 900 Todesurteilen als Ankläger beteiligt gewesen sein. Er wurde 1948 in der wieder erstandenen Tschechoslowakei zu 20 Jahren Zuchthaus verurteilt, aber ebenso wie Dr. Bellmann 1955 „als nicht amnestierter Kriegsverbrecher" in die Bundesrepublik abgeschoben. Auf Grund der Amnestiegesetze[438] wurde Bellmann sofort Landgerichtsdirektor und Nüßlein Referatsleiter des AA - ausgerechnet der Personalabteilung. Man kann daraus Rückschlüsse auf die politische Einstellung des AA erst recht 1950 ziehen - die Beamten hätten sich sonst leicht gegen einen Vorgesetzten mit dieser NS-Belastung wehren können, waren aber selbst durch ihre Tätigkeit in der NS-Zeit belastet. Wenn man einen Vergleich zu den bis heute anhaltenden Problemen hinsichtlich der in der „roten" Diktatur der DDR vor allem als Zuarbeiter der „Stasi" belasteten Personen zieht, kann man auch in der frühen Bundesrepublik vom wirksamen Zusammenhalt der „alten Seilschaften"[439] aus der „braunen" Diktatur reden.

---

436 Z.B. Interview der TAZ mit Bundesaußenminister Joseph Fischer am 13.4. 2005.

437 Pressenotiz des Forums Justizgeschichtee e.V. v. 11. 05. 2005 m.w.N. zur Nachrufaffäre www.forumjustizgeschichte.de/Zur_Nachruf-Aff.208.0.html.

438 Oben B. I. 3. , S. 8 ff.

439 Interessanterweise hat *Döscher* für seine 2005 erschienene Monographie über den Wiederaufbau des AA nach 1949 den Titel „Seilschaften" gewählt. Auf die Monographie wurde Verfasser durch einen Hinweis von Helmut Kramer am 19. 3. 2007 aufmerksam, s. dazu auch oben B. III. 1. a), S. 29 ff.

4. Beurteilungen in der Literatur

Es ist sehr viel über den Fall John geschrieben worden. Überwiegend gehen die Autoren von dem Urteil des BGH vom 22. Dezember 1956 aus, oder - soweit es sich um Veröffentlichungen vor diesem Datum, aber nach dem 20. Juli1954 handelt - von der in der Presse und damit in der Öffentlichkeit vorherrschenden Meinung, daß Otto John freiwillig den östlichen Machthabern zu Diensten stand und damit ein „Verräter" war. Abgesehen von den beiden wichtigsten bereits erwähnten zeithistorischen Untersuchungen von *Stöver* und *Gieseking*[440], und dem Kapitel „The Mysterious Case of Otto John"[441] bei *Murphy*, sowie dem Kapitel John in der Schröder-Biographie, die noch eingehend besprochen werden[442], schreiben die Autoren aber meist ohne ein gründliches Quellenstudium.

a) Willi Frischauer

Eine Ausnahme macht das erste, schon 1958 über den Fall John erschienene, Buch von Willi *Frischauer,* das zwar im einzelnen einige Ungenauigkeiten enthält - so verlegt er z.B. die Bühler Höhe in den Harz[443], von wo aus Adenauer die Ereignisse nach dem 20. Juli 1954 verfolgte -, aber insgesamt gesehen erstaunlich genaue Kenntnis der Biographie Johns und des Prozeßverlaufs zeigt. Frischauer gibt zwar eine Bibliographie, aber sie enthält bis auf zwei Bücher[444] nur Werke, die vor dem 20. Juli 1954 erschienen sind. Hierbei konnte das Büchlein von *Diels,* das dieser sofort nach dem Verschwinden Johns veröffentlichte, nichts über den Prozeß aussagen, und das Buch von Kreyer befaßt sich überhaupt nicht mit John, sondern mit der Tätigkeit der Organisation Gehlen in der DDR. Verfasser konnte nichts darüber feststellen, ob Frischauer Prozeßbeobachter war. Die noch lebende Stieftochter von Otto John, die während des ganzen Prozesses 1956 anwesend war, kennt Frischauer und sein Buch nicht[445].

Interessanterweise zieht aber Frischauer die Annahme des Gerichts über den freiwilligen Übertritt in Zweifel und endet mit der Feststellung des Parlamentarischen Untersuchungsausschusses sechs Monate nach der Urteilsverkündung, daß es noch nicht möglich sei, die

---

440 A. Einleitung, Fn 9, S.3; unten L. III. 6. , S. 230ff und L. III. 7. , S. 234ff.

441 *Murph y et al,* S.163 - 201 ; unten L. III. 8. , S. 236ff.

442 *Opeland,* unten G. 4. e, S.116f.

443 *Frischauer,* S. 178.

444 Das Pamphlet von *Diels* sowie Hans-Joachim Kreyer, Am Anfang stand das Ende, Berlin 1954.

445 Persönliche Mitteilung von Mrs. Gisela Stone, der in London lebenden Stieftochter Otto Johns, an den Verfasser.

Umstände zu ermitteln, unter denen Otto John in die Sowjetische Zone gelangt ist.[446]

b) Margret Boveri

In diesem vierbändigen Werk enthalten die beiden ersten Bände Angaben zu Johns Tätigkeit im Widerstand und eine Diskussion des eigentlichen Falles John.[447]. Die Meinung von Margret Boveri ist aus vielen Gründen besonders interessant. Zunächst ist die Verfasserin eine Zeitgenossin von Otto John, mit Jahrgang 1900 sogar neun Jahre älter als er. Dann kann sie trotz Erziehung in einem naturwissenschaftlich geprägten Milieu der Universitätsstadt Würzburg und akademischer Ausbildung in Geschichte, Germanistik und Anglistik mit Promotion[448] die Journalistin, die sie im späteren Berufsleben war, nicht verleugnen. Infolgedessen fehlen für ihre teilweise kühnen Behauptungen die Belege. Es gibt keine exakten Fundstellen neben den allgemeinen Quellenangaben im Literaturverzeichnis. Sie schreibt aber selbst, „daß die Vorgänge so dargestellt sein [sollten], daß auch die Verfechter anderer Anschauungen das vorgelegte Material für ihre Gegenargumente verwenden können, sodaß das große Thema nicht zur Ruhe kommt“[449]. Dies geschieht in der vorliegenden Arbeit, wobei dies gleichzeitig eine Antwort auf die gleichlautenden Fehlurteile über Otto John in unzähligen Presseartikeln ist.

Über „Methoden und Ziel“ ihrer Arbeit schreibt sie: „Ausgeschlossen bleiben aus der Betrachtung die Vorgänge, die sich im sowjetischen Machtbereich abspielen, weil uns vorläufig der nötige Einblick in die dortigen Vorgänge abgeht, was die Technik der Staatsbehörden und die Gedankengänge und inneren Wandlungen der Angeschuldigten betrifft“[450]. Gerade aus diesen Gründen ist ihr Urteil über den Fall John, das sie spricht, als dieser sich noch in Untersuchungshaft befand, also alle Informationen nur aus der Presse stammen konnten, voreilig und falsch. Der Fall John hat sich im sowjetischen Machtbereich abgespielt. Otto John wurde ein Opfer der „Technik der Staatsbehörden“, in die Margret Boveri „der nötige Einblick ... abgeht“.

„Otto John haßte die Militärs“ ist eine vorgefaßte und unbewiesene Behauptung. Zu seinen langjährigen Freunden gehörte General-

---

446 *Frischauer*, S. 261; s. Kapitel O, S. 287.

447 *Boveri II*, S. 123 ff.

448 *Boveri I*, S. 144.

449 *Boveri I*, S. 144.

450 *Boveri I*, S. 43.

oberst v. Falkenhausen, zu Ludwig Beck hatte er einen sehr positiven Kontakt, weitere zum Militär gehörende Widerstandskämpfer wie Canaris und Oster arbeiteten eng mit ihm zusammen, er verehrte Generalfeldmarschall v. Witzleben, er bewunderte Oberst Graf Stauffenberg, den er buchstäblich in den letzten Stunden im Bendlerblock noch erlebt hatte[451]

Wen er verachtete (hassen ist ein starkes Wort) waren die hohen Offiziere, die durch ihre kritiklose Treue zu Hitler den Untergang des Deutschen Reiches mit verschuldeten, obwohl sie es besser hätten wissen müssen, und die teilweise selbst nach 1945 noch unbelehrbar waren. Ein prominentes Beispiel ist Erich v. Manstein[452].

Boveri zitiert aus dem Prozeß gegen Remer[453] einen Wortwechsel mit Otto John, bei dem Remer Otto Johns Kontakte mit England in der NS-Zeit im Auftrag der Führung des Widerstandes als Landesverrat bezeichnet. „Der damals noch hochgeschätzte Präsident des Amtes für Verfassungsschutz" - so formuliert Boveri - warf Remer vor: ‚Jeder Tag Kriegsverlängerung habe Deutschlands Lage verschlechtert', worauf dieser entgegnete: ‚Jede Unterhaltung mit dem Ausland hat den Feind moralisch gestärkt'"[454]. Dies zeigt einerseits die nicht nur bei Remer vorhandene Auffassung, daß die Verschwörer des 20. Juli 1944 Verräter seien, läßt aber andererseits offen, wie sie selbst darüber denkt. Insgesamt bemüht sich Boveri um ein abgewogenes Urteil über die Verschwörer des 20. Juli 1944, denen sie den guten Glauben an das Recht zum Tyrannenmord zubilligt.

Otto John, den sie offensichtlich zum Zeitpunkt des Erscheinens ihres Buchs (August 1956) nicht mehr für „hochgeschätzt" hält, nimmt sie aber davon aus, wie die weitere Darstellung zeigt. So lesen wir: „Kein Engländer hätte sich die Mühe gegeben, ihn vor dem Zugriff ... der mächtigen deutschen Dienste zu schützen, hätte nicht seine Bereitschaft bestanden, den Übergang vom Widerstand zum Verrat zu vollziehen". Hier liegt Boveri voll im „Zeitgeist", der Otto John schon wegen seiner Kontaktaufnahme mit England für den Widerstand und zur Beendigung des von Hitler angezettelten und verlorenen Krieges als Verräter brandmarkte. Die Detaildarstellung des Falles John zeigt durchgehend diese Tendenz[455]. Wir wissen heute, daß Otto Johns Rettung durch die Engländer nach seiner Flucht nach Spanien allein dem Umstand zu verdanken war, daß er

451 *John I*, S. 148 f., 152 ff. et passim.

452 Oben B. II. 4. c), S. 27 und M. 4. b), S. 270.

453 Oben B. I. 4. , S. 15 f.

454 *Boveri II*, S. 98.

455 *Boveri II*, S. 123 ff.

durch seine Kontakte für den Widerstand gute persönliche Verbindungen zur britischen Botschaft hatte - von Bereitschaft zum Verrat kann keine Rede sein. Das gehört zu der Legendenbildung, daß er für den britischen Geheimdienst tätig gewesen sei[456].

Die Diskussion des Buches von Margret Boveri ist deshalb so ausführlich erfolgt, weil ihre Argumente und Ansichten sich in vielen weniger ausführlichen und weniger klugen Büchern finden, aber deswegen doch nicht mit dem übereinstimmen, was sich heute aus Dokumenten beweisen läßt und von John selbst und seinen Freunden immer behauptet wurde.

c) Günther Nollau

Fast jeder Präsident des Bundesamts für Verfassungsschutz hat sich verpflichtet gefühlt, nach seinem Ausscheiden ein Buch zu schreiben. Die meisten Präsidenten sind nach einem Skandal der einen oder anderen Art ausgeschieden. Wikipedia behauptet, daß Nollau[457] im Zusammenhang mit dem Guillaume-Skandal in den vorläufigen Ruhestand versetzt worden sei. Im Buch sind zwar viele Details über die Arbeit des BfV bei der Enttarnung des Ehepaars Guillaume zu lesen, auch über den Bundestagsausschuß unter Leitung von Dr. Walter Wallmann wird viel berichtet; aber eine exakte Angabe über die Schuldzuweisung an Nollau und darüber, ob oder warum er zurückgetreten ist, fehlt. Das Buch endet mit einer falschen Übersetzung des Hexameters „Quidquid agis, prudenter agas et respice finem“[458]. „respice finem“ heißt nicht „warte das Ende ab“, sondern „bedenke das Ende“ - d.h., überlege Dir vorher reiflich, was Du tust (und schreibst!). Insofern durchaus ein Motto für das Buch von Nollau, an dessen Behauptungen auch *Gieseking* deutliche Zweifel anbringt[459].

Das kurze Kapitel über den Fall John[460] enthält fast nichts, was nicht auch schon aus anderen Quellen bekannt ist. Das Buch wurde erst 24 Jahre nach dem 20. Juli 1954 veröffentlicht. Nollau bestätigt den Besuch von zwei Geheimdienstmitarbeitern der Alliierten am 21. Juli 1954 im BfV in Köln, als Gerken schon unterwegs zu seinem Flug nach Berlin war. Von den Besuchern wurde ihm mitgeteilt, daß

---

456 unten M. 4. a), S. 268.

457 Günther Nollau (* 4. Juni 1911 in Leipzig; † 7. November 1991 in München), Rechtsanwalt 1942 in Krakau, seit 1945 in Dresden, Mitarbeiter des BfV unter John, später Präsident des BfV 1972-1975.

458 *Nollau*, S. 301.

459 *Gieseking*, S. 183 ff.

460 *Nollau*, S. 150-160.

Otto John am 14.Juli 1954 vor Wohlgemuth gewarnt worden sei. Nollau konnte dies und die Adresse von Wohlgemuth noch Gerken am Flugplatz mitteilen, sodaß Gerken mit seinen Nachforschungen dort ansetzen konnte.

Neu ist vor allem die Erzählung, daß Nollaus Bruder, der als Zahnarzt in Eberswalde (DDR) lebte, einige Monate vor Otto Johns Verschwinden von der „Stasi" aufgefordert wurde, Nollau zu veranlassen, Kontakte zur Stasi aufzunehmen und nach Ost-Berlin zu kommen. Für Nollau kam das Eingehen auf den Wunsch der Stasi wegen des gegen ihn vorliegenden Haftbefehls (Mordverdacht)[461], der zu seiner Flucht in den Westen geführt hatte, nicht in Frage.

Nollau folgt im Fall John der Linie des BGH und schreibt, daß er von Anfang an nicht an die vom Bundesminister des Innern Gerhard Schröder vertretene Auffassung einer Entführung geglaubt habe.

Nollau erwähnt in der Danksagung, daß seine Frau das Namensregister zu seinem Buch erstellt habe. Soweit es das Stichwort „John" betrifft, hat sie dabei nur das Kapitel über den Fall John erfaßt, aber nicht die vielen anderen Stellen, an denen sich Nollau positiv über seinen Chef und die Zusammenarbeit mit ihm äußert: „Dr. John war vom Scheitel bis zur Sohle ein Demokrat"[462]. „Dr. John ging auf Vorschläge von Nollau ein"[463]. Noch an Johns Geburtstag im März 1954 hat Nollau ihm im Amt ein selbstgemachtes Geburtstagsgeschenk überreicht, das von John mit Humor aufgenommen wurde[464]. Nollau erkennt auch an, „daß Dr. John ... falsche Berichte durchschaut und den Urheber entlassen hat"[465].

Man hätte deshalb erwarten können, daß Günther Nollau zu dem Geschehen am 20. Juli 1954 und danach etwas abgewogener über seinen ehemaligen Chef im Kapitel John urteilt, als einfach dem Zeitgeist entsprechend ohne eigene Detailkenntnis nachzuerzählen.

d) Jörg Friedrich

Der erfolgreiche Schriftsteller Jörg Friedrich, der sich bevorzugt mit historischen Themen befaßt, hat sich intensiv mit dem Fall John beschäftigt. Zuerst schrieb Friedrich 1992 über die „Affäre John" in

461 *Nollau,* S. 126 ff.

462 *Nollau,* S. 143.

463 *Nollau,* S. 148.

464 *Nollau,* S. 232.

465 *Nollau,* S. 211.

einem Buch über die Skandale der Bundesrepublik[466]. Dort finden sich Sätze, die nach heutiger Aktenlage und Ansicht über das Attentat des 20. Juli 1944 nicht als richtig angesehen werden können. Hier folgen einige Beispiele, weil diese tendenziösen Behauptungen nicht nur bei Friedrich bis heute immer wieder auftauchen.

Zu Johns Aktivität nach seiner geglückten Flucht nach dem 20. Juli 1944 nach England:

„Daselbst hatte er sich dem Gegner verdingt und im Stab des Soldatensenders Calais an der psychologischen Kriegsführung beteiligt[467].

Wenn man das mißglückte Attentat auf Hitler als eine verzweifelte Tat mutiger Männer zu dem Versuch ansieht, durch einen Tyrannenmord die Chance wahrzunehmen, dem kriegerischen Morden ein Ende zu setzen und zu einer Beendigung der Kämpfe zu führen, kann man einem der wenigen Überlebenden nicht zum Vorwurf machen, daß er den Kampf gegen Hitler mit anderen Mitteln von England aus fortsetzte. Der Gegner, den Otto John bekämpfte, war eben nicht Deutschland, sondern Hitler. Und England war nur noch der Gegner für diejenigen in Deutschland, die verblendet den längst verlorenen Krieg als totalen Krieg der Naziverbrecher weiter führen wollten. Man kann darüber spekulieren, ob Dresden wie andere Städte mit prachtvoller historischer Altstadt (z.B. Hildesheim) erhalten geblieben wären, wenn das Attentat auf Hitler gelungen wäre. Jörg Friedrich verschwendet in seinem Bestseller „Der Brand" keinen Gedanken daran, wer die wirklich Schuldigen waren, daß es zu diesem grauenhaften Ende des Zweiten Weltkriegs mit dem Inferno von Dresden kam. Um der historischen Wahrheit gerecht zu werden, wäre wohl ein kleines Vorwort angebracht gewesen, das daran erinnert hätte, daß Hitler als erster Jahre zuvor, als noch eine einsatzfähige deutsche Luftwaffe existierte, Coventry bombardieren ließ und Goebbels vollmundig propagierte: „Wir werden England coventrieren".

„Nach der Niederlage mußten die Geschlagenen die Demütigung der Kriegsverbrecherprozesse erdulden".

Mit anderen Worten: Jörg Friedrich lehnt die wegweisende Rechtsprechung ab, die den Naziverbrechern ein „fair trial" gewährte, statt sie gleich einen Kopf kürzer zu machen. Die Rechtsprechung der Nürnberger Prozesse kannte auch Freiheitsstrafen und führte letzten Endes zur Schaffung eines internationalen Kriegsverbrechertribunals in neuester Zeit.

466 *Hafner / Jacoby*, S. 22-30.

467 A.a.O.. S.23.

„Als 1950 das Amt eines inneren Nachrichtendienstes eröffnet wurde, beförderten sie [die Briten] ihren Vertrauensmann [John] ans Ruder".

Jörg Friedrich verbreitet hier die Legende, daß englische Behörden für die Besetzung der Stelle des ersten Präsidenten des Bundesamtes für Verfassungsschutz maßgebend gewesen seien. Diese Legende wird schon bei *Gieseking* in Zweifel gezogen, in der vorliegenden Arbeit aber endgültig widerlegt[468].

Jörg Friedrich hat sich zwar später mehrfach sehr positiv über Otto John geäußert, insbesondere in seinem Nachruf am 27. März 1997. Leider findet sich aber auch dort der Satz: *„Seine Ernennung hatten die Briten dem Kanzler Adenauer aufgedrängt"*[469]. Zuletzt wurde im Jahr 2003 ein Vortrag aus 2002 veröffentlicht, in dem Jörg Friedrich sagt. *„Nach dem Scheitern des Stauffenbergschen Attentats war John nach England geflüchtet, dort im Geheimdienst ausgebildet ... 1950 wiederum von der britischen Besatzungsmacht inzwischen in das Amt des Präsidenten des Bundesamts für Verfassungsschutz geschleust"*[470].

Diese Aussagen sind um so befremdlicher, als Jörg Friedrich Gelegenheit hatte, Otto John zwei Wochen lang in Igls zu besuchen[471] und bei dieser Gelegenheit ein Interview auf mehreren Kassetten aufzunehmen. Es erscheint sehr unwahrscheinlich, daß John sich auf diesen Kassetten so geäußert hat. Einsicht in die Kassetten wurden dem Verfasser nicht gewährt.

Im Anschluß an den Leiser-Film[472] hat ein Expertengespräch stattgefunden, an dem außer Erwin Leiser auch Jörg Friedrich und Valentin Falin teilgenommen haben. Dieses Gespräch befindet sich auf dem Videoband des Filmes. Hier äußert sich Friedrich dahingehend, daß John beim Übertritt nach Ost-Berlin möglicherweise eine Falle gestellt worden sei. Damit hätte er sich der Entführungsthese angenähert. Wegen seiner oben zitierten späteren Äußerungen kann man dies aber nicht als seine heutige Meinung ansehen.

e) Torsten Oppelland

Die Biographie über Gerhard Schröder, der zum Zeitpunkt der John-Affäre Bundesminister des Innern und damit für das BfV politisch verantwortlich war, enthält ein sorgfältig recherchiertes Kapi-

---

468 Oben B. III. 1. a), S. 29ff. und b), S. 31 ff.; M. 4. , S. 268 ff.

469 *Friedrich II*, S. 2.

470 *Friedrich III*, S. 63.

471 Persönliche Mitteilung von Walter Bonhoeffer.

472 A. Einleitung, Fn 10, S. 3.

tel über die Haltung Schröders zu Otto John[473]. Oppelland stützt sich u.a. auf Schröders aufschlußreichen Nachlaß[474], der von *Gieseking* im Jahr 2005 nicht behandelt wird. Eine kritische Anmerkung[475] hält Stövers Ansicht, daß John freiwillig in die DDR übergetreten sei und vor allem, daß er freiwillig dort geblieben sei, für nicht erwiesen. Oppelland zeigt vor allem, daß der wohl von allen Zeitzeugen des Falls John am besten informierte Mann, der verantwortliche Minister Schröder, nach Ausscheiden aus seiner politischen Verantwortung eindeutig als Jurist der Ansicht war, daß Otto John keine strafrechtliche Schuld treffe. Schröders sehr aktiver Einsatz für einen Gnadenerweis durch den Bundespräsidenten in den 70er Jahren[476] ist ein deutlicher Hinweis darauf, daß er nach seinem Verhalten 1954 etwas wiedergutzumachen hatte[477]. Er hatte damals zuerst eine Entführung angenommen, war aber dann nach Otto Johns Pressekonferenz und unter dem Druck der öffentlichen Meinung zu einer Verurteilung des „Verräters" gekommen. Durch seine ursprüngliche Haltung war seine Stellung so stark geschwächt, daß die Opposition seine Entlassung verlangte. Schröder entging nur knapp dadurch einem Mißbilligungsantrag, daß die CDU-Fraktion sich der Stimme enthielt[478]. Adenauer war kritisch gegenüber Schröder, hielt aber zur Vermeidung einer Kabinettskrise an ihm fest, wie sich aus einem Gespräch mit Bundespräsident Heuss am 9. September 1954 ergibt[479].

Schröder hatte im Bundestag in einer Rede über „Probleme des Verfassungsschutzes" am 8. Juli 1954 kurz vor dem Verschwinden Johns ein Revirement angekündigt, wobei der Name John nicht fiel. In erster Linie ging es um die Klärung des Verhältnisses des Bundesamtes für Verfassungsschutz zu den Landesämtern für Verfassungsschutz[480].

---

473 *Oppelland*, Kapitel VI. 2. b) „Eine Schlacht im Kalten Krieg": Die Affäre John, S. 271 - 292. . Den Hinweis auf *Oppelland* verdankt Verfasser Frau Elisabeth Nuphaus, langjährige Mitarbeiterin von Dr. Schröder.

474 *NL Schröder*, Konrad-Adenauer-Stiftung, ACDP 01-483.

475 *Oppelland*, S.277, Fn 104.

476 Unten Q.III. 3. , S. 309 f.

477 Oben D. 3. b), S. 54.

478 *Oppelland*, S. 287.

479 Adenauer - Heuss: Gespräche 1949-1959, S. 134; zitiert nach Oppelland, S. 291.

480 Oben B. III. 2. b) cc), S. 40.

f) Hans Frederik

Dies Buch ist, wie man heute weiß, bestellte Arbeit des MfS, um ein Wiederaufnahme- verfahren von Otto John zu stören. In der vorliegenden Arbeit wird die Meinung anderer Autoren zitiert, die dieses Buch für unrichtig halten („KGB-MfS production")[481]. Auch Gieseking äußert Zweifel hinsichtlich Frederik[482], zitiert ihn aber dennoch häufig. Verfasser hat den Beweis, daß es sich um Irreführung handelt, in den „Stasi-Akten" gefunden. Generalmajor Wolf (Markus Wolf) richtete am 25. Mai 1964 ein acht Seiten umfassendes Exposé an den „Genossen Minister Mielke", in dem er im Hinblick auf das für zulässig erklärte Wiederaufnahmeverfahren von John vorschlug „über den IM[483] ‚Freddy' dem gegen die DDR und die Sowjetunion gerichteten und sich auf die Atmosphäre in Deutschland evtl. negativ auswirkenden Vorhaben Johns durch eine fundierte Darstellung des wahren Sachverhalts entgegenzuwirken", und in detaillierten Einzelpunkten vorschrieb, wie der „wahre Sachverhalt" von IM Freddy zu schildern sei[484].

Führungsoffizier von IM Freddy war Oberstleutnant Wagenbreth, wie er dem Verfasser in einem Telephongespräch am 8. Oktober 2007 mitteilte[485]. Die Bestätigung findet sich auch in den Akten der BStU in einem Schreiben des Leiters HVA Abteilung X, Leiter (unterschrieben Wagenbreth, Oberstleutnant) vom 12. Nov. 1969 an den 1. Stellvertreter des Ministers Genossen Generalleutnant Beater. Dort wird auf „die seit 3 Jahren [tatsächlich waren es fünf Jahre] geplante Herausgabe eines Buches über Dr. Otto John, in dem die Entführungs-Story zerschlagen werden soll" und auf ein „entsprechend gezieltes Gespräch zwischen Oberst Kutschin alias Oberst a.D. Karpow mit dem in Moskau akkreditierten Vertreter des ‚Spiegel' " hingewiesen sowie auf spätere Gespräche zwischen Oberst Kutschin und Frederik, „wo seitens des KfS eine Reihe Internas [sic] preisgegeben wurden"[486].

Die bewußte Fälschung kann an vielen Stellen bewiesen werden. Als Beispiel sei hier nur der Anfang des (angeblichen?) Gespräches zwi-

---

481 *Murphy et al*, S.189,195; s. unten L. III. 8. , S.237; dazu auch *Ditfurth*, S. 47 ff.

482 *Gieseking*, S. 16 f.

483 Inoffizieller Mitarbeiter der Stasi, s. Abkürzungsverzeichnis.

484 BStU, MfS AP 3403/92, S. BStU 000430 - 000437.

485 Die Vermttlung zu Herrn Wagenbreth erfolgte durch BA Wolgang Siegmund, E-Mail v. 13.8.2007

486 BStU, MfS AP 3403/92, S. BStU 000449/450; Verfasser erhielt dies mit Schreiben BStU v. 23.10.2007.

schen Kutschin (der natürlich als Oberst a.D.Karpow bezeichnet wird) und Frederik im Originalton zitiert: [487]

„*Karpow:*......Welches Interesse verfolgen Sie bei der Aufklärung dieser Affäre? Haben Sie von einer Gruppe den Auftrag, diesem Thema nachzujagen?

Frederik: Nein. Mich hat niemand beauftragt. Ich habe daran ein persönliches publizistisches Interesse."

Da aber ein Auftrag des MfS an Frederik seit 1964 bestand, dieses Buch zu schreiben, ist dies eine faustdicke Lüge. Es ist möglich, daß das behauptete Interview überhaupt nicht stattgefunden hat. Preisgabe echter Interna des KGB (das ist oben mit KfS gemeint) wäre ohnehin kaum glaubhaft. Was Karpow wirklich gesagt hat, ergibt sich aus den Aussagen von Brehmer und Felfe[488].

Das Buch von Frederik ist zur Wahrheitsfindung denkbar ungeeignet und nur mit sehr kritischer Betrachtung gelegentlich brauchbar. Daß es eine Reihe korrekter Angaben (z.B. zur Biographie von Otto John) enthält, liegt u. a. daran, daß Otto John vertrauensvoll Hans Frederik Interviews gewährte, als er ihn noch für einen Publizisten hielt, der wahrheitsgemäß über die „Affäre John" berichten wollte. Später gab es deshalb eine heftige Auseinandersetzung zwischen John und Frederik[489] .

g) Weitere Stellungnahmen

Nicht nur die zu Beginn dieses Kapitels erwähnten zeitgenössischen Autoren, sondern auch viele in neuerer Zeit schreiben in ihren Büchern auch einen Abschnitt über den Fall John, wobei man oft nachweisen kann, daß nicht gründlich recherchiert, sondern nur irgendwo anders etwas flüchtig aufgeschnappt und nacherzählt wurde. Als typische Beispiele seien die Darstellungen von *Dubiel* (1999)[490], *Piekalkiewicz* (1988)[491] zitiert.

Dubiel schreibt zunächst „vermeintliche Flucht"[492], womit er deutlich zum Ausdruck bringt, daß er den Übertritt von Otto John am 20. Juli 1954 nicht für freiwillig hält. In seiner detaillierten Schilderung stellt

487 *Frederik*, S. 516.

488 Unten L. II. 3. c), S. 211 ff.

489 *NL John, Box II*, Rote Mappe, Aufschrift (getippt) :"Unterlagen für Beweis- und Ermittl.Anträge", Rot von Hand " Persönlich", große Zahl 12), Einschreibbrief v. John an Frederik v. 26.1.1970.

490 *Dubiel*, S. 61 - 67.

491 *Piekalkiewicz*, S. 435-437.

492 A.a.O.., S. 11.

er sich dann aber auf den Standpunkt eines freiwilligen Übertritts (ohne Beweise) und schreibt erstaunliche Sätze:

„Offenbar erst im Verlauf der Affäre wurde klar, daß John während der Nazizeit Emigrant in England gewesen und daß er bei verschiedenen Kriegsverbrecherprozessen als Zeuge der alliierten Anklage-Behörde aufgetreten ist"[493].

„Die Affäre wurde noch dramatisiert durch den Fall Schmidt-Widmark (sic!)!) … ‚der sich ebenfalls in die DDR abgesetzt hatte".[494]

Gemeint ist Schmidt-Wittmack; aber die beiden Falle sind gerade nicht vergleichbar, weil Karlfranz Schmidt-Wittmack ein GM der HVA war und sich wirklich abgesetzt hatte, weil er seine Enttarnung fürchtete. Deswegen konnte er auch sofort in der DDR in einer Pressekonferenz auftreten, während es bei Otto John drei Wochen dauerte.

Daß Otto John „Emigrant in der Nazizeit" war, stellte sich nicht „erst im Lauf der Affäre" heraus, sondern war selbstverständlich bei seiner Anstellung als Präsident des BfV bekannt[495]. Die Formulierung Dubiels im Jahre 1999 zeigt die immer noch weit verbreiteten Vorbehalte gegenüber denjenigen Personen, die durch die NS-Zeit zur Emigration gezwungen wurden, ihr Vaterland Deutschland zu verlassen - ganz abgesehen davon, daß es sich im Fall John um die Rettung in letzter Minute vor dem sicheren Todesurteil durch den Volksgerichtshof handelte[496].

Piekalkiewicz ist ein Beispiel einer klischeehaften Darstellung, die der Auffassung des BGH 1956 entspricht[497]. Auch hier finden sich viele Fehler, z.B. das Urteil „wegen Landesverrat" falsch zitiert. Vor allem wird der Übertritt Johns in den Osten am 20. Juli 1954 als freiwillig als Tatsache genannt, ohne Belege dafür zu bringen. Außer den am Ende des Buches genannten allgemeinen Quellen werden zu den Behauptungen keine Quellen genannt. Im Text beruft sich der Autor auf den Sowjetagenten Karpow, dessen Erzählungen bekanntlich ein Machwerk der östlichen Propaganda sind[498]. Der Verdacht liegt nahe, daß diese Darstellung weitgehend auf Dr. Meier zurückgeht, der als Präsident des BfV 1980 nach einem Verfahren wegen fahrlässiger Tötung ausscheiden mußte. Diese Tatsache wird aber in dem

493 A.a.O., S. 61.

494 A.a.O., S. 62.

495 Oben B. III. 1. b), S. 31ff.

496 Oben B. II. 3., S. 21 ff.

497 L. III. 5., S. 228.

498 Dazu L.II. 3. c), S. 211; G.4.f), S.118f.

Vorwort von Dr. Meier nicht erwähnt. Dafür befindet sich in der kleingedruckten Danksagung ein besonderer Dank an Herrn Dr. Meier, der „mit seinem umfangreichen Wissen" dem Autor zur Seite stand. Es war Dr. Meier, der das Gnadengesuch von Dr. Otto John durch seinen Einspruch beim Bundesminister des Innern zu Fall brachte.[499].

Engelmann[500] gehört zu den wenigen Journalisten, die sich schon früh[501] pro John geäußert haben. Engelmann schrieb 1966 einen Artikel, nachdem das zweite Wiederaufnahmeverfahren [502] für zulässig erklärt worden war. Er zieht bereits den Vergleich zum Dreyfus-Prozeß[503]. Er weist daraufhin, daß das im zweiten WA besonders von den Zeugen Deriabin und Golytzin vorgebrachte Entlastungsmaterial dem Bundesminister des Innern schon lange bekannt gewesen, aber im Panzerschrank des BfV verschwunden sei. Erst dem ehemaligen Bundesminister Stammberger, der als Anwalt die Vertretung Johns übernommen hatte, gelang es, auf Grund von Hinweisen amerikanischer Freunde von Otto John, BMI Höcherl zur Herausgabe des Materials zu veranlassen. Engelmann hat sich 1994 in dem gleichen Buch wie Jörg Friedrich noch einmal mit dem Fall John befaßt[504].

In der vorliegenden Arbeit wird deshalb darauf verzichtet, weitere Literaturstellen wiederzugeben, die sich auf den Fall John beziehen, weil es sich ebenso wie bei den meisten Artikeln in der Presse nicht um originäres Wissen handelt, das zur juristischen Klärung beitragen könnte.

499 Unten Q. III. 3. , S. 311; Q.4., S.313.

500 Bernt Engelmann,* 20. Januar 1921 in Berlin; † 14. April 1994, Journalist und Schriftsteller, Sozialdemokrat. Postum wegen seiner Nähe zur DDR in Mißkredit geraten. Lt. Welt v. 19. Juni 2004 war er IM seit 1982. Sein Einsatz für John lag allerdings nicht auf der Linie der DDR.

501 „deutsches panorama" Nr. 11/66, S. 6 – 8.

502 Unten P. II. 2. , S. 292.

503 Oben G. 2. b), S. 107f.

504 *Engelmann*, S. 13-20.

H. Diskussion der Hauptverhandlung und des Urteils

I. Prozeßklima und Beweiswürdigung

1. Prozeßklima

Gieseking hat sich mit dem Vorfeld des Prozesses, mit Pressestimmen während der ein Jahr dauernden Untersuchungshaft, mit der auch in der Presse geäußerten Vermutung, daß es sich um „Nazirichter" gehandelt habe, mit politischen Einfluß auf den Prozeß (den er verneint) und mit der Anklageschrift befaßt[505]. Er leitet allerdings seine Betrachtungen mit dem lapidaren Satzein: „Die Unabhängigkeit der deutschen Justiz und die Rechtskraft des am 22. Dezember 1956 vom Dritten Senat des Bundesgerichtshofs in Karlsruhe gesprochenen Urteils ist unbestritten". .Hierbei wird übersehen, daß ein der „Wahrheit und Gerechtigkeit verpflichteter Strafprozeß **zur Vermeidung von Fehlurteilen** die Möglichkeit der Durchbrechung der Rechtskraft zulassen muß"[506]. Dies ist das Ziel von Wiederaufnahmeverfahren[507], wobei das letzte Verfahren beim Tod von Otto John noch nicht entschieden war und wegen des Fehlens eines Antragstellers eingestellt wurde. Insoweit könnte das Urteil von 1956 mit einem erfolgreichen Wiederaufnahmeverfahren auf Antrag der Staatsanwaltschaft noch berichtigt werden..

Jedoch kann hier zur Vermeidung von Duplizierungen auf die Feststellungen und Ansichten Giesekings, der eine Entführung von Otto John für möglich hält, verwiesen werden, soweit sie im Prinzip vom Verfasser geteilt werden. Es wird in der vorliegenden Arbeit nur auf diejenigen Punkte eingegangen, die Verfasser besonders auf Grund neuer Quellen und als Jurist anders sieht als der Zeithistoriker Gieseking[508]. Dies gilt vor allem für das Verhalten der Richter, speziell des den Prozeßverlauf eindeutig bestimmenden Senatspräsidenten, Friedrich Wilhelm Geier, dem Gieseking unter Berufung auf den ebenfalls am Urteil beteiligten Günther Willms[509] und den nicht unmittelbar beteiligten Bundesanwalt Wagner „große menschliche

---

505 Gieseking, S. 221-257.

506 Krehl in *Heidelberger Kommentar* vor § 359 Rn 1; Fettdruck im Original..

507 Zur traditionellen Überbewertung der Rechtskraft des angegriffenen Urteils gegenüber dem Ziel der Gerechtigkeit im Wiederaufnahmeverfahren s. auch unten P. I., S. 290.

508 Dazu auch L. III. 7. , S. 234 f.

509 Zu Willms unten J. II. 6. , S. 171.

und politische Integrität" bescheinigt[510]. Dieser Ansicht muß man widersprechen. Der Verteidiger von Otto John erinnert sich an die heftigen Ausfälle von Senatspräsident Geier gegenüber dem Angeklagten. Man kann sich des Eindrucks nicht erwehren, daß Senatspräsident Geier in diesen Fällen in seine Verhandlungsführung während der Kriegsjahre zurückgefallen ist[511].

Verfasser hat durch die Aussage zweier noch lebender Zeitzeugen[512] über den Prozeß erfahren, daß die Verhandlungsführung ganz ungewöhnlich war, daß es häufig zu heftigen verbalen Attacken gegen den Angeklagten kam, insbesondere durch den Senatspräsidenten Geier und den Bundesrichter Jagusch. Dr. Hans Caemmerer der eine noch lebende Verteidiger von 1956, ging so weit, zu sagen, daß sich Geier in eine solche Wut hineingesteigert hatte, daß ihm der Geifer vor dem Mund stand!

Dies paßt alles nicht in das Bild eines fairen, neutralen Gerichts. Man gewinnt den Eindruck, daß das Gericht von vornherein von der Schuld des Angeklagten überzeugt war, und daß in den „Plan über den Ablauf der Hauptverhandlung" die vielen John entlastenden Aussagen aus den Ermittlungsakten nicht paßten, sodaß einige dieser Zeugen gar nicht gehört wurden.

2. Beweiswürdigung

Dem Verfasser fiel schon bei erster Durchsicht der bisher als Verschlußsache gesperrten Handakten der Bundesanwaltschaft im Bundesarchiv Koblenz auf, daß der Senatspräsident sich bevorzugt für solche Zeugen aus den Ermittlungsakten der Bundesanwaltschaft interessierte, die Otto John belastende Aussagen machten. Wenn sich solche Indizien in den Handakten des Staatanwalts finden, ist dies nicht verwunderlich; der Staatsanwalt vertritt ja die Anklage. Vom Gericht sollte man aber eine abgewogene Haltung erwarten. Schon der erste Verteidiger von John, RA Dr. Dix hatte in seinem Schriftsatz vom 9. Juni 1956 fünfzehn Entlastungszeugen genannt, von denen nur wenige in der HV gehört wurden[513]. Dr. Caemmerer wiederholt in seinem Schriftsatz vom 28. Oktober

510 *Gieseking*, S. 250.

511 Dazu J. II. 1. a), S. 157 f.

512 Interviews am 18. und 25 5.2004 mit Mrs. Gisela Stone (Tochter von Frau John aus erster Ehe) in London; Interview mit Dr. Hans Caemmerer in Karlsruhe am 26.8.2005 (er war mit seinem Vater Verteidiger von Otto John im Prozeß 1956).

513 BArchKO, VS B 362 / 19931, Bl. 983-986.

1956[514] mit Beweisen und Beweisermittlungsanträgen die Nennung von Zeugen aus dieser Liste sowie besonders die Gutachten von Jescheck und Kern. Hierzu gibt es eine zweiseitige handschriftliche Verfügung von Senatspräsident Geier, die seine Haltung verdeutlicht[515]. Er hält viele Zeugen für überflüssig, so auch den Gutachter Hildebrandt, der sich konkret zu den Pressionen äußern sollte, denen John zweifellos in der Gewalt des KGB ausgesetzt war. Die Ladung von Jescheck (später einer der bedeutendsten Strafrechtslehrer!) lehnt er mit der Begründung ab: „Zur Entscheidung von Rechtsfragen ist der Senat berufen".

So gab es z.B. einen John verleumdenden Brief eines gewissen Röhrig. Die Berliner Kriminalpolizei bezeichnete diesen Röhrig als vorbestraft und völlig unglaubwürdig. Trotzdem wollte der Senatspräsident Geier an Röhrig als Zeugen festhalten[516]. Das Gleiche gilt für die Zeugin Sievers[517], die gar keine wirkliche Tatsachenaussage machte, aber deren negative Aussagen über Otto John dem Senatspräsidenten gut ins Konzept paßten, und für die Zeugin Sonne, die lediglich einen Stimmungsbericht aus der DDR lieferte[518]. Auf Frau Sonne war die Bundesanwaltschaft durch den Hetzbrief eines Dr. Max Zahn vom 23.Dezember 1955 an das BKA aufmerksam geworden (er bezeichnet Otto John als Lump)[519]. OStA Loesdau veranlaßte am 10. Januar 1956 die Vernehmung von Frau Sonne, die früher in der DDR gelebt hatte und dort leitende Mitarbeiterin eines Ministeriums war. Sie sagte, daß das Überlaufen von Otto John zu einer großen Entmutigung der Bevölkerung in der DDR geführt habe. Geier nennt dies ausdrücklich in der Urteilsbegründung als Teil der schweren Schuld Otto Johns. Daß Frau Sonne aber nur wiedergegeben hat, was sie in den „gleichgeschalteten" Zeitungen der DDR gelesen hat, und damit überhaupt keinen Beweis für das „Überlaufen" liefert, übersieht der Senatspräsident völlig.

Die Einseitigkeit der Beweiswürdigung zeigt sich deutlich an dem Eifer, mit dem sich vor allem der Senatspräsident auf Zeugen stürzte und stützte, die gar keine konkreten Angaben zum Tatgeschehen machen konnten (wie die Zeuginnen Sievers und Sonne), weil es an wirklichen Zeugen zum Sachverhalt fehlte, während wichtige Zeu-

---

514 BArchKO, VS B 362 / 10951 Bl. 1-53.

515 A.a.O.. Bl. 98,99.

516 BArchKO, B 362/4619 Bl. 130/131.

517 *Gieseking*, S. 323ff. ; s. auch unten R. I. 4., S. 325f.

518 BArchKO, B 362/10931 Bl. 877 f..

519 BArchKO, B 362/10931 Bl. 876.

genaussagen unterdrückt wurden. Dies kann man an vielen Beispielen demonstrieren, von denen nur einige herausgegriffen werden.

Der OBA teilte dem Senatspräsident Geier mit, daß es sich bei einem gewissen Mentschel, der am 28. August 56 einen Brief an den in U-Haft gehaltenen John gerichtet hatte[520], um einen rauschgiftsüchtigen Betrüger handele, der schon früher durch erfundene Angaben Verwirrung gestiftet habe, und daß er deshalb eine Vernehmung für unnötig halte[521].

Geier schrieb dazu mit seiner feinen deutschen Handschrift eine Verfügung, daß der Brief von Mentschel zwar an John ausgehändigt, aber vorher kopiert werden solle, da er als Beweismittel von Bedeutung sein könne. Dies entspricht genau seinem oben geschilderten Verhalten gegenüber dem ebenfalls von der Kripo als unzuverlässig bezeichneten Zeugen Röhrig.

Der Brief ist erhalten[522] und zeigt deutlich, wie recht der OBA hatte. Mentschel war ein Deserteur der Wehrmacht in Griechenland, der sich deswegen als Widerstandskämpfer ausgab. Er schrieb an Otto John deshalb sozusagen als ein „Kollege", der über Johns Unwahrhaftigkeit enttäuscht sei. John solle doch zugeben; daß er freiwillig nach drüben gegangen sei.

Besonders wichtig und für John entlastend war die Aussage von Generalstaatsanwalt Dr. Buchardi[523]. Dieser wurde von OBA Dr. Wiechmann am 12. August 1954 vernommen. Buchardi betonte in seiner Aussage, daß er die Familie Nehlsen sehr gut kenne und bestätigte in vollem Umfang die Aussage von Otto John über die Gründe für die Beschaffung dieses Attestes von Dr. Wohlgemuth. Schon aus dieser Aussage hätte OBA Wiechmann wissen können, daß das Attest für Frau Nehlsen der wahre Grund für Otto Johns Besuch in der Praxis von Wohlgemuth am Abend des 20. Juli 1954 war. Trotzdem urteilte der BGH, daß die Sache mit dem Attest nur ein Vorwand gewesen sei, um den eigentlichen Grund (nach Ansicht des Senats, um zu russischen Stellen in Ost-Berlin zu fahren) für den Besuch in Wohlgemuths Praxis zu tarnen. Buchardi gehörte zu den Zeugen, deren Aussage nur verlesen wurde, da der Senatspräsident auf ihr persönliches Erscheinen verzichtete, ohne daß die Verteidigung widersprach.

---

520 Briefe an Otto John wurden erst nach Zensur weitergegeben oder zurückgehalten.

521 BArchKO, B 362/10950, Bl. 980, Brief v. 7. September 1956, unterzeichnet i. A. Hartinger.

522 A.a.O.. , B,. 981-983.

523 BArchKO, B 362/10941, Bl. 408-410.

Die Voreingenommenheit im Verhalten des Senatspräsidenten, die sich in Verbindung mit den offensichtlich nicht verwertbaren, aber John belastenden Aussagen der Zeugen Mentschel und Röhrig gezeigt hatte, wird auch aus einer Stellungnahme zu dem absurden Vorwurf des Geheimnisverrats in Sachen Peenemünde deutlich[524]. BA Hartinger hatte den Senatspräsident darauf aufmerksam gemacht, daß die merkwürdige Strafanzeige gegen Otto John schon deswegen nicht weiter verfolgt werden könne, weil die behauptete Straftat allein unter die Rechtsprechung der Alliierten falle. Die Anmerkung des Senatspräsidenten dazu:

„Eine Übernahme zum Verfahren BJs 351/54 scheint jedoch (§ 3 StPO) angezeigt:

Die Angelegenheit Peenemünde spielt ... insofern eine Rolle, als sie zur Charakterisierung der Person des Angeschuldigten Dr. John dienen kann". Die Vorwürfe haben sich später als haltlos erwiesen.[525]

Zur Aussage der Zeugin Sievers lag schon 1956 die Annahme nahe, daß ihre Aussage von Susanne Sievers gegen Otto John vom MfS beeinflußt sein könnte.. Vor allem aber hätte sich der Senat darüber im klaren sein müssen, daß seine Begründung ein typischer circulus vitiosus war. Er wertete die Behauptung der Zeugin Sievers, daß die Bevölkerung in der DDR wegen des freiwilligen Übertritts von Dr. Otto John enttäuscht und verunsichert sei, als einen Beweis dafür, daß der Übertritt freiwillig gewesen sei. Die Kenntnis der Bevölkerung von dieser „Freiwilligkeit" stammte aber ebenso wie bei der Zeugin Sonne nur aus Presseveröffentlichungen der ostdeutschen Presse, die solches entsprechend den Vorgaben der Regierung behauptete. Einen Beweis dafür, daß eine Entführung nicht stattgefunden habe, konnte und kann dies aber nicht darstellen.

Andererseits gibt es eine durchaus vergleichbare, für Otto John sehr positive Aussage eines Herrn Schaper [526]. Vergleichbar insofern, als auch dieser Zeuge keine eigenen Beobachtungen schildern, sondern genau wie die Zeuginnen Sonne und Sievers lediglich seine eigene Meinung mitteilten konnte, die er sich aus Presseveröffentlichungen gebildet hatte. Warum wurde dieser Zeuge nicht zur HV geladen und gehört, wenn sich das Gericht ein abgewogenes Urteil über die Person John und seine Motive verschaffen wollte? Es ist in diesem Fall denkbar, daß der Brief wirklich nicht dem Gericht zur Kenntnis

---

524 BArchKO, B 362/10931, Bl. 831.

525 Unten M. 3 , S. 267.

526 BArchKO B 106/15492, Brief (3 S.) Gerald Schaper „An die Bundesregierung" vom 16. Feb. 1956.

kam. Er trägt einen Vermerk: *Eignet sich nicht zur Beantwortung. Zu den Akten B.*" Das B. ist vermutlich Handzeichen des St.S. Dr. Walter Bargatzky im BMI. Die Staatsanwaltschaft kannte den Brief jedenfalls.

Der wichtige Zeuge Peter Dahm, der am. 5. August 1954 im Ermittlungsverfahren durch den Staatsanwalt vernommen worden war, wurde in der HV nicht gehört[527]. Peter Dahm war Otto Johns Chauffeur im Bundesamt für Verfassungsschutz während der ganzen Dienstzeit 1950 - 1954. Dahm bekam wie alle anderen Zeugen zum Verhalten Johns die stereotypen Fragen vorgelegt: Alkoholismus, Homosexualität, Frauen, Kommunismus. Das ganze Bild, das der Chauffeur von Otto John zeichnete, ist sehr positiv. Diese Aussage ist deshalb so wichtig, weil Dahm täglich auch außerhalb der Dienstzeit - wie es bei einem hohen Beamten üblich ist - mit Otto John zu tun hatte. Lediglich zur Frage „Alkohol" hatte er zu sagen: „In meiner Gegenwart ist er niemals sinnlos betrunken gewesen. Es ist schon vorgekommen, daß Otto John getorkelt hat, bevor er den Wagen bestieg. Diese Gelegenheiten sind aber nicht sehr häufig gewesen." Die Unterstreichungen in den Handakten des Staatsanwalts sind dick rot, wie an allen Stellen, die negative Bemerkungen über Otto John enthalten. Durch Vergleiche ist es ziemlich sicher, daß die Unterstreichungen von Untersuchungsrichter Weber stammen. Der Senatspräsident hat darauf verzichtet, sich einen persönlichen Eindruck von diesem Zeugen und seiner Aussage zu machen, wie es bei einer freien Beweiswürdigung erwartet wird, zumal unwichtigere Zeugen gehört wurden; sofern sie nur etwas Negatives über Otto John aussagten. Man kann der Verteidigung vorwerfen, daß sie ebenfalls auf diesen Zeugen verzichtet hat. Wie an vielen anderen Stellen sieht Verfasser hier einen Verstoß gegen § 244 Abs. 2 StPO.

Häufig wird vom Senatspräsidenten auf Zeugen der Verteidigung verzichtet mit der Formel: „Was der Zeuge aussagen soll, wird als wahr unterstellt". Gegen dieses nach § 244 Absatz 3 StPO zulässige Vorgehen bestehen verschiedene Bedenken. Die Öffentlichkeit und das Gericht können sich keinen Eindruck von der Glaubwürdigkeit des Zeugen machen, und dem Angeklagten wird das Recht genommen, durch Befragen des Zeugen durch den Verteidiger oder den Angeklagten selbst bestimmte Sachverhalte zu verdeutlichen. Vor allem aber ist es fraglich, ob bei wichtigen Aussagen der Grundsatz der freien Beweiswürdigung nach § 261 StPO eingehalten ist, daß das Gericht auf Grund „der aus dem Inbegriff der Verhandlung geschöpften Überzeugung" entscheiden soll. Insbesonde-

527 BArchKO, B362 / 4617, Bl. 230-235.

re aber, wenn das Gericht Belastungszeugen vom Typ Sievers und Sonne in der Hauptverhandlung persönlich auftreten läßt, hätte dasselbe für Entlastungszeugen geschehen müssen.

Die persönlichen Anmerkungen Geiers in den Akten sind in seiner deutschen Handschrift gemacht, sodaß sie leicht zu erkennen sind. Sie verraten einiges über die Mentalität dieses im positiven Recht sattelfesten, aber in der NS-Zeit als Richter geformten Juristen. So schreibt er[528] z.B. zu dem Antrag eines Zeugen, der mit drei Tagen Frist aus der DDR nach Karlsruhe geladen war und um einige Tage Verschiebung gebeten hatte:

„Ich muß ablehnen, mir den Plan über den Ablauf der Hauptverhandlung durch seine Wünsche stören zu lassen".

Ein weiteres Beispiel ist die nicht verwertete Aussage des Zeugen Hanke zur Durchfahrt von Wohlgemuths Auto nach Ost-Berlin[529] sowie die Aussage von Gruner[530]..

Gieseking faßt diese Überlegungen in seinem Kapitel „Die Richter zugleich in der Rolle des Anklägers?" zusammen[531]. Er weist auch auf die offensichtliche Vorverurteilung hin, die sich schon bei der Begründung der Ablehnungen der Entlassung aus der Untersuchungshaft bei den Haftprüfungsterminen zeige. Er befaßt sich auch mit der Rolle der Richter in der NS-Zeit mit entsprechenden Zitaten.[532]. In der vorliegenden Arbeit wird gerade auf diesen Punkt als Grund für die Haltung des Gerichts ausführlich eingegangen[533].

Zur Vermeidung eines Mißverständnisses: Zweifellos waren die Richter hervorragend ausgebildet und erfahren. Dies wurde auch von Arndt[534] trotz seines Angriffes gegen das Urteil anerkannt. Sie erhielten sicher auch keine Weisungen, wie das Urteil ausfallen sollte, was allerdings vorauseilenden Gehorsam nicht ausschließt. Daß der Zeitgeist eine Verurteilung „des Verräters vom 20. Juli 1944" verlangte, ist aus einer Flut von Veröffentlichungen in der rechtsgerichteten Presse evident Insofern standen die Richter unter

---

528 BArchKO,B 362/4619 , nach Bl. 118, in Verbindung mit Ladung Weyres. Breuning wollte sie begleiten.

529 Unten L. II. 2. c.), S. 206 f.

530 Oben F. II. 2. d), S. 96.

531 *Gieseking,* S. 249 ff.

532 *Gieseking,*. S. 250 f.

533 Unten Kapitel J. , S. 151 ff.

534 Brief von Adolf Arndt an Gerhard Leibholz, Richter am BVerfG, v. 18. 1. 1957, S. 2.

dem Druck der öffentlichen Meinung[535] Ihre eigenen Anschauungen entsprachen dem Zeitgeist und sie wollten oder konnten sich nicht gegen diese Anschauungen wehren, in denen sie aufgewachsen waren. Eine bewußte Rechtsbeugung ist ihnen deshalb wohl nicht vorzuwerfen, wenn es auch einige deutliche Beispiele der Unterdrückung von Entlastungsbeweisen gibt. Sie hätten sich aber wegen ihrer eigenen Verstrickungen in die Rechtsprechung der NS-Zeit in einem Prozeß gegen einen Überlebenden der Widerstandsbewegung des 20. Juli 1944 für befangen erklären müssen.

II. Die Urteilsbegründungen

1. Die mündliche Urteilsbegründung

a) Voreingenommenheit des Gerichts gegen einen Mann des 20. Juli 1944

Die mündliche Urteilsbegründung - Protokoll von 52 Seiten[536] - bedarf einer detaillierten Diskussion. Sie enthüllt viel über die Haltung des Senats. Auf den ersten vier Seiten gibt der Senatspräsident eine ausführliche Erklärung, wie korrekt der Senat sich verhalten und was er getan und unterlassen hat. Vieles davon klingt wie auch auf späteren Seiten - neben einem immer etwas anrüchigen Eigenlob - wie ein deutliches „Qui s'excuse, s'accuse". Ein vorurteilsfreies Gericht muß sich nicht für seine Handlungen erklärend entschuldigen.

Wenn man z.B. liest[537], daß der Senat sich auch „mit Vorgängen und Ereignissen ... die außerhalb des unmittelbaren Zusammenhangs der Tat stehen ... , um Licht in das Dunkel einer etwaigen Motivation zu bringen" befassen mußte, so ist es gerade das, was dem Senat vorzuwerfen ist. Er hat immer wieder auf das Verhalten von Otto John im Zusammenhang mit dem 20. Juli 1944 und seiner Widerstandstätigkeit hingewiesen, um daraus zu schließen, daß es eben in der Natur von Otto John läge, mit „Angehörigen fremder Botschaften" Kontakte aufzunehmen. Hier wird auf Otto Johns Kuriertätigkeit im Auftrage des Widerstands Bezug genommen, die er gedeckt von seiner Tätigkeit in der Rechtsabteilung der Lufthansa ausüben konnte, da sein Chef Klaus Bonhoeffer ihm Aufgaben in Madrid zugeteilt hatte, was dort unverdächtige Kontakte mit der englischen

535 *John I*, S. 342

536 BArchKO, B 362 / 4621, Bl. 70-94 (doppelseitig).

537 In der mUB, S.2.

Botschaft ermöglichte[538]. „Der Senat ....hält es durchaus für möglich und sieht darin ein mögliches Motiv, daß das Verhalten des Angeklagten erklärt"[539]. „Er hat in den Monaten und Jahren vor 1944 seinerzeit ... Kontakte mit Angehörigen fremder Botschaften aufgenommen".

Diese Argumentation ist geradezu haarsträubend. Sie liegt auf der Linie des berüchtigten Worts von Reinhard Gehlen über Otto John „Einmal Verräter, immer Verräter", wobei Gehlen keinen Hehl daraus machte, daß er nach seiner politischen Einstellung die Verschwörer gegen Hitler für Verräter hielt und das auf den Mitverschwörer Otto John übertrug. Einen Patrioten wie Otto John, der im „Dritten Reich" den Mut hatte, Memoranden der Führung des Widerstandskreises (Goerdeler, v. Moltke, Leber, Stauffenberg - um nur einige Namen zu nennen) heimlich an die Alliierten zu übergeben, konnte der ehemalige General Gehlen nicht verstehen. Die Verschwörer wollten herausfinden, ob nach einem gelungenen Attentat auf Hitler die Möglichkeit eines Friedensschlusses statt einer bedingungslosen Kapitulation bestünde. Es dekuvriert die wahre Haltung der Richter des BGH, die das Urteil über Otto John sprachen, diese heroischen Taten, die über zehn Jahre zurücklagen und nichts mit dem Sachverhalt des 20. Juli 1954 zu tun haben, als ein mögliches Motiv heranzuziehen, um den vom Senat entgegen vorandenen Indizien angenommenen „freiwilligen" Übertritt von Otto John über die innerdeutsche Grenze zu erklären.

Wenn man liest „daß der Angeklagte ... selbst zu den Männern des 20. Juli gehört ... und <u>obwohl ihm daraus, das sei noch einmal gesagt, selbstverständlich kein Vorwurf gemacht werden soll</u>[540], kann man sich des Eindrucks nicht erwehren, daß die Richter, die selbst im „Dritten Reich" in Amt und Würden waren, in Wirklichkeit eben doch Auffassungen, wie sie Gehlen äußerte, innerlich näher standen. Solche Sätze in der Urteilsbegründung kann man nur mit „Qui s'excuse, s'accuse" qualifizieren. Einzelheiten über die politische Belastung der Richter aus Ihrer Tätigkeit in der NS-Zeit, die Verfasser als Grund für ihre negative Einstellung gegenüber John ansieht, werden im nächsten Kapitel mitgeteilt[541].

---

538 Oben B. II. 2., S. 17.

539 Aus mUB, S. 19.

540 Aus mUB, S. 30; Unterstreichungen vom Verfasser.

541 Unten Kapitel J., S.151 ff.

b) Unsicherheit über den Sachverhalt am 20. Juli 1954

Richtig und wichtig sind die Feststellungen des Senats: „Für die Urteilsfindung ... war das Kernstück die Frage: Was ist am 20. Juli 1954 geschehen? Wie ist der Angeklagte ... in den Ostsektor von Berlin geraten?" „Der Senat ist der Meinung, daß es sich hier in der Tat um das Kernstück dieses Verfahrens gehandelt hat"[542]. Deshalb bilden auch Überlegungen dazu und neue Beweise, die dem Senat nicht vorgelegen haben, einen wesentlichen Teil der vorliegenden Arbeit[543].

An vielen Stellen in der mündlichen Urteilsbegründung wird sehr deutlich herausgestellt, daß über das ganze Geschehen am Abend des 20. Juli 1954 und danach keine sicheren Beweise erhoben werden konnten, so z.B. „ ...die einzelnen Beweismittel ... standen dem Senat nicht vollständig ... zur Verfügung"[544]. „Der Senat mußte ... versuchen, mit den Beweismitteln, die ihm zur Verfügung standen, Licht in die Angelegenheit zu bringen"[545]. Als wichtigstes Mittel zur Aufklärung des tatsächlichen Sachverhalts stand aber dem Gericht der Angeklagte zur Verfügung, der schon in den ersten Ermittlungen[546] und in der ein Jahr dauernden Untersuchungshaft[547] ausführlich ausgesagt und einen umfangreichen schriftlichen Bericht verfaßt hatte, und vor Gericht seine Darstellung präzise wiederholte. Der Senatpräsident zweifelte aber an dem Wahrheitsgehalt der Darstellung des Angeklagten, weil er eine „klischeemäßige Darstellung"[548] der Vorgänge gebe. Wie anders soll sich ein Angeklagter verhalten, der nach Erkrankung in der langen Untersuchungshaft vor Gericht erschien und denselben Sachverhalt schon so oft - auch bei den zwei Wochen Vernehmung Ende Dezember 1955, bei den Vernehmungen durch den Untersuchungsrichter des BGH während der ein Jahr dauernden Untersuchungshaft, und bei der psychiatrischen Untersuchung - wiederholen mußte?

Völlig anders und für John sehr positiv ist die Beurteilung des vom Gericht bestellten Sachverständigen, der Otto John wochenlang in der psychiatrischen Klinik der Universität Heidelberg exploriert und keinen Zweifel an der Wahrhaftigkeit von Otto John und der

---

542 Aus mUB; S. 5.

543 Unten, Kapitel L I. , S. 193 ff.

544 Aus mUB, S. 7.

545 Aus mUB, S. 8.

546 Oben F. I. 2. , S. 82.

547 Oben F. I. 4. b), S. 86.

548 Aus mUB, S. 9.

Darstellung des Sachverhalts durch ihn hatte[549]. Daß das Gericht sich in Gegensatz zu dem von ihm bestellten Sachverständigen stellte und sich für die Beurteilung der Persönlichkeit für zuständiger hielt als ein Klinikchef und Hochschullehrer, kann man nur mit der auch aus anderen Indizien deutlich erkennbaren vorgefaßten Meinung über die Schuld des Angeklagten erklären.

Der Senatspräsident sagt am Anfang: „Um das Ergebnis vorwegzunehmen, der Senat hält diese Einlassung [*des Angeklagten*] für unwahr und widerlegt"[550]. In einem Indizienprozeß mußten dann aber wirklich über alle Zweifel erhabene Beweise vorliegen, die die Behauptungen des Angeklagten widerlegten. Solche Beweise gab es nicht. Der eventuell wichtigste Zeuge, Wohlgemuth, in dessen PKW Otto John unbestritten über die Grenze gelangte, erschien trotz Zusicherung freien Geleits nicht zur Hauptverhandlung[551]. Allein dies sowie die Tatsache, daß Wohlgemuth nach dem 20. Juli 1954 in Ost-Berlin blieb und seine Praxis in West-Berlin aufgab, sprechen deutlich dafür, daß er belastet war. Vor allem wegen des Fehlens von Wohlgemuth als Zeugen mußte der Senat versuchen, „mit den Beweismitteln, die ihm zur Verfügung standen, Licht in die Angelegenheit zu bringen", wie bereits oben zitiert. Man kann das auch so interpretieren: Wir wollen den Angeklagten verurteilen, also müssen wir uns etwas einfallen lassen. Als einzigen „echten" Belastungszeugen konnte der Senat dann Carl Wittig auftreiben, einen dubiosen Nachrichtenhändler, der vom MfS als amerikanischer Agent angesehen und zu einer langjährigen Freiheitsstrafe verurteilt worden war, aber vorzeitig und rechtzeitig zum Johnprozeß aus dem Zuchthaus in der DDR entlassen wurde. Otto John hatte ihm angeblich in der DDR alle Einzelheiten über sein Verhalten mitgeteilt, d.h. die von der östlichen Seite propagierte Version des freiwilligen Übertritts zu einem konspirativen Treffen mit den östlichen Machthabern. Dieser wegen Betrugs vorbestrafte Zeuge wurde später wegen Meineids angeklagt und entging den Konsequenzen durch eine Reise in die DDR, die ihm auch als Flucht ausgelegt wurde. Die Verteidigung hat alles getan, um die Unglaubwürdigkeit dieses Zeugen auf Grund der ihr damals vorliegenden Informationen zu beweisen. Heute weiß man, daß Carl Wittig ein vom Osten gesteuerter Zeuge war[552].

---

549 Oben F. I. 4. c), S. 86ff.

550 Aus mUB, S. 6.

551 Aus mUB, S. 8.

552 R. I. 3. , S. 322 ff.

Einer der erstaunlichsten Sätze in der Urteilsbegründung lautet: „Da der Senat davon ausgeht, daß der Angeklagte jedenfalls freiwillig über die Sektorengrenze gegangen ist - und davon muß er nach dem Ergebnis der Beweisaufnahme ausgehen - … ."[553]. Es werden hier die Gründe kurz wiederholt, die der Senat als Ergebnis der Beweisaufnahme ansieht:

1. Klischeehafte Darstellung der Vorgänge am 20. Juli 1954 durch den Angeklagten[554]
2. Das Wagnis der Pressekonferenz am 11. August 1954[555]
3. Keine Äußerung von Otto John zu Dritten im Osten über seine Entführung[556]
4. Aussage der Zeugin Sievers[557]
5. Aussage des Zeugen Wittig[558]
6. Rückkehr von Wohlgemuth für einige Stunden in der Nacht 20./21. Juli 1954[559]
7. Interpretation der Briefe von Otto John während seines Aufenthalts im Westen[560]
8. Kontaktaufnahme mit fremden Mächten schon einmal vor dem 20. Juli 1944 als Motiv[561]

Diese „Beweise" werden hier teilweise anschließend und im Kapitel L diskutiert und entkräftet.

c) Beurteilung, ob Otto John sich im Osten richtig verhalten hat

aa) Diskussion der Ansicht des Senats

553 mUB, S. 20.
554 mUB, S. 8 f.
555 mUB, S.10 f.
556 mUB, S.11 f.
557 mUB, S.12 f.
558 mUB, S.13 ff.
559 mUB, S.15 ff.
560 mUB, S 17 ff.
561 mUB, S.19.

Der Senatspräsident Dr. Geier hatte bereits im ersten Haftprüfungstermin zum Verhalten Otto Johns gesagt, daß Otto John den Mut eines Soldaten, der auch sein Leben einsetzt oder - weil dieser Vergleich doch etwas zu martialisch war - den Mut eines Feuerwehrmannes gegenüber dem Druck der Russen in Karlshorst hätte einsetzen müssen[562]. Solche Erwägungen zeigen besonders deutlich, wie es mit der Objektivität des Gerichtes bestellt war. Wo Beweise fehlen, hat das Gericht weltfremde Theorien eingeführt. Eine unvoreingenommene Betrachtung hätte zu der Ansicht führen müssen, daß - immer die Tatsache einer Entführung oder jedenfalls eines unfreiwilligen Verbleibs in der DDR vorausgesetzt - der Angeklagte sich richtig verhalten habe. Die Richter mußten, da sie keine eindeutigen Beweise für das Gegenteil hatten, im Zweifel die Darstellung des Angeklagten zu Grunde legen. Daß sie das nicht taten, läßt sich nur aus ihren Vorurteilen erklären[563]. Die Richter gingen von vornherein davon aus, daß eine Entführung nicht stattgefunden habe, daß sich Otto John freiwillig in den Osten begeben habe, um von dort aus Politik gegen die Bundesregierung zu betreiben. Deshalb waren sie nicht bereit, die Argumente der Verteidigung zu berücksichtigen, die jedenfalls - auch bei der Unmöglichkeit zu beweisen, wie sich der Übertritt wirklich vollzogen hatte - einen freiwilligen Verbleib von Otto John im Osten als sehr unwahrscheinlich erscheinen ließen.

Der Senat hat zur Beurteilung des Verhaltens von Otto John im Osten auch die Briefe an seine Frau beigezogen[564], die zu einem großen Teil in der HV verlesen wurden. Hier zeigt sich die weltfremde, unlogische Argumentation des Senates besonders deutlich. Otto John schreibt immer wieder - neben den persönlichen, liebevollen Sätzen, die auch der Senat für echt hält - daß er freiwillig in den Osten übergegangen sei. Er verwendet auffallend häufig die typische Diktion der DDR. Einem kritischen Leser im Westen mußte das auffallen - die Leute des MfS waren diese Sprache gewöhnt und hielten John für angepaßt. Der Senat argumentiert nun, er hätte doch in den Briefen an seine Frau ruhig die Wahrheit (wenn dies die Entführung war) schreiben können: „Ja, man muß sich schon fragen, war er entführt worden, dann müßten das ja schließlich die Leute in deren Dienst er dann stand, gewußt haben. Ihnen konnte er also damit nichts vormachen“ [565].

---

562 Unten L. I. 2. b) cc), S. 202;R.7.e), S.336.

563 Unten Kapitel J. , S. 151 ff.

564 Oben H. II. 1. b), S. 134, Punkt 7.

565 Aus mUB, S. 17.

Diese Begründung ist extrem unlogisch. Daß alle Briefe zensiert wurden, war auch dem Senat bekannt; er ging ja davon aus, daß Johns Bewacher die Briefe gelesen haben. Hätte Otto John in den Briefen wirklich geschrieben, er sei entführt worden, wäre seine ganze Strategie zusammengebrochen mit allen denkbaren Folgen im russischen Machtbereich. KGB und MfS hätten erkannt, daß er nur zum Schein mit ihnen kooperierte. Es wäre genauso katastrophal gewesen, wie wenn er auf der Pressekonferenz herausgeschrieen hätte: „Ich bin entführt worden".

Man muß im Gegenteil annehmen, daß die stereotype Wiederholung, daß er freiwillig im Osten sei, ihn hoffen ließ, daß seine gescheite und feinfühlige Frau zwischen den Zeilen lesen würde, was die Wahrheit war. In der Tat ist ihm das auch gelungen - zu keinem Augenblick hat Lucie John geglaubt, daß ihr Mann freiwillig im Osten war. Schon ihre erste Antwort auf seinen ersten Brief mit seinem unterstrichenen Wort „gezwungen" hat das gezeigt: „Das Geschenk des Lebens ist das höchste aller Güter. Denke daran und erhalte Dir Deine Gesundheit"[566]. Lucie John war sich darüber im klaren, daß die Gefahr des Selbstmords bestand.

bb) Richtiges Verhalten in den Händen eines zu allem fähigen Feindes

Wenn man dementsprechend davon ausgeht, daß sich Otto John in der Gewalt der Russen befand, wird hier zu seinem richtigen Verhalten an einigen Beispielen an die Verhältnisse im Kalten Krieg mit aller Deutlichkeit erinnert.

Eine Dokumentation der brutalen Methoden des östlichen Geheimdienstes (MfS) in Zusammenarbeit mit dem KGB in den 50er Jahren findet sich bei Meier[567] im Kapitel „Entführung, Gift und Todesurteil". Mindestens zehn Personen, die geheimdienstliche Tätigkeit in der DDR ausgeübt haben, sind in der Zeit ab Anfang 1953 aus der DDR in den Westen geflüchtet, dann wieder von Mitarbeitern des MfS ergriffen und in „kurzem Prozeß" zum Tode verurteilt und hingerichtet worden; zuerst durch Enthauptung, später durch Schüsse in den Hinterkopf[568]. Solche Fälle und die Methoden der Sowjets sind Otto John, dem Präsidenten des BfV, bekannt gewesen[569], sollten aber auch dem Gericht bekannt gewesen sein. Otto

566 *John I*, S. 281. Viele Briefe befinden sich im *NL John*, einzelne noch in den Beständen des BArchKO.

567 *Meier*, S. 203 ff. Dr. Meier war Präsident des BfV von 1975 - 1983.

568 *Fricke / Marquardt* S. 10 ff. mwN.

569 *John I*, S. 274.

Johns Verhalten, sich dem Gegner anzupassen, Vertrauen zu gewinnen, auf Flucht zu sinnen[570] war vernünftig, ein „mutiger" Widerstand sinnlos. Ein solches Verhalten war vor dem Verschwinden von Otto John intern im Amt besonders im Zusammenhang mit dem Fall Linse diskutiert und empfohlen worden, wie sich u. a. aus der Aussage von Albert Radke, des Stellvertreters von Otto John im BfV, ergibt[571]. Als Zeuge vor dem BGH 1956 hat der leitende Mitarbeiter des BfV Dr. Gerken ausgesagt, daß ihn das unterstrichene Wort „gezwungen" in Johns erstem Brief nach seinem Auftauchen in der DDR „in seiner Auffassung gestärkt habe, daß John tatsächlich unter Zwang stehe und entsprechend der früheren Überlegung (Fall Linse) handele"[572].

So zu handeln gilt bis in die neueste Zeit[573] als einzig sinnvolle Verhaltensweise für entführte Personen. Die Situation im Irak in den letzten Jahren hat sehr häufig zu Entführungsfällen geführt. Dazu schreibt Georg Giersberg in einem Verhaltenskodex für Entführte: „In jedem Fall ist von einem Widerstand gegen die Entführer abzuraten. Auch Fluchtversuche sind extrem gefährlich und können tödlich enden. Das Opfer sollte sich deshalb nach Möglichkeit in die Situation fügen"[574]. Auch bei ausländischen Geheimdiensten gilt eine entsprechende Regel.

Der besonders schwerwiegende Fall Linse im Jahr 1952 zeigt, daß der KGB vor nichts zurückschreckte, wenn er einen Gegner erledigen wollte. Man muß sich die Ungeheuerlichkeiten, die im Namen der östlichen Machthaber begangen wurden, immer wieder vor Augen halten, wenn man das Verhalten eines Verschleppten verstehen will, der vom Fall Linse und vielen anderen Verschleppungen Kenntnis hatte. Widerstand bedeutet oft Selbstmord. Deswegen hier die genaue Schilderung, wie es Linse ergangen ist:

---

570 *John I*, S. 275 ff.

571 BArchKO.B 362 /4617, Bl. 174 - 183; s. auch oben E. I. 1., S. 57, Ansicht Merz und Müllenmeister.

572 Dienstliche Äußerung für BfV Präsident Schrübbers am 7. Januar 1957, Erkenntnislage des BfV.

573 Erkenntnislage des BfV, Oktober 2004.

574 FAZ . 21. 9. 2004, Nr. 220, S. 20.

Jahrbuch 1999 für Steglitz - Heimatverein für den Bezirk Steglitz

Stasi-Entführung in Lichterfelde

Die Walter-Linse-Straße in Lichterfelde ist eine kleine Wohnstraße, die zur Drakestraße führt. Nur ihr Name erinnert an das schreckliche Geschehen, das sich hier am Morgen des 8. Juli 1952 zutrug.

In der damaligen Gerichtstraße parkt vor der Hausnummer 12 ein als Taxi hergerichteter Opel Kapitän. Der Jurist Dr. Walter Linse verläßt seine Wohnung, um sich zur Arbeit als Abteilungsleiter Wirtschaft beim Untersuchungsausschuß Freiheitlicher Juristen zu begeben. Ein in der Nähe des Wagens stehender Mann bittet Linse um Feuer. Als der stehenbleibt, schlägt der Mann mit drei Kumpanen den Juristen nieder. Die Verbrecher versuchen, Linse in den Wagen zu zerren. Dieser wehrt sich heftig, bis ihm die Gangster ins Bein schießen.

Passanten versuchen, den Wagen aufzuhalten - vergeblich. Mit hoher Geschwindigkeit rast das dunkle Auto über Königsberger Straße, Giesensdorfer Straße, Berliner Straße (heute Ostpreußendamm) zum Grenzübergang Schwelmer Straße. Über Teltow führt die Route ins Stasigefängnis Hohenschönhausen.

Das von der Ost-Berliner Regierung zu verantwortende Verbrechen wird schnell bekannt. 25.000 Berliner versammeln sich empört vor dem Rathaus Schöneberg. Walter Linse hilft diese Unterstützung nicht mehr. Anfang Dezember 1952 wird er den "Organen der sowjetischen Kontrollkommission" übergeben. Nach endlosen Verhören erfolgt am 23. September 1953 das Todesurteil unter anderem wegen Spionage und konterrevolutionärer Tätigkeit. Linse wird am 15. Dezember 1953 hingerichtet, sein Leichnam im Krematorium am Donski-Kloster eingeäschert.

Auch wenn die Sowjetunion jahrelang jede Kenntnis von der Person Walter Linses abstritt - auch in westlichen Veröffentlichungen hieß es lange Zeit, Linse sei in der UdSSR "verstorben" - war über die Entführung einiges bekannt. Einer der Entführer beteiligte sich im März 1953 an einem Einbruch in West-Berlin, wurde erwischt und plauderte manches aus. Er wurde schließlich zu zehn Jahren Zuchthaus verurteilt.

Auch war es kein Geheimnis, warum die DDR- Behörden ein so großes Interesse an Linse hatten. Der Untersuchungsausschuß Freiheitlicher Juristen dokumentierte Menschenrechtsverletzungen in der DDR. Es gehe ihm um den Bestand rechtsstaatlicher Ideale, hatte der am 23. August 1903 in Chemnitz geborene Linse in seinem Bewerbungsschreiben an den Untersuchungsausschuß Freiheitlicher Juristen (UFJ) geschrieben. Seine UFJ- Tätigkeit dürfte die DDR-Machthaber gewaltig gestört haben, weil er als Wirtschaftsexperte Gewerbetreibende in der DDR bei drohender Enteignung beriet.

Christian Schindler

Neben dieser Schilderung gibt es neuerdings noch eine sehr detaillierte Darstellung, in der auch die in Stasi-Akten aufgefundene Originalbeschreibung aus Sicht der Täter mit drastischen Einzelheiten enthalten ist[575]. Die Methoden waren Otto John als Präsidenten des BfV selbstverständlich bekannt, aber auch das Gericht mußte sie kennen. Als die Verteidigung den Gutachter Hildebrandt dazu in der HV sprechen lassen wollte, hat der Senatspräsident das abgelehnt[576].

Johns Behauptung, ebenfalls ein Opfer einer Verschleppung geworden zu sein, gewinnt an Hand solcher Präzedenzfälle an Glaubwürdigkeit. Ebenso kann sein Verhalten, als er sich in der Hand des KGB befand, damit als durchaus vernünftig angesehen werden.

Es lohnt sich, einen in der Literatur beschriebenen Präzedenzfall genau zu lesen[577]. Melville, der Autor von Moby Dick, beschreibt das Schicksal des Kapitäns Benito Cereno auf einem Segelschiff in der Zeit des Sklavenhandels. Amato Delago, der Kapitän eines amerikanischen Seglers, entdeckt den scheinbar unmanövrierfähigen Segler Cerenos und beschließt, zu Hilfe zu eilen. Cereno erzählt völlig glaubhaft über die Situation seines Schiffes eine unwahre Geschichte, weil er sich unter Morddrohung von Meuterern befindet. Das Szenario ist so geschickt vorbereitet, daß es von Delago nicht durchschaut wird. Da frische Lebensmittel und Wasser fehlen, entschließt sich Delago mit einigen Leuten zu einem zweiten Besuch des Schiffes von Cereno. Auch hierbei ist für Delago nicht zu erkennen, daß Cereno kein freier Mann ist. Sollte Cereno ein falsches Wort sagen und seine Lage erkennen lassen, würde er (wie man erst später aus dem Gerichtsverfahren gegen die Meuterer und Mörder erkennt) unweigerlich sofort getötet werden, ebenso wie auch Delago. Nach raffiniertem Plan des Rädelsführers Babo wurde wörtlich

575 Siegfried Mampel, Entführungsfall Dr. Walter Linse. Menschenraub und Justizmord als Mittel des Staatsterrors, Schriftenreihe des Berliner Landesbeauftragten für die Unterlagen des Staatssicherheitsdienstes der ehemaligen DDR, Band 10, 3. Aufl. 2006, S. 14 – 16.

576 Oben H. I. 2., S. 125.

577 *Herman Melville*, Benito Cereno (Kesting, Marianne, Hsgb), Übersetzung von W. S. Süskind, Ullstein Buch Nr. 3942, Frankfurt am Main 1971; den Hinweis verdankt Verfasser Prof. Dr. H. Rottleuthner, Berlin.

einstudiert, welche Fragen Cereno an Delago stellen und welche Antworten er auf dessen Fragen geben sollte. Das zweite Treffen mit Delago findet statt, während Babo als Barbier auftritt und Kapitän Cereno rasiert. Er hatte also buchstäblich das Messer an der Kehle seines Opfers.

Die Lage Cerenos in der Hand seiner vor nichts zurückschreckenden Feinde ist dieselbe wie die Johns bei der einstudierten Pressekonferenz am 11. August 1954 und überhaupt, solange er ein Gefangener des KGB bzw. später des MfS war. Ebenso wie Cereno hat John sein Leben gerettet, indem er das böse Spiel mitspielte, ohne daß es von seinen Freunden durchschaut werden konnte. So wie Cereno mit dem rettenden Sprung in das Walboot Delagos seinen Bewachern in letzter Minute entkam, hat Otto John am 12. Dezember 1955 mit Hilfe von Bonde- Henriksen den Sprung in die Freiheit (wie er meinte!) gewagt. Anders als Cereno fand er aber keine gerechten Richter, sondern wurde verhaftet und erhielt vier Jahre Zuchthaus.

Ein anderer gut dokumentierter Parallelfall aus neuerer Zeit, der sich im Kalten Krieg zur Zeit des Falles John abspielt, ist die brutale Entführung von Noel Field, der zu Unrecht der Spionage verdächtigt wurde. Auch die Familie von Noel Field und seine Mitarbeiter wurden von östlichen Geheimdiensten verhaftet, kamen aber nach teilweise jahrelanger Haft frei. Es gibt darüber in der Deutschen Nationalbibliothek eine eindrucksvolle Dokumentation auf DVD[578] und die schriftliche Dokumentation dazu in zwei Bänden. Etwa so könnte sich das Schicksal Otto Johns abgespielt haben, wenn er nicht durch sein geschicktes Verhalten Schlimmerem im östlichen Machtbereich entgangen wäre.

Ein detaillierter, auf Johns Gegenspieler, den Chef des BND in Pullach, Reinhard Gehlen zielender Entführungsplan aus dem Jahr 1953 wird von Bubke[579] beschrieben. Der Plan war soweit vorbereitet, daß der KGB ein Haus nahe dem Wohnsitz von Gehlen in Starnberg gekauft und dort seine Leute einquartiert hatte. Nach Bubkes Ansicht steht das Abblasen des Plans mit politischen Änderungen durch Adenauers Besuch in Moskau im Zusammenhang. Deshalb ist die Vorstellung einer Entführung des anderen Geheimdienstchefs, Otto Johns, keineswegs abwegig. Es fehlt aber im Fall John jeder detaillierte Hinweis auf die dazu erforderlichen Vorbereitungen außer der Tatsache, daß Wonsig vom KGB auf John angesetzt

---

578 Der Fall Noel Field., Band 1 und 2, Berlin 2005;

579 *Bubke, Hermann* s. Literaturverzeichnis. Den Hinweis verdankt Verf. Herrn. Reinhard Müller, Hamburg.

war, und daß mindestens ein Treffen der drei KGB-Agenten Wonsig, Wohlgemuth und Karpow ohne John und ohne seine Kenntnis stattgefunden hatte. Hier fehlt zur Kenntnis der Einzelheiten der Einblick in die KGB-Akten in Moskau, wenn auch kürzlich aufgefundene Akten der BStU sichere Schlüsse auf Johns Zwangslage zulassen[580].

Wie ernst die Todesdrohung war - wenn auch in diesem Falle auf Verräter in den eigenen Reihen gemünzt - hat Mielke am 19. Februar 1982 auf die Formel gebracht. *„Wir sind nicht davor gefeit, daß auch einmal ein Schuft unter uns sein kann. Wir sind nicht dagegen gefeit. Wenn ich das schon jetzt wüßte, dann würd' er ab morgen schon nicht mehr leben. Ganz kurzen Prozeß. Aber weil ich Humanist bin, hab' ich solche Auffassung (...) Und das Geschwafel, von wegen und so weiter .... Nicht hinrichten, nicht Todesurteil – alles Käse, Genossen"*[581].

Bei diesen bekannten Zuständen im östlichen Machtbereich und der ganzen unsicheren Beweislage hätte es bei einem fairen, vorurteilslosen Prozeß für das Gericht nur die Möglichkeit gegeben, in dubio pro reo zu entscheiden und - wenn es sich zu keinem makellosen Freispruch durchringen konnte - auf einen Freispruch zweiter Klasse zu erkennen, also das freisprechende Urteil mangels Beweises der Schuld zu fällen.

Derselbe Senat sprach Wohlgemuth, nachdem er bei einem kurzen heimlichen Besuch in West-Berlin am 11. Februar 1958 verhaftet wurde, in einem zügigen Verfahren frei[582]. Er wurde nur kurz in Untersuchungshaft gehalten und erhielt Haftverschonung gegen 30,000 DM Kaution[583]. Daß heute eine Vielzahl neuer Indizien vorliegt, die Wohlgemuth eindeutig belasten[584], konnte der Senat 1958 nicht wissen Es gab aber bereits im Verfahren gegen Otto John 1956 eine Reihe von Zeugenaussagen, die auf die Aktivitäten von Wohlgemuth und Wonsig hinwiesen, sodaß mit den zusätzlichen Aussagen im Verfahren gegen Wohlgemuth den Richtern des Senats (es waren mit einer Ausnahme dieselben wie gegen John 1956) Bedenken hätten kommen müssen, ob sie zwei Jahre vorher nicht einen Unschuldigen für vier Jahre ins Zuchthaus geschickt hatten. Vor allem der GBA hätte das Verfahren schon nach den Erkenntnissen im Prozeß gegen Wohlgemuth 1958 oder spätestens im ersten Wiederaufnahmeverfahren 1963 nach dem Legalitätsprinzip zugunsten

---

580 Unten R. I. 5. b), S. 327 f.

581 *Fricke / Marquardt*, S. 10

582 9 StE 3/58, Urteil v. 18. Dez. 1958.

583 BArchKO, B 136 / 4408 Bl. 18.

584 Unten N. I. 2., S. 278 ff.

des Verurteilten Otto John betreiben müssen. Die Bundesanwaltschaft hat auch heute noch die Möglichkeit, diesen Fehler zu korrigieren.

d) Kritik von Adolf Arndt

Von den vielen kritischen Stimmen zu dem Urteil gegen Otto John ist vor allem die Stimme von Arndt[585] hervorzuheben. In seinem Nachlaß befindet sich ein umfangreicher Schriftwechsel mit Prof. Gerhard Leibholz, OBA Max Güde und Johns Verteidiger Dr. Caemmerer unmittelbar nach Bekanntwerden der mündlichen Urteilsbegründung zum John-Urteil. Der hochangesehene Jurist Arndt griff das Urteil und besonders die mündliche Urteilsbegründung scharf an. Er rügte in einem Brief an Prof. Leibholz[586], von dem die beiden anderen Herren Kopie erhielten, daß das Gericht nur einfach sagt, daß es sich von dem Sachverhalt überzeugt habe, während es diese Überzeugung in rational verständlicher Weise begründen und rechtfertigen hätte müssen. Wörtlich heißt es zu der Annahme des Gerichts, daß Otto John freiwillig in den Osten gegangen sei:

„Diese Psychologie ...ist primitiv, dilettantisch und weltfremd"

Arndt zählt vier Feststellungen des Gerichts auf:

„John hat

1. *seinen Übertritt in keiner Weise vorbereitet,*
2 *kein einziges Geheimnis drüben verraten, obgleich ihm wichtige Geheimnisse bekannt waren,*
3. *niemals seine Frau aufgefordert, ihm nachzufolgen und*
4. *ist er zurückgekehrt.*

Gegenüber diesen vom Gericht selber festgestellten Tatsachen verblassen seine vermeintlichen ,Indizien' völlig."

Die Aussagen Johns auf der Pressekonferenz über die EVG-Verträge und die angeblichen Aktivitäten der Organisation Gehlen in Frankreich hat das Gericht als Geheimnisverrat gewertet, weil der tatsäch-

---

585 Karl Otto Adolf Arndt, 12. März 1904 - 13. Februar 1974, in Marburg 1926 mit Auszeichnung promoviert, in der NS-Zeit trotz rassischer Verfolgung (Halbarier) Rechtsanwalt, 1948/49 im Parlamentarischen Rat der Bizone, 1945 - 1949 Ministerialrat im Hessischen Justizministerium, 1949 - 1969 Mitglied des Bundestags (SPD), „Kronjurist" der SPD.

586 Brief vom 18. Januar 1957, *NL Arndt*, Band 233.

liche Inhalt, falls er wahr gewesen wäre, ein Staatsgeheimnis bedeutet hätte. *„Das ist ungeheuerlich"*. Diese Bemerkung Arndts bezieht sich darauf, daß bei der Verabschiedung der neuen Gesetze zum Staatsschutz in der parlamentarischen Beratung, an der er selbst maßgeblich beteiligt war, Einigkeit darüber bestand, daß nur legal verfassungsrechtlich zustande gekommene Staatsgeheimnisse schutzwürdig sein sollten[587]. Man dachte an die Erfahrungen der Weimarer Republik, z. B. an Vorgänge in Verbindung mit der Schaffung der Schwarzen Reichswehr.

OBA Güde vermied in seiner Antwort vom 25. Januar 1957 diplomatisch ein Eingehen auf die Kritik von Arndt: *„Ich fühle mich in der Lage eines überstimmten Richters, dem durch* seine *Beteiligung an der Sache ...Kritik ....verwehrt ist"*. Güde schrieb aber, daß er von der Strafzumessung ernstlich betroffen sei und hoffe, daß das im Gnadenweg[588] bereinigt werden könne. OBA Güde hatte höchstens zwei Jahre Zuchthaus beantragt, während der 3. Senat des BGH das Strafmaß auf vier Jahre verdoppelte.

Arndt hat diesen Brief sofort am 26. Januar 1957 beantwortet, wobei er besonders auf die parlamentarische Beratung des § 100a Abs. 3 a. F. eingeht[589]. Im Bundestag war vorher von dem kommunistischen Abgeordneten Fisch beantragt worden, auch illegale Geheimnisse zu schützen. Dazu hat Arndt seine Äußerung[590] in das Wortprotokoll aufnehmen lassen:

> „Nur damit nicht ein Richter auf den Gedanken kommt, die Bemerkungen des Herrn Fisch als Material bei der Auslegung zu verwenden, möchte ich feststellen, daß diese Ausführungen in keiner Weise den Ansichten und Gedanken der Antragsteller entsprechen" .

Diese Feststellungen sind deshalb so wichtig, weil der Wortlaut des Gesetzes nicht eindeutig ist, sodaß es einer historischen Auslegung des § 100a Abs. 2 a.F. bedarf, um zu einer richtigen Anwendung zu kommen.

Daß außerdem Otto John sich bei diesen Äußerungen nach dem in der vorliegenden Arbeit nachgewiesenen Sachverhalt in einer Not-

587 Unten K. II. 1. b), 185.

588 Dazu unten Q. I. , S. 303 ff.

589 160. Sitzung des Bundestages am 11. Juli 1951 (Sten. Ber. S.6480 A), zitiert nach *Schiffers I*. Verfasser konnte das Wortprotokoll von der Verwaltung des Bundestages nicht erhalten, es sind ebenso wie in allen angefragten Bibliotheken nur Kurzprotokolle vorhanden.

590 158. Sitzung des BT am 9. Juli 1951 (Sten.Ber. S. 2325 C).

standslage befand, und daß nach dem Gutachten Jescheck[591] selbst ohne Notlage die Äußerungen nicht strafbar sein konnten, weil es an der staatsgefährdenden Absicht gefehlt hat, macht das Urteil des BGH unter allen Gesichtspunkten angreifbar.

Arndt hat sich zusammenfassend sehr gründlich mit der richtigen Auslegung des Begriffs „Absicht" befaßt. Seine Argumentation greift die Entscheidung des BGH an, den Begriff der Absicht mit dem dolus directus gleichzusetzen, wie es der BGH in einem Revisionsurteil ein Jahr vor dem John-Urteil[592] begründet und auch im John-Urteil angewendet hat:

„Auch bei § 92 läßt sich die Bedeutung des Merkmals ‚Absicht' nur dem Zweck dieser Vorschrift entnehmen. Sie will den bewußten Feind der verfassungsmäßigen Ordnung der Bundesrepublik treffen, also den Täter, dem es bei seiner Straftat über den in ihr liegenden unmittelbaren Erfolg, also über die die Verwirklichung der in § 94 aufgezählten Straftatbestände hinaus, darum zu tun ist, damit mittelbar den weiteren verfassungsfeindlichen Zweck zu erzielen, wie ihn § 94 umschreibt"[593]

Dann zitiert der BGH den Berichterstatter des Rechtsausschusses des Deutschen Bundestags Dr. Wahl „die einzelnen Tatbestände der Staatsgefährdung so zu umschreiben, daß ihre Anwendung nicht dazu mißbraucht werden kann, mit ihnen Handlungen der verfassungsmäßigen Opposition zu bekämpfen. Denn wenn das geschähe, würde der Sinn des Gesetzes in sein Gegenteil verkehrt, weil das Recht auf Bildung und Ausübung der parlamentarischen Opposition zu den wichtigsten Verfassungsgrundsätzen gehört, ohne die eine freiheitliche demokratische Grundordnung nicht denkbar ist Es kam dem Gesetzgeber also darauf an, die gefährlichen strafwürdigen Umsturzbestrebungen gegen Handlungen der verfassungsgemäßen Opposition deutlich abzugrenzen"[594]. Obwohl dieser Text keinen Raum läßt, die Otto John vorgeworfenen Äußerungen unter §§ 100a und 100d StGB zu subsumieren, kommt der BGH nach weiteren detaillierten Überlegungen zu der Entscheidung: „Nach alledem muß unter Absicht der bestimmte auf die Herbeiführung des verfassungsschädlichen Erfolges gerichtete Wille verstanden werden"[595]. Der BGH bezeichnet diese Absicht als identisch mit dem

591 L. I. 2. b) bb, S. 198 ff.

592 BGHSt 9, S. 142-149. Urteil v. 21.12.55; 6 StR 113/55 (LG Nürnberg Fürth)

594 A.a.O. S. 145.

595 A.a.O. S. 146.

„dolus directus", was von Bockelmann[596] in einer ausführlichen Kritik dieses Revisionsurteils des BGH als falsch angesehen wird.

Adolf Arndt wendet sich überzeugend gegen diese Auffassung des BGH[597]. Er weist nach, daß Absicht im Sinne des § 94 StGB mehr sein müßte als der bloße Vorsatz. Sie müßte wirklich das tragende Motiv des Täters sein. Arndt befindet sich in diesem Punkt in Übereinstimmung mit Bockelmann und Jagusch[598].

Arndt, der zu den besonders angesehenen Juristen seiner Zeit gehörte, urteilt summarisch:

„Erwägungen und Ergebnis des BGH sind abzulehnen". Auch Jescheck hatte bereits 1956 in seinem Gutachten diese Auffassung vertreten[599]. Verfasser schließt sich dieser Ansicht an. Auf den Begriff der Absicht wird bei der Diskussion der Staatsschutzgesetze noch einmal unter Berücksichtigung neuerer Literatur eingegangen[600].

2. Die schriftliche Urteilsbegründung

Diese ausführliche Begründung von 108 Seiten existiert in zwei Versionen. Das handschriftlich von den fünf Bundesrichtern unterschriebene Exemplar[601] trägt kein eindeutiges Datum. Der Senatspräsident hat seiner Unterschrift „6/2" (vermutlich 6. Februar 1957) hinzugefügt, Dr. Mannzen „31.1." (1957)

Der Sachbearbeiter Amtsrat Baumann hat auf der ersten Seite der unterschriebenen Urteilsbegründung oben „1. 31.1.57, 2. „28. FEB 1957" (ein Stempel) hinzugefügt. Vermutlich hat er die Fassung vom 31. 1., in der umfangreiche Korrekturen wohl überwiegend von der Hand von Mannzen vorhanden sind, als endgültig dem Senatspräsident vorgelegt, der dann am 6. Februar 1957 weitere erhebliche Korrekturen angebracht hat, die unverkennbar von dessen Hand stammen. Die endgültige Fassung vom 28. Februar 1957 wurde neu geschrieben und kam in über 500 Exemplaren zur Verteilung, davon

596 Bockelmann, JZ 1956, S. 698 – 700. .

597 „Der Begriff der ‚Absicht' in § 94 StGB, JZ 1957, S.206/207.

598 *LK8* , zu § 94 Anm. 3 iVm § 88 Anm. 5., s. auch 7. Aufl., zitiert bei Jescheck, unten L. I. 2. b), S. 199.

599 Unten L. I. 2. b) bb), S.199.

600 Unten K. III. , S. 187 ff.

601 BArchKO VS B 362/10933, handschriftlich paginiert 1776-1829; auch BArchKO, B362 /4621 Bl. 98 – 205; 109 Seiten (Blätter doppelseitig beschrieben).

allein 95 Abdrucke an den Untersuchungsausschuß des Deutschen Bundestages.

Es lohnt sich nicht, diese beiden Fassungen in allen Einzelheiten zu diskutieren, weil nur die zweite Fassung veröffentlicht wurde, und vor allem, weil die mündliche Urteilsbegründung viel unmittelbarer unter dem Eindruck des soeben abgeschlossenen Verfahrens entstanden war, und deswegen oben ausführlich kommentiert wurde. Interessant ist jedoch, daß zwar die meisten Korrekturen rein schulmeisterlich sind, daß es aber auch einige aufschlußreiche sachliche Korrekturen gibt.

An den wenigen folgenden Beispielen der vielen schulmeisterlichen Korrekturen sieht man, daß die korrigierenden Richter offenbar etwas gegen Fremdwörter in der ersten Fassung des Berichterstatters hatten - auch dann, wenn sie präziser als die Verdeutschungen waren. So wurde „Koordinierung" durch „Zusammenarbeit", „zu koordinieren" durch „aufeinander abstimmen" ersetzt, die „Alliierten" wurden zu „Besatzungsmächten", die „sog. Repatriierung" zur „Entlassung" (obwohl es sich tatsächlich um die Repatriierung deutscher Kriegsgefangener aus England handelte und dies der gebräuchliche Ausdruck war), aus „bagatellisieren" wurde „verkleinern" usw. Man kann sich schwer des Eindrucks erwehren, daß hier die Bundesrichter in Kontinuität ihrer Tätigkeit aus der NS-Zeit sich einer gewissen Deutschtümelei befleißigten und - schlimmer - daß diese Mentalität auch in das Urteil über eine ganz anders geartete weltmännische Persönlichkeit eingeflossen ist.

Von den sachlichen Änderungen und Streichungen hier einige Beispiele. Es fällt dabei auf, daß die Neufassung immer etwas negativer für den Verurteilten ist, als der Entwurf des Berichterstatters. Auf S. 5 lautete ein Satz: „Im Dezember 1950 erfolgte dann auf Empfehlung des Bundesministers Kaiser und des damaligen bayrischen Justizministers Joseph Müller, die den Angeklagten aus der Zeit des gemeinsamen Widerstandes gegen Hitler kannten, seine Bestellung zum kommissarischen Leiter des Bundesamtes für Verfassungsschutz." Der (vom Verfasser) unterstrichene Teil fehlt in der korrigierten Fassung, entspricht aber den Tatsachen[602].

Auf S. 20 wird die erste Rundfunkerklärung Johns vom 23. Juli 1954 (nach einem Abdruck in „Neues Deutschland vom 24. Juli 1954) wörtlich wiedergegeben. In der ersten Fassung stand „ ... die er am 22. Juli auf ein Tonband gesprochen hatte, von dem sie gesendet wurde". Der hier unterstrichene Halbsatz wurde entfernt. Gerade

602 Oben B. III. 1. b), S. 31.

die erwiesene Tatsache, daß Otto John nicht selbst am Rundfunk gesprochen hat, ist für das ganze Geschehen wichtig.

Die meisten Korrekturen sind auf den Seiten 56 ff, auf denen sich der Senat mit dem Vorbringen der Verteidigung hinsichtlich einer Entführung auseinandersetzte. Offenbar war es den korrigierenden Richtern aufgefallen, daß es nicht so einfach war, die Argumente der Verteidigung zu entkräften, vor allem, weil sie dafür Otto Johns Darstellung als völlig unglaubwürdig und ihn selbst als „Menschen mit gering entwickelten Vermögen zum logischen Denken und von großer Naivität in der Menschenbeurteilung“ [603] darstellen mußten – in Gegensatz zu der sorgfältigen Persönlichkeitsanalyse des vom Gericht bestellten Sachverständigen[604] und zu der Aussage vieler Personen aus seiner beruflichen und privaten Umgebung, die ihn wirklich kannten.

Neben vielen solchen Einzelheiten sei noch von der vorletzten Seite der „verbesserten“ schriftlichen Urteilsbegründung angeführt, was Senatspräsident Dr. Geier handschriftlich zur strafrechtlichen Verantwortlichkeit eingesetzt hat. Es ging um die Frage, ob Otto John nicht von seinem Amt des Präsidenten des Bundesamts für Verfassungsschutz hätte zurücktreten müssen, falls er sich dem Amt nicht gewachsen fühlte. Daß er selbst keinerlei Amtsmüdigkeit zugegeben hatte, und auch seine Vorgesetzten keinen Anlaß sahen, ihn von seinem Amt abzuberufen, wird dabei völlig übersehen. Daß Otto John politisch nicht in die „renazifizierte“ Bonner Landschaft von 1954 paßte, steht auf einem anderen Blatt. In der alten Fassung steht:

„Der Inhaber eines solchen Amtes, der nicht die Folgerungen zieht, wenn er fühlt, daß er den Anforderungen nicht gewachsen ist, muß sich mit den Maßstäben, die die Öffentlichkeit mit diesem Amt verbindet, messen lassen.“

Der Zusatz des Senatspräsidenten lautet:

„Das erfordert das öffentliche Wohl. Jede andere Auffassung könnte zu bedenklichen Erschütterungen der öffentlichen Ordnung führen. Sie verträgt sich auch nicht mit den ausdrücklichen Wertungen, die das geltende Strafrecht erkennen läßt. Die Verhängung von Strafen für Verbrechen und Vergehen im Amt (§§ 331 ff. StGB) hängt nicht davon ab, daß der schuldig gewordene Beamte die für sein Amt erforderlichen Anlagen, Fähigkeiten und charakterlichen Eigenschaften aufweist. Vollends darf er sich nicht dazu verleiten lassen, in strafbarer Weise auf eigene Faust Politik zu machen“ (der letzte

---

603 Aus schr. UB, S. 57.

604 Oben F. I. 4. c), S. 86 ff.

Satz ist von derselben Hand hinzugefügt, von der auch viele andere Korrekturen stammen - von Mannzen?).

Verfasser ist der Ansicht, daß der Senatspräsident in der mehr als zwei Monate nach dem Urteil veröffentlichten schriftlichen Urteilsbegründung den Versuch gemacht hat, den von vielen Seiten erhobenen Vorwürfen gegen das Urteil vom 22. Dezember 1956 und insbesondere auch gegen die mündliche Urteilsbegründung, eine weniger angreifbare schriftliche Begründung nachzuschieben.

Als Beispiel für die berechtigte Kritik von Arndt[605] genügt ein Blick auf Seite 64 der schriftlichen Urteilsbegründung. Hier setzt sich der Senat mit den Briefen von Otto John aus der DDR auseinander. Er erwähnt, daß Otto John immer wieder seiner Frau Erklärungen gäbe, warum er freiwillig übergetreten sei. „Solche Darlegungen gegenüber dem Zensor hatten keinen Sinn. Wäre die Darstellung des Angeklagten von der Entführung richtig, dann brauchte er gegenüber den Behörden nicht mit großem Aufwand und Scharfsinn und Verstellungskunst die Fiktion aufrecht zu erhalten und zu vertiefen, daß er freiwillig in ihren Machtbereich gekommen sei. Seine Ehefrau, die an ihn glaubte,.........mußte der Angeklagte aber durch diese Fassung verwirren...."

Als Beispiel wird ein Brief vom 6. August 1954 zitiert in dem sich solche offensichtlich für den Zensor geschriebene Wendungen finden wie „Inhaltslosigkeit meiner Arbeit in Köln" „mit Nichtigkeiten und albernen Freuden meine Zeit vergeudet" „Wenn die irrsinnige Kriegspolitik weiterbetrieben wird, gibt es eine totale Katastrophe". Lucie John hat immer durchschaut - weil sie ja schließlich die verantwortungsvolle Arbeit ihres Mannes und seine wirkliche politische Einstellung kannte -, daß dies typische östliche Diktion war und für den Zensor geschrieben wurde. Dieser Brief stammt aus den ersten Wochen während der gründlichen Schulung durch den KGB für die Pressekonferenz, auf der er dann ähnliche Wendungen gebrauchte.

Der Senat fährt fort, daß es genügt hätte, wenn Otto John einmal an seine Frau die mit den Russen vereinbarte „Legende" für sein Erscheinen im Osten schriebe, aber nicht ständig wiederhole. Daraus schloß der Senat, daß es sich um Johns wahre Meinung handele. Das ist völlig widersinnig. Gerade aus dieser Wiederholung erkannte Lucie John sofort, daß dies reine Phrasendrescherei für den Zensor war. Die Wahrheit eines Zwangsaufenthalts oder gar von einer Entführung (deren Einzelheiten er ohnehin durch seine Betäubung nicht kannte) zu schreiben, hätte tödlich sein können. Otto John

605 Oben H. II. 1. d), S.142 ff.

schrieb dazu selbst nach seiner Flucht zurück in den Westen in seinem ersten Bericht[606] an seinen Verteidiger Dr. Dix Anfang Januar 1956, daß ja die ganze westliche Welt seit Jahren über die brutalen Methoden des sowjetischen Geheimdienstes aufgeklärt worden sei und er deshalb nicht verstehe, wieso man ihm unterstelle, freiwillig in den Osten gegangen zu sein, daß es aber jedem, der sich über seine Lage als Gefangener eine Vorstellung machen könne, einleuchten müsse, daß er öffentlich und in allen privaten Unterhaltungen die von den Sowjets produzierte Legende habe aufrecht erhalten mussen[607].

Dieser Bericht wurde vom OBA Wiechmann am 9. Januar 1956 an den Präsidenten des BfV, Herrn Schrübbers persönlich geschickt[608]. Das Begleitschreiben dazu ist deshalb so interessant, weil Wiechmann ausdrücklich bittet, diese Akten keinen Personen seines Amtes zugänglich zu machen, von denen bekannt ist, daß sie von der Unschuld Johns überzeugt sind und Kontakte zu Frau John haben. Er nennt Radke, Merz, Generalstaatsanwalt i. R. Dr. Buchardi. Er empfiehlt für die Bearbeitung „ohne daß ich Ihnen irgendwie vorgreifen will" Reg.Dir. Ludwig oder ORR Dr. Nollau.

Zu der Auslegung des Begriffs „Absicht" in § 100 d Abs. 2 äußert sich der BGH in der schriftlichen Urteilsbegründung ausführlich[609]. Dies geschah vermutlich im Hinblick auf die Kritik Arndts, die bereits im Januar 1957 stattfand. Die vom Verfasser als richtig angesehene Auslegung, die der herrschenden Meinung (hM), aber nicht der Auslegung des BGH 1956 entspricht, wird unten begründet[610].

3. Zwischenergebnis der strafrechtlichen Überlegungen des Verfassers

Mit der veröffentlichten schriftlichen Urteilsbegründung war der Prozeß gegen Otto John abgeschlossen. Eine Berufungsmöglichkeit gab es nicht. Für den Verfasser ist es schwierig, eine Zwischenbilanz seiner strafrechtlichen Ansicht über das Urteil von 1956 zu ziehen, weil sich die Kenntnis der in den späteren Wiederaufnahmeverfahren vorgebrachten neuen Tatsachen und vor allem die nach dem Tod von Otto John gewonnenen Erkenntnisse schwer verdrängen lassen. Sicher ist aber, daß dem Gericht genügend Einwände vorla-

---

606 S. 4 f. des Berichts.

607 Dazu oben H. II.1. c). bb), S. 136 ff., die Fälle Linse und Benito Cereno.

608 OBA Wiechmann, Akt.Z – B Js 351 / 56, Tgb. Nr. 40/56 geheim.

609 schr. UB S. 83 ff.

610 K. III. , S. 187 ff.

gen, die deutlichen Anlaß zu Zweifeln gaben und nicht einfach vom Tisch gewischt werden konnten.

Einerseits hat es sich bei Johns Äußerung über die EVG-Verträge nicht um ein schützenswertes Staatsgeheimnis gehandelt, wie Arndt nachwies[611], andererseits fehlte es an der „Gefährdung des Wohls der Bundesrepublik" gemäß § 100 a StGB[612].

Soweit der BGH den § 100 d StGB[613] herangezogen und einen besonders schweren Fall zur Verhängung der Zuchthausstrafe angenommen hat, war das schon deshalb fehlerhaft, weil es an der Absicht fehlte, der Bundesrepublik zu schaden. Hiermit hat sich besonders Prof. Jescheck in seinem ausführlichen Gutachten auseinandergesetzt[614], das vor dem Urteil dem BGH vorlag, der es aber ablehnte, sich mit den darin vorgebrachten Argumenten ernsthaft auseinanderzusetzen oder gar Jescheck als Gutachter zur Hauptverhandlung zuzulassen, wie es die Verteidigung - vielleicht nicht mit genügend Nachdruck - gefordert hatte. Auch die Meinungsänderung des BGH zum Begriff der Absicht zur strafrechtlichen Beurteilung entsprechender Straftaten (wenn man einen freiwilligen Übertritt Johns voraussetzt), ist zu beachten[615].

Sehr eingehend hat sich auch der Verteidiger Dr. Hans Caemmerer mit den Äußerungen Johns zu den EVG-Verträgen unter der Voraussetzung befaßt[616], daß John sich nicht in einer Notstandlage befunden hätte, die ohnehin ein Rechtfertigungsgrund gewesen wäre. Dr. Caemmerer kommt zu den gleichen Schlußfolgerungen wie Arndt und Jescheck.

Zusammenfassend hat sich Verfasser mit dem Begriff der Absicht auseinandergesetzt und nachgewiesen, daß der 3. Senat des BGH dieses Vorsatzmerkmal fehlerhaft auf Johns Aussagen auf der Pressekonferenz angewendet und in dem nachfolgenden Prozeß gegen Agartz seine Rechtsauffassung korrigiert hat[617]. Man kann also schon aus der Sicht von 1956 das Urteil mit guten Gründen angreifen, wie es oben mit der schriftlichen Urteilsbegründung geschehen ist.

---

611 H. II. 1. d), S. 143.

612 K. II. 1. a), S. 184.

613 K. II. 2. b), S. 186.

614 L. I. 2. b), S. 198 ff.

615 K. II. 2. b), S. 186f.

616 Plädoyer S. 46 – 71, s. unten F. II. 4. , S. 99 f.

617 S. oben Fn 616.

J. Voreingenommenheit der Richter

I. Vorbemerkung

1. Lebensläufe durch Einsicht in die Personalakten

Man muß sich fragen, wie es zu einem solchen Fehlurteil kommen konnte. In fast allen Publikationen, die sich im Laufe von Jahrzehnten mit dem Fall John beschäftigt haben und Kritik am Urteil des BGH aus 1986 üben, steht die Behauptung, daß Otto John das Opfer von ehemaligen Nazi-Juristen geworden sei die sich an dem Widerstandkämpfer John rächen wollten. Nirgends ist ein eindeutiger Beweis für diese Behauptung zu finden, der immerhin teilweise aus den Biographien der Beteiligten abzuleiten wäre. Deswegen hat Verfasser an diesem Punkt anzusetzen versucht.

Hier muß vorausgeschickt werden, daß es sich als außerordentlich schwierig erwiesen hat, auch heute noch, über 50 Jahre nach dem Urteil von 1956, Einblick in die Personalakten der Richter und Staatsanwälte zu nehmen. Anfragen werden oft nur zögerlich beantwortet und der Datenschutz als Hinderungsgrund angegeben. Einmal ist es eine noch lebende Witwe, die Einspruch erhebt[618], ein anderes Mal wird der Antragsteller, der eine wissenschaftliche Arbeit schreibt, als Privatperson angesehen, die kein Recht zur Akteneinsicht habe[619]. Mühsam und zeitraubend kann die Einsichtnahme in einzelnen Fällen erkämpft werden, soweit die Personalakten nicht gemäß Bundesarchivgesetz an das Bundesarchiv Koblenz abgegeben wurden. Dort finden sich überwiegend nur Akten solcher Personen, die in der NS-Zeit ein weitgehend „unschuldiges" Verhalten zeigen. Das Bundesjustizministerium, bei dem sich die Personalakten der Staatsanwälte befinden, hat bisher kaum Akten an das Bundesarchiv abgegeben. Aus anderen Quellen hat Verfasser einiges über die Tätigkeit der Bundesrichter und Staatsanwälte im „Dritten Reich" erfahren können. Ein Pauschalurteil, daß die Richter „Nazis" gewesen seien, wie es sich in vielen Veröffentlichungen findet, kann nicht bestätigt werden. Es ist richtig, daß fasr alle mit dem Fall John 1954-1956 befaßten Richter und Staatsanwälte als Juristen in der NS-Zeit tätig waren. Das konnte aber gar nicht anders sein, weil durch Krieg und Gefangenschaft Juristen überhaupt und insbesondere mit dem Niveau eines Bundesrichters oder Bundesanwalts in der Bun-

618 Jörg Frasunkiewicz, BGH Karlsruhe, E-Mail vom 17.11.2005

619 BMJ, Geschäftszeichen - Z B 2 - 1451E - ZA - 6/2005- v. 21. November 2005.

desrepublik - von Remigranten abgesehen - zu diesem frühen Zeitpunkt noch nicht neu ausgebildet sein konnten, sodaß auf „bewährte" Kräfte zurückgegriffen werden mußte[620]. Es bedarf der Prüfung jedes Einzelfalls. Dies geschieht unten beispielhaft besonders ausführlich an der Person des Bundesrichters Kurt Weber, der während der fast ein Jahr dauernden Untersuchungshaft die Ermittlungen gegen Otto John geführt hat und damit erheblichen Einfluß auf den Verlauf des Prozesses gewann.

Die Übersicht ist wegen des schwierigen Zugangs zu den Akten keineswegs vollständig. Verfasser glaubt aber, an den nachstehend aufgeführten Beispielen ausreichend verdeutlicht zu haben, daß Otto John überwiegend feindlich eingestellten Angehörigen der Justiz gegenüber gestanden hat.

2. Wertung der NSDAP-Mitgliedschaft

Fast alle an den Ermittlungen oder Urteilen gegen Otto John beteiligten Personen - zuerst nach seinem Verschwinden am 20. Juli 1954, dann nach seiner Rückkehr 1955, später als Anklagevertreter oder Richter im Prozeß 1956 und in den ersten Wiederaufnahmeverfahren - waren Mitglieder der NSDAP[621]. Ein wichtiges erstes Indiz sind immer die NSDAP-Mitgliedschaft und der Tag des Eintritts. Oft hört und liest man, daß jemand zum Eintritt in die NSDAP „gezwungen" wurde oder gar, daß jemand ohne sein Wissen in die NSDAP aufgenommen wurde. Solche Behauptungen sind schlicht unwahr. Niemand wurde gezwungen. Es bedurfte eines persönlich unterschriebenen Aufnahmeantrags. Im Bundesarchiv Lichterfelde - das aus dem Document Center der Amerikaner hervorgegangen ist - befinden sich die Daten der Aufnahmeanträge und der Aufnahme.

Die Tatsache der NSDAP-Mitgliedschaft ist insofern ein Indiz, als es bei einer Bevölkerung von ca. 80 Millionen (mit Einschluß der „Ostmark" und der eingegliederten „Protektorats" oder Generalgouvernements weit mehr!) nur etwa sieben Millionen Parteimitglieder gab. Es waren also keineswegs alle erwachsenen Deutschen in der NSDAP; ebensowenig, wie alle Deutschen Nazis waren, wie es in der „Kollektivschuld"-Debatte in der frühen Bundesrepublik behauptet wurde. Es war positiv für die Karriere, der Partei beizu-

620 Dazu B. I. 2., S. 7 f.

621 Überprüfung durch den Verfasser in der NSDAP-Kartei im Bundesarchiv Berlin-Lichterfelde; sehr hilfreich dazu Angaben in den Unterlagen von Prof. Dr. Hubert Rottleuthner, FU Berlin, der dem Verfasser Arbeit an seinem Computer gestattete, in dem Kurzdaten fast aller nach 1945 wieder eingestellten Justizpersonen enthalten sind.

treten. Es bedurfte einer erheblichen Zivilcourage, der Partei nicht beizutreten. Als Nichtmitglied hatte man Nachteile in der beruflichen Karriere, war aber - von den aus rassischen Gründen Verfolgten abgesehen - keinen wirklichen Verfolgungen ausgesetzt, wenn man sich anpaßte und nicht durch aktiven Widerstand auffiel. Typisch waren die „Märzgefallenen“[622], die eiligst 1933 in die NSDAP eintraten, um rasch befördert zu werden. Dies galt leider auch für viele habilitierte Juristen, die teilweise sehr jung die Lehrstühle der entlassenen (überwiegend jüdischen) Professoren übernahmen.

Es gibt auch Fälle von Personen, bei denen die Mitgliedschaft in der NSDAP im BA Lichterfelde nicht nachzuweisen ist, die aber nach eigenen Angaben der NSDAP beigetreten sind[623]. Es kommt immer auf die wirkliche Aktivität und Gesinnung des Betreffenden in der NS-Zeit an, soweit diese sich überhaupt feststellen läßt. Bei den Angaben zur Parteimitgliedschaft sind also die Daten entsprechend zu interpretieren, wenn keine darüber hinausgehenden Nachweise vorliegen. Das liegt oft daran, daß die Lebensläufe von 1933-1945 gar keine näheren Angaben enthalten oder daß sie unzugänglich sind.[624]

Hinsichtlich des Eintrittsdatums in die NSDAP ist folgendes zu beachten: Mit Runderlaß vom 19. Dezember 1937 bezeichnete der Reichsminister der Justiz für seine Beamten die Mitgliedschaft in der NSDAP als obligatorisch und forderte darüber hinaus bei Beförderungen den aktiven Einsatz für die Partei. Wer also nicht zu den „Märzgefallenen“ gehörte und erst später in die NSDAP eingetreten war, kann ohne den Nachweis besonderer Aktivitäten nicht unbesehen als „Nazi“ eingestuft werden.

Da insgesamt über fünfzig Richter und Staatsanwälte - ganz abgesehen von Ministern, Behördenleitern und Ermittlungsbeamten der Kriminalpolizei - im Laufe der Jahrzehnte mit dem Fall John beschäftigt waren, ist es im Rahmen dieser Arbeit nicht möglich, allen Einzelfällen nachzugehen. Es erfolgt deshalb im wesentlichen eine Beschränkung auf die maßgebend an den Ermittlungen und am Hauptverfahren 1956 beteiligten Staatsanwälte und Bundesrichter (soweit die Personalakten oder andere Quellen zugänglich sind!),

---

622 So bezeichnete man das Phänomen der Masseneintritte in Anspielung auf Ereignisse des ersten Weltkriegs.

623 Z B. LGD Clauß, unten J. II. 11, S. 175.

624 Einsprüche aus datenschutzrechtlichen Gründen, z. B. im Fall Jagusch von der noch lebenden Witwe, E-Mail Sachbearbeiters BGH v. 7.9.2005; Brief des BMJ v. 21. Nov. 2005, s. unten bei Loesdau, J. II. 1. b), S. 159.

und ein Ausblick auf die ersten Wiederaufnahmeverfahren unter dem gleichen Blickwinkel.

Gieseking hat sich bewußt[625] nicht mit den Lebensläufen der am Johnprozeß beteiligten Justizpersonen befaßt oder ihre politische Einstellung diskutiert, obwohl diese insbesondere bei den erkennenden Richtern kaum ohne Einfluß auf ihr Urteil sein konnte.

Auch *Stöver* ist dieser Frage nicht nachgegangen, hat aber in seiner langen E-Mail vom 23. Juli 2003[626] geschrieben:

> „Die Vorgeschichte der Richter, aber auch des Staatsanwalts scheint mir ein interessanter Ansatzpunkt zu sein, vor deren Hintergrund man zumindest [den] Vorwurf belegen oder verwerfen kann, er sei ein Opfer von NS-Richtern in der Bundesrepublik."

Auch wenn die nachstehenden Beispiele[627] lückenhaft sind, kann doch heute kein Zweifel mehr bestehen, daß Otto John von einem Gericht verurteilt wurde, das mehrheitlich mit Richtern besetzt war, die sich wegen ihrer politischen Ansichten für befangen hätten erklären sollen. Otto John hat dies immer behauptet, und so wurde es von vielen gesehen, die sich nicht nur oberflächlich mit dem Fall John befaßt haben. Besonders bewegend hierzu ist - auch wenn einzelne Details unrichtig sind - der Nachruf von Jörg Friedrich[628] für Otto John nach dessen Tod im März 1997.

3. Persönliche Ansicht des Oberbundesanwalts Max Güde

Für die Voreingenommenheit der Richter des „Geier-Senats" ist eine verbürgte Aussage des OBA Max Güde[629] im privaten Kreis anläßlich der HV kennzeichnend. Max Güde saß mit dem Verteidiger Caemmerer Dres. (Vater und Sohn) in Karlsruhe abends in einer Weinstube zusammen. Hier äußerte er sich sinngemäß wie folgt:[630]

---

625 Telephongespräch am 6. Juli 2004, als Verfasser von Herrn Claus-Dieter Theile, Katzenelnbogen (Großneffe von Otto John) am gleichen Tag erfahren hatte, daß Gieseking an einer Dissertation über den Fall John arbeitet.

626 unten L. III. 6., S.230ff.

627 Unten J. II., S. 155 ff.

628 *Friedrich II.*

629 zu Güde s .unten J. II. 3. , 166ff.

630 Interview des Verfassers am 26. August 2004 mit Dr. Hans Caemmerer, Karlsruhe.Dr. Hans Caemmerer hatte die gleiche Aussage schon vor laufender Kamera im Fröhder-Film (s. oben A Fn 10) und 1956 gegenüber Otto John gemacht, *John I*, S. 342, 343.

„Eigentlich müßte ich Freispruch beantragen, ich habe ja keine wirklichen Beweise in der Hand. Mit dem Antrag auf einen Freispruch tue ich Dr. John aber keinen Gefallen, die Richter sind im Strafmaß frei. Dieses Gericht ist fest entschlossen, Dr. John für viele Jahre hinter Gitter zu bringen. Wenn ich einen mäßigen Strafantrag stelle, wird das Gericht kaum darüber hinausgehen. Wenn ich höchstens zwei Jahre mit Anrechung der Untersuchungshaft beantrage, ist Dr. John bei guter Führung nach wenigen Monaten wieder frei."

An andere Stelle[631] wird Güde mit folgender Äußerung wenige Tage vor der Prozeßeröffnung 1955 zitiert:

> „Wir haben nicht viel Beweiskräftiges über Johns Verhalten in der Sowjetzone außer Johns eigenen Aussagen. Die Staatsanwaltschaft kann nicht beweisen, daß John in verräterischer Absicht hinübergegangen ist. Es gibt keine schlüssigen Beweise für oder gegen Drogen. Die entscheidende Frage wird in der Glaubwürdigkeit Johns liegen. Wem aber glaubt das Gericht?"

Güde, der kein ehemaliger Nationalsozialist war, wußte, daß die Richter auf jeden Fall John zu einer hohen Freiheitsstrafe verurteilten wollten. Aus Gesprächen weiß man, daß sie in ihm den „Verräter" des 20. Juli 1944 sahen und man kann annehmen, daß sie ihn für die Beteiligung an dieser Verschwörung bestrafen wollten, obwohl das nichts mit dem Tatbestand der Anklage zu tun hatte.

II. Juristen des Prozesses 1956 und der Vorermittlungen

1. Ehemalige Wehrmachtsrichter

Die allgemeinen Vorbehalte gelten vor allem für ehemalige Wehrmachtsrichter oder Juristen an Sondergerichten, denen man pauschal eine enge Verstrickung mit der Naziideologie unterstellen kann. Zur Wehrmachtsjustiz ist kürzlich ein Buch von *Messerschmidt* im Auftrag des Militärgeschichtlichen Forschungsamts erschienen. Aus diesem Werk werden nachstehend einige Feststellungen zitiert, die man als zutreffend für die prinzipielle Haltung mindestens von Bundesanwalt Loesdau annehmen muß. Wie weit man auch Senatspräsident Geier als Wehrmachtsrichter klassifizieren kann, ist unklar. Selbstverständlich haben die Bundesrichter ihre frühere Einstellung wie alle Amnestierten nach 1945 nicht mehr öffentlich geäußert, aber ihre Vorbehalte gegenüber einem „Verräter" wie Otto John sind doch gelegentlich im Laufe des Prozesses 1956 und in pri-

---

631 BStU MfS 11037/66, Bl. 000053, Kopie eines Artikels aus Zeitschrift „Aktuell" Nr. 20, 1962.

vaten oder halb dienstlichen Äußerungen (z.B. Korrespondenz Loesdau-Rheindorf) deutlich geworden,

Anders, als es noch lange Jahre nach dem Zweiten Weltkrieg gesehen wurde, war die Wehrmacht und mit ihr die Wehrmachtsjustiz kein wirkliches Bollwerk gegen die schlimmen Übergriffe der NS-Machthaber und der NS-Justiz. Wir wissen heute, daß an den Kriegsverbrechen der Einsatzgruppen der SS in den besetzten Ostgebieten („Generalgouvernement") leider auch Teile der Wehrmacht beteiligt waren[632].

Bis auf die wenigen hohen Militärführer, die mit dem NS-System nicht einverstanden waren und schließlich in der Widerstandsbewegung des 20. Juli 1944 mit dem zivilen Widerstand zusammenfanden, hat die Wehrmacht eine Strategie der Anpassung und Machtteilhabe betrieben[633]. Dies wurde besonders deutlich mit einem Erlaß des Oberbefehlshabers der Wehrmacht vom 21. April 1934[634], mit dem das gewünschte Erscheinungsbild der Wehrmacht beschrieben wird:

- als alleiniger Waffenträger der Nation
- als im Sinne der Regierung Hitler absolut zuverlässig
- als im nationalsozialistischen Denken planmäßig erzogen

In diesem Sinne waren die in der Weimarer Republik abgeschafften Militärgerichte bereits 1933 wieder eingeführt worden[635], die später als Militärjustiz dem Reichskriegsgericht unterstellt wurden[636]. Die Militärjuristen vollzogen die Anpassung an nationalsozialistische Forderungen besonders im Strafrecht, wie sie von Carl Schmitt formuliert wurden[637]. Dies führte schon vor dem Krieg, aber besonders in den Kriegsjahren 1939-1945 zu einer Urteilspraxis, die wir aus heutiger Sicht eines demokratischen Rechtsstaats auf das schärfste verurteilen müssen. Die Urteilsstatistik der Todesstrafen spricht eine deutliche Sprache[638]. Im Zweiten Weltkrieg wurden von der Militärjustiz 19600 Todesurteile vollstreckt, im Ersten Weltkrieg 48. Übertroffen wurde das im Zweiten Weltkrieg nur von Japan mit 22253,

---

632 Dazu auch unten M. 4. b), S. 271.

633 *Messerschmidt*, S. 23 ff.

634 A.a.O., S.25.

635 Gesetz über die Wiedereinführung der Militärgerichtsbarkeit, RGBl. I. 1933, S. 264 v. 4.11.1933.

636 RGBl. I, 1936, S.517.

637 *Messerschmidt*, S. 53.

638 A.a.O., S. 172.

während die Zahlen für die demokratischen Alliierten lauten: USA 146, Großbritannien 40, Frankreich 102. Hierbei muß man noch berücksichtigen, daß mit einer einzigen Ausnahme kein Urteil in USA wegen Fahnenflucht (desertion) verhängt wurde, sondern alle Urteile wegen Mord oder Vergewaltigung[639]. In Deutschland überwiegen die Delikte Fahnenflucht und Wehrkraftzersetzung.

Bemerkenswert für die Einstellung der Justiz in der frühen Bundesrepublik zu dieser mörderischen Praxis der deutschen Militärjustiz ist der 1952 gemachte Versuch, den Marineoberstabsrichter Dr. Curt Lüder wegen ein noch am 4. Mai 1945 gegen den Soldaten Wolfgang Nowack verhängtes Todesurteil zur Rechenschaft zu ziehen. Messerschmidt schildert das ausführlich[640]. Durch mehrere Instanzen endete das Verfahren, wie fast alle Verfahren gegen NS-Juristen, mit einem Freispruch. Erst 1995, als der BGH sich mit den Verfahren wegen Rechtsbeugung in der DDR befaßte, konnte er sich zu einer Kritik an seiner eigenen Rechtsprechung gegen die NS-Juristen durchringen, um seine strengere Rechtsprechung gegen die DDR-Justiz zu rechtfertigen:

„Der Senat verkennt nicht, daß Maßstäbe, wie sie in der Bundesrepublik Deutschland bei der Beurteilung von NS-Justizunrecht angewandt worden sind, weit weniger streng waren. Die Erkenntnis, daß eine Todesstrafe nur dann als nicht rechtsbeugerisch anzusehen ist, wenn sie der Bestrafung schwersten Unrechts dienen sollte, hätte in einer Vielzahl von Fällen zur Verurteilung von Richtern und Staatsanwälten des nationalsozialistischen Gewaltregimes führen müssen. Derartige Verurteilungen gibt es trotz des tausendfachen Mißbrauchs der Todesstrafe namentlich in den Jahren 1939-1945 nicht[641]".

Es läßt sich nicht feststellen, ob und an wie vielen solcher Unrechtsurteile die Richter und Staatsanwälte, die Otto John zu vier Jahren Zuchthaus verurteilten, beteiligt waren. Sicher ist aber, daß Ihre Mentalität durch ihre Tätigkeit in der NS-Zeit geprägt war.

a) Senatspräsident Friedrich-Wilhelm Geier

Daß Senatspräsident Geier die Hauptverhandlung souverän führte (daher auch die vielerorts gebrauchte Bezeichnung „Geier-Senat" für den 3. bzw. später 6. Strafsenat des BGH) und ein erfahrener Jurist war, ist unbestritten. Ihn trifft aber voll der immer wieder

639 A.a.O.., S. 17.

640 A.a.O.., S. 443 ff.

641 BGH, 5 StR 747/94.

erhobene Vorwurf, einer der ehemaligen Nazirichter gewesen zu sein, die John verurteilten.

Angeblich soll Jörg Friedrich im Besitz von Akten sein, die sich auf von Geier verhängte Todesurteile beziehen. Leider hat Jörg Friedrich dem Verfasser die Bitte auf Einblick in seine Unterlagen nicht erfüllt[642]. Aus den Personalakten Geier im BGH, die zu den wenigen gehören, die Verfasser einsehen konnte[643], ergibt sich dazu nichts. Die Einsichtnahme war möglich, da bei Dr. Geier die Frist von 30 Jahren nach dem Tode abgelaufen war und keine Einsprüche noch lebender Hinterbliebener vorlagen.

Geier war kein NSDAP-Mitglied, trat aber 1934 dem NS-Rechtswahrerbund und der NS-Volkswohlfahrt (NSV) bei. Außerdem war er Obmann des Vereins für das Deutschtum im Ausland (VDA)[644] in Waldenburg, was für eine nationalsozialistische Einstellung spricht. Seine Eintragungen im Personalfragebogen für die NS-Zeit lauten:

1.12.1932-31.3.1934 AG + LG Breslau

1.4.1934 AGRat Waldenburg in Schlesien - 15-.10.1942,

15.10 1942 OLG Rat Kattowitz O/S aber wegen Einberufung nicht tätig gewesen. EK II, EK I, Ostmedaille

Er selbst gibt in einer Anlage zum Fragebogen v. 11. II. 46 (Military Government of Germany) am 17. II. 1946 an:

„Vom 15. II. 1938 - 26.VIII. 1939 gehörte ich als Hilfsrichter demjenigen Senat am OLG Breslau an, der zuständig war für Entscheidungen über Revisionen gegen Urteile in Strafsachen, die in erster Instanz vor dem Einzelrichter des AG oder dem kleinen Schöffengericht verhandelt worden waren. Ferner war der Senat zuständig zur Entscheidung über Beschwerden gegen Beschlüsse des LG. Es handelte sich dabei nicht um politisch bedeutsame Strafsachen, insbesondere nicht um Zersetzung der Wehrkraft oder um Hochverrat".

Über seine Tätigkeit in Waldenburg und Kattowitz macht er keine Angaben. Seine militärischen Auszeichnungen könnten darauf hindeuten, daß er anders als Loesdau tatsächlich im Fronteinsatz war

642 Oben G. 4. d), S. 116.

643 Einsicht im BGH, Büro des Sachbearbeiters Jörg Frasunkiewicz am 19.4. 2004.

644 Verfasser kannte Dr. Hans Steinacher persönlich, der 1933 zum Vorsitzenden des VDA gewählt wurde, und weiß von dessen „Wühlarbeit" des VDA z.B. im Sudetenland 1933-1937.

und die Stelle in Kattowitz nur formal angetreten hat. Für die in der Literatur verwendete Bezeichnung „Wehrmachtsrichter" gibt die Personalakte keine sichere Grundlage. Seine Verhandlungsführung läßt es aber als wahrscheinlich erscheinen[645].

Andererseits befand sich in Kattowitz ebenso wie in Posen ein berüchtigtes Sondergericht. Nachforschungen deswegen haben bisher zu keinem Ergebnis geführt.

b) OStA Joachim Loesdau

Soweit es die Staatsanwaltschaft betrifft, ist vor allem OBA Joachim Loesdau zu nennen. Der am 13. September 1912 geborene Loesdau hatte eine typische erfolgreiche Karriere im Dritten Reich hinter sich. Schon die Tatsache, daß er sich freiwillig zum Dienst in den ehemalig polnischen Ostgebieten meldete, ist „verdächtig". Es wird hier nur aus einer Beurteilung zu dem damaligen Zeitpunkt zitiert[646]:

„ ... Die bevorzugte Förderung tüchtiger junger Kräfte, die sich um Stellen in den eingegliederten Ostgebieten bewerben, halte ich für besonders wichtig. Ich befürworte daher die Anstellung des Gerichtsassessors Dr. Loesdau bei dem Amtsgericht oder Landgericht Bromberg.

Charakter und Führung des Gerichtsassessors Dr. Loesdau sind einwandfrei. Er bietet die Gewähr dafür, daß er sich rückhaltlos für den nationalsozialistischen Staat einsetzen wird...".

Das BMJ verweigerte die Akteneinsicht[647] und verwies nach Reklamation den Verfasser[648] auf das Münzingerarchiv, aus dem folgender Text mitgeschickt wurde:

„Joachim Loesdau wurde am 13. September 1912 geboren. Er studierte Rechtswissenschaften in Wien, München, Berlin und Königsberg. 1939 wurde er nach dem Assessorexamen zur Wehrmacht eingezogen und machte den Krieg bis zum Ende mit".

Diese Wortwahl suggeriert, daß Loesdau einen ganz normalen Wehrmachtsdienst an der Front abgeleistet hat. Dies trifft aber nicht zu. Er wurde von der Wehrmacht für seinen kriegswichtigen Einsatz am Amtsgericht im Bezirk Bromberg freigestellt.[649]. Es ist dem

645 Dazu oben H. I. 1., S. 124 f.

646 Beurteilung durch den Präsidenten des OLG Danzig vom 18.4.1941, im Vorschlag des BMJ v. 25.2.1964 zur Wahl von Joachim Loesdau zum Bundesrichter, *NL Arndt*, Bd. 233.

647 BMJ Schreiben v. 24. 10. 2005, -Z B 2 - 1451 E - ZA -6/2005.

648 A.a.O.., Schreiben v. 21. 11. 2005.

649 Angaben aus *NL Arndt*, Bd.233.

Verfasser nicht gelungen, Einzelheiten über das Wirken Loesdaus in Bromberg aufzuspüren, soweit das eventuell möglich wäre. Auch wenn die oben zitierte Beurteilung wohl teilweise formelhaft ist, ist sie jedenfalls sehr viel positiver im NS-Sinne, als z.B. die Aussagen der Gauleitung der NSDAP, daß sie keine Einsprüche gegen die Beförderungen habe, wie sie bei Bundesrichter (BR) Kurt Weber vorlagen[650], weil Kurt Weber zunächst kein NSDAP-Mitglied war. Loesdau trat 1933 in die SA und am 1. Februar 1937 in die NSDAP ein.

Es ist bemerkenswert, daß das BMJ auf diesen nichtssagenden Text (im Münzinger-Archiv zwei Zeilen) verweist, der das tatsächliche Wirken Loesdaus in der NS-Zeit überhaupt nicht erwähnt, und daß das BMJ bis jetzt[651] die Akteneinsicht verweigert. Am 1. Dezember 2006 kam auf Grund einer erneuten Reklamation des Verfassers vom 19. Oktober 2006 unter Bezug auf das Informationsfreiheitsgesetz (IFG) überraschend ein Auszug aus der Personalakte Loesdau, der die Tätigkeit als Amtsgerichtsrat beim AG Bromberg ab 1. Mai 1941 bestätigt, also die Fehlerhaftigkeit der am 21. November 2005 erteilten Auskunft beweist, aber sonst keine verwertbaren Kenntnisse enthält. Eine Akteneinsicht auf Grund § 5 Abs. 2 und Abs. 6 wird weiter verweigert: „Danach überwiegt bei personenbezogenen Daten in Personalakten das Geheimhaltungsinteresse gegenüber dem Auskunftsinteresse des Anfragenden“[652].

Wes Geistes Kind OStA Loesdau war, geht aus seiner umfangreichen Korrespondenz mit Prof. Rheindorf. über den Fall John hervor. Diese Korrespondenz ist im Nachlaß Rheindorf. im BA Koblenz erhalten Die Korrespondenz beginnt bereits im Jahr 1954 nach dem Verschwinden Johns. Rheindorf wurde später von der Verteidigung als Zeuge benannt Es berührt zunächst eigenartig, daß ein Zeuge der Verteidigung sich überhaupt so intensiv mit dem Staatsanwalt oft auf privater Ebene austauscht. Rheindorf, ein in der NS-Zeit politisch Verfolgter und Bekannter aus der Studienzeit von Otto John, wurde von diesem in seiner Eigenschaft als Präsident des BfV als „historical adviser“ engagiert. Er liefert Loesdau in dieser Korrespondenz viele Informationen, die keineswegs immer positiv für John sind. Rheindorf unterscheidet zwischen amtlicher privater,

---

650 Unten J. II. 2., S. 162 ff.

651 Stand 30. 11. 2006. Auf Grund der Drohung mit einer Dienstaufsichtsbeschwerde am 4. 8. 2007 erfolgte am 7. 8. 2007 der tel. Bescheid, daß man nichts gefunden habe und dies noch schriftlich mitteilen werde.

652 Schreiben BMJ v. 1. 12. 2006, Akt.Z. Z B 4 - 1451/6 II -Z1 1072/2006.

ganz privater und offizieller Korrespondenz[653]. Rheindorfs Stil ist langatmig, voller manirierter Schnörkel und vor allem voller Eitelkeit. Es werden hier nur einige Beispiele gegeben, in welcher Tonart die Korrespondenz geführt wurde, nachdem es zuerst „Sehr geehrter Herr Staatsanwalt" und „Sehr geehrter Herr Professor" heißt (und so auch in den offiziellen Briefen bis zuletzt), aber in den privaten Briefen „Lieber Herr..." (oder auch „Monsignore!" (von R. an L.)[654].

So schreibt Rheindorf. z.B. nach dem Abschluß des Prozesses gegen Wohlgemuth an Loesdau[655]:

.... werden Sie auch das Thema des Dr. Otto A. W. John zdA legen können. Es ist nicht anzunehmen, dass J. sie nochmals beschäftigen und belästigen wird, es sei denn, er werde „Widerstandskämpfer". Aber auch da ist dann wohl nicht viel zu erwarten, wenn er sich nicht völlig regenerieren und zu bisher nicht ostensibel gemachten geistigen Kräften mit entsprechenden Leistungen aufschwingen wird ...."

In diesem höhnischen Ton geht es weiter. Handschriftlich spricht Loesdau „von unserem gemeinsamen Freunde"[656]. Beide schreiben oft nur von dem „Türmvater"[657], wenn sie Otto John meinen - in Anspielung auf den Turnvater Jahn - und weil sie beide an den freiwilligen Aufenthalt Johns im Osten glauben.

In einem anderen Brief[658] vom 9. April 1964 an den lieben Herrn Loesdau liest man:

„Inzwischen sind Sie johnsüchtig geworden...Bis Ende 1963 zeigte sich Ihre Johnsucht nur in der Adventszeit. Jetzt tritt sie - zum ersten Male - auch in der vorösterlichen Zeit auf. Ein interessantes Phänomen! Haben Sie etwa das angekündigte Drehbuch des O.A.W.J.-Films ‚Verbrecher im Arztkittel' gelesen oder gar ein Gutachten darüber erstattet?......Oder proklamierten Sie den Entschluß der Bundesanwalt[schaft], dem Türmvater ‚jede Möglichkeit zu geben, den gegen ihn ergangenen Schuldspruch revidieren zu lassen'[659] ".

---

653 *NL Rheindorf*, S. 17 et passim. (In den Mikro-Fiches ist der Nachlaß mit großen Zahlen in der Kopfzeile durchnumeriert. Diese Seitenzahlen werden hier für die Zitate verwendet).

654 *NL Rheindorf*, S. 27, 47 et passim.

655 *NL Rheindorf*, S. 153.

656 Brief v. 11. 5. 64, NL Rheindorf, S. 208.

657 *NL Rheindorf*, S. 209 et passim.

658 NL *Rheindorf*, S .200.

659 *Rheindorf* zitiert hier den GBA Martin, der das 2. Wiederaufnahmeverfahren für zulässig erklärte.

Diese Kostproben mögen genügen. Verfasser denkt nicht an eine Zeugenbeeinflussung, aber es erscheint ihm ungehörig, daß ein Staatsanwalt in dieser Form eine offizielle und private Korrespondenz mit einem Zeugen führt.

Bei seiner Vernehmung durch den Untersuchungsrichter Kurt Weber hat sich Rheindorf wie folgt geäußert: „Ich bin überzeugt davon, daß sich Dr. John am 20 .Juli.1954 freiwillig in den Sowjetsektor begeben hat und nicht entführt worden ist. Ebenso überzeugt bin ich aber auch davon, daß er nicht die Absicht hatte, drüben zu bleiben. ....Ich nehme an, daß er am Abend des 20. Juli 1954 lediglich mit Widerstandskämpfern im Sowjetsektor zusammentreffen wollte, und daß dann seine von ihm zunächst beabsichtigte Rückkehr durch Hinzukommen des SSD verhindert worden ist." Nach heutiger Kenntnis hat sich Herr Rheindorf gründlich geirrt.

2. Kurt Weber als Untersuchungsrichter

Die Personalakten konnten schließlich im Mai 2006 nach Korrespondenz mit BGH, Landgericht Karlsruhe, Justizministerium Baden-Württemberg im Amtsgericht Frankfurt am Main eingesehen werden. Anders als das BMJ, das immer noch Einsicht in Personalakten verweigert, war das JMBW sehr hilfreich[660].

Kurt Weber ist am 29. Oktober 1907[661] in Mannheim geboren, am 17. Februar 1985 in Karlsruhe verstorben. Nach seinen Angaben im Personalbogen vom 1. März 1968 war er ab

1. 9. 51 Landgerichtsdirektor in Mannheim bis zum Frühjahr 1954, wurde dann LGDir in Karlsruhe und wurde im Juni 1953 als Untersuchungsrichter des BGH abgeordnet. Am 14. Juli 1954 wurde er zum Bundesrichter ernannt und mit Wirkung zum 28. 2. 1966 auf eigenes Verlangen unter Verzicht auf Versorgungsbezüge entlassen. Ab 6. 3.1967 war er dann erneut LGDir in Karlsruhe und ging ab 1. 1. 1971 in den Ruhestand.

Seine Tätigkeit in der NS-Zeit beschreibt er im Fragebogen von 1968 wie folgt:

3. 11. 31 - 4. 6. 35 Referendar; Juni 35 - 11. 6. 36 Assessor; 12. 6. 36 - 31. 8. 36 Gerichtsassessor, 1. 9. 38 - 25. 11. 44 Staatsanwalt in Pforzheim; Jan. 43 - Sept. 43 als Staatsanwalt in Straßburg abgeordnet; 15.

---

660 E-Mail Korrespondenz und Telephongespräche mit Herrn Marquart im Mai 2006.

661 Nicht zu verwechseln mit LGD. Kurt Weber, geb. 9.9.1903, der Hilfsrichter am Volksgerichtshof war und nach seiner Beurteilung (Akte im Bundesarchiv Hoppegarten) als Nazi einzustufen wäre.

11. 44 - Kriegsende Erster Staatsanwalt in Karlsruhe (Amt wegen Wehrdienst nicht angetreten). Der Personalbogen aus 1968 enthielt nicht mehr die Fragen nach der Zugehörigkeit zur NSDAP oder ihren Gliederungen.

Aus den Unterlagen der Jahre 1945/1946[662] ergibt sich, daß Weber erst 1937 aus Karrieregründen (er hätte sonst nicht zum ersten Staatsanwalt befördert werden können) in das NS-Kraftfahrkorps (NSKK) und in die NSDAP eintrat. 1934 war er in den NS-Rechtswahrerbund und 1936 in die NSV eingetreten[663]. Es wäre aber falsch, Kurt Weber deswegen pauschal als „Nazi" einzustufen. Er war ein Opfer seiner Zeit, ein Mitläufer, aber kein Aktivist. Auf Grund der besonders überzeugenden „Persilscheine"[664] für ihn wurde er von der Spruchkammer I Pforzheim am 19. August 1946 als „Entlasteter" eingestuft.

Hier ist besonders der sehr herzliche Brief von Felix Dröller aus Frankreich vom 16. April 1946 hervorzuheben. Felix Dröller war Jude und emigrierte ebenso wie seine Schwester Alice, die seit 1933 mit Kurt Weber verlobt war, nach Holland. Alice, mit der sich Kurt Weber auch noch nach Ihrer Auswanderung 1934 und 1935 noch zweimal traf, ist in Auschwitz umgekommen. Dieser Brief zeigt nicht nur die antinazistische Einstellung von Kurt Weber, sondern er ist wieder ein Beweis, daß sich in Johns Biographie kein nachweisbarer Fehler befindet. Otto John erwähnt[665], daß er besonderes Vertrauen zu Kurt Weber als Untersuchungsrichter 1955 gefaßt hatte, weil dieser auf seine von den Nazis umgebrachte Verlobte hinwies. Man könnte natürlich argumentieren, daß Kurt Weber seiner Verlobten das Leben gerettet hätte, wenn er sie 1933 geheiratet hätte, bevor es die Nürnberger Gesetze gab; aber das wäre wohl unfair, wenn man die Umstände nicht im einzelnen kennt. In der Tat hat Lucie John, die sich immer wieder durch scharfen Verstand auszeichnete, aber auch sehr phantasiebegabt war, in einer Unterhaltung mit Weber diesem vorgeworfen: „Sie hätten das Leben Ihrer Braut retten können, wenn Sie nach 1933 mit ihr ausgewandert wären". Dieser Vorwurf findet sich in einer Petition[666] von Otto John

662 Personalakten des Justizministeriums Baden-Württemberg (PA-JMBW), Heft I, S. 1-261.

663 Military Government of Germany Fragebogen, unterschrieben 1. September 1945.

664 So hießen die massenhaft von „Nichtbetroffenen" gemäß Entnazifizierungsgesetz ausgestellten Zeugnisse.

665 *John I*, S. 335 f.

666 4 Ls 30/75 Band II, S .296 ff, Fundstelle Abt. 461, Nr. 35460 Staatsarchiv Wiesbaden.

an den Bundestag, die nicht eingereicht wurde, weil Dr. Caemmerer statt dessen das erste Wiederaufnahmeverfahren anstrengte. Später fährt Otto John dann fort, daß er sich in Kurt Weber getäuscht habe, und daß es dessen Ehrgeiz gewesen sei, durch den Prozeß Karriere zu machen. Die unten geschilderte Laufbahn von Kurt Weber zeigt die Richtigkeit dieser Behauptung und die Probleme dieses sehr ehrgeizigen Mannes.

Kurt Weber wurde am 5. Oktober 1946 wieder als I. Staatsanwalt in Karlsruhe vereidigt. Die Militärregierung hat dann Einspruch gegen den Entlastungsbescheid erhoben, weil sie mit einem freisprechenden Urteil, das Staatsanwalt Weber gegen den Gerichtsvollzieher Mohr beantragt hatte, nicht einverstanden war. Mohr waren nach den Pogromen am 9. November 1938[667] Übergriffe bei der Versteigerung jüdischen Vermögens vorgeworfen worden, die aber nicht bewiesen werden konnten. Weitere Einzelheiten über Webers Tätigkeit als Staatsanwalt in Pforzheim 1938-1944 sind nicht bekannt. Er mußte wegen der Mohr-Sache als Staatsanwalt auf Verfügung der Militärregierung[668] am 22. Juli 1947 ausscheiden und war dann juristischer Hilfsarbeiter. Mit Spruch vom 5. Dezember 1947 wurde [669] Weber erneut als Entlasteter eingestuft. Am 15. Januar 1949 wurde er zum Landgerichtsrat in Karlsruhe ernannt[670], nachdem gegen seine Verwendung als Staatsanwalt wegen der Mohr-Sache immer noch Bedenken bestanden. Am 17. November 1949 wurde er dann Erster Staatsanwalt in Pforzheim[671]. Auf Grund mehrfacher Bewerbung wurde Kurt Weber schließlich am 31. August 1951 zum Landgerichtdirektor in Mannheim[672] ernannt.

Am 2. Juli 1953 wurde LGD Kurt Weber zum Ermittlungsrichter des BGH in der Vulkanaffäre berufen. Mit Vorschlag vom 5. März 1954, der ausführliche positive Beurteilungen auch aus der Zeit vor 1945 enthält, wurde Kurt Weber vom BMJ zum Bundesrichter vorgeschlagen[673]. Die Ernennungsurkunde ist vom 7. Juli 1954 datiert[674].

Aus den Personalakten[675] ergibt sich, daß es bei der vorgesehenen Beförderung zum Senatspräsidenten Schwierigkeiten gab, die nach

667 meist mit dem nicht adäquaten Namen „Reichskristallnacht" benannt.

668 PA-JMBW, Heft I, Bl. 91.

669 PA-JMBW, Heft I, Bl. 110.

670 PA-JMBW, Heft I, Bl. 147.

671 PA-JMBW, Heft I, Bl. 157.

672 PA-JMBW, Heft I, Bl, 195.

673 PA-JMBW, Heft I, Anlage am Schluß des Heftes.

674 BJM Personalakten, Bd. I, A.Z.: - P 41 - W 20 -, Bl. 3.

675 PA-JMBW, Heft II, Bl. 287 ff.

Ansicht von Weber von dem Spiegelurteil[676], an dem Weber als Berichterstatter mitgewirkt hatte, und von Vorwürfen wegen seiner Tätigkeit als Staatsanwalt in Straßburg herrührten. Während seiner Tätigkeit als abgeordneter Staatsanwalt in Straßburg 1943/44 war Weber an drei Todesurteilen beteiligt, die aber eindeutig unpolitisch waren (Giftmord und Raubmord). Nachdem die Vorwürfe von französischer Seite als unbegründet bezeichnet wurden, blieb Weber dabei, daß das Bundesjustizministerium ihm die Einstellung des Spiegelverfahrens[677] zum Vorwurf mache. Es gab eine umfangreiche Pressekampagne[678]. Senatspräsident wurde - nach Angaben des BMJ allein aus Anciennitätsgründen bei gleicher Qualifikation - BR Scharpenseel. Am 3. Januar 1966 stellte der sich als unbegründet übergangen fühlende BR Weber sein Entlassungsgesuch[679], dem mit Wirkung vom 28. Februar 1966 entsprochen wurde. BR Weber wollte dann aber wieder in den Landesdienst zurück. BMJ Dr. Jaeger erklärte sich nach der Entschuldigung von Weber für seine unberechtigten Vorwürfe damit einverstanden[680]. In der Sitzung des Präsidialrats der Ordentlichen Gerichtsbarkeit in Karlsruhe am 11. November 1966 wurde der Ernennung von BR a.D. Weber zum Landgerichtsdirektor bei einem Stimmenverhältnis von vier zu vier bei einer Enthaltung (Bedenken nicht wegen fachlicher, sondern wegen persönlicher Eignung) zugestimmt[681]. Bei einer späteren Bemühung von Kurt Weber zur Ernennung zum Senatspräsidenten beim OLG Stuttgart hat der dortige Präsidialrat die persönliche Eignung von LGD Weber mit 6 Stimmen bei 2 Enthaltungen verneint.

Schon im Jahr 1960 war Kurt Weber in eine Sache verwickelt, die unmittelbar mit dem John-Prozeß verknüpft war. An einer Tagung der Evangelischen Akademie Rheinland-Westfalen in Iserlohn vom 25.-27. Februar 1960 über „Presse und Öffentlichkeit im Strafprozeß" befaßt sich Kurt Weber mit der ursprünglichen Verlautbarung

---

676 Die Spiegelaffäre 1962 wird hier als bekannt vorausgesetzt. Wegen Verdacht auf Geheimnisverrat (Enthüllungen über die atomare Bewaffnung der Bundeswehr) wird die Spiegelredaktion durchsucht und der verantwortliche Redakteur Conrad Ahlers sowie der Herausgeber Rudolf Augstein werden verhaftet, Die Affäre führt zu einer Regierungskrise und dem Ausscheiden von Bundesverteidigungsminister Franz Josef Strauß aus der Regierung.

677 Senatsbeschluß des BGH v. 13. Mai 1965 auf Einstellung des Verfahrens gegen Ahlers und Rudolf Augstein.

678 PA-JMBW, Heft II, Bl. 304 ff.

679 PA-JMBW, Heft II, Bl. 318 ff.

680 PA-JMBW, Heft II, Bl. 328

681 PA-JMBW, Heft II, Bl. 341.

des Bundesinnenministeriums nach dem Verschwinden von Otto John am 20. Juli 1954, in der von einer Entführung gesprochen wurde, und behauptet „Man hat mir verargt, daß ich diese Behauptung (in der Voruntersuchung) als Schwindel entlarvt habe“[682]. Ein Richter müsse Mut besitzen, wenn er sich in einem Urteil im Gegensatz zu in der Öffentlichkeit abgegebenen Erklärungen von Regierungsstellen setze. Dies hat zu sehr kritischen Artikeln in der Presse geführt[683]. Das BMI hat sich in einem ausführlichen Gutachten von der Erklärung Webers distanziert[684], und BR Weber mußte sich wiederum für seine Äußerungen beim Bundesjustizminister Dr. Jaeger rechtfertigen.

Zusammenfassend ergibt sich daraus, daß Otto John es zwar in der Person von Kurt Weber sicher nicht mit einem typischen Nazi zu tun hatte, aber mit einer schwierigen Persönlichkeit und nicht mit einem wohlwollenden oder wenigstens vorurteilsfreien Richter.

3 Oberbundesanwalt Dr. h. c. Max Güde

Auch Max Güde trat 1940 in die NSDAP ein, aber er war keinesfalls Nationalsozialist.

Er war zwar auch im „Dritten Reich“ juristisch tätig, hat sich aber im Gegensatz zu den Richtern und anderen Staatsanwälten, die in der Sache John tätig waren, von einer aktiven Mitarbeit im Sinne der Nationalsozialisten zurückgehalten und dafür auch berufliche Nachteile in Kauf genommen. Er erhielt 1931 eine Richterstelle in Bruchsal, äußerte sich aber schon 1933 kritisch über Maßnahmen der Nazis und wurde auf Grund einer Denunziation 1934 an das kleine Amtsgericht in Wolfach versetzt[685]. Verfasser hat selbst im „Dritten Reich“ gelebt und zwischen Nazis, „Verhinderten Nazis“[686] und echten Gegnern des Regimes zu unterscheiden gelernt. Auch diese echten Gegner mußten sich soweit anpassen, daß sie überleben konnten. Max Güde gehört sicher in diese Kategorie, nicht aber die Mehrheit der Richter, die Otto John verurteilten.

---

682 Personalakten des BMJ, Bl. 23.

683 Die Welt Nr. 55, S. 3, 5. März 1960; Die Zeit, Nr. 11, Gerd. Bucerius am 11 3. 1960.

684 Ministerialdirigent Dr. Troyka, Personalakten des BMI, Bl. 33-36.

685 *Tausch, Volker*, S. 31ff et passim. Max Güde, 1. Januar 1902 - 29.Januar 1984, trat 1927 als Gerichtsassessor in den Staatsdienst in Baden „überwinterte“ nach Strafversetzung am Amtsgericht Wolfach.

686 Unveröffentlichte Memoiren des Verfassers, Manuskript S. 29 f., Bezeichnung für Deutschnationale, die wegen ihrer jüdischen Abstammung keine „Nazis“ werden konnten.

Max Güde hat sich auch in der Öffentlichkeit kurz nach dem Johnurteil mit der Haltung der Angehörigen der Justiz in der NS-Zeit und mit sich daraus ergebenden Folgerungen für die Rechtsprechung in der Bundesrepublik Deutschland befaßt. Er verlangt, daß Richter und Staatsanwälte sich zu ihren Fehlern bekennen sollten „ ... , damit nicht noch einmal die Justiz in den Sog der Machthaber gerät“[687]. Der Maßstab des Rechtes müsse wieder die Gerechtigkeit sein. Güde erläutert das an der Inflation der Todesurteile im Zweiten Weltkrieg[688]. Im Ersten Weltkrieg habe es in Deutschland zivilrechtlich 141 Todesurteile gegeben, im Landheer 150, von denen 48 vollstreckt wurden. In England habe es 1939 - 1945 159 Todesurteile gegeben, von denen 89 vollstreckt worden, in Deutschland in der gleichen Zeit etwa 16'000 Todesurteile[689], die überwiegend vollstreckt worden seien. Richter, die diese Urteile gesprochen haben, darf man „Nazirichter“ nennen. Senatspräsident Geier soll zu ihnen gehören[690]..

Güdes kritische Haltung zu der Wiedereinstellung belasteter NS-Juristen in der frühen Bundesrepublik zeigte sich auch an seiner positiven Einstellung zu dem West-Berliner Studenten Reinhard Strecker, der 1959 die Ausstellung „Ungesühnte Nazijustiz“ in Karlsruhe eröffnete, die in den Reihen des Establishments zur Empörung führte. Güde als GBA und damit oberster Anklagevertreter war der Ansicht, „daß viele der Todesurteile von damals hätten nicht zu ergehen brauchen. Sie hätten nicht ergehen dürfen; selbst auf der Grundlage der Gesetze, nach denen sie gefällt wurden“[691].

Zur Höhe des von Güde beantragten Strafmaßes von höchstens zwei Jahren und dem Urteil zu vier Jahren Zuchthaus weist Brünneck[692] an Hand einer Statistik der in den Jahren 1949-1968 verhängten Strafen nach, daß der BGH abgesehen von Fällen echten Landesverrats (der Otto John nicht betraf) nur zweimal Zuchthausstrafen verhängt hat; gegen den Kommunisten Jupp Angerfort zu fünf Jahren und gegen Otto John zu vier Jahren. Obwohl es sich bei dem Urteil gegen Otto John nicht um das Urteil gegen einen Kommunisten gehandelt hat, schien Brünneck in seiner Analyse der Handhabung des politischen Strafrechts gegen Kommunisten das Urteil

687 *Güde*, S. 2283.

688 *Güde*, S. 2282.

689 Genauere Zahlen bei *Messerschmidt*.

690 Nach Unterlagen im Archiv v. Jörg Friedrich, persönliche Mitteilung von Walter Bonhoeffer.

691 Zitiert nach *Miquel*, S. 193 mwN.

692 *Brünneck*, S.281.

gegen Otto John so außergewöhnlich, daß er es auch an anderen Stellen seiner Monographie diskutiert[693].

Güde war von der Höhe des Strafmaßes, bei dem das Gericht bei der Strafzumessung die von ihm beantragte Höchststrafe verdoppelte, sehr betroffen[694]. Seine persönliche, zu Otto John positive, Einstellung und seine Ansicht zu den Richtern, die John verurteilten, ergibt sich aus seiner privaten Bemerkung zu den Verteidigern[695].

4. OBA Dr. Carlo Wiechmann

Eigenartig ist auch die Rolle, die OBA Dr. Carlo Wiechmann spielte. Wiechmann trat im Prozeß nicht mehr auf, weil er am 1. April 1956 im Alter von 70 Jahren (verstorben 1959) von OBA Güde abgelöst wurde. Wiechmann kannte Otto John persönlich aus dem „Streitgespräch" in Karlsruhe am 10. Mai 1954[696]. Er hat dann nach dem 20. Juli 1954 die staatsanwaltlichen Ermittlungen geleitet. Sein eigenartiger Brief vom 9. Januar 1956 an den Präsidenten des BfV Hubert Schrübbers wurde bereits bei der schriftlichen Urteilsbegründung erwähnt.[697]

Unverständlich ist das Verhalten Wiechmanns gegenüber der Presse wegen der beiden Haftbefehle gegen Otto John[698], wobei er die Existenz eines Haftbefehls v. 12. Dezember 1955 wahrheitswidrig abstritt. Auch wenn er zutreffend bemerkte, daß er gar keinen Haftbefehl hätte ausstellen können (das ist bekanntlich Sache des Richters), hatte OStA Loesdau den Haftbefehl mit seiner Zustimmung beim BGH beantragt, sobald die Einzelheiten der unmittelbar bevorstehenden Flucht von Otto John zurück in den Westen von Schrübbers, dem Präsidenten des BfV, bekannt gegeben worden waren. Er kannte den auf Grund seines Antrags ausgestellten ersten Haftbefehl sehr genau, der von OStA Loesdau entworfen war. Er hatte persönlich von der förmlichen Vollstreckung dieses ersten Haftbefehls abgeraten, da Otto John sich in haftgleicher Sicherheit (SG und BKA) befände[699]. In seinem Schreiben v. 16. Dezember 1955 mit

693 *Brünneck*, S. 87 et passim.

694 Güde an Arndt v. 26. Januar 1957, S. 3; *NL Arndt*, Bd. 233, s. auch H. II. 1. d), S. 143 und Q. I , S. 303.

695 Oben J. I. 3. , S. 154.

696 Oben B. III. 2. b) ff), S. 42.

697 Oben H.II.2., S.149.

698 Oben F. I. 1. , S. 77 ff.

699 Aktenvermerk v. 13.12. 1955, gez. Dr. Wiechmann, BARCHKO B362/4611, Bl. 608.

Hinweisen an den Ermittlungsrichter LGD Clauß schrieb er am Schluß: „Ich bitte deshalb, den Haftbefehl vom 12. Dezember 1955 dahin zu ergänzen, daß er auch auf Verdunkelungsgefahr gestützt wird, und gebe anheim, ihn neu zu fassen"[700].

Dr. Bucerius als Vorsitzender des Untersuchungsausschusses des Bundestags bat mit Fernschreiben vom 16. Dezember 1955, Otto John sobald wie möglich vor dem Ausschuß aussagen zu lassen[701]. Dr. Wiechmann lehnte dies ab, „bis ich der Auffassung bin, dass die Vernehmung Johns durch den Ausschuß ohne ernsthafte Gefährdung des von mir geführten Verfahrens möglich ist"[702]. Mit Fernschreiben v. 20. Dezember 1955 lehnte Wiechmann es erneut ab[703]. Otto John konnte nie vor dem Untersuchungsausschuß erscheinen und aussagen.

Am Rande sei nur bemerkt, daß auf die Anfrage des Verfassers nach den Personalakten des OBA Wiechmann an das Bundesministerium der Justiz neben der wiederholten grundsätzlichen Ablehnung auf Einsicht in die Personalakten mitgeteilt wurde „Über Herrn Dr. Wiechmann sind zudem hier keine Personalakten mehr vorhanden, da diese bereits vernichtet wurden"[704]. Die „vernichteten" Personalakten Wiechmann hat Verfasser im Bundesarchiv Koblenz einsehen können, wohin sie vom BMJ abgegeben worden waren!

Diese Personalakten ermöglichen keinen wirklichen Einblick in die Tätigkeit von Dr. Wiechmann von 1933 - 1945. Er war seit 1. Januar 1931 Generalstaatsanwalt „b.d. Kammergericht" (gemeint ist KG Berlin), wurde am 9. Mai 1933 in den einstweiligen Ruhestand versetzt, aber am 1. November 1933 wieder als Senatspräsident eingestellt durch Erlaß vom 21. Oktober 1933 gemäß § 5 Bundesbeamtengesetz (BBG)[705]. Er übernahm einen Zivilsenat (lt. einem losen Blatt aus 1938 den 19. Zivilsenat). Nach seinen Angaben hat er diesen Senat, der sich vorwiegend mit Ehesachen befaßt haben soll, bis zum Zusammenbruch 1945 geleitet.

Der NSDAP hat er nicht angehört, aber NS-Rechtswahrerbund (NSRB), Reichsbund der deutschen Beamten (RDB), und NSV.

---

700 Handschriftlich v. Dr. Wiechmann, BARCHKO B362/4611, Bl. 618.

701 BArchKO B362/4611, Bl. 618 a.

702 A.a.O.., Bl. 618 d.

703 A.a.O.., Bl. 623 b.

704 Schreiben BMJ v. 19. Dezember 2005, Bezug: - Z B 2 - 1451 E - Z A 6/2005.

705 BArchKO, Pers 101/39909.

Offensichtlich wurden (belastende?) Akten von 1933 - 1945 entfernt. Bei einer erneuten gründlichen Durchsicht des ältesten Bandes (39909) der Personalakten, der außen mit „1912 - 1921, Staatsanwalt Coeln (sic), *(handschriftl. Zusatz:* Senatspräs. in Berlin") beschriftet ist, fand sich zwischen Pressenotizen mit Bildern des neuernannten GStA Dr. Wiechmann von Ende 1930 ein Blatt DIN A5 quer mit amtlichen Aktenzeichen, handschriftlich paginiert „79":

> „Berlin, 4. Okt. 1938. Dem Generalstaatsanwalt Dr. Wiechmann in Berlin-Grunewald wurde durch den Führer und Reichskanzler das Treudienst - Ehrenzeichen 2. Stufe verliehen"

Die davorliegende Pressenotiz hat Nr. 78, die auf 79 folgenden Blätter (wieder Pressenotizen) sind nicht mehr paginiert!

Auf der Rückseite von Bl. 73 befindet sich ein Vermerk vom 1. April 1934, daß Dr. Wiechmann weiter den Titel Generalstaatsanwalt führen darf. Dieses Entgegenkommen für einen GStA aus der Weimarer Republik ist ungewöhnlich. In Verbindung mit dem ihm schon 1938 verliehenen Treueabzeichen und den spärlichen Angaben über die Tätigkeit in der NS-Zeit kann man gerade wegen des Fehlens der NSDAP-Mitgliedschaft von einer besonderen Aktivität Dr. Wiechmanns im Sinne des NS-Staats ausgehen. Das Fehlen der Parteimitgliedschaft war bei anderen Juristen ein Hindernis für ihre Beförderung oder Verbleiben in herausgehobener Stellung (Senatspräsident am Kammergericht Berlin).

5. Heinrich Jagusch

Auch der im Prozeß 1956 erkennbar als besonders feindlich gegen Otto John hervortretende Bundesrichter Jagusch gehörte in die Kategorie der „NS-Belasteten". In diesem Fall wurde erst nach dem Johnprozeß entdeckt, daß Jagusch einen Fragebogen zu seiner NS-Vergangenheit gefälscht hatte. Er mußte vorzeitig in den Ruhestand gehen, wobei auch eine Pressemitteilung unter dem Pseudonym „Judex" eine Rolle spielte, deren Autorschaft er zunächst gegenüber dem Präsidenten des BGH geleugnet hatte. Jagusch war neben dem Senatspräsidenten der tonangebende Richter im Prozeß gegen Otto John 1956.

Einsicht in die Personalakten war nicht möglich, weil die Witwe des verstorbenen Jagusch dagegen Einspruch erhoben hat[706]. Gieseking hat sich aber eingehend mit der Person Jagusch und seinem Auftreten im Prozeß 1956 beschäftigt[707]. Zweifellos hatte der als Autori-

706 Mitteilung von Herrn Frasunkiewicz am BGH, 7. Sept. 2005.

707 *Gieseking*, S. 251 ff., S. 453 ff. et passim.

tät in Staatsschutzsachen angesehene BR Jagusch einen wesentlichen Anteil an der Verurteilung Johns. Der damalige Bundesjustizminister Ewald Bucher schrieb dazu an Bundespräsident Scheel: „*Das Urteil stammt aus jener unseligen Epoche, in der vor allem ein Mann die Rechtsprechung in Staatsschutzsachen stark beeinflußte, nämlich Herr Dr. Jagusch, den man als eine der beklagenswertesten Erscheinungen innerhalb der deutschen Richterschaft bezeichnen muß*"[708]. Das Bundesjustizministerium hat nach der Drohung des Verfassers mit einer Dienstaufsichtsbeschwerde geantwortet[709] und mitgeteilt, daß keine Unterlagen gefunden wurden. Entscheidung über den Widerspruch gegen diesen Bescheid kann kaum vor Abgabe dieser Arbeit erwartet werden. Trotz der skeptischen Haltung des Verfassers gegen die Presse erscheint ein wörtliches Zitat eines ehemaligen Bundesministers glaubhaft, zumal es unwidersprochen geblieben ist[710].

6. Günther Willms

Die Personalakten konnten nicht eingesehen werden. Willms ist derjenige Bundesrichter; der den Johnprozeß am längsten überlebt hat. Noch 1993 nach dem Erscheinen des Buches von *Murphy et al.* meldete er sich mit einem Leserbrief in der FAZ zu Wort[711].

Willms ist schon einmal durch eine Veröffentlichung[712] gemeinsam mit Wagner hervorgetreten, in der er sich energisch gegen die „berühmt-berüchtigte Rechtsprechung des 6. Strafsenats in den 50er Jahren" wendet, die dem Senat von vielen Seiten vorgeworfen wurde. Er gibt dazu keine Belegstellen, „um persönliche Empfindlichkeiten" zu vermeiden - wobei er aber sagt, daß es sich um „klangvolle Namen und reputierliche Medien" handelt. Der ganze Tenor dieses Artikels ist in noch viel stärkerem Maße als die Urteilsbegründung von Senatspräsident Geier ein einziges „Qui s'excuse, s'accuse".

Ausführlich wird das freisprechende Urteil gegen Agartz zum § 100d Abs.2 StGB[713] erläutert (S.271/272) als Beweis dafür, daß die Meinungsfreiheit und die Entfaltung der freien Persönlichkeit nach Art.2 GG vom 6. Strafsenat geschützt wurden und sogar das Auf-

---

708 DIE WELT, „Blickpunkt", 12. Dezember 1980.

709 Schreiben des Bundesministeriums der Justiz v. 7. 8. 2007, Az. Z A 4 - 1451/6 II - Z1 742/2007.

710 Am 24. 8. 2007 wurde in *NL John I* der komplette Brief gefunden, Kopie im Archiv des Verfassers.

711 *Murphy et al.*, dt. Ausgabe, S. 254; s. FAZ v. 8.10.1993, S. 13.

712 Willms, s. Literaturverzeichnis Wagner.

713 BGHSt 11, 171 v. 13.12.1957 = HuSt II, S.186.

nehmen von Beziehungen zu Personen, die der freiheitlichen Ordnung der Bundesrepublik feindlich gesonnen sind, vom 6. Strafsenat als nicht strafbar angesehen wurden. „Es steht außer Zweifel, daß niemand allein deshalb am Äußern bestimmter politischer Meinungen gehindert werden darf, weil solche Meinungen auch von politischen Kräften vertreten werden, die die freiheitliche Ordnung der Bundesrepublik beseitigen wollen".

Der Autor Willms scheint völlig vergessen zu haben, daß er ein Jahr vorher Otto John in erster Linie für Äußerungen auf der Pressekonferenz am 11 August 1954 zu vier Jahren Zuchthaus verurteilt hat, wobei diese Äußerungen überwiegend oder ganz unter die im Agartz-Urteil als nicht strafbar angesehenen Tatbestände fallen - ganz abgesehen davon, daß Otto John diese Äußerungen nicht als freier Mann, sondern in einer Notstandslage getan hat. Das John-Urteil wird mit keinem Wort erwähnt - vielleicht war die Kritik der klangvollen Namen doch nicht ohne Wirkung geblieben.

7. Heinz Wiefels

Die Einsichtnahme in die Personalakten wurde verweigert, weil die Hinterbliebenen sich nicht feststellen lassen und die 30 Jahre Sperrfrist nach dem Tod noch nicht abgelaufen sind. Das einzige, was dem Verfasser über ihn bekannt ist: geb. 12. 4. 1910, Eintritt in die NSDAP als Referendar in Krefeld am 1. 5. 1933, bis 1938 GA im OLG-Bezirk Kiel, 1939- 1942 AGR in Saarbrücken, 1953 LGD in Krefeld.

8. Alexander Wirtzfeld

Die Personalakte von Alexander Wirtzfeld, geb. 13. Mai 1899, ist eine der wenigen, die an das Bundesarchiv Koblenz abgegeben wurden[714]. Wirtzfeld ist wohl der einzige der mit dem Fall John befaßten Juristen, der eindeutig als Gegner des Nationalsozialismus bezeichnet werden kann. Er war seit 1. Juli 1929 Amtsgerichtsrat in Finsterwalde und blieb dort auch in der NS-Zeit und später in Berlin am Amtsgericht[715]. Er war Mitglied des Zentrums bis zu dessen Auflösung und galt in der Weimarer Republik als scharfer Gegner der NSDAP. Mit Schreiben vom 11. Januar 1938 an den Kammergerichtspräsidenten in Berlin widersprach der Gauhauptstellenleiter der NSDAP, Gauleitung Kurmark, aus politischen Gründen der wegen guter Leistungen vorgesehenen Beförderung zum Kammer-

714 BArchKO, PERS 101.

715 A. a. O., Band 30895.

gerichtsrat[716]. Wirtzfeld trat auch später nicht in die NSDAP ein und wurde deshalb auch nicht zum Landgerichtsrat befördert.

9. Karl Mannzen

a) Ermittlungsstand bis August 2007

Auch für Dr. Mannzen[717] war eine Einsichtnahme in die Personalakten im BGH dem Verfasser nicht möglich, sodaß hier von Godau-Schüttke[718] zitiert wird:

„Beispielhaft ist die Schilderung der politischen Laufbahn und Einstellung von Bundesrichter Karl Mannzen, der am Urteil gegen Otto John beteiligt war. Er behauptete als Generalstaatsanwalt in Schleswig-Holstein, nachdem ihn Katz[719] dazu befördert hatte, daß die Verfahren am Sondergericht Kiel ‚mit peinlichster Sorgfalt' und die Ermittlungen ‚mit ruhiger Objektivität' geführt wurden".

b) Ermittlungsstand September 2007

Im Niedersächsischen Ministerium für Justiz war Dr. Mannzen von 1961 - 1968 als Staatssekretär tätig. Dort sind die kompletten Personalakten vorhanden[720].

Dr. Mannzen, geb. 3. Jan. 1903, gest. 3. Juni 1980, hat einen sehr interessanten Lebenslauf. Als 17-Jähriger schloß er sich im Januar bis März 1920 dem Freikorps „Zeitfreiwilligenformation Kiel (Ordnungsbund)" an. Er wurde dann aber ein sehr aktives Mitglied der SPD, der er vom 1. Januar 1925 bis Feb./März 1933 angehört hat. Reichsbanner-Beiträge bezahlt bis Dez. 1932[721]. Die SPD-Mitgliedschaft verhinderte zunächst seine Aufnahme in die NSDAP. Die Gauleitung warf ihm vor, daß er aus einer „seit Jahrzehnten marxistisch verseuchten Familie" stamme und verhinderte 1937 seine Einstellung als Richter[722]..

Am 5. November 1933 trat er in die SA als SA-Mann ein, wurde am 30. Januar 1941 zum Scharführer und am 30.Januar 1942 zum SA-

716 A. a. O., Band 39896.

717 *3. 01. 1903, NSDAP-Mitglied Nr.7786521, Eintritt beantragt 21.12.39, Aufnahme 1.1.40; Angaben aus NSDAP-Kartei BArchLi.

718 Unten J. IV. 1. , S. 180.

719 Rudolf Katz, s oben B. I. 4. , S. 14.

720 PA NMJ, Einsicht am 28. September 2007.

721 Angaben im ersten ausführlichen Fragebogen nach 1933 in PA NMJ 1933 M 40.

722 PA NMJ 1933 M 40, Bl. 25, 33, 43.

Truppführer befördert. Er war Rechtsberater der SA-Standarte G. J. (?) 22[723] und Reichsfachwart für das Dolmetscherwesen in der Deutschen Rechtsfront.

In der Personalakte befindet sich ein langer Brief von Mannzen vom 26. April 1933 an den Preußischen Justizminister in Berlin, weil seiner Einstellung als Gerichtsassessor Bedenken wegen seiner SPD-Aktivitäten entgegenstehen. Er rechtfertigt sich mit sozialem Engagement, das damals nur in der SPD möglich gewesen sei. Seinen Austritt begründet er mit Enttäuschung und macht die ungewöhnliche Bemerkung, daß ihm seine nationalsozialistischen Freunde nahelegten, in die NSDAP einzutreten, daß er das aber noch nicht wolle, weil er für seine politische Vergangenheit einstehen möchte[724]. Als Anlage zu diesem Brief ist angefügt: „Ich erkläre ergänzend: Es ist für mich eine Selbstverständlichkeit, dass ich mich vorbehaltlos zur Nationalen Regierung stelle. Ich betrachte es als meine freudig zu erfüllende Pflicht, sie in ihrer Aufbauarbeit für das deutsche Volk mit allen meinen Kräften zu unterstützen".

Der OLG Präsident in Kiel setzte sich beim RJM für die Einstellung Mannzens ein, scheitert aber an dem Widerstand der Gauleitung, die schließlich wegen des Kinderreichtums von Mannzen (sieben Kinder) einer Einstellung in einem anderen OLG-Bezirk zustimmte. Mit persönlicher Befürwortung von Staatssekretär Dr. Freisler, der Mannzen als „innerlich gewandelt" bezeichnet (das ist der berüchtigte Roland Freisler, Präsident des Volksgerichtshofs, der die Vielzahl von Todesurteilen gegen die Widerstandskämpfer des 20. Juli 1944 ausgesprochen hat), und nach einer Befürwortung des Stellvertreters des Führers[725] erhält Mannzen am 1. Juli 1938 eine Planstelle als AGR in Ludwigshafen und wird am 7. November 1939 auf Grund eigener Bewerbung nach dem Anschluß Österreichs nach Bruck an der Mur im OLG Bezirk Graz versetzt.

Über seine NSDAP-Laufbahn findet man, daß er seinen Antrag auf Aufnahme v. 28. Mai 1937 am 29.10.38 zurückgezogen, dann aber am 5. 12. 1939 neu gestellt hat und am 1. 1. 1940 mit der Mitgliedsnummer 7786521 aufgenommen wurde[726]. Am 31.3.44 erhält er mit Brief des Reichsleiters die Ernennung zum Beisitzer des Kreisgerichts Bruck Mur der NSDAP mit Wirkung vom 24.2.1944 im Einvernehmen mit dem Leiter des Gaugerichts Steiermark[727].Man kann

723 A.a.O.., Bl. 67, 68.

724 A.a.O.., Bl. 10-14.

725 A.a.O.., Bl. 48.

726 BArchLi, Archivsignatur 1070073736, Standort 51, Karton 07812.

727 BArchLi, Archivsignatur 3500003361, Standort 51, Karton 149.

also Dr. Mannzen als echten Nazi einstufen. Wie viele „131er“[728] machte er in der frühen Bundesrepublik Karriere. In seinem Fragebogen bezeichnet er sich jetzt wieder als evangelisch, aber auf eine erneute „innere Wandlung“ deutet nichts hin.

10. Generalrichter Roeder als Experte der Staatsanwaltschaft

Kennzeichnend für die Justizgeschichte der frühen Bundesrepublik ist, daß 1955 (das Jahr der Ermittlungen gegen Otto John) Generalrichter Roeder zum Experten der Bundesanwaltschaft im Fall John bestellt wurde - Experte, weil er in der NS-Zeit die Todesurteile in Sachen "Rote Kapelle" erwirkt hatte und im Verfahren "Depositenkasse" Hans v. Dohnanyi und Dietrich Bonhoeffer verhaften ließ. Das brutale Vorgehen von Roeder gegen die Angeklagten der Roten Kapelle und sein Lebenslauf in der NS-Zeit wurden von *Grosse* in einer neuen Arbeit ausführlich geschildert[729]. Otto John wurde 1948 in London von Staatsanwälten, die gegen den in Nürnberg inhaftierten Roeder ermittelten, aufgesucht. Seine Aussage, die Roeder schwer belastete, wurde von Staatsanwalt Heinke am 2. November 1948 protokolliert[730]. Daß Roeder ein Otto John feindlicher Ermittler war, ist damit evident. Hier wurde also wieder der Bock zum Gärtner gemacht.

11. Landgerichtsdirektor Ernst Herrmann Clauß

a) Ermittlungsstand bis September 2007

Auch zu Clauß konnten keine Personalakten eingesehen werden. Gefunden wurde lediglich ein Eintrag im Braunbuch, das sich leider meist als zuverlässig erweist:

Clauß, geb. 22. 8.1907

früher:	Landgerichtsrat beim Sondergericht in Posen (Poznan)
heute:	Landgerichtsdirektor beim Landgericht in Arnsberg

Es ist zu vermuten, daß es sich um dieselbe Person gehandelt hat, deren strengem Verhör Otto John unmittelbar nach seiner Rückkehr am 1m 12. Dezember 1955 zwei Wochen lang unterzogen worden war[731], bis dieser Dr. Clauß den zweiten Haftbefehl am Tag vor Weihnachten 1955 unterschrieb.

---

728 Oben B. I. 3. , S. 9 f.

729 *Grosse*, Krit. Justiz 2005, S. 42 ff.

730 BA-K, B 362 / 4618, Bl. 575 - 578.

731 Oben F. I. 2. , S. 82 f.; F.I.3., S. 84.

Die Tätigkeit an einem Sondergericht im Generalgouvernement kann bedeuten, daß er an Urteilen „furchtbarer Juristen" beteiligt war.

b) Ermittlungstand November 2007

Durch Mitteilung des Präsidenten des LG Arnsberg[732] wurden die Geburtsdaten von Clauß genannt und seine Tätigkeit am LG Arnsberg vom 1. 11. 1958 - 31. 08. 1972 (Ruhestand) wurde bestätigt.

Personalakten für seine Zeit als Bundesrichter konnten überraschend (Todestag 28. April 1992, also 30 Jahre Sperrfrist noch nicht abgelaufen) am 6. November 2007 am BGH in Karlsruhe eingesehen werden. Da sie sich nur auf die Jahre 1954- 1958 beziehen, sind sie für die Tätigkeit in der NS-Zeit wenig aufschlußreich. Immerhin gibt es die eigenen Angaben von LGD Clauß in seinem Personalfragebogen:

NSDAP: 1. 5. 1937 „bis zur Auflösung"
SA ab Herbst 1933 bis 1934, anschl, NSKK Scharführer
NS-Rechtswahrerbund wohl seit Sommer 1933

1. 1. 1939 LGR Zwickau
1. 2. 1943 Oberamtsrichter in Papranice; aber abgeordnet in der gleichen Eigenschaft an das AG Jarotschin (OLG Posen)

19. 11. 1948 beauftragter Richter in Essen
1. 1. 1952 LGR Essen
1. 5. 1953 LGD Essen

Die Angabe „ LGR beim Sondergericht in Posen" dürfte also zutreffen. Auch nach den Angaben im Lebenslauf darf man ihn als „Nazi" einstufen Dies dürfte seine Haltung in Otto Johns Verhör erklären. LGD Clauß wurde Ende 1953 von seiner Tätigkeit in Essen als Ermittlungsrichter an den BGH abgeordnet. Er hat in dieser Eigenschaft auch viele Vernehmungen im Fall John unmittelbar nach dem 20. Juli 1954 vorgenommen, z.B. eine ausführliche Vernehmung von Lucie John am 28. und 29.Juli 1954 in Köln[733].

Eine sehr lobende Empfehlung von OBA Wiechmann und die Beurteilung von Senatspräsident Geier sprechen für das Funktionieren der alten „Seilschaften"[734]:

732 Schreiben vom 24. 10. 2007.

733 BArchKO, B 362/10940, Bl. 84-130.

734 Personalakten BGH Karlsruhe, Auszug aus Beurteilung v. 4. Feb.1957.

„Auch die Vorschriften des Landesverrats und der Staatsgefährdung, zu denen - vor allem zu Beginn seiner Tätigkeit - noch keine feste höchstrichterliche Rechtsprechung vorlag, handhabte er in einer Weise, die deutlich erkennen läßt, daß er nicht am bloßen Wortlaut haftet, sondern in sehr verständiger Weise ihren Zweck und die gesetzgeberischen Absichten berücksichtigt"

Auf den Antrag auf Einsicht in die Personalakten in Arnsberg hat der Präsident des Landgerichts noch nicht reagiert. Vermutlich wird wegen der Sperrfrist die Einsicht verweigert.

III. Juristen aus den Wiederaufnahmeverfahren

1. Carlhans Scharpenseel

Auch die Personalakte Scharpenseel war nicht zugänglich. Im NSDAP-Archiv im BA Berlin- Lichterfelde ist er nicht verzeichnet. Bei Wikipedia ist über ihn zu lesen:„Scharpenseel wurde am 18. Dezember 1907 im westfälischen Hagen geboren. Nach seinem Abitur studierte er Jura an der Albert-Ludwigs-Universität in Freiburg im Breisgau. Dort wurde er 1926 Mitglied der katholischen Studentenverbindung K.D.St.V. Arminia Freiburg im Breisgau. 1927 wechselte er an die Universität in Berlin. Dort bestand er 1929 sein Referendarexamen, dem sich sein Referendariat in Bochum anschloß. Nach seinem Assessorexamen begann seine aktive juristische Laufbahn 1933 im Bezirk des OLG Hamm. Nach dem Zweiten Weltkrieg nahm Scharpenseel seine juristische Tätigkeit 1946 am Amtsgericht Bochum auf. 1951 wurde er zum Richter am Bundesgerichtshof ernannt, wo er ab 1965 auch Senatspräsident des 3. Strafsenats war. 1975 wurde er pensioniert."

Für seine Tätigkeit von 1933-1945 ist dieser Lebenslauf nicht aufschlußreich. Solche Lücken finden sich bei allen, die darüber schweigen wollen, was sie in diesen Jahren getan haben.

2. Hermann Hengsberger

Auch hier gab es keine Möglichkeit, in die Personalakte zu sehen. Alles, was Verfasser über Hengsberger feststellen konnte, ist sein Geburtstag (6. 10. 1900), sein Eintritt am 1. 5. 1933 in die NSDAP, Landgerichtsrat in Greifswald 1931 - 1939, dann LGD in Lüneburg, dort auch wieder ab 1953, Bundesrichter ab 1956[735]. Es lohnt nicht, weitere Nachforschungen anzustellen, wie er in Greifswald und

---

735 Die Karrieredaten stammen aus den Unterlagen von Prof. Rottleuthner, Berlin.

Lüneburg geurteilt hat. Unter den Begriff „Nazirichter" darf man ihn wohl subsumieren, da Lüneburg in dieser Hinsicht nicht im besten Ruf steht, und wegen seines frühen Eintritts in die NSDAP.

3. Hans Joachim Faller

Bundesrichter Faller[736] verstarb, bevor die vorliegende Arbeit abgeschlossen war. Noch zu Lebzeiten hat er, veranlaßt durch den Antrag des Verfassers auf Akteneinsicht, gegenüber dem zuständigen Beamten im BGH, Jörg Frasunkiewicz, die Einsicht in seine Personalakten verweigert. Gemäß Personaldaten über alle Bundesrichter in „Wikipedia" hat er 1938 sein erstes juristisches Staatsexamen abgelegt und war anschließend im „Wehr- und Kriegsdienst". Was diese Bezeichnung für seine Tätigkeit bis 1945 bedeutet, ist unklar. Wenn man mit Loesdau[737] vergleicht, ist eine wie immer geartete Tätigkeit als Richter oder Staatsanwalt denkbar. Bemerkenswert ist nicht nur seine Verweigerung der Einsichtnahme in seine Personalakten, sondern auch die Tatsache, daß er über Jagusch einen Artikel veröffentlicht hat, in dem er dessen braune Vergangenheit verschweigt[738].

4. Ermanno Schubath

Hier wurde die Einsichtnahme in die Personalakten gestattet, obwohl der Todestag nur 15 Jahre zurückliegt. Es handelt sich um einen „unverdächtigen" Lebenslauf. Dr. Schubath[739] war in der HJ von 1936-1939, in der Wehrmacht 1939-1941, zuletzt Gefreiter, wegen einer im Dienst aufgetretenen Tuberkulose entlassen, 1941 Studienbeginn und Anwärter im NSDStB, 1944 Mitglied, bei Kriegsende zur Kur in der Schweiz.

Studium in Königsberg, Genf und Florenz 1941/42, Freiburg i. Br. 1943/44. Gerichtsassessor in Berlin 1953, später LGR, 26. Oktober 1949 Promotion zum Dr. jur., ab 1. Jan. 1960 KGR am Justizprüfungsamt in Berlin, 2. Mai 1968 - 31. Dezember 1981 Bundesrichter (Ruhestand auf eigenen Antrag; wegen seiner TBC; zuletzt 90 % schwerbeschädigt).

---

736 Hans Joachim Faller, *17. 5. 1915, gest. 9. 9. 2006, seit 1948 Gerichtsassessor, seit 1959 Bundesrichter.

737 Oben J. II. 1. b), S. 147 ff.

738 H.J. Faller: Heinrich Jagusch, in: Juristen im Porträt, S. 431-437; zitiert nach *Gieseking*, S. 453.

739 Ermanno Maximilian Mario Gottlieb Humbert Schubath geb. 18. Juni 1921, gest. 1.9.1992.

5. Hermann Höcherl

Daß die politischen Vorbehalte auch beim zweiten Wiederaufnahmeverfahren 1966 noch bestanden, zeigt deutlich das Verhalten von Bundesinnenminister Höcherl[740]. Höcherl, den man wegen seines frühen NSDAP-Beitritts (1931) ruhig als alten Kämpfer bezeichnen kann, teilte mit Sicherheit noch die Ansichten der Richter des BGH 1956. Höcherl, von dessen Auffassung von Demokratie sich nur sein Ausspruch erhalten hat, daß man nicht immer mit dem Grundgesetz unter dem Arm herumlaufen könne, hielt im Bundesamt für Verfassungsschutz vorhandenes Wissen zurück, bis er schließlich auf Intervention des früheren Bundesjustizministers und neuen Anwalts von Otto John, Dr. Stammberger, den Inhalt einiger Akten zugänglich machte[741].

Laut Internet-Biographie war Höcherl 1942 Staatsanwalt, aber auch ab 1942 in der Wehrmacht. Nichts weiter steht in der Biographie über seine Tätigkeit im NS-Staat. Was solche Angaben bedeuten können, ist am Beispiel von OStA/BR Loesdau zu sehen[742]. Theo Waigel schreibt in einer ausführlichen postumen Würdigung[743] über Höcherl keine einzige Zeile über dessen Tätigkeit von 1933 -1945. Einblick in die Personalakte war bisher nicht möglich.

Andererseits wird Minister Höcherl mit einer Äußerung zum Fall John in einer Rede vor dem Deutschen Bundestag zitiert, „daß man nach neueren Unterlagen doch wohl annehmen müsse, daß sein Vorgänger im Amt, Herr Minister Dr. Schröder Recht gehabt habe, wenn er sich stets vor Dr. John gestellt habe“[744]. Man sieht auch hier wieder, daß man nicht pauschal urteilen oder verurteilen darf.

IV. Politische Justiz in der frühen Bundesrepublik

Wie vorstehend dargelegt, waren fast alle mit dem Fall John befaßten Juristen durch ihre Tätigkeit in der NS-Zeit vorbelastet, was sie in ihrem Urteil über einen konsequenten Gegner des Nationalsozialismus als nicht unbefangen erscheinen läßt. Es lohnt sich aber, ganz

---

740 Hermann Höcherl , 31. 3. 1912 -18 .5. 1989, von 1961-1965 Bundesminister des Innern, Seit 1931 Mitglied der NSDAP, 1932 ausgetreten, 1935 wieder eingetreten. In der NS-Zeit war Höcherl Staatsanwalt.

741 Bernt Engelmann, deutsches Panorama 11/ 1966, S. 6 ff.

742 Oben J. II. 1 b), S. 159f.

743 PM 406/03, Sept. 2003, S. 65-72.

744 Schreiben v. Dr. Stammberger v. 22. Dez. 1964 an St.S. Prof. Hölzl im BMI, S. 4; Erkenntnislage des BfV.

allgemein auf die politische Justiz in der frühen Bundesrepublik einen Blick zu werfen.

Es wurde bereits einleitend auf die rechts-konservative Tendenz des BGH in den 50er Jahren hingewiesen, die sich besonders deutlich in der Kontroverse mit dem liberaleren Bundesverfassungsgericht zeigte[745]. Wie die Einstellung der Richter des BGH nach sorgfältigen Untersuchungen gesehen werden muß, sei noch durch die folgenden Veröffentlichungen dokumentiert:

1. Die Monographie von Klaus-Detlev Godau-Schüttke über den Bundesgerichtshof

Der im BGH Anfang der 50er Jahre herrschende Geist, die politische Vergangenheit und die Einstellung seiner Richter, geführt von dem ersten Präsidenten Hermann Weinkauff (1950 - 1960), werden in einem noch vor Abschluß dieser Arbeit erschienenen Buch behandelt[746]. Wenn auch die detailliert dokumentierte Untersuchung von *Godau-Schütttke* nur den Zeitraum 1950-1953 umfaßt, kann Verfasser auf Grund seiner Recherchen bestätigen, daß sich an den Verhältnissen bis zum hier angegriffenen Urteil des BGH von 1956 nichts geändert hat. Dies belegt z.B. die Schilderung der politischen Laufbahn und Einstellung von Bundesrichter Karl Mannzen, der am Urteil gegen Otto John als Berichterstatter wesentlich beteiligt war[747].

2. Die Beurteilung politischer Justiz durch Alexander von Brünneck

Den Begriff „ Politische Justiz" hat wohl Kirchheimer zuerst verwendet. Er definiert als Politische Justiz, wenn gerichtsförmige Verfahren politischen Zwecken dienstbar gemacht werden[748]. Die neuen Staatsschutzgesetze der frühen Bundesrepublik waren politisches Strafrecht, der Prozeß gegen Otto John fällt in diese Kategorie, mit der sich *Gössner* ausführlich auseinandersetzt. Auch wenn dessen Buch über die Justizopfer des Kalten Krieges sich mit den Prozessen gegen Kommunisten befaßt, treffen seine Argumente über rechtsstaatliches Unrecht [749] auch für den Johnprozeß zu.

---

745 Oben B. I. 3. , S. 10.

746 *Godau-Schüttke II.*

747 Oben J. II. 9. , S. 173 ff; *Godau-Schüttke II*, S. 180.

748 *Kirchheimer*, S. 85 et passim.

749 *Gössner*, S. 177 ff.

Auch von Brünnecks Dissertation befaßt sich mit den politischen Prozessen gegen Kommunisten - zu denen Otto John nicht gehörte, ist doch sein Urteil über das Personal der Politischen Justiz[750] auch für den Prozeß gegen Otto John gültig, der von den gleichen Richtern im gleichen Senat des BGH verurteilt wurde. Von Brünneck dokumentiert die nationalsozialistische Vergangenheit vieler auch im Verfahren gegen John Beteiligter und beurteilt ihren Arbeitsstil „als oft autoritär und in obrigkeitsstaatlicher Weise an dem Muster von Befehl und Gehorsam orientiert"[751]. Er zitiert Max Güde (im Jahr 1961!) mit den Worten:

> „Die heutige politische Justiz judiziert aus dem gleichen gebrochenen Rückgrat heraus, aus dem das Sondergerichtswesen (Hitlers) zu erklären ist".

3. Die Untersuchung von Hubert Rottleuthner

Rottleuthner befaßt sich mit den Kontinuitäten deutscher Justizjuristen in der frühen Bundesrepublik, d.h. hinsichtlich des BGH mit dem prozentualen Anteil der Bundesrichter, die bereits in der NS-Zeit der Justizelite angehört hatten, und nach 1950 Bundesrichter wurden. Man sollte erwarten, daß das Ergebnis 1950 den höchsten Anteil zeigt, weil auf die früheren Richter zurückgegriffen werden mußte, daß aber der Anteil konstant bleiben und allmählich sinken würde. Tatsächlich begann aber der BGH 1950 mit 40 Richtern, von denen 68 % vorbelastet waren, während im Jahr des Johnprozesses 1956 die Spitze mit einem Anteil von 79 % bei einer Absolutzahl von 112 Bundesrichten erreicht wurde. Bis 1964 war die Absolutzahl nur noch auf 126 gestiegen, mit einem geringfügig gesunkenen Prozentsatz der Kontinuitäten (77 %).

Die Erklärung für diese Entwicklung kann man darin sehen, daß unter dem Einfluß der Amnestiegesetze[752] immer mehr „131er" in ihre alten Stellen drängten, während Remigranten[753] keine Ermutigung fanden, und entsprechend ausgebildete junge Richter noch nicht zur Verfügung standen. Dieses Ergebnis stützt deutlich die hier vertretene Ansicht, daß sich Otto John Richtern gegenüber sah, die durch ihre Tätigkeit in der NS-Justiz voreingenommen waren[754].

---

750 *Brünneck,* S. 228 ff.

751 *Brünneck,* S. 229.

752 Oben B. I. 3. , S. 9f.

753 Oben B. I. 4. . S. 12 ff.

754 Zu den einzelnen am Johnprozeß beteiligten Justizpersonen s. oben J. II., S. 151 ff.

K. Entstehung und Anwendung der Staatsschutzgesetze

I. Entstehung des Strafrechtsänderungsgesetzes vom 30. August 1951

Schiffers schildert sehr ausführlich im 2. und 3. Kapitel seines Buches[755] die Geschichte des Regierungsentwurfs zu einem Staatsschutzgesetz in den ersten Jahren der Bundesrepublik 1949 und 1950. Für die vorliegende Arbeit ist es nicht erforderlich, das im einzelnen nachzuvollziehen. Festzuhalten ist jedoch, daß nach Aufhebung der Gesetze der NS-Zeit nicht nur von der Regierung, sondern auch von der parlamentarischen Mehrheit und auch großen Teilen der Opposition, vor allem der SPD, die Notwendigkeit eines solchen Gesetzes gesehen wurde, um die junge Republik, die ja noch nicht souverän war, vor ihren Feinden am linken (KPD) und rechten Rand (SRP) zu schützen.

Die Federführung für den Regierungsentwurf lag bei Ministerialrat Dr. Josef Schafheutle. Er hat das Strafrechtsänderungsgesetz in einem Aufsatz erläutert. Schutzobjekte der Staatsgefährdungsvorschriften des neuen Gesetzes waenr der Bestand der Bundesrepublik Deutschland und die freiheitliche demokratische Grundordnung[756]. Schafheutle hatte im Dritten Reich als Mitarbeiter an dem Kommentar zu den Strafgesetznovellen nach 1933[757] maßgeblich an der Neugestaltung des Strafprozeßrechts mitgewirkt[758].. Seine Vorstellungen waren von der Stellung des Reichsgerichts in der NS-Zeit geprägt, vor allem auch hinsichtlich des BGH als einziger Instanz[759] in Staatsschutzsachen.

Anfang 1951 kam es zu einer Umgestaltung des Regierungsentwurfs[760], die teilweise in Mammutsitzungen des Rechtsausschusses des Bundestags im Juni 1951 behandelt wurde. Die fehlenden gesetzlichen Grundlagen für die Bekämpfung der demokratiefeindlichen Parteien extrem linker oder rechter Orientierungen zwangen zur Eile in der Schaffung einer gesetzlichen Regelung des Staats-

755 *Schiffers I*, S, 49 – 262.

756 *Schafheutle*, S. 612.

757 L. Schäfer, H. Richter, J. Schafheutle, Die Strafgesetznovellen von 1933 und 1934, Berlin 1934.

758 Zitiert nach *Schiffers I*, S. 205.

759 Unten K. IV, S. 190f.

760 *Schiffers I*, S. 167 ff.

schutzes. Es war in dieser Phase, daß auch der Präsident des Bundesamtes für Verfassungsschutz, Dr. Otto John, auf Einladung des Ausschusses in die Debatte eingriff[761]. An Hand von Beispielen betonte er vor allem die Dringlichkeit der Verabschiedung der zur Beratung anstehenden Vorschriften. Es entbehrt nicht der Tragik, daß er selbst das wohl prominenteste Opfer dieser Gesetze wurde.*

Das „Blitzgesetz“ [762]wurde dann am 30. August 1951 im Bundestag gegen den Widerstand der KPD und DP verabschiedet. Aber auch auf Seiten der SPD als größter Oppositionspartei und bei der CSU bestanden erhebliche Bedenken, die sich u.a. gegen den BGH als einzige Instanz richteten. Die Zustimmung der SPD geschah unter der Voraussetzung, daß es sich um eine eilige Notlösung handele, die bald durch Novellierung geändert werden sollte[763].

II. §§ 100 a und 100 d StGB a. F.

1. § 100 a StGB a.F.

a) Wortlaut des § 100 a StGB a.F.

§ 100 a StGB a. F. lautet[764]:

(Landesverräterische Fälschung)

Wer durch Fälschung oder Verfälschung Schriften, Zeichnungen oder andere Gegenstände, die im Falle der Echtheit Staatsgeheimnisse wären, herstellt, um sie in einer das Wohl der Bundesrepublik Deutschland oder einer ihrer Länder gefährdenden Weise zu verwenden, wird mit Zuchthaus bestraft.

Ebenso wird bestraft, wer Tatsachen, Gegenstände oder Nachrichten darüber, die falsch, verfälscht oder unwahr sind, aber im Falle der Echtheit oder Wahrheit Staatsgeheimnisse wären, vorsätzlich als echt oder wahr an einen Unbefugten gelangen läßt oder öffentlich bekannt macht und dadurch das Wohl der Bundesrepublik Deutschland oder eines ihrer Länder gefährdet.

Wer Gegenstände, die falsch oder verfälscht sind, aber im Falle der Echtheit Staatsgeheimnisse wären, sich verschafft, um sie in einer das Wohl der Bundesrepublik Deutschland oder eines ihrer Länder gefährdenden Weise zu verwenden, wird mit Zuchthaus bis zu zehn Jahren bestraft.

---

761 Deutscher Bundestag, 23. Ausschuß, Kurzprotokoll der 112. Sitzung des Ausschusses für Rechtswesen und Verfassungsrecht, 13. Juni 1951, S. 3.

762 *Schiffers I*, S. 206 ff.

763 *Schiffers I*, S. 239 und passim.

764 Strafrechtsänderungsgesetz v. 30.August 1951. (BGBl. I, S.739). Die 1954 gültigen Gesetze werden hier mit vollem Text zitiert, weil die alten Fassungen nicht einfach zugänglich sind.

Falschen, verfälschten oder unwahren Tatsachen, Gegenständen oder Nachrichten darüber (Absätze 2 und 3) stehen Staatsgeheimnisse gleich, die der Täter irrtümlich für falsch, verfälscht oder unwahr hält.

b) Anwendung des § 100 a StGB

Unmittelbar nach der Urteilsverkündigung im Johnprozeß hatte sich bereits Adolf Arndt gegen das Urteil gewandt mit der Begründung, daß bei den parlamentarischen Beratungen zu den neuen Staatsschutzgesetzen eindeutig festgehalten worden sei, daß als zu schützende Staatsgeheimnisse nur solche gelten sollten, die legal zustande gekommen waren[765].

Nach Auffassung Arndts, der sich Verfasser anschließt, wäre die Mitteilung von Otto John zu Fragen auf der Pressekonferenz in der DDR am 11. August 1954, daß es Geheimabsprachen zu den EVG-Verträgen gäbe, überhaupt kein schützenwertes Geheimnis gewesen und schon deswegen nicht von Strafe bedroht - ganz abgesehen von der Tatsache, daß diese Erklärung möglicherweise von einem Mann abgegeben wurde, der sich in einer Notstandslage befand.[766].

2. Der § 100 d a.F.

a) Wortlaut des § 100 d a. F.

(Landesverräterische Beziehungen)

(1)Wer in der Absicht, einen Krieg, ein bewaffnetes Unternehmen oder Zwangsmaßregeln gegen die Bundesrepublik Deutschland oder eines ihrer Länder herbeizuführen oder zu fördern, zu einer Regierung, einer Partei, einer anderen Vereinigung oder Einrichtung außerhalb des räumlichen Geltungsbereichs dieses Gesetzes oder zu einer Person, die für eine solche Regierung, Partei, Vereinigung oder Einrichtung tätig ist, Beziehungen aufnimmt oder unterhält, wird mit Zuchthaus bestraft.

(2)Handelt der Täter in der Absicht, sonstige Maßnahmen oder Bestrebungen einer Regierung, einer Partei, einer anderen Vereinigung oder einer Einrichtung außerhalb des räumlichen Geltungsbereichs dieses Gesetzes herbeizuführen oder zu fördern, die darauf gerichtet sind,

den Bestand (§88 Abs. 1) oder die Sicherheit der Bundesrepublik Deutschland zu

---

765 *Schiffers I*, S.214 f., *NL Arndt* , Mappe 233; dazu ausführlich oben H. II. 1. d), S. 142 ff.

766 Zur Frage des Notstands s. unten L. I. 2. a.) cc) S. 196f und b), cc) S. 201 ff.

beeinträchtigen oder einen der in § 88 bezeichneten Verfassungsgrundsätze zu beseitigen, außer Geltung zu setzen oder zu untergraben,

so ist die Strafe Gefängnis. Der Versuch ist strafbar.

(3)Wer in der Absicht, eine der in Absatz 1 und 2 bezeichneten Maßnahmen oder Bestrebungen herbeizuführen oder zu fördern, unwahre oder gröblich entstellte Behauptungen tatsächlicher Art aufstellt oder verbreitet, wird mit Gefängnis bestraft. Der Versuch ist strafbar.

(4) In besonders schweren Fällen des Absatzes 1 kann auf lebenslanges Zuchthaus, in besonders schweren Fällen der Absätze 2 und 3 auf Zuchthaus erkannt werden.

Bundesrichter Dr. Karl Mannzen hat dazu für das Nachschlagewerk und die Amtliche Sammlung des BGH als Berichterstatter folgenden ***Rechtssatz***[767] formuliert:

Gesetz: *StGB § 100d Abs. 2,3*

Wer auf Beseitigung der freiheitlichen Grundordnung der Bundesrepublik abzielende Propaganda in Kenntnis ihres Zwecks durch Teilnahme fördert und sich dadurch in sie eingliedert, handelt in verfassungsfeindlicher Absicht auch dann, wenn er dies um eigener, abweichender Ziele willen tut.

StGB § 100a
Auch erfundene, angeblich grundgesetzwidrige Zustände oder Bestrebungen können „unechte" Staatsgeheimnisse sein.*

*„*angeblich*" ist mit Blei nachträglich eingefügt.

b) Anwendung des § 100 d StGB a. F.

Zum inneren Tatbestand des Abs.2 des § 100 d, nach dem der BGH Otto John bestraft hat, gehört „ ... die Täterabsicht, andere Maßnahmen ... der fremden Regierung herbeizuführen, die nach der Vorstellung des Täters darauf gerichtet sind, den Bestand oder die Sicherheit der Bundesrepublik zu beinträchtigen oder einen ihrer Verfassungsgrundsätze zu beseitigen (§ 88)[768]. Eine solche Absicht Otto John zu unterstellen, ist einer der Kardinalfehler des Urteils von 1956.

Auch für Abs, 2 des § 100 d, nach dem John ebenfalls verurteilt wurde, gehört auf der inneren Tatseite neben dem zumindest be-

767 BArchKO, B 362 / 4621, Vordruck mit Rechtssatz ist vorne auf die Innenseite des Hefterumschlags geklebt.

768 *LK8*, § 100 d Anm. 4.

dingten Vorsatz eine Täterabsicht[769]. Es ist interessant, daß diese Anmerkungen zur Auslegung des § 100 d StGB a. F. im „Löbe/Rosenberg" aus der Feder von Heinrich Jagusch stammen, der am Prozeß gegen Otto John maßgebend beteiligt war, dort aber das Gesetz anders ausgelegt hat.

Der BGH hat seine Rechtsprechung zu dem Begriff der Absicht ein Jahr vor dem John-Urteil in einem Revisionsurteil[770] neu festgelegt und am 22. Dezember 1956 zur Verurteilung von Otto John entsprechend angewendet, aber kurz nach dem John-Prozeß wieder geändert[771]. In dem Prozeß gegen Agartz[772], der durch eine anonyme Anzeige im März 1957 in Gang kam[773], wurde Agartz[774] die Rädelsführerschaft in einer verfassungsfeindlichen Vereinigung, Verstoß gegen das KPD-Verbotsurteil und verfassungsverräterische Verbindung zum Freien Deutschen Gewerkschaftsbund (FDGB) in der DDR vorgeworfen.

Posser[775] gelang es in einer geschickten Verteidigung, dem BGH klar zu machen, daß es bei den Aktionen von Agartz in der DDR, die durchaus nicht im Sinne der Bundesregierung waren, an jeder verfassungsfeindlichen Absicht im Sinne des § 100d StGB gefehlt hattE. Victor Agartz wurde freigesprochen. Hierbei ist zu beachten, daß Agartz unbestritten völlig freiwillig in die DDR gefahren ist und dort seine Kontakte aufgenommen hat.

III. Zum Begriff der Absicht

Für den Fall, daß Otto John in einer Notstandslage gehandelt hat, ist die Frage der richtigen Auslegung des Begriffs der Absicht in Verbindung mit den Staatsschutzgesetzen, wie es bereits Arndt 1957 getan hat[776], irrelevant, weil Otto John aus § 35 StGB bzw. dem 1956 geltenden entsprechenden Paragraph ohne Schuld handelte.

---

769 A.a.O.., Anm. 5.

770 6 StR 113/55 (LG Nürnberg Fürth); BGH Urteil v. 21. 12. 1955.

771 Ausführlich zum Begriff der Absicht s. oben H. II. 1. d.), S. 143 ff. und unten K. III, S. 188 ff.

772 *Posser*, S. 195 - 212.

773 *Posser*, S. 200.

774 Viktor Agartz, 15. 11. 1897 - 9. 12. 1964, Wirtschaftswissenschafter un Gewerkschafter, seit 1915 SPD- Mitglied, nach 1945 am Aufbau der Bizone beteiligt (Zweizonenwirtschaftsrat), 1948 - 1955 Leiter des Wirtschaftswissenschaftlichen Instituts der Gewerkschaften.

775 Diether Posser, geb. 9. 3. 1922, verst. 2007, Rechtsanwalt seit 1951, 1958 Landtagsabgeordneter der SPD in NRW 1968 -1988 Minister in NRW.

776 Oben H. II. 1. d), S. 143ff.

Eine gründliche Auslegung des Begriffes Absicht lohnt sich aber doch, weil sie zeigt, daß das Urteil gegen Otto John nicht nur hinsichtlich der Beweiswürdigung, sondern auch hier angreifbar ist. Absicht ist jedenfalls anders auszulegen, als es der BGH im Johnurteil 1956 getan hat.

Hierbei muß unterschieden werden zwischen der Absicht Otto Johns bei dem Besuch der Praxis von Wohlgemuth und der späteren Absicht, als er sich in der Gewalt des Ostens befand. Soweit es den ersten Fall betrifft, ist wegen des nicht völlig aufzuklärenden Sachverhalts[777] fraglich, ob seine Absicht allein dahin ging, sich das Attest für Frau Nehlsen zu holen oder ob er - nicht sehr wahrscheinlich - auch den Besuch des Grabes seines Bruders beabsichtigte (was einen Übertritt nach Ost-Berlin erforderte) oder ob er schließlich - worst case - noch ein kurzes Treffen mit Politikern des Osten vorhatte. Da selbst ein Treffen mit Politikern, das erwiesenermaßen nicht stattgefunden hat, kein strafbarer Tatbestand gewesen wäre, sondern allenfalls zu einem Disziplinarverfahren geführt haben könnte, erübrigt sich die Auslegung seiner Absicht in diesem Zusammenhang. Strafrechtlich relevant wäre nur gewesen, mit Politikern der DDR oder der Sowjetunion in verräterischer Absicht zusammenzutreffen, um der Bundesrepublik zu schaden. Daß dies nicht der Fall war, wird in der vorliegenden Arbeit nachgewiesen.

Die spätere Absicht Johns bezieht sich auf die Zeit, nachdem er in die Gewalt der Russen gelangt war. Daß er durch den KGB an der Rückkehr in den Westen gehindert wurde, steht auf Grund der neueren - 1956 noch nicht vorliegenden - Erkenntnisse fest. Da der Bundesgerichtshof aber in seinem Urteil den diesbezüglichen Aussagen Johns nicht glaubte, sondern den Behauptungen Wohlgemuths (obwohl dieser nicht in der HV anwesend war) und der östlichen Propaganda von einem freiwilligen Verbleib Johns folgte, lohnt es sich zu prüfen, ob auch unter diesen Annahmen das Urteil ein Fehlurteil war. Das hängt von der Auslegung des Begriffes Absicht ab.

Gehrig behandelt die Entstehung und Entwicklung des Begriffs „Absicht" in seiner Dissertation[778] unter allen Aspekten. Er weist nach, daß der Begriff der Absicht vor und nach der Einführung des StGB von 1871 immer wieder diskutiert wurde, weil es an einer gesetzlichen Definition fehlte. Manchmal wird „Absicht" oder „absichtlich" nur gebraucht, um die Strafbarkeit im Falle fahrlässigen Handelns auszuschließen; manchmal werden die Begriffe „absichtlich" und

777 Dazu L. II., S. 201 ff.

778 *Gehrig*, S. 18 ff.

„wissentlich" so gebraucht, daß dies ein deutlicher Hinweis darauf ist, daß mit „Absicht" mehr als der unbedingte Vorsatz (dolus directus) gemeint ist, daß die Absicht ein darüber hinaus gehendes zielgerichtetes Handeln voraussetzt[779]. Dies als Definition festzulegen, war im Entwurf für die Strafrechtsreform E 1962 vorgesehen, wurde aber nicht Gesetz, weil der Absichtsbegriff in den verschiedenen Tatbeständen vom Gesetzgeber unterschiedlich gebraucht wird[780].

Auch wenn die Arbeit von *Gehrig* erst 1986 erschienen ist, zeigt sie doch deutlich, daß schon 1956 über die verschiedenen Möglichkeiten der Auslegung des Begriffes „Absicht" Klarheit bestand, wie es sich auch aus der Kritik Arndts und anderer sowie aus der Änderung der Auslegung durch den BGH selbst im Agartz-Urteil ergibt[781]. Die Begriffe „Absicht" und „absichtlich" sind je nach Deliktsgruppe und Tatbestand einzeln auszulegen[782].

Die hM geht dahin, daß Absicht auf der inneren Tatseite zielgerichtetes Handeln voraussetzt und mehr ist als der dolus directus. Die Absicht als subjektives Tatbestandsmerkmal „erfordert zielgerichtetes Wollen"[783]. Jescheck schreibt in seinem Lehrbuch[784], daß Absicht der stärkere Vorsatz als der dolus directus ist. Es müsse dem Täter darauf ankommen, daß der beabsichtigte Erfolg eintritt, wobei er auf den Fall John verweist[785]. Friedrich-Christian Schroeder behandelt Vorsatz und Absicht getrennt. Er verlangt bei der Absicht „daß der Täter handelt, um den Tatbestand zu verwirklichen; es kommt ihm darauf an"[786]. Auf den Fall John bezogen würde das bedeuten, daß es Otto John darauf angekommen wäre, *„den Bestand (§88 StGB Abs. 1 a. F.) oder die Sicherheit der Bundesrepublik Deutschland zu beeinträchtigen oder einen der in § 88* {gemeint ist Abs. 2 des Gesetzes] *bezeichneten Verfassungsgrundsätze zu beseitigen"*. Dies war mit Sicherheit nicht der Fall.

Roxin[787] formuliert im Kapitel „Vorsatz":

„Man unterscheidet gemeinhin drei Formen des Vorsatzes

---

779 *Gehrig*, S. 140.

780 *Gehrig*, S. 143.

781 Kritik: Oben H. II. 1. d), S. 143 ff.; Agartz-Urteil oben K. II. 2 . b), S. 187.

782 *Gehrig*, S. 162 ff.

783 *Lackner/Kühl*, Rn 20 zu § 15 StGB.

784 *Jescheck/Weigand*, S. 297 ff.

785 A.a.O..., S. 299; dazu ausführlich unten im Gutachten Jescheck, L. I. 2. b) bb), S. 197ff.

786 *Leipziger Kommentar*, § 16 Rn 76.

787 *Roxin*, § 12, Rn 2, S. 436.

- *Die Absicht (dolus directus 1. Grades)*
- *Den direkten Vorsatz (dolus directus 2. Grades)*
- *Den bedingten Vorsatz (dolus eventualis)*

Auch hier wird deutlich, daß Absicht mehr ist als der direkte Vorsatz 2. Grades.

Wenn man davon ausgeht, wie es in der vorliegenden Arbeit nachgewiesen wird, daß Otto John entführt und mit Gewalt im östlichen Machtbereich festgehalten wurde, bestand die Absicht seines Handelns nach dem Aufwachen in der Gewalt des KGB darin, durch eine Kooperation mit den Machthabern deren Vertrauen und dadurch die Gelegenheit zur Flucht zu gewinnen. Um diese Absicht zu verwirklichen, ging sein direkter Vorsatz dahin, aktiv an der Propaganda im Sinne der Russen und der DDR mitzuwirken, um diese über seine wirkliche Einstellung zu täuschen. Seine Zielrichtung war damit die Erlangung der Freiheit, nicht aber eine verfassungsfeindliche Absicht. Otto John diese Absicht zu unterschieben, gehört zu dem, was Arndt an dem Urteil zu vier Jahren Zuchthaus als „ungeheuerlich" bezeichnet.

IV. Der BGH als einzige Instanz in Staatsschutzsachen

Von Anfang an gab es Widerspruch gegen die Regelung des neuen Gesetzes, das eine einzige Instanz in Staatsschutzsachen vorsah – nach dem Vorbild des Reichsgerichts, d.h. nach den Vorstellungen von Schafheutle. Die SPD mit ihrem „Kronjuristen" Dr. Arndt brachte durch ihren Vorsitzenden Ollenhauer folgende Entschließung[788] ein:

Rechtsstaatliche Grundsätze erfordern, daß nicht ein und dasselbe Gericht im ersten und letzten Rechtszug entscheidet. Die Bundesregierung wird daher ersucht, spätestens zum 30. September 1951 ein Abänderungsgesetz zu diesem Strafrechtsänderungsgesetz einzubringen, um zu gewährleisten, daß

1. an der Entscheidung im ersten Rechtszug in der Regel auch Schöffen oder Geschworene mitwirken,

2. gegen die Entscheidungen das Rechtsmittel der Revision gegeben wird

Durch die Annahme der Entschließung konnte die Zustimmung der SPD zu dem Gesetzentwurf erreicht werden.

Der Bundesrat hat sich diese Entschließung des Bundestags zu eigen gemacht. Der Präsident des Bundesrates hat in seiner 65. Sitzung am 27. Juli 1951 auf einen Antrag gemäß Artikel 77 Abs.2 GG verzich-

788 *Schiffers*, S. 215 mwN.

tet[789], wobei eine Handlung der Bundesregierung gemäß der Entschließung vorausgesetzt wurde.

Die Bundesregierung beachtete aber zunächst diese Entschließung nicht. Es wurde 1969, bis die erstinstanzliche Zuständigkeit der Oberlandesgerichte Gesetz wurde[790]. Es ist müßig, darüber zu spekulieren, ob der Prozeß gegen Otto John anders ausgegangen wäre, wenn die Bundesregierung die parlamentarisch geforderte Novellierung des Gesetzes termingemäß - also lange vor dem Jahr 1956 - durchgeführt hätte. Wenn man die Rechtsprechung des 3. bzw. 6. Senats des BGH im Lichte der vorliegenden Arbeit betrachtet, hätte dieser Senat als Revisionsinstanz kaum anders geurteilt, als er es als erste und einzige Instanz tat.

---

789 BRP an den Bundeskanzler, BR-Drucks. Nr. 577/51 (Beschl.), BArchKO B 136 / 4414, Bl. 200.

790 *Passek*, S. 129; BGBl. 1969, Teil I, S. 1357; § 120 GVG.

L. Die Kernfragen: freiwilliger Übertritt und freiwilliger Verbleib in der DDR?

I. Vorbemerkung und Rechtsfragen

1. Vorbemerkung

Das Urteil des BGH v. 22. Dezember 1956[791] beruht auf der Annahme, daß Otto John am 20. Juli seinen „Freund" Dr. Wolfgang Wohlgemuth in dessen Praxis aufgesucht habe, um mit ihm zu einem vorher verabredeten konspirativen Treffen mit sowjetischen Stellen in Ost-Berlin zusammenzutreffen und daß er dazu freiwillig mit Wohlgemuth in dessen Wagen in die DDR (Ost-Berlin) gefahren sei. Der BGH hat weiter angenommen, daß Otto John sich dann den sowjetischen Behörden bzw. der DDR freiwillig zur Mitarbeit zur Verfügung gestellt habe.

Es wurde schon darauf hingewiesen[792], daß aus der ganzen Persönlichkeit Otto Johns ein solches Verhalten extrem unwahrscheinlich erscheint. Otto John hat beides bis zu seinem Tod 1997 im Alter von 88 Jahren vehement bestritten. Er sei von Wohlgemuth, den er zur Ausstellung eines Attestes für Frau Nehlsen[793] aufgesucht habe, betäubt und entführt worden, und mindestens 24 Stunden später in den Räumen des KGB in Karlshorst aufgewacht.

Ein Beweis über Einzelheiten des Übertritts und Plausibilität der Motive des Täters wäre also für den Strafantrag des Staatsanwalts, der die Beweislast hat, und für ein gerechtes Urteil unerläßlich. Bei der Ungeheuerlichkeit des Vorwurfs gegen einen unbescholtenen Bürger, einen ausgewiesenen Demokraten und Feind nicht nur der braunen, sondern auch der roten Diktaturen, einen Demokraten, der auf Lebenszeit zum Präsidenten einer hohen Bundesbehörde berufen worden war und dieses Amt fast vier Jahre inne gehabt hatte, wären über jeden Zweifel erhabene Beweise für die Anklage erforderlich gewesen, um ihn im Sinne der Anklage schuldig zu sprechen. Solche Beweise lagen aber nicht vor.

Der BGH schloß in erster Linie aus der Aussage des Zeugen Carl Wittig[794], daß Otto John freiwillig nach Ost-Berlin gegangen sei und

---

791 BGH. 2 StE 15/56; s. oben F. II. 5. , S. 101 und Anhang VII, S. 378.

792 Oben G. 1. , S. 104.

793 Frau Else Nehlsen war die Witwe des 1949 verstorbenen Dr. Walter Nehlsen, der ebenfalls zum Widerstandskreis gehörte; *John I,* S. 264.

794 Details hierzu unten R. I. 3. , S. 322; auch L. III. 3. , S. 226.

sich dort frei bewegen konnte. Carl Wittig behauptete, anläßlich der Schillerfeiern „zufällig" mit Otto John zusammengetroffen zu sein. Dieser habe sich dann zwei Stunden völlig frei und unbewacht mit ihm unterhalten und ihm sein Herz ausgeschüttet.

Als der BGH seinen Hauptbelastungszeugen Carl Wittig im ersten Wiederaufnahmeverfahren 1963[795] zu verlieren drohte, weil er mit einem Meineidsverfahren angegriffen wurde, kam der BGH - dieselben Richter, die John1 1956 verurteilt hatten - entsprechend dem Vortrag des GBA zu der Auffassung, daß die Verurteilung Johns auch ohne die Aussage Wittigs erfolgt wäre, daß die Frage des freiwilligen Übertritts gar nicht das Kernstück des Prozesses sei, und daß allein Otto Johns Auftreten auf der Pressekonferenz zur Verurteilung ausgereicht hätte. In Übereinstimmung mit den Feststellungen des Senatspräsidenten in der mündlichen Urteilsbegründung 1956[796] wird aber in der vorliegenden Arbeit und besonders in diesem Kapitel die Frage, wie Otto John von West-Berlin nach Ost-Berlin gelangte, in der Tat als das Kernstück angesehen. Ohne seinen Übertritt am 20. Juli 1954 hätte die Pressekonferenz am 11. August 1954 nicht stattfinden können.

2. Rechtsfragen

Hierzu gibt es zwei Gutachten angesehener Rechtslehrer, die zum gleichen Ergebnis führen, nämlich, daß Otto John sich nicht im Sinne der Anklage strafbar gemacht haben könne, allenfalls wegen Verunglimpfung des Staates, sofern man Otto John keine Notstandslage zubillige. Wegen der Bedeutung von Jescheck wird dessen Gutachten nachstehend ausführlicher behandelt.

Es gibt auch eine scharfe Kritik des bekannten Juristen Arndt unmittelbar nach dem Urteil vom 22. Dezember 1956 und seine Korrespondenz dazu mit OBA Max Güde , Professor Leibholz und den Verteidigern Caemmerer. Diese Kritik, die mit überzeugenden Gründen die Fehlerhaftigkeit des Urteils vom 22. Dezember 1956 gegen Otto John nachweist, wurde bereits oben behandelt[797].

a) Das Gutachten von Eduard Kern

Grundsätzlich muß man drei Möglichkeiten in Erwägung ziehen, die der Gutachter der Verteidigung im Strafprozeß am Bundesge-

795 Unten P. II. 1., S. 291.

796 Oben H. II. 1. b), S. 132 f.

797 H. II. 1. d), S. 142 ff.

richt sehr klar herausgestellt und auf ihre Rechtsfolgen untersucht hat[798]:

- freiwilliger Übertritt und freiwillige Mitarbeit (Fall aa)
- freiwilliger Übertritt und erzwungene Mitarbeit (Fall bb)
- Verschleppung und erzwungene Mitarbeit (Fall cc)

aa) Freiwilliger Übertritt und freiwillige Mitarbeit

Der BGH hätte mit einer jeden Zweifel ausschließender Sicherheit zunächst feststellen müssen, daß Otto John am Abend des 20. Juli 1954 freiwillig die Grenze zur DDR überschritten hat mit der Absicht, der Bundesrepublik zu schaden. Der Grenzübertritt an sich konnte nach dem Recht der Bundesrepublik, die die Fiktion eines deutschen Staates aufrecht erhielt, nicht strafbar sein. Der Gutachter stellt aber trotzdem Überlegungen hinsichtlich der Strafbarkeit bei freiwilligem Übertritt an.

Dem Gutachter lag neben verschiedenen Gutachten[799] die Anklageschrift und Otto Johns Darstellung vor. Die Anklage beruft sich auf Erkenntnisse des BGH[800] zu den §§ 92 und 94 StGB, die sie auf den § 100d StGB überträgt, nach dem Otto John angeklagt wird. Hierbei hat der BGH den Begriff der Absicht, der Voraussetzung für die Strafbarkeit ist, dahingehend ausgelegt, daß schon der bestimmte Vorsatz genüge. Dem steht aber die „ratio legis" entgegen, die der Abgeordnete Wahl im Bundestag[801] bei der 2. Lesung des Strafrechtsänderungsgesetzes klar zum Ausdruck gebracht hat: eine Bestrafung von Handlungen des Kalten Krieges dürfe nur erfolgen, wenn wirklich die Absicht einer Staatsumwälzung das tragende Motiv sei, nicht aber etwa Ansichten einer verfassungsgemäßen Opposition.

Der Gutachter weist zunächst daraufhin, daß nur Behauptungen tatsächlicher Art und keine Meinungsäußerungen oder Weitergabe von Werturteilen anderer den Straftatbestand des § 100d StBG erfüllen könnten. Dies betrifft z.B. die Äußerungen Johns in der DDR zum Fall Güde . Otto John hatte gesagt, daß Güde sich ihm gegenüber dahingehend geäußert habe, daß die Justiz in der Bundesrepublik durch politischen Druck daran gehindert werde, nach rechtsstaatlichen Grundsätzen zu verfahren. Der Gutachter hält zwar

---

798 Gutachten Prof. Dr.Eduard Kern, Tübingen v. 30. 10. 1956, B 362 / 4619, Bl. 90 - 110.

799 Unten L. I. 2. b), S. 197 ff.

800 BGH NJW 56 S. 1116.

801 158. Sitzung vom 9. 7. 1950, Protokoll S. 6304.

diese Aussage nicht für eine Behauptung tatsächlicher Art; aber selbst wenn sie dies wäre, ist nicht einzusehen, inwieweit dadurch Maßnahmen der östlichen Machthaber herbeigeführt werden könnten, die die Sicherheit der Bundesrepublik oder ihre Verfassung beeinträchtigen könnten. Das wären aber weitere Voraussetzungen für die Anwendbarkeit des § 100d StGB.

bb) Freiwilliger Übertritt und erzwungene Mitarbeit

cc) Verschleppung und erzwungene Mitarbeit

Diese theoretischen Überlegungen, die vor Prozeßbeginn für alle möglichen Fälle von der Verteidigung angestellt wurden, um zu zeigen, daß selbst bei einem freiwilligen Übertritt keine strafbare Handlung vorliegen müsse, treffen für den in der vorliegenden Arbeit angenommenen Fall einer Entführung (Fall cc) nicht zu. Wichtiger ist deshalb, was der Gutachter für den Fall einer erzwungenen Mitarbeit zu sagen hat, für die er die Schuldausschließungsgründe des Nötigungsstandes (§ 52 StGB a. F.) bzw. einen übergesetzlichen Notstand diskutiert. Die entsprechenden Überlegungen gelten für die nach der Strafrechtsreform von 1969 neu numerierten heute gültigen §§ 34 und 35 StGB über rechtfertigenden und entschuldigenden Notstand. Hierzu schreibt Kern:

„Mit welchen Methoden der Geheimdienst der SBZ und der UdSSR arbeitet und welchen Gefahren für Leib und Leben derjenige ausgesetzt ist, der in den Bereich dieser Mächte geraten ist....ist allgemein bekannt. Die Gefahr, gefoltert oder durch Drogen oder Abschaltung der Sinne willenlos gemacht oder in ein Gefängnis oder KZ der SBZ verbracht zu werden, ist aber eine Dauergefahr für Leib und Leben und damit eine gegenwärtige Gefahr i.S. der §§ 54 und 52“[802]

Oben wurde bereits auf diese Gefahr vor allem an Hand des Beispiels des in Berlin entführten und im Auftrag der UdSSR ermordeten Juristen Linse hingewiesen[803]. Otto John kannte das Schicksal Linses. Diese Entführung in West-Berlin, die mit dem Tod Linses in der Sowjetunion endete, gab im BfV Anlaß zu der internen Absprache, im Falle einer Entführung keinen Widerstand zu leisten, sondern mit dem Gegner zu kooperieren, bis sich die Gelegenheit zur Flucht biete.

Das Fazit des Gutachters lautet:

---

802 Entspricht heute §§ 34 und 35 StGB.

803 H. II. 1. c), S. 137 ff.

„Wenn die Angaben des Dr. John über seine Situation und sein Verhalten in der Ostzone, in Moskau, am Schwarzen Meer und wieder in der Ostzone nicht zu widerlegen sind, wenn er also dauernd überwacht war und unter Druck stand, greifen – sofern die von der Anklage angeführten Tatbestände überhaupt erfüllt sind – zu seinen Gunsten der Entschuldigungsgrund des Nötigungsstands und der Rechtfertigungsgrund des übergesetzlichen Notstands Platz".

b) Das Gutachten von Hans-Heinrich Jescheck

aa) Übersicht

Auch der Strafrechtler Prof. Jescheck[804], damals Direktor des Instituts für ausländisches und internationales Strafrecht in Freiburg i. B. hat im Auftrag der Verteidigung ein für Otto John sehr günstiges Gutachten[805] vorgelegt. Der Bundesgerichtshof hat dieses Gutachten nicht berücksichtigt und entgegen dem Antrag der Verteidigung Prof. Jescheck nicht als Gutachter geladen. Insofern stellt es im Sinne des § 359 Ans. 5 StPO ein novum dar. Es wurde in keinem Wiederaufnahmeverfahren vorgebracht.

Jescheck standen im wesentlichen dafür die gleichen Unterlagen[806] zur Verfügung, die auch Prof. Kern benutzt hat, nämlich:

- die Anklageschrift vom 15. August 1956
- „Gefangener des sowjetischen Geheimdienstes" von Dr. John, Copyright 1956[807]
- Das psychiatrische Gutachten von Prof. von Baeyer[808]
- Gutachtliche Äußerung von Alexander Paterson
- Zwei gutachtliche Äußerungen von Dr. Rainer Hildebrandt
- Gutachtliche Äußerung von Prof. Dr. Ophüls

---

804 Prof. Dr. Dr. h.c. mult. Hans-Heinrich Jescheck, *10. Januar 1915 in Freiburg. Emeritierter wissenschaftlicher Mitarbeiter am MPI für ausländisches und internationales Strafrecht, in das er sein Institut an der Universität Freiburg 1966 überführte. Zu Ehren seines 90. Geburtstags fand 2005 in Freiburg ein Kolloquium „Strafrecht und Kriminologie unter einem Dach" statt, an dem über 100 namhafte Persönlichkeiten aus dem In- und Ausland teilnahmen.

805 BArchKO, B 362 / 10951, Bl .65 - 97; zitiert als Jescheck mit den Seitenzahlen des Gutachtens.

806 Gutachten Hildebrandt, Ophüls, Welck, Bessel-Lorck in NL John, Box 3.

807 Archiv des Verfassers; Leihgabe von C.M.Fröhder.

808 Oben F. I. 4. c), S. 86ff.

- Gutachten von MinDir Freiherr v. Welck
- Gutachten von ORR Bessel-Lorck
- Aussage von Friedrich Heinz vom 18.12.1954
- Aussage von Bonde-Henriksen

Auch Jescheck stellt ganz klar heraus, daß alle in dem Prozeß zu entscheidenden Rechtsfragen davon abhängen, ob Otto John freiwillig in den Ostsektor von Berlin übergetreten sei und freiwillig für die östlichen Behörden gearbeitet habe, oder ob er von Wohlgemuth entführt worden sei und sich lediglich unter Zwang zum Schein zu einer Mitarbeit entschlossen habe. Der Gutachter nimmt zu dieser Tatfrage, die in der HV zu klären sein werde, keine Stellung, sondern beurteilt die Rechtsfragen einerseits unter dem Gesichtspunkt der Anklage (freiwilliger Übertritt, freiwillige Mitarbeit), andererseits unter dem Gesichtspunkt der Verteidigung (Verschleppung, erzwungene Mitarbeit)[809].

bb) Gesichtspunkt der Anklage[810] (freiwilliger Übertritt, freiwillige Mitarbeit)

Da in der vorliegenden Arbeit die Beweiswürdigung des BGH 1956 angegriffen und gezeigt wird, daß bei einer objektiven Beweiswürdigung schon damals die Zweifel des Gerichtes so erheblich hätten sein müssen, daß in dubio pro reo auf Freispruch hätte entschieden werden müssen, und weiterhin gezeigt wird, daß auf Grund neuerer Erkenntnisse in den Wiederaufnahmeverfahren heute nur noch der Gesichtspunkt der Verteidigung über eine Verschleppung und einen Zwangsaufenthalt im Osten dem wahren Sachverhalt entsprechen kann, könnte dieser Teil des Gutachtens übersprungen werden. Die Beurteilung Jeschecks, daß sich Otto John selbst dann nicht strafbar gemacht haben könne, wenn er im Sinne der Anklage freiwillig gehandelt hätte, ist jedoch so interessant, daß sie hier skizziert wird. Verfasser hält die Rechtsauffassung von Jescheck für richtig.

Jescheck kommt zur Auffassung, daß Otto John sich nach keinem der von der Anklage zu Grunde gelegten §§ des StGB schuldig gemacht haben könne. Dazu im einzelnen:

§ 100d Abs. 2 StGB (Verfassungsverräterische Konspiration) setze im objektiven Tatbestand bestimmte Vorbereitungen zum Verfassungsverrat voraus, die eine ernstliche Gefährdung des Staates darstellen. Schon daran fehle es im Fall John. Strafrechtlich relevant müsse im subjektiven Tatbestand das Unrechtselement der Absicht

809 *Jescheck*, S. 2.

810 *Jescheck*, S.3-27.

des Täters hinzukommen. Dieses subjektive Merkmal müsse streng ausgelegt werden, es mmüsse sich also wirklich um eine verfassungsverräterische Absicht handeln, wenn nicht einem Gesinnungsstrafrecht das Wort geredet werden solle, und man dann ein „Heimtückegesetz" im Sinne der NS-Zeit hätte.

Auf die Notwendigkeit dieser klaren Abgrenzung zwischen straffreier politischer Opposition und verbrecherischer Absicht hat der Abgeordnete Prof. Dr. Wahl als Berichtserstatter des Rechtsauschusses des Bundestages im Plenum am Anfang der Beratungen unmißverständlich hingewiesen: *„....Der Ausschuß war sich völlig darüber einig, daß diese verbrecherische Absicht wirklich das tragende Motiv für die Handlungsweise des Täters sein müsse, und daß hier das Bewußtsein, daß sein aus anderen Motiven geführter politischer Kampf unter Umständen eine Staatsgefährdung zur Folge haben könne oder müsse, keinesfalls zur Bestrafung ausreiche"*[811].

Selbst Schafheutle, der die neuen Staatsschutzgesetze entworfen hat, und der persönlich noch von den Anschauungen der NS-Zeit geprägt war[812], hat klar darauf hingewiesen, daß das subjektive Unrechtselement der Staatsgefährdungsabsicht dazu diene.

„...die staatsfeindliche Aktion von legalen Auseinandersetzungen innerhalb des politischen Lebens einer Demokratie zu unterscheiden. Der Gesetzgeber stand vor der Aufgabe, das strafwürdige Verhalten des Staatsfeindes von der nicht strafwürdigen Tätigkeit der auf dem Boden der Demokratie stehenden und sie bejahenden Kräfte abzugrenzen. Dies konnte nicht geschehen, ohne daß die Willensrichtung des Täters zur subjektiven Kennzeichnung des strafbaren Verhaltens herangezogen wurde"[813].

Besonders interessant ist der Hinweis von Jescheck, daß gerade der maßgeblich neben dem Senatspräsidenten im Prozeß 1956 hervorgetretene Bundesrichter Jagusch, der sich in der Hauptverhandlung sehr aggressiv gegenüber John gezeigt hat, in dem von ihm herausgegebenen und geschriebenen Kommentar[814] nachdrücklich darauf hingewiesen hat, daß die Absicht „Grundlage aller Tatbestände der Staatsgefährdung" sein müsse, und daß Absicht hier „im rechts-

---

811 BT Protokoll, 158. Sitzung v. 5. 7. 1950 , Band 8, S. 6304; s. zu Wahl auch oben H. II. 1. d), S. 144.

812 Oben B.I.1.3., S. 10 und K. I. , S. 183.

813 JZ 1951, S. 609 - 620 (612).

814 *LK* 7.Aufl., Vorbemerkung 4 vor § § 80, S. 580 und § 88 N. 5, S.598; dieselben Ausführungen übernommen in die 8. Aufl., s. oben bei Kritik Arndt, H. II. 1. d), S. 144f.

technischen Sinne" gemeint sei „unter Ausschaltung bloßen Vorsatzes".[815]

Jescheck bringt noch eine Reihe weiterer Belege aus der Kommentarliteratur für diese Auslegung und hält die Auslegung des Absichtsmerkmals durch den BGH für falsch. Arndt, der Jeschecks Gutachten nicht kannte, kam zu derselben Schlußfolgerung.[816].

Jescheck nennt noch ein interessantes Detail aus eigener Kenntnis, das die in der vorliegenden Arbeit vertretene Auffassung stützt, daß die vom BGH angenommene „verfassungsverräterische Konspiration" für einen Mann wie Dr. Otto John völlig persönlichkeitsfremd sei. An einer Tagung in England vom 8.-12. Oktober 1956 hatte Prof. Jescheck den britischen Colonel Draper getroffen, der von einer etwa ein Jahr dauernden Zusammenarbeit mit Otto John im Internationalen Roten Kreuz in England berichtete. Draper zeigte sich erschüttert über die Anklage gegen John, der jedes totalitäre System in gleicher Weise gehaßt habe. Auf Jeschecks Frage, ob er es für möglich halte, daß Dr. John darauf ausgegangen sei, die freiheitliche Grundordnung der Bundesrepublik zu erschüttern, hatte Draper mit einem unmißverständlichen Nein geantwortet: *„never in the life"*.

§ 100d Abs. 3 und 4 StGB. (verfassungsverräterische Lügenhetze)[817]

Es handelt sich hier um die folgenden Otto John zugeschriebenen Behauptungen:

- daß OBA Güde in dem Gespräch am 10. Mai 1954 in Karlsruhe[818] gesagt habe, daß die Justiz in der Bundesrepublik durch politischen Druck daran gehindert werde, nach rechtsstaatlichen Grundsätzen zu verfahren.
- daß er von Bundeskanzler Dr. Adenauer im Frühjahr 1952 den Auftrag erhalten habe, gegen den Bundesminister Jakob Kaiser nachrichtendienstliche Ermittlungen einzuleiten.
- daß Geheimabreden zu den EVG-Verträgen zwischen der Bundesrepublik und den Westmächten bestünden, die der Bundeskanzler dem Parlament und dem deutschen Volk verborgen habe.

---

815 *Jescheck*, S. 6 ff.

816 Oben H. II. 1. d), S. 145.

817 *Jescheck*, S. 12 ff. Jescheck lag nur die Anklageschrift vor, die auch § 100 d Abs. 4 StGB betraf. Das Urteil stützte sich nur auf § 100 d Abs. 2 und 3 StGB.

818 Oben B. III. 2. b) ff), S. 42.

- daß deutsche Generäle den EVG-Vertrag dazu benutzen wollten, deutsche Einheiten in die verbündeten Staaten zu verlegen, um diese gefügig zu machen. Diese Ziele würden durch Aktivitäten der Organisation Gehlen in Frankreich vorbereitet.

Jescheck berichtigt einige der Behauptungen bzw. stellt sie in den richtigen Zusammenhang, weist aber zusätzlich nach, daß auch für den Fall, daß die Behauptungen wirklich so erfolgt wären, wiederum kein strafbarer Tatbestand vorliege. Auch hier müsse die Absicht entsprechend der Grundauffassung des Bundestages streng ausgelegt werden, die Äußerungen müßten also als tragendes Motiv für die Handlungsweise des Täters die Absicht gehabt haben, die Sicherheit der Bundesrepublik zu beeinträchtigen oder ihre tragenden Verfassungsgrundsätze zu beseitigen. Davon könne im Ernst nicht die Rede sein. Auch wenn Otto John als freier Mann bei der Pressekonferenz und bei anderen Gelegenheiten gesprochen hätte, könne es sich lediglich um Ansichten zur Bekämpfung der Politik der Bundesrepublik gehandelt haben. Das sei aber kein strafbares Verhalten.

§ 100 Abs.1 StGB. (Landesverrat). Diese Anschuldigung aus dem ersten Haftbefehl und der Anklageschrift hat der OBA schon in der Hauptverhandlung nicht aufrecht erhalten.

Im Rahmen der vorliegenden Arbeit werden diese Fragen nicht weiter vertieft, weil nachgewiesen wird, daß Otto John sich in einer Notstandlage befand, sodaß seinen Erklärungen hinter dem Eisernen Vorhang keinerlei Beweiswert zukommt. Die richtige Auslegung des Begriffs Absicht wurde vom Verfasser auch in Verbindung mit den Staatsschutzgesetzen diskutiert[819].

cc) Gesichtspunkt der Verteidigung (Verschleppung und Zwangslage)

Nachdem Jescheck sich so eingehend mit der Situation auseinandergesetzt hat, falls sich Otto John freiwillig den östlichen Machthabern zur Verfügung gestellt habe und selbst unter dieser Voraussetzung kein strafbares Vergehen sieht, kann er sich für den für Otto John noch wesentlich günstigeren Fall kurz fassen. Denn wenn er schon im Falle der Freiwilligkeit ein strafbares Verhalten ablehnt, gilt dies in einer Zwangslage erst recht.

Hierbei sieht Jescheck Otto John ohne jeden Zweifel in einer Zwangslage, die alle Zeichen des Drohungsnotstandes (Nötigungsnotstandes) trage, auch dann, falls sich John etwa wirklich in der Absicht eines kurzen Besuchs von Ost-Berlin freiwillig dorthin be-

819 oben K. III., S. 187 ff.

geben haben sollte, dann aber vom KGB dort festgehalten wurde. Er hätte sich dann in einer gegenwärtigen Gefahr für Leib und Leben befunden. Aus der zweiten gutachtlichen Äußerung von Dr. Hildebrandt über „Das Schicksal der in die Hände der östlichen Sicherheitsorganisationen gefallenen Angehörigen westlicher Nachrichtendienste" gehe hervor, was Otto John als Gefangenem der Russen drohe: „wenn nicht der sichere Tod, so doch mindestens eine Verschickung nach Sibirien oder ein sowjetzonales Konzentrationslager, was schwere Körperschäden und oft auch Tod bedeutete".

Heute wissen wir aus der Aussage von Tschernow[820], daß der KGB tatsächlich Otto John mit Zwang an der Rückkehr nach West-Berlin hinderten.

Schließlich nimmt Jescheck noch Stellung zu der Frage, ob Otto John unter Annahme des dritten denkbaren Falles[821] sich richtig verhalten und ob er sich strafbar gemacht habe. Falls er sich leichtsinnig freiwillig in den östlichen Machtbereich begeben hätte, könne die Zwangslage selbstverschuldet sein. Auch für diesen Fall weist Jescheck aber nach, daß bei richtiger Auslegung der §§ 52 und 54 StGB a.F. die Notstandsvorschrift von Otto John in Anspruch genommen werden könne.

Jescheck setzt sich auch mit dem von Senatspräsident Geier erhobenen Vorwurf auseinander, daß Otto John den Pressionen der Russen nicht den Widerstand eines Soldaten oder eines Feuerwehrmannes hätte entgegengesetzt habe, Eine solche erhöhte Aufopferungspflicht kennet nur das alte Militärstrafgesetzbuch und die Seemannsordnung und bestimmte Berufe wie Feuerwehrleute, Beamte und Bergführer. Von einem Beamten könne man eine solche Haltung nicht verlangen; eine Pflicht zum Selbstmord bestehe für niemanden. Jescheck weist unter Bezug auf das Gutachten von Alexander Paterson darauf hin, daß es eine von allen Nachrichtendiensten geübte, allgemein anerkannte Praxis sei, daß die gefangenen Angehörigen dieser Dienste zum Schein auf die Zumutungen des Feindes eingehen, um eine günstige Gelegenheit zur Flucht abzuwarten.

Daß diese Auffassung auch beim BfV bestand und besteht, wurde in der vorliegenden Arbeit bereits nachgewiesen und das richtige Verhalten von Otto John an dem Vergleich mit Benito Cereno erläutert[822].

---

820 BArchKO, B 362/4616, Bl. 124-129.

821 Fall bb) im Gutachten Kern, oben L .I. 2. a). bb), S. 196.

822 Oben H. II. 1. c), S. 139f.

3. Kritik von Dr. Adolf Arndt

Zusätzlich zu diesen beiden Gutachten enthält die Kritik von Adolf Arndt[823] noch wesentliche Gesichtspunkte zur Beurteilung der Rechtsfragen. Diese Kritik und besonders der Begriff der Absicht wurde bereits bei der Diskussion der mündlichen Urteilsbegründung berücksichtigt und unter K. III.[824] oben behandelt

II. Versuch, Otto Johns Verschwinden am 20. Juli 1954 abends aufzuklären

1. Vorbemerkung

Das Gericht stand vor der schwierigen Aufgabe, einen nicht geständigen Angeklagten, den es für schuldig hielt, in einem Indizienprozeß zu verurteilen, obwohl es für den ersten Teil der dem Beschuldigten vorgeworfenen Tat, den Übertritt des Angeklagten am Abend des 20. Juli 1954 nach Ost-Berlin, keine echten Tatzeugen gab. Es gab 1956 außer der Darstellung des Angeklagten, dem das Gericht von vornherein keinen Glauben schenkte, so gut wie nichts. Die zweite Person, die unbestritten mit Otto John im Auto saß, nachdem die beiden die Praxis von Dr. Wohlgemuth verlassen hatten, und die sowohl als Zeuge wie auch als Täter in Frage kam, war Dr. Wohlgemuth. Wohlgemuth, der - von seinem kurzen eiligen nächtlichen Erscheinen unmittelbar nach der Verbringung von Otto John nach Ost-Berlin am Abend des 20. Juli 1954 abgesehen - ebenfalls in Ost-Berlin verblieb, erschien aber trotz Zusicherung von freiem Geleit nicht zur HV. Er gab lediglich über seinen Bevollmächtigten oder schriftlich Erklärungen ab, sodaß die vom Gesetz geforderte freie Beweiswürdigung aus dem Inbegriff der Verhandlung nach § 261 StPO hinsichtlich dieses Zeugen nicht stattfinden konnte. Es wird deshalb das Wichtigste zusammengestellt, was als Beweis oder glaubwürdige Zeugenaussage gefunden wurde und die Behauptung Otto Johns von seiner Unschuld im strafrechtlichen Sinne widerlegt oder stützt. Hierbei wird auf den Wissensstand abgestellt, den der BGH haben konnte, einschließlich John entlastender Beweise, die nicht in die HV eingeführt wurden. Neuere Erkenntnisse werden deutlich als solche gekennzeichnet und bei der Diskussion der Wiederaufnahmeverfahren berücksichtigt.

---

823 Oben H.II.1.d), S. 142f.

824 Oben S. 187ff.

2. Sichere und umstrittene Tatsachen zum Sachverhalt

a) Gesicherte Kenntnisse für die Tage vom 15.-20. Juli 1954 in Berlin

Otto John hat genau berichtet - soweit der Nachprüfung zugänglich, sind seine Angaben immer richtig -, warum er mit seiner Frau schon am 15. Juli 1954 nach Berlin fuhr. Dort nahm er an den offiziellen Feierlichkeiten der Bundesrepublik und der Stadt Berlin am 19. und 20. Juli 1954 anläßlich der 10-jährigen Wiederkehr des Attentats vom 20. Juli 1944 teil. Außerdem erledigte er dienstliche Verpflichtungen und organisierte zusammen mit seiner Frau ein Treffen alter Freunde vorwiegend aus dem Widerstandskreis. Zu den einzelnen Stationen seines Aufenthalts in Berlin, wie er selbst sie schildert[825], wurden umfangreiche Ermittlungen der Kriminalpolizei angestellt, die die Angaben Johns voll bestätigten. Sicher ist auch, daß und wann Otto John die Praxis von Wohlgemuth aufgesucht hat; unsicher ist, was sich in der Praxis und nach dem Verlassen der Praxis abgespielt hat.

In Otto Johns Gedächtnis waren alle Einzelheiten bis zu dem Augenblick, in dem er im Auto von Wohlgemuth das Bewußtsein verlor. Seine Erinnerung setzte erst wieder mit seinem Aufwachen in der Gewalt des russischen Geheimdienstes ein[826].

b) Aufenthalt in der Praxis von Dr. Wohlgemuth am Abend des 20. Juli 1954

Unbestritten ist, daß Otto John sich nicht lang, höchstens etwa eine Stunde in der Zeit von ca. 20 bis 21 Uhr in der Praxis von Dr. Wohlgemuth aufgehalten hat. Der Taxifahrer Bartelke, der Otto John zu Wohlgemuth gefahren hat, ist um 19:40 Uhr im Hotel Schätzle abgefahren. Otto John stieg am Maison de France an der Ecke Uhlandstraße aus und ging die wenigen Schritte zu der Praxis in Uhlandstraße 175. In den Zeitangaben stimmen die Aussagen von John und Wohlgemuth mit den Aussagen der Angestellten von Wohlgemuth ziemlich überein. Strittig ist, warum Otto John die Praxis aufgesucht hat und was sich in der Praxis wirklich abgespielt hat. Otto John behauptete, daß es um das Attest für Frau Nehlsen gegangen sei Wohlgemuth behauptete, daß Otto John mit ihm zum Besuch des Grabes von Hans John und zu einem konspirativen Gespräch, und / oder zum Treffen mit alten Freunden aus der Widerstandszeit nach

825 Oben C. 1. , S. 45 ff.

826 Oben C. 2. b), S. 49.

Ost-Berlin fahren wollte. Einzelheiten[827] dazu hat er in vielen Varianten angegeben, was die Glaubwürdigkeit nicht erhöht.

Für Otto Johns Darstellung, daß es um das Attest für Frau Nehlsen ging, spricht widerspruchsfrei alles. Otto John hatte am 2. Juli 1954 einen Brief von Frau Nehlsen vom 9. Juni 1954 beantwortet. Er hatte geschrieben, daß er unsicher sei, ob ihre Telephonnummer noch stimme und bat, bei Frau Schätzle im Hotel Schätzle die richtige Nummer zu hinterlassen, er werde voraussichtlich vom 19.- 22.7. in Berlin sein[828]. Nach Eintreffen in Berlin erfuhr er dann bei seinem Anruf am 17. Juli, daß Frau Nehlsen verreist sei. Nach Hin und Her mit Wohlgemuth entschloß er sich dann doch, ihn wegen des Attestes aufzusuchen[829]. Die Darstellung Johns über die Angelegenheit wird voll von dem glaubwürdigen Zeugen Generalstaatsanwalt Dr. Buchardi gestützt, der zwar von OBA Dr. Wiechmann ausführlich dazu vernommen[830]., aber nicht in der HV gehört wurde. Er wurde gar nicht geladen.

Völlig eindeutig war auch der Brief Frau Nehlsens vom 4. September 1954 an den Oberbundesanwalt, in dem sie von sich aus alle Einzelheiten über die Rentengeschichte und das Attest mitteilte. - exakt wie es auch Otto John geschildert hatte. Eine etwaige Absprache zwischen Frau Nehlsen und Otto John, die Unwahrheit zu berichten, ist ausgeschlossen. Er hat sie vor dem 20. Juli 1954 in Berlin nicht angetroffen und hatte danach in der Zeit bis zum 4. September keine Möglichkeit mehr zu Kontakt mit ihr, bis er ihr den nachstehend zitierten Brief schreiben konnte.

Frau Nehlsen hatte ihm am 11. 8. unmittelbar nach der Pressekonferenz an seine Berliner Postfachadresse geschrieben und gebeten, ihr die Wahrheit zu schreiben. Das zeigt einerseits, daß sie nicht an seine Aussagen auf der Pressekonferenz glauben wollte, aber andererseits, daß sie sich nicht darüber im klaren war, daß er ihr die Wahrheit keinesfalls schreiben konnte, ohne sich in Lebensgefahr zu bringen. Er antwortete am 4. September 1954 nur kurz, daß er auf der Pressekonferenz alles gesagt habe und fügte hinzu: „Ich hoffe aufrichtig, daß Sie nicht an die Zeitungsnachrichten glauben und wäre froh, wenn Sie und Ihre Freunde sich nicht irre machen lassen würden“ [831]. Die Übereinstimmung der Darstellung von Otto John

827 Dazu L. III. 2. , S. 220 ff. sowie N. I. 2. , S. 278 ff.

828 Mikrofiche-Film John, S. 101, Erkenntnislage des BfV.

829 Genaue Angaben dazu oben C. 1. , S. 46.

830 BArchKO, B 362/10941, Bl. 408-410; s. oben H. I. 2. , S. 126.

831 BArchKO, B 362/10942, Bl. 830 ff.

und Frau Nehlsen zu der Sache des Attestes hatte also einen einfachen Grund: es war und ist die Wahrheit.

Obwohl diese Tatsachen aktenkundig waren, hat der BGH angenommen daß die Sache mit dem Attest ein Vorwand von Otto John gewesen sei und daß er in Wirklichkeit mit Wohlgemuth zu politischen Gesprächen mit hochrangigen Politikern der Ostseite fahren wollte.

c) Die Überschreitung der Sektorengrenze von West nach Ost

Hier stützt sich der BGH auf die Aussage des Zollbeamten Schmidt, der an dem Abend Dienst an der Sandkrugbrücke hatte. Der Widerspruch zu der schriftlichen, im Prozeß 1958 wiederholten Aussage Wohlgemuths, der dabei blieb, daß er über das Brandenburger Tor die Grenze überschritten hätte, blieb ungeklärt. Schmidt wollte sich erinnern, daß ein Wagen mit den Endziffern ...996 bei ihm die Grenze überschritten habe. Die beiden Insassen des Wagens seien in lebhafter Unterhaltung gewesen. Er habe die Insassen vor der Fahrt in den Ostsektor gewarnt und die Antwort erhalten: „Da wollen wir ja hin".

Die Aussage Schmidts wurde von der Verteidigung angezweifelt, weil erstens bereits Photos von dem Wagen von Wohlgemuth in der Presse veröffentlicht waren, die das Nummernschild deutlich zeigten (Schmidt gab zu, diese Photos gesehen zu haben), und weil zweitens Schmidt zunächst die Personen auf Photos nicht identifizieren konnte. Trotzdem hat der BGH diese Aussage als Beweis für einen freiwilligen Übertritt angesehen.

Es gibt aber eine aufschlußreiche Vernehmung des Zollbeamten, der auf der gegenüberliegenden Seite Dienst tat[832]. Die Vernehmung fand durch die Kripo am gleichen Tag wie die Vernehmung seines Kollegen Schmidt statt. Diese sehr genaue und sachliche Aussage des Zollbeamten Richard Hanke vom 24.Juli 1954, der gleichzeitig mit Schmidt am 20. Juli 1954 abends Dienst auf der anderen Straßenseite hatte, geht dahin, daß ein Vorgesetzter sie abends per Funkspruch fragte, ob ihnen ein Wagen mit Kennzeichen mit mehreren „9" aufgefallen sei. Da es nicht seine Seite war, war er zunächst uninteressiert. Sein Kollege Schmidt meinte abends, bei ihm könnte eine „9" vorgekommen sein, er wolle versuchen, sich noch genauer zu erinnern.

Verfasser hat die Aussage des Zollbeamten Hanke nur in der Erkenntnislage des BfV gefunden. Es handelt sich um ein gleiches

832 Mikrofiche-Film John, Erkenntnislage des BfV.

Vernehmungsprotokoll der Kripo wie alle Vernehmungen in den ersten Tagen nach dem Verschwinden von John. Das Protokoll muß auch der Bundesanwaltschaft vorgelegen haben. In der HV trat aber Hanke als Zeuge nicht auf. Es ist ein Steinchen in dem Mosaik, das sich zu der Ansicht des Verfassers fügt, daß für John günstige Aussagen zurückgehalten worden sind.

3. Unsicherheit, ob Otto John am 20. Juli 1954 freiwillig nach Ost-Berlin ging

Solange man keinen Einblick in die in Moskau jedenfalls 1995 noch vorhandene Akte John des KGB hat, sind Schlüsse mit letzter Sicherheit nicht möglich. Dort müßte verzeichnet sein, warum, wo und in welchem Zustand der KGB-Mitarbeiter Karpow (Deckname Kuchin) alias Dr. Schneider[833] in Ost-Berlin Otto John von Wohlgemuth übernommen hat. Daß diese Übernahme bzw. Übergabe am Abend des 20. Juli 1954 vor der Charité stattgefunden hat, ergibt sich aus vielen, wenn auch in Einzelheiten variierenden Aussagen. Die Aussage Wohlgemuths dazu, daß Otto John in der Person Dr. Schneider einen alten Bekannten habe treffen wollen, ist allerdings durch Schneider/Karpows eigene Aussage als Lüge entlarvt. Zu diesem Punkt werden unten[834] eingehende Überlegungen angestellt. In den KGB-Akten sind vermutlich die Instruktionen des KGB an ihren Agenten Wohlgemuth, wie er sich Otto John gegenüber verhalten sollte. Diese Akten sind aber leider unzugänglich und könnten allenfalls bei einer Wiederaufnahme des Verfahrens durch die Staatsanwaltschaft im Wege der Rechtshilfe erkämpft werden.

Eine interessante Mitteilung[835] findet sich auch in dem 2004 veröffentlichten Buch von *Bubke,* das *Gieseking* offensichtlich unbekannt war. Danach wurde Otto John nach seinem Übertritt in dem konspirativen Objekt „Park" im Haus Berthastraße 1a gesehen, das später auch hohen Funktionären wie Wollweber als Wohnsitz diente. Dies würde die aus vielen Indizien zu folgernde These stützen, daß die „Verbringung" Johns von West nach Ost zunächst eine reine Sache der Sowjets war, die den MfS völlig überraschte, sodaß nichts für den „Empfang" von Otto John vorbereitet war. Wohlgemuth war ein Agent des KGB, nicht des MfS. Otto John schreibt[836], daß er erst nach zwei Tagen (in denen er zunächst bewußtlos war), „über

833 Zu Schneider (auch Deckname Kuchin) alias Oberst Karpow s. oben G. 4. f), S. 118 f.

834 L. IV. 3., S. 253 ff.

835 *Bubke,* S. 33.

836 *John I,* S. 279.

Kreuz- und Quergänge in ein anderes Haus gebracht" wurde. Das paßt zu der Behauptung von Bubke.

Hierzu würde auch die Aussage des Zeugen Dannenberg passen, der in den ersten beiden Wiederaufnahmeverfahren ausgesagt hatte, aber vom Gericht als unglaubwürdig angesehen wurde[837]. Dannenberg war Kraftfahrer in der Hauptabteilung Personenschutz und in dieser Eigenschaft lange Zeit Fahrer des ZK-Mitglieds Hermann Matern. Am 11. Oktober 1955 flüchtete er in die Bundesrepublik[838]. Er wurde am 8. August 1956 auf Veranlassung des Untersuchungsrichters Kurt Weber unter Eid zu der Sache John vernommen. Nach Dannenbergs Ansicht paßte seine Aussage aber nicht in das Konzept von Weber, sodaß John keine Kenntnis von dieser Aussage bekam und sie auch im Prozeß 1956 nicht vorgebracht wurde. Dannenberg behauptete in zwei Zuschriften an die Presse[839], daß er aus eigener Kenntnis als Fahrer des ZK-Mitglieds Hermann Matern wisse, daß Otto John zunächst in das Sperrgebiet an der Orankestraße in Hohenschönhausen und erst einen Tag später nach Karlshorst verbracht wurde.

Hier wird zunächst nur noch auf drei weitere Beweisstücke hingewiesen, die einen freiwilligen Übertritt im Sinne der Anklage für fast ausgeschlossen erscheinen lassen.

a) Der Brief von Prof. Ernest Cohn

Stellvertretend für viele Zeugen, die Otto John für unschuldig halten, ist der Brief von Prof. Ernest Cohn an Dr. Helmut Dix, den Verteidiger von Otto John hier beigefügt[840]. Ernest Cohn, eine bedeutende Persönlichkeit[841], war ebenso wie alle, die John wirklich kannten, davon überzeugt, daß dieser entführt worden war. Dies schließt Cohn daraus, daß er Otto John noch kurz vor dessen Verschwinden

---

837 *Gieseking*, S. 443.

838 BStU, MfS Allg.P. 11263/56, S. BStU 000037 ff.

839 BStU, Operativvorgang Deckname. „Intrigant" MfS 209/60 v. 19. Juli 1957, S. BStU 000074/75, S.000097, Archiv Nr. 10/80, Kopien erhielt Verfasser auch im Dezember 2006 von Herrn Gert v. Paczensky, der damals die Zeitschrift „Deutsches Panorama" leitete .

840 Anhang VI, S. 357 f, Brief von v. 28. Dez. 1955, aus BArchKO, VS B 362 / 10945,Bl. 1178,1179.

841 Prof. Dr. iur. Ph. D. Ernest Cohn war Hochschullehrer an der juristischen Fakultät der Universität Frankfurt bis zu seiner Auswanderung nach England 1934 und kannte Otto John schon aus dessen Studienzeit. Nach 1945 bestanden berufliche Kontakte, die auch nach der Berufung Otto Johns zum Präsidenten des BfV fortgesetzt wurden. Ernest Cohn war nach 1945 Berater der englischen Regierung.

1954 im BfV besucht hatte, und bei dieser Gelegenheit von den Intrigen gegen John erfuhr. Von dem Ratschlag, sein Amt niederzulegen und sich eine andere, lukrativere Tätigkeit zu suchen, wollte John aber nichts wissen, sondern erst seine Aufgabe im BfV zu einem erfolgreichen Abschluß bringen. Cohn schloß es ferner daraus, daß er für Cohns Sohn bei diesem Besuch eine Verabredung in Köln mit John schloß. Cohns Sohn sollte Otto John aufsuchen, sobald dieser nach den Feierlichkeiten am 20. Juli 1954 zurück in Köln sei.

Im gleichen Sinn hatte Prof. Cohn auch schon am 2.August 1954 an Dr. Schröder unmittelbar nach dem Verschwinden Johns geschrieben, wobei er noch genau schilderte, daß John bei der Verabredung mit dem Sohn Cohn zuerst seine Agenda studiert habe, bevor er am 26. Juli 1954 einen freien Termin fand. *„Er würde kaum eine solche Täuschung – und dies wäre es ja gewesen, wenn er schon entschlossen gewesen wäre, nicht von Berlin zurückzukehren – gegenüber einem so harmlosen Besucher nötig gehabt haben*[842].

b) Otto Johns Agenda mit seinen Verabredungen in Berlin und danach in Köln

Besonders interessant sind in diesem Zusammenhang die Verabredungen, die Otto John für die Tage nach dem 20. Juli 1954 getroffen hatte. Er wollte zunächst am 21. Juli 1954 zurück nach Köln fliegen, buchte aber den Flug auf einen Tag später um, da er noch Verabredungen in West-Berlin getroffen hatte. Es gibt seine Agenda[843], einen in Leder gebundener großen Taschenkalender, in den er alle seine Verabredungen handschriftlich eingetragen hatte. Diese Agenda ist mit allen anderen Dingen wie Schlüsseln etc. in seinem Hotelzimmer zurückgeblieben und wurde im Ermittlungsverfahren genau durchsucht. In dieser Agenda sind auch viele Termine für die Tage nach dem 20. Juli 1954 eingetragen. Alle Personen, mit denen er sich verabredet hatte, haben diese Termine bestätigt. Es würde schon für eine außerordentliche kriminelle Energie sprechen, wenn er alle diese Verabredungen nur zum Schein getroffen hätte, um ein von langer Hand geplantes Vorhaben zum Seitenwechsel zu kaschieren. Auch der BGH hat die Eintragungen für zweifelsfrei echt gehalten und dies als ein starkes Indiz dafür gesehen, daß am 20. Juli 1954 plötzlich Umstände eingetreten seien, die Otto John zum Überqueren der Grenze in Begleitung von Wohlgemuth veranlaßt haben könnten. Wörtlich schreibt der BGH in der schriftlichen Urteilsbegründung dazu:

---

842 BArchKO, B 362/10942, Bl. 799.

843 Jetzt im persönlichen Nachlaß im IWM Duxford, GB.

„Die Umstände, unter denen der Angeklagte am 20. Juli 1954 verschwand, lassen vielmehr darauf schließen, daß er in der Tat nur einen kurzen Besuch in Ost-Berlin vorhatte......“[844]

In der mündlichen Urteilsbegründung heißt es noch deutlicher:

„Über diese Umstände kann der Senat nicht hinwegsehen, und sie sprechen entscheidend dafür, dass der Angeklagte durchaus den Willen gehabt haben kann, nach kurzer Zeit aus dem Ostsektor wieder zurückzukehren, Es bleibt also offen, aus welchen Gründen der Angeklagte nun einen solchen Besuch auf Zeit im Ostsektor unternommen haben kann“[845].

Statt aber das Nächstliegende auf Grund der Persönlichkeit und der prowestlichen Einstellung von Otto John anzunehmen, nämlich daß Otto John unter keinen Umständen Wohlgemuth in der Absicht aufgesucht hat, um ihn zu einem politischen Gespräch in Ost-Berlin freiwillig zu begleiten, sondern daß es sich um eine Entführung oder mindesten Überlistung gehandelt haben müsse, kam der BGH aus seiner vorgefaßten Meinung[846] zur Ansicht, daß Otto John nicht nur freiwillig West-Berlin verlassen habe, sondern dazu noch aus freiem Entschluß in der DDR geblieben sei.

Man könnte allenfalls davon ausgehen, daß Otto John unter dem Eindruck der Feierlichkeiten des 20. Juli 1954 im Andenken an seinen ermordeten Bruder schon im Hotel den extrem leichtsinnigen Entschluß gefaßt hätte, mit seinem „Freund“ Wohlgemuth, den er wegen des Attestes sowieso aufsuchen wollte, kurz zum Grab des Bruders „inkognito“ zu fahren. Das hätte ein Grund sein können, alle persönlichen Sachen, Agenda, Ausweise im Hotel zurückzulassen. Es bleibt allerdings die Frage, wie er sich dann an der Grenze ausweisen wollte. Es bleibt auch die Frage, wieso der Senat, der wiederholt seine Ansicht festlegt, daß Otto John die Grenze nicht überschritten hat, um drüben zu bleiben, sich mit dem Motiv des Grabbesuches überhaupt nicht befaßt hat, obwohl es sehr deutlich von Wohlgemuth, dem der Senat sonst doch Glauben schenkte, eingeführt war.

Ein strafbarer Tatbestand wäre jedenfalls die Absicht, das Grab zu besuchen, nicht gewesen[847].

---

844 2 St E 15/56; S. 70 der Schriftlichen Urteilsbegründung, B 362/10933, Bl. 1810.

845 mUB S. 19; s. dazu auch H. II. 1, S. 130 ff.

846 Oben Kapitel J. I. 1., S. 151 ff.

847 Ausführlich unten L. IV. 2., S. 246ff.

c) Das Zeugnis von Herbert Brehmer

Dieses Zeugnis, das dem KG Berlin 1995 vorlag, gehört zu den überzeugendsten Dokumenten hinsichtlich des vom Verfasser angenommenen Sachverhalts, wie Otto John in die Gewalt des KGB gelangte. Dr. Brehmer, mit dem Verfasser ein langes persönliches Gespräch[848] führte und mit dem er in Sachen John korrespondiert hat, steht auch heute unverändert zu seiner schriftlichen Aussage vom 8. Februar 1992 über ein Gespräch mit Oberst Karpow im Beisein von Heinz Felfe Anfang Oktober 1978 in Moskau. Diese Aussage erhielten die Verteidiger Johns (Büro Jungfer/Kopmann, Sachbearbeiter Lammer) im fünften Wiederaufnahme-verfahren am 11. Februar 1992. Diese offenbar ehrliche Aussage von Karpow steht natürlich im Widerspruch zu der Version bei Frederik und zu dem Stern- Interview („Karpows Erzählungen“).

Brehmer schildert sehr ausführlich das Gespräch mit Karpow, das ohne Vorbehalte geführt wurde. Einsicht in die Johnakte wurde nicht gewährt. Danach hatte der KGB den Agenten Wohlgemuth beauftragt, John „abzuschöpfen“ und von der Nützlichkeit eines Gespräches mit Ostpolitikern zu überzeugen *„Von Gewaltanwendung war* [als Absicht des KGB] *nach Karpow keine Rede. Die von Wohlgemuth organisierte ‚Vorführung‘ von Otto John im Juli 1954 war nicht vereinbart und somit auch nicht vorbereitet. Die Mitarbeiter des KGB in Karlshorst mußten improvisieren. Der Zustand von Otto John ließ auch keine Gespräche ernster Natur zu.“*

Heinz Felfe[849] nahm an dem Gespräch am 8. Oktober 1978 in Moskau[850] teil, das eigentlich nicht dem Fall John, sondern Ermittlungen für das Buch von Felfe dienen sollte, vor allem bezüglich Oberst Bonin[851]. Er hat seine Erkenntnisse in einem Brief an Otto John vom

---

848 Am 11.11.2005 in Berlin.

849 Prof. Dr. Heinz Felfe, geb. 18. März 1918, war nach mittlerer Reife und Feinmechanikerlehre in der NS-Zeit ein staatlich gefördertes Mitglied der HJ, der das Abitur nachmachen und dann nach Eintritt in die SS ein verkürztes „Rechtswahrer“-Studium absolvieren konnte, das ihm die Laufbahn im RSHA ermöglichte. Er war im Auslandsgeheimdienst für das Gebiet Schweiz/Liechtenstein zuständig; im Rang eines SS- Obersturmführers. Nach Kriegsgefangenschaft konnte er 1951 in die Organisation Gehlen eintreten und blieb bis 1961 als Spion des MfS/KGB im BND, bis er enttarnt und 1963 zu 14 Jahren Freiheitsentzug verurteilt wurde 1969 wurde er ausgetauscht und erhielt eine Professur für Kriminologie an der Humboldt Universität in Berlin. Er lebt in Berlin, ist aber jetzt (Stand Frühjahr 2007) fast erblindet.

850 Angaben aus Brief vom 3. 11. 2005 an den Verfasser.

851 *Felfe*, S. 214 ff.

25. August 1986, der aus unbekannten Gründen nicht zum Versand kam, und in einem zweiten ausführlichen undatierten Brief festgehalten. Diese beiden Dokumente wurden am 13. Januar 1992 RA Jungfer übergeben und befinden sich bei den Akten des 5. Wiederaufnahmegesuchs. Mit seinem Brief vom 3. November 2005 hat Prof. Felfe dem Verfasser Kopien geschickt und erklärt, daß er auch heute noch bereit sei, die Richtigkeit des Inhalts dieser Dokumente zu bezeugen.

Brehmer schreibt:

„Für Herrn Prof. Felfe und mich waren die Ausführungen von Karpow überraschend und sensationell zugleich:

1. *Das offene Eingeständnis eines KGB-Offz. daß Otto John in einem provozierten, unzurechenbaren physischen Zustand nach Ost-Berlin gebracht wurde und*
2. *Wohlgemuth ein Agent des KGB war, der seinen Auftrag in unverantwortlicher Weise überzogen hatte".*

Dr. Brehmer war als Historiker bis 1989 Offizier in der Hauptverwaltung Aufklärung (HVA) des Ministeriums für Staatssicherheit (MfS)[852]. Er gehört zu den wenigen einstigen Stasioffizieren, die sich ihrer Vergangenheit stellen. Sein Buch „Auftrag Irreführung" legt davon Zeugnis ab. Brehmer geht darin auch kurz auf den Fall John ein[853].

4. Die Zeugin Rosemarie Wohlgemuth

Besondere Aufmerksamkeit verdienen die zu verschiedenen Zeitpunkten gemachten Aussagen von Rosemarie Wohlgemuth und ihr Auftreten in der HV.

Rosemarie Wohlgemuth wurde von der Kriminalpolizei erstmals am 23. Juli 1954 vernommen, bevor sie einen Kontakt mit ihrem in die DDR übergetretenen Ehemann haben konnte. Wohlgemuth war zuerst mit Otto John und wenige Stunden danach mit seiner Sprechstundenhilfe und späteren vierten Ehefrau Annemarie Weyres nach Ost-Berlin gefahren. Frau Wohlgemuth lebte von ihrem Mann schon ein Jahr getrennt. Diese erste, lange Vernehmung umfaßt im Protokoll neun eng beschriebene Seiten. Der Inhalt weist wesentlich von ihrer späteren Aussage[854] vor Gericht ab und belastete ihren Ehe-

852 *Ditfurth*, Kapitel „Das Marxistische Forum".

853 *Brehmer*, S. 156, 157.

854 oben F. II. 2. c), S. 95.

mann stark. Die Vernehmung erfolgte wie bei allen wichtigen Zeugen unmittelbar nach dem Verschwinden von Otto John durch den Kriminalkommissar Schmidt[855]. Die gleichen Aussagen[856] machte sie vor der SG am 7. August 1954: „Ich habe nichts hinzuzufügen".

Am 1.November 1954 wurde die Zeugin von LGR Brandenburg, Ermittlungsrichter des BGH in Berlin, noch einmal gehört und vereidigt[857].

Am 20. Februar 1955. verhörte sie schließlich Bundesrichter Weber[858] noch einmal. Sie bestätigte ihre früheren Aussagen mit Korrekturen einiger Daten. Sie erwähnte ausdrücklich, daß Wohlgemuth ihr gesagt habe, daß Wonsig Agent des SSD sei. Sie machte ihre früheren Aussagen zum Bestand ihrer neuesten Aussage bei Weber, der sie darauf vereidigte..

Aus der ersten Vernehmung am 23. Juli 1954:

Zur Person

Sie hatte im Oktober 1950, damals 16 Jahre alt, die Stelle als Sprechstundenhilfe bei Dr. Wohlgemuth angetreten, mit dem sie ein Jahr später die Ehe schloß. Sie war von ihrer Großmutter vor dieser Ehe vor allem wegen des großen Altersunterschieds gewarnt worden. Wegen dieser Differenzen beging sie am 22. April 1951 einen Selbstmordversuch mit einer Überdosis Luminal und wurde von Wohlgemuth gerettet.

Die Trennung von ihrem Ehemann erfolgte nach anderthalb Jahren wegen seiner ständigen Frauengeschichten. *„Sie lebt jetzt in einer Wohnung, die ihr Ehemann für sie gemietet hat und erhält Unterhalt von ihm"*.

Zur Sache

Sie erfuhr zuerst von Ihrer Tante Tadjana von Kordjunoff am 22. Juli 1954 vom Verschwinden ihres Ehemannes, als diese das Unterhaltsgeld bei Dr. Wohlgemuth in der Praxis abholen wollte und die Praxis voller Journalisten fand.

Sie nennt auf Befragen 9 Personen aus dem Bekanntenkreis ihres Mannes. Sie berichtet, daß ihr Mann bestrebt gewesen sei, eine Stelle

855 Kripo Berlin, Abt. V -V. 1(S) V, Protokoll vom 23.7.1954, BArchKO B 106/200143 Bl. 27-31.

856 BArchKO, B 362 / 4625, Bl. 173-180.

857 A.a.O.., Bl. 181-188.

858 A.a.O.., Bl. 189-191.

an der Charité durch Prof. Felix zu erhalten. Er habe auch 1950/51 dort bei Operationen assistiert. Auch bei Prof. Graffi am Krebsforschungszentrum habe er sich um Mitarbeit bemüht. Bei Besuchen bei Prof. Felix und Prof. Graffi hat sie ihren Mann begleitet. Seine Berufung an die Charité sei durch Intrigen von Dr. Plegmann verhindert worden, der das Gerücht verbreitete, daß ihr Mann Beziehungen zu den Alliierten habe. Daraufhin sei er nicht mehr nach Ost-Berlin gereist.

Herrn John habe sie nur einmal an einem Abend vor ihrer Eheschließung zusammen mit ihrem Mann kennen gelernt. Die Bekanntschaft ihres Mannes mit Otto John sei durch Hans John erfolgt, der ebenso wie ihr Mann Kommunist gewesen sei. Ihr Mann sei bei Dr. Morell, dem Leibarzt Hitlers, beschäftigt gewesen und hätte wegen dieser Tätigkeit nicht zum Wehrdienst gemußt. In dieser Zeit habe ihr Mann auch Leuten Spritzen gegeben, durch die sie vom Wehrdienst befreit wurden.

Es habe keinen laufenden Kontakt zwischen ihrem Mann und Otto John gegeben. Einmal habe Herr Breuning vom Aeroclub sich im Auftrag ihres Mannes an Otto John gewendet, damit ihr Mann die Berechtigung zu Untersuchungen auf Fliegertauglichkeit erhalte. Dieser Schriftwechsel sei wohl im Frühjahr 1953 gewesen.

Auf Vorhalt des vernehmenden Beamten

(sie habe nicht alles gesagt, es gebe auch noch Widersprüche).

„Ich wollte nicht alles sagen, um nicht in diese Sache hineingezogen zu werden".

Jetzt berichtete sie, daß ihr Mann doch Verbindungen zum SSD[859] habe: *„Seit mehreren Jahren stand mein Mann in Verbindung mit einem Max Wonsig, Berlin-Karlshorst vermutlich wohnhaft"*. Die Bekanntschaft mit Wonsig sei durch Kropidlowski[860] zustande gekommen. Seit etwa 1945 sei Wonsig Patient Ihres Mannes gewesen. Im Dezember 1953 habe ihr Annemarie Weyres in einem Telephongespräch mitgeteilt, daß Wonsig über Nacht in der Praxis gewesen sei.

859 Staatssicherheitsdienst; gemeint ist „Stasi" bzw. MfS.

860 Bruno Kropidlowski, Exportkaufmann, der mit Wohlgemuth u.a. in Sachen Eosanderklinik zusammengearbeitet hat, die später in Konkurs ging. Er war mit Merete Schellbach verlobt, die eine Physiotherapiepraxis als Untermieterin von Wohlgemuth betrieb; BArchKo 362 / 4025, Bl. 152 ; Die Zeit, 6.12.1956, Nr. 49 „Geheimnisvolle sagen aus"; unten R.II.1 c), S. 339.

Den Grund kenne sie nicht. Auch Annemarie wisse, daß Wonsig für den SSD arbeite.

Sie bestätigt auch die Sache mit dem Tonband. Dieses Band sei von ihrem Mann heimlich aufgenommen worden, als Otto John in depressiver Stimmung war und sich über seine Arbeit im Amt beklagte. Ihr Mann, der sehr ehrgeizig sei und dem zur Erreichung seines Zieles, in die Charité zu kommen, alle Mittel recht gewesen seien, wollte mit diesem Tonband bei den Russen dieses Ziel erreichen. Sie vermutet, hat aber keine Beweise, daß dieses Tonband von Hella Pieck, einer Verwandten des Ministerpräsidenten Pieck, in den Osten mitgenommen worden sei[861].

Nach den üblichen Belehrungen und Erklärungen wurde das Protokoll laut vorgelesen und von Rosemarie Wohlgemuth unterschrieben

5. Plausibilitätsbetrachtung bei der unsicheren Quellenlage

Bei Beurteilung der Zeugenaussagen muß man sich immer fragen „cui bono ?". Es versteht sich von selbst, daß Wohlgemuth und die östlichen Stellen behauptet haben, daß Otto John freiwillig und in der Absicht, der Bundesrepublik zu schaden, mit Wohlgemuth nach Ost-Berlin gefahren sei - alles andere hätte sie ins Unrecht gesetzt. Das Märchen, daß Otto John sich am Abend des 20. Juli 1954 mit russischen Politikern zu politischen Gesprächen oder - eine andere der vielen angebotenen Varianten - mit Gesinnungsfreunden des 20. Juli 1944 zu einer kleinen Feier habe treffen wollen, ist ausschließlich von östlichen Stellen und Agenten, insbesondere von Wohlgemuth, in die Welt gesetzt und in Berichte des MfS übernommen worden. Der BGH hat es geglaubt, weil er es glauben wollte, da es ihm für die Beurteilung der Schuld Johns wichtig war.

Die etwas unbedarfte Zeugin Rosemarie Wohlgemuth hat sicher bei ihrer ersten Vernehmung 1954 bei der Kripo die Wahrheit gesagt – wenn auch teilweise erst auf Vorhalt. Diese Aussage hat sehr viel mehr Beweiskraft als ihre spätere, offensichtlich manipulierte Aussage 1956 in der HV. Obwohl sie zugegeben hatte, sich kurz vor ihrem Erscheinen in der HV mehrfach mit ihrem früheren Ehemann in Ost-Berlin getroffen zu haben, und obwohl sie auf Anregung des Gerichts ihre Wohlgemuth belastenden Aussagen zurücknahm, wurde sie trotz Protestes der Verteidigung mit ihrer geänderten Aussage vereidigt. Prozessual konnten deshalb ihre früheren (auch

---

861 Hier unterliegt Frau Wohlgemuth einem weit verbreiteten Irrtum; Hella Pieck, die lange mit Wonsig zusammen lebte, war keine Verwandte es DDR-Präsidenten Wilhelm Pieck; ihr richtiger Name ist Weidner.

beeideten) Aussagen nicht verwertet werden. Eine Revisionsinstanz zur Rüge derart offensichtlicher Fehler gab es nicht.

Alles, was Otto John gesagt und publiziert hat, als er sich im östlichen Machtbereich befand, muß unter dem Gesichtspunkt gesehen werden, daß eine wahrheitsgemäße Aussage über die Tatsache, daß er ein politischer Gefangener war, für ihn tödliche Folgen hätte haben können[862]. Otto John selbst schreibt dazu in seinem ausführliche Bericht, den er zu Beginn der Untersuchungshaft verfaßt hat: *„Was ich ... über meinen freiwilligen ‚Übertritt' ...hinter dem Eisernen Vorhang gesagt habe, sind falsche Erklärungen"* und begründet es überzeugend mit seiner Zwangslage in der Gewalt des KGB[863]. In diesen Zusammenhang wird noch einmal an die Analogie zu Benito Cereno erinnert[864].

Zur Plausibilitätsbetrachtung kann man auch zwei kürzlich aufgefundene Aktenvermerke[865] von Dr. Caemmerer heranziehen. Sie beziehen sich auf Unterredungen, die Dr. Caemmerer kurz vor der HV mit Schrübbers und Dr. Schröder hatte.

Aktenvermerk v. 13. September 1956

An diesem Tag hatte Dr. Caemmerer eine erste Unterredung mit dem Präsidenten des BfV Schrübbers. Hier ging es zunächst um Bitten der Verteidigung um Beweismaterial, das im BfV vermutet wurde. Schrübbers versprach schriftliche Unterrichtung. Interessant sind Bemerkungen von Schrübbers, *„man werde John, den man immer noch als zum Hause gehörig betrachte, unterstützen, soweit man könne"* ... *„er* [John] *sei nach wie vor hier im Amt der beliebteste Mann, daran könne gar kein Zweifel sein" „Die Aussage Sieber, die ungünstig für ihn sei, hänge mit dem Mann zusammen, der inzwischen auch hier ausgeschieden sei und der mit allen Leuten Händel bekomme"* .

Aktenvermerk v. 21. September 1956

In einer zweiten Unterredung mit Schübbers am 21. September 1956 übergibt dieser Unterlagen, läßt aber in der Unterhaltung deutlich erkennen, daß er nicht an die These der Entführung glaubt. Interessant ist, daß Schrübbers in diesen beiden Unterredungen mit keinem Wort seinen ausführlichen Bericht zu der Flucht Johns zurück in den

---

862 Fall Linse, oben H. II. 1. c), S. 137ff und Gutachten Jescheck, L. I. 2. b) cc), S. 201f.

863 *Gefangener*, S. 2 ff.

864 Oben H. II. 1. c), S. 139f.

865 *NL John II*, Aktendeckel Aufschrift Mrs. Jacobi. *(Aufschrift hat keinen Bezug zum Inhalt).* Diese Unterlagen wurden im März 2007 auf dem Dachboden in Igls (Wohnsitz John) gefunden.

Westen am 12.Dezember 1955 erwähnt, obwohl dieser Bericht für die Verteidigung sehr wertvoll gewesen wäre.

Besonders aufschlußreich sind in diesem Aktenvermerk weitere neun Seiten über ein Gespräch am gleichen Tage; zuerst unter vier Augen mit Bundesminister Schröder, dann unter Zuziehung des Staatssekretärs Ritter von Lex, Regierungsdirektor Krause und eines Rechtsanwalts, den Schröder mit der Beobachtung des Prozesses beauftragt hatte. Im Verlaufe dieses langen Gespräches erörterten die vier Teilnehmer unter sich im Beisein von Caemmerer die Rolle Gehlens, der mit seiner Äußerung über den Verräter John zunächst bei von Lex, später auch bei OBA Güde auf die Männer des 20. Juli1944 gezielt habe, und daß Gehlen ganz klar daran arbeite, einen „Außenseiter" wie John „zu beseitigen" und die ganze Nachrichten-Organisation „an sich zu reißen". Der abschließende Eindruck von Caemmerer in zwei Punkten ist:

1. Der Minister meine es wirklich ehrlich gut mit John. Er sei von der Sauberkeit Johns überzeugt.
2. Noch stärker auf Johns Seite stehe Ritter von Lex, der einen erheblichen Einfluß bei Schröder habe. Es besteht eine starke Verärgerung gegenüber dem Justizminister, der rein formal gehandelt habe, ohne sich überhaupt um die Sache zu kümmern. Wenn Staatssekretär Walter Strauß damals [gemeint ist die Flucht Johns zurück nach West-Berlin am 12. Dezember 1955] nicht in Urlaub gewesen wäre, wäre die ganze Sache wahrscheinlich nicht passiert.

Wenn man diese Überlegungen und Ansichten maßgebender Beamten und Politiker mit heranzieht, erscheint die Darstellung Johns durchaus plausibel; jedenfalls wesentlich plausibler als die Annahmen des BGH, die zur Verurteilung Johns geführt haben.

Auch ohne die Akten des KGB zu kennen, gibt es eine Reihe von Hinweisen an anderen Stellen, die darauf hindeuten, daß die „Verbringung" von Otto John zunächst eine Sache des KGB ohne Einschaltung des MfS war[866]. Allerdings gibt es Anzeichen dafür, daß der KGB keinen Auftrag an Wohlgemuth erteilt hatte, John zu entführen, sondern daß der Auftrag sich auf das „Abschöpfen", also Sammeln geheimer Informationen beschränkte. Nach Darstellung von Brehmer[867] und Tschernow[868] hat Wohlgemuth diesen Auftrag

---

866 Dazu unten L. III. 8., S. 236 ff.

867 Oben L. II. 3. c), S. 211.

868 BArchKO, B 362/4616, Bl. 124-129.

überzogen und auf eigene Faust gehandelt. Sein Motiv war klar: er wollte eine leitende Position in der Charité erreichen.

III. Gegenüberstellung von Aussagen und Ansichten

1. Aussage von Otto John

a) Zusammenfassung der Aussage

Der wichtigste Zeuge in diesem Verfahren wäre der Angeklagte selbst. Schon 1956 standen außer Wohlgemuth, der aber trotz Zusage auf freies Geleit der Vorladung keine Folge leistete, keine anderen direkten Tatzeugen zur Verfügung; vielleicht noch Max Wonsig, der sich aber erst viele Jahre später mit der Aussage zu Wort meldete, daß er in dem Auto versteckt gewesen sei, in dem Wohlgemuth mit Otto John über die Zonengrenze fuhr, und Otto John mit Chloroform betäubt habe. Zu einer richterlichen Vernehmung von Max Wonsig ist es vor seinem Tod 1982 nicht gekommen, aber seine Aussagen gegenüber Zeugen, die sich untereinander nicht kannten, sind durch anwaltliche Vernehmungen dieser Zeugen in das fünfte Wiederaufnahmeverfahren eingeführt worden. Wenn auch der BGH 1956 diese Aussagen Wonsigs nicht kennen konnte, waren dem BGH jedenfalls Kontakte Wonsigs und Wohlgemuths untereinander und zum MfS und KGB aus mehreren Zeugenaussagen bekannt.

Der Angeklagte hat nach dem „nemo tenetur" Grundsatz das Recht, zu schweigen, d.h. sich nicht selbst zu beschuldigen. Davon hat Otto John nicht Gebrauch gemacht, sondern sich immer wieder und ausführlich zu dem Tatgeschehen geäußert, sobald ihm nach seiner geglückten Flucht zurück in den Westen am 12. Dezember 1955 dazu Gelegenheit gegeben war. Zuerst bei den richterlichen Vernehmungen durch den Ermittlungsrichter LGD Dr. Clauß in der bereits U-Haft entsprechenden Unterbringung im BKA Wiesbaden vom 13.- 22. Dezember 1955 dann in der Untersuchungshaft im Jahr 1956, dann als Angeklagter in der Hauptverhandlung im Dezember 1956 und schließlich in den folgenden Wiederaufnahmeverfahren. Besonders deutlich ist die detaillierte Schilderung, die Otto John sofort nach seiner Einlieferung in die Untersuchungshaft Ende 1955 für seinen ersten Verteidiger Dr. Dix angefertigt hat[869]. Sie stimmt mit dem Angaben in seiner 1969 erschienenen Autobiographie überein. Diese Darstellung findet auch Verwendung in dem Gutachten

---

869 Erkenntnislage de BfV. Diese Darstellung stimmt auch mit der Broschüre *Gefangener* überein.

von Prof. Jescheck[870]. Sehr eindrucksvoll ist auch der 94. Seiten umfassende Entwurf Johns für eine Petition an den Bundestag, der sich im Staatsarchiv Wiesbaden befindet, 2006 aufgefunden wurde, aber bei den Wiederaufnahmeverfahren keine Verwendung fand[871]

Widerspruchsfrei hat sich Otto John stets dahin geäußert, daß er durch Wohlgemuth in die DDR entführt worden sei, daß es kein Motiv für ihn gegeben habe, sein fest im Westen verwurzeltes Leben und seine geliebte Frau aufzugeben, daß er in der DDR ständig auf Flucht gesonnen habe, die ihm dann auch am 12. Dezember 1955 geglückt sei. Wie es Wohlgemuth genau fertig gebracht habe, ihn in den östlichen Machtbereich zu verbringen, könne er wegen seiner Gedächtnislücke[872] bis zum Aufwachen in der Gewalt des sowjetischen Geheimdienstes in Karlshorst nicht sagen. Er hat sich bei seinen Erklärungsversuchen darauf festgelegt, daß ihm in der Praxis von Wohlgemuth ein Betäubungsmittel in den Kaffee gegeben worden sei. Einen Beweis dafür gibt es nicht.

b) Kommentar zu der Betäubung durch ein Mittel in der Praxis

Daß Mittel existieren, die ohne Betäubung zu Handlungen führen, die der Betroffene ohne die Einwirkung nicht vorgenommen hätte, ergibt sich z.B. aus einem geheimen Schreiben des OBA Wiechmann an den BMJ vom 26. Oktober 1954[873] mit einem Bericht über eine Besprechung mit dem amerikanischen Geheimdienst. Es heißt dort auf S. 3:

„Nach amerikanischen Feststellungen, die Mr. Smith bekanntgab, gibt es Drogen, die in kleinen Mengen (100 Mikrogramm) gereicht, etwa in Kaffee oder Kartoffelbrei, labile Menschen besonders anreizen, Entschlüsse auszuführen, denen sie im Unterbewußtsein bereits zugeneigt waren. Solche Mittel werden auch angewendet, um Schizophrene zum Reden zu bringen. Das Mittel führt zu keinem Zeichen von Trunkenheit, nur zur Pupillenvergrößerung. Der Betroffene weiß nicht, daß auf ihn in dieser Weise eingewirkt worden ist."

Abgesehen davon, daß es keinen Beweis für die Verabreichung eines solchen Mittels gibt, fehlt es auch an der Voraussetzung, „daß der Betroffene dem Entschluß im Unterbewußtsein zugeneigt war"; jedenfalls nicht zu einer Bereitschaft, sich mit russischen Stellen zu einem „konspirativen Gespräch" zu treffen. Alle dahingehenden

870 Oben L. I. 2, b), S. 197 ff.

871 Unten R. I. 7., S. 331.

872 *John I*, S. 272.

873 B Js 351/54 Tgb. Nr 896/54 geh. II in BArchKO, B 106/200142.

Behauptungen finden sich nur in Äußerungen östlicher Stellen. Allenfalls könnte man diese Voraussetzung für den Besuch des Grabes von Hans John annehmen. Nach seinen belegten Äußerungen zu Dritten am Tage vor seinem Verschwinden hätte Otto John sehr gern das Grab seines Bruders besucht, war sich aber darüber im Klaren, daß das in seiner Stellung als Präsident des BfV nicht möglich sei. Man könnte also in einer Hypothese[874] - die unten ausgeführt, aber wieder verworfen wird, - annehmen, daß Wohlgemuth sich eines solchen Mittels bedient hat, um John zum widerstandslosen Einsteigen in sein Auto zu überreden, um gemeinsam in einer Art Spitzbubenstreich inkognito kurz die Zonengrenze zu überschreiten, um das Grab zu besuchen[875]. Es bedurfte dieses Arguments aber nicht, da John ja mit Wohlgemuth zu dessen zweiter Wohnung fahren wollte, um das Attest für Frau Nehlsen zu formulieren.

Verfasser hält Otto Johns immer wieder vorgebrachte und in vielen Einzelheiten bewiesene Darstellung über seine Kontakte zu Wohlgemuth, über das Aufsuchen der Praxis am Abend des 20. Juli 1954 wegen des Attestes für Frau Nehlsen und sein Aufwachen etwa 36 Stunden später in den Räumen des KGB in Karlshorst für die Wahrheit, wie Otto John es zusammenfassend auch in seiner Autobiographie beschrieben hat[876]. Ob die von Otto John behauptete Betäubung durch ein Mittel, das ihm Wohlgemuth in der Praxis in den Kaffee getan hat, oder im Auto durch Chloroform, wie es Wonsig später behauptet hat, stattgefunden hat, läßt sich nicht zweifelsfrei klären. Es ist durchaus beides möglich - Beeinflussung durch ein kurzfristig wirkendes Mittel von Wohlgemuth (das würde seine große Eile erklären) und anschließend Betäubung durch Wonsig.

2. Aussagen von Dr. Wohlgemuth

a) Die ursprüngliche Aussage und erste Kritik daran

Die ursprüngliche Aussage von Wohlgemuth bestand im wesentlichen darin, daß Otto John ihn gebeten habe, ihn am Abend des 20. Juli 1954 nach Ost-Berlin zu fahren, wo er das Grab seines Bruders besuchen und einen Bekannten Dr. Schneider treffen wollte. In der Hauptverhandlung 1956 trat stellvertretend für Wohlgemuth, der trotz der Zusicherung freien Geleits der Ladung keine Folge leistete, sein Bevollmächtigter Breuning auf, der auch die Version des Be-

874 L. IV. , S. 232 f.

875 L. IV., S. 234.

876 *John I*, S. 259 - 275.

suchs des Grabes von Hans John in den Prozeß einführte[877]. Wohlgemuth hat im Laufe der Jahre sieben verschiedene Darstellungen gegeben, wie es zum Übertritt mit Otto John in den Osten gekommen sei und was sich am Abend des 20. Juli 1954 abgespielt habe[878]. Ein eklatanter Widerspruch bestand z. B. darin, daß Wohlgemuth behauptete, durch das Brandenburger Tor in den Ostsektor gefahren zu sein, während ein Zollbeamter ausgesagt hatte, das Fahrzeug sei über die Sandkrugbrücke gefahren[879]. In diesem Fall scheint dem Verfasser allerdings die Aussage des Zollbeamten Schmidt unsicher[880].

Bevor man die Aussagen Wohlgemuths beurteilt, muß man sich über die Person Wohlgemuth ein Bild machen[881]. Bei allen Aussagen Wohlgemuths - er hat in dem Strafverfahren 1958 gegen ihn, das mit einem Freispruch aus Mangel an Beweisen endete, ausführlich ausgesagt - muß man sich in Erinnerung rufen, daß er nach dem Übertritt mit John in der DDR geblieben ist. Wenn er wirklich nur „Chauffeur" war, um John kurz zu dem Grab seines Bruders zu fahren, hätte er ohne Bedenken nach West-Berlin zurückkommen können, um seine Praxis weiterzuführen. Selbst wenn - so die Aussage Wohlgemuth - Otto John sich völlig unerwartet am Abend des 20. Juli 1954 in Ost-Berlin entschlossen hätte, in der DDR zu bleiben, hätte Wohlgemuth nichts in West-Berlin zu befürchten gehabt. Als „Chauffeur" konnte man ihn nicht verantwortlich machen, wenn der Fahrgast die Rückfahrt nicht mit antreten wolle. Statt dessen erschien Wohlgemuth allein heimlich in der Nacht in der Praxis in West-Berlin, hinterließ einen in Eile geschriebenen „Abschiedsbrief" und nahm seine Geliebte Annemarie Weyres (seine spätere vierte Ehefrau) mit, die vermutlich in den ganzen Plan eingeweiht war.

Der Wortlaut dieses vielzitierten Abschiedsbriefs wird hier wiedergegeben. Der Brief ist auf einem Briefbogen der Praxis von Wohlgemuth in deutlicher, großzügiger Handschrift geschrieben[882]:

---

877 *Gieseking*, S. 309.

878 Zuerst im Plädoyer *Caemmerer*, S. 25; s. auch *Pfister*, S. 110 f.; *Gieseking*, Exkurs Wohlgemuth, S. 369 - 412.

879 *Gieseking*, S. 310.

880 Oben L. II. 2. c), S. 206.

881 Unten Kapitel N. I. 1. , S. 277.

882 Photokopie in BArchKO, B 106/63053 Bl. 6 und Bl. 6R.

„Rufe Wilde an, er möchte herüberkommen!" (Steht oben am Briefkopf)

„Liebe Ursel!

Ein bestimmter Vorfall, der einen falschen Verdacht auf mich lenken könnte, veranlaßt mich, heute in die Charité zu gehen.

Herr Rechtsanwalt Wilde erhält hiermit Vollmacht über mein Eigentum.

Ich bitte um Bestandaufnahme meiner Praxis und Wohnung. Setze Dich mit Ursula Klinkmüller in Verbindung.

(Das Folgende auf der Rückseite)

Es handelt sich darum, daß Herr John nicht mehr nach dem Westsektor zurückkehren will. Er hatte in der Charité anläßlich einer Besichtigung ein Gespräch mit Ostberliner Kollegen geführt. Nun könnte ich dadurch in den Verdacht geraten, ich hätte ihn beeinflußt. Bis zur Klärung werde ich abwarten. Bestelle Fr. Dr. Ziegner oder einen anderen Vertreter.

Auf Wiedersehen
ev. Charité
Wohlgemuth

Annemarie bringt Sachen mit rüber. Sie wird Dir berichten. Sie hat nichts mit allem zu tun."

Daß dieser Brief ganz offensichtlich nicht die Wahrheit über den Verbleib von Otto John in der DDR enthält, ergibt sich schon aus der Behauptung von einer Besichtigung und einem Gespräch in der Charité. Auf einen Besuch in der Charité findet sich in anderen Quellen und auch in Wohlgemuths späteren Aussagen kein Hinweis. Wohlgemuth selbst sagt an anderer Stelle, daß sein Eintreffen mit Otto John im Auto so spät gewesen sei, daß er Otto John dem bereits ungeduldig wartenden Dr. Schneider am Treffpunkt vor der Charité übergeben habe, und daß Otto John dann im Auto von Dr. Schneider sofort zu einem Treffen in einer Villa in Weißensee[883]

883 Sperrbezirk des KGB.

weitergefahren und er selbst mit seinem Auto hinterhergefahren sei. Heute weiß man, daß dieser Dr. Schneider in Wirklichkeit der sowjetische Oberst Karpow vom KGB war, alias Agent Kuchin[884]. Wohlgemuth wußte das, da er ja die Verabredung getroffen hatte.

b) Weitere Aussagen von Wohlgemuth mit kritischer Beurteilung

Nach der kommentarlosen Erwähnung von Otto John in dem Abschiedsbrief Brief müßte man eigentlich davon ausgehen, daß Ursula Gohrbandt etwas davon gewußt habe, daß Wohlgemuth mit John über die Grenze fahren wollte. Vielleicht hing damit ihr eigenartiges Verhalten in dem ersten Gespräch mit RDir Gerken[885] zusammen.

Wenn man dann noch die sehr ausführliche Aussage von Kropidlowski gegenüber LGD Dr. Clauß als Ermittlungsrichter am 4. November 1954 in Karlsruhe[886] liest, die Kropidlowski vor dem Untersuchungsrichter 1955 und als Zeuge im Prozeß 1956 bestätigt hat, kann über die langfristig verfolgte Absicht von Wohlgemuth, Otto John in den sowjetischen Machtbereich zu bringen, kein Zweifel bestehen. Die Aussage von Kropidlowski wurde von OBA Dr. Wiechmann mit Begleitschreiben vom 9. November 1954 an den BMJ z.H. Herrn Neumayer geschickt. Wiechmann bezeichnet in diesem Schreiben den Zeugen „nach dem persönlichen Eindruck als nicht unglaubwürdig".

Eine weitere Version fügt Wohlgemuth in einem Gespräch mit einer verläßlichen Quelle[887] hinzu. Quelle sagt „sie habe mit Wowo[888] in dessen neuer Wohnung eine Stunde lang ohne Zeugen (Bewachung) sprechen können. Wowo habe ihr gesagt, daß, nachdem beide {John und Wohlgemuth] in den Ostsektor gekommen wären, seien sie in einem Ministerium in Empfang genommen und sofort getrennt worden. Er [Wohlgemuth] hätte draußen auf die Rückkehr von OJ gewartet in der Hoffnung, daß sie beide recht bald nach West-Berlin zurückfahren könnten, Dr. John sei dann nach mehreren Stunden endlich wieder bei ihm erschienen und erklärte, daß er nicht mehr nach dem Westen zurückfahre, sondern im Osten bleibe. Er sei darüber sehr bestürzt gewesen, da dies überhaupt nicht vorgesehen

884 Unten L. IV. 2. , S. 251.

885 Oben D. 2., S. 52.

886 B Js 351/54 Tgb.Nr 1056/54 geh.II in BArchKO, B 106 200142, 14 S.

887 BArchKO, VS B 10931 Bl. 872 k. Quelle war die langjährige Sekretärin von Prof. Gietzelt, bei dem Wohlgemuth nach seinem Übergang in die DDR seine Forschungsarbeiten fortsetzen wollte

888 Spitzname für Wolfgang Wohlgemuth.

war. Seit dieser Zeit habe er eine solche Wut auf Otto John, daß er es abgelehnt habe, überhaupt noch einmal mit ihm zu sprechen"

Wohlgemuth kann man nach seinen vielen widersprüchlichen Aussagen, auch weil er selbst eine Anklage wegen Menschenraubs befürchten mußte, sowie wegen seiner charakterlichen Beurteilung nicht als einen glaubwürdigen Zeugen ansehen[889].

Wenn man Wohlgemuths Abschiedsbrief in Ruhe liest, bleibt es völlig unverständlich, wieso er innerhalb weniger Stunden den Entschluß gefaßt haben sollte, seine ganze Existenz im Westen aufzugeben, falls er nach westlichem Recht sich nicht das Geringste vorzuwerfen hatte. Er befand sich zurück im sicheren Westen. Daß Otto John nach Wohlgemuths Angaben sich plötzlich entschlossen haben sollte, im Osten zu bleiben, wäre nicht von Wohlgemuth zu vertreten gewesen. Es ist doch sehr viel wahrscheinlicher, daß von russischer Seite Wohlgemuth Zusagen für die von ihm angestrebte Karriere in der in Ost-Berlin gelegenen Charité gemacht wurden, und sehr wahrscheinlich, daß es diese Zusagen schon gab, bevor es Wohlgemuth wirklich gelang, Otto John zu den Russen zu bringen. Der BGH kannte Rosemarie Wohlgemuths ausführliche Aussage unmittelbar nach dem Verschwinden Johns, daß Ihr Mann eine leitende Stellung in der Charité erstrebte und deswegen ein von John besprochenes Tonband in den Osten gelangen ließ[890] Daß tatsächlich Wohlgemuth für die „Verbringung" von John in den Osten hoch belohnt wurde, wird erst durch neue, dem BGH 1956 nicht bekannte Dokumente bewiesen[891]. Aber erhebliche Zweifel hätte der BGH bereits auf Grund der ihm bekannten Tatsachen 1956 haben müssen.

Vor der schriftlichen Erklärung an den BGH in der HV schrieb Wohlgemuth an Frau John erstmals in einem Brief aus dem Osten „über Umwege in Leipzig" an Frau „Dr." John am 11. Januar. 1956[892]. *„Er muß doch noch wissen, daß er das Grab seines von den Nazis* erschossenen *Bruders, der mein Freund war, hinter der Charité besuchen wollte und daß er den Wunsch hatte, an einer kleinen 20. Juli-Feier mit einem Dr. Schneider, den er von 1943 - 44 her kannte, teilzunehmen..." „Der geplante Friedhofsbesuch sollte scheinbar* (sic!) *erst nach dem Essen erfolgen."* Abgesehen von dem falsch gebrauchten Doktortitel für Lucie John und der Verwechslung mit *„anscheinend"* - denn Wohlgemuth wollte wohl kaum sagen, daß der Besuch nur vorgetäuscht wurde! - dekuvriert sich Wohlgemuth schon mit dieser Behaup-

---

889 Dazu mehr unten N. I. 1., S. 277

890 Oben L. II. 4., S. 215.

891 Unten R. I. 2., S. 321.

892 B 362/10946, Bl. 118-200.

tung. Nach dem Essen wäre es nämlich stockdunkel auf dem Friedhof gewesen. Wir wissen heute, wer Dr. Schneider (Oberst Karpow) war und daß Wohlgemuth das genau wußte. Der ganze Brief klingt unehrlich - qui s'excuse, s'accuse!

Interessant ist in diesem Zusammenhang, wie sich diese Umstände in den Akten des MfS darstellen[893].

„Am 20. Juli 1954 wurde der ehemalige Präsident des Bundesamtes für Verfassungsschutz, Dr. Otto John, auf seinen Wunsch von seinem langjährigen Freund Dr. Wohlgemuth zwecks Verbindungsaufnahme mit leitenden Persönlichkeiten der DDR in den demokratischen Sektor von Berlin gebracht. John verband gleichzeitig mit der Verbindungsaufnahme auch den Besuch des Grabes seines von den Faschisten ermordeten Bruders im demokratischen Sektor von Berlin.

Nachdem am gleichen sowie am nächsten Tage die Besprechungen des Dr. John bei uns ergaben, daß er im Gebiet der DDR verbleiben würde, war es auch für Wohlgemuth angebracht, aus Sicherheitsgründen nicht mehr nach West-Berlin zurückzukehren.

Nachdem ihm dieser Beschluß eröffnet wurde, ging Wohlgemuth nochmals in seine Praxis nach West-Berlin, brachte dort seine Angelegenheiten in Ordnung und kam wie angeordnet in den demokratischen Sektor zurück.

Hierzu ist folgendes zu bemerken:

„leitenden Persönlichkeiten der DDR". Es gab keine leitenden Persönlichkeiten der DDR, die behaupteten, Otto John an diesen Tagen getroffen zu haben. Er hat lediglich mit Geheimdienstoffizieren des KGB zu tun gehabt.
„ verband gleichzeitig...." Der Besuch fand nicht statt.

„nachdem am gleichen wie am nächsten *Tage ...." „nachdem ihm dieser Beschluß eröffnet wurde, ging Wohlgemuth....."* Er ging aber erwiesenermaßen wenige Stunden später in der Nacht vom 20. Juli 1945 zurück, und nicht zwei Tage später. Wenn es aus „Sicherheitsgründen" nicht angebracht war, daß er nach Berlin zurückkehre, wieso tat er es dann angeblich doch zwei Tage später? Hier wird ganz offensichtlich der Versuch gemacht, die Tatsache zu kaschieren, daß sich Otto John keineswegs *„bei uns"*, d.h. in den Händen des MfS, sondern in der Gewalt des KGB in Karlshorst befand. Es steht auch

893 Auskunftsbericht in BStU MfS AP 3389/92, S. 02 -031, S. 4. Bericht ist undatiert. Nach den Anlagen muß der Bericht etwa Anfang 1968 erstellt worden sein, s. auch Zusammenfassung der Hauptabteilung XX vom 16. 4. 1968, A.a.O.., S. 67.

fest, daß Otto John erst etwa 36 Stunden später aus seiner Betäubung aufwachte.

Die Angaben in den Akten des MfS werden oft als Übersetzungen aus dem Russischen bezeichnet. Man kann also davon ausgehen, daß es sich hier um die offizielle Version des KGB handelt, der konsequent den freiwilligen Seitenwechsel von Otto John zu beweisen versuchte.

Trotz aller Widersprüche hat der 3. Strafsenat des BGH Otto John zwei Tage vor Weihnachten 1956 zu vier Jahren Zuchthaus verurteilt. Dieselben Richter sprachen Dr. Wolfgang Wohlgemuth anderthalb Jahre später 1958 aus Mangel an Beweisen frei. Eine Verurteilung von Wohlgemuth hätte zwingend zu einer Aufhebung des Urteils gegen Otto John führen müssen, der gerade aus dem Zuchthaus entlassen worden war.

3. Aussagen von Carl Wittig

Der BGH stützt sich in seinem Urteil 1956 stark auf die ausführliche Aussage von Carl Wittig, weil Wohlgemuth nicht zur Hauptverhandlung erschien. Carl Wittig behauptete, daß er in Weimar 1955 anläßlich der Schillerfeier zwei Stunden lang ein unbewachtes Gespräch mit Otto John habe führen können, bei dem dieser ihm in allen Einzelheiten die Motive für seinen freiwilligen Übertritt in die DDR mitgeteilt habe. John habe sich völlig frei in der DDR bewegen können[894]. Otto John hat nach dem Bericht Giesekings in der HV den Behauptungen Wittigs nicht in allen Punkten klar widersprochen[895], wohl aber im Wiederaufnahmeverfahren 1963[896] und in seiner Biographie[897]. Neu aufgefundene Beweise, die unten ausführlich diskutiert werden, erschüttern endgültig die Glaubwürdigkeit dieses Zeugen[898].

4. Aussagen von und über Max Wonsig

Dem BGH lagen 1956 deutliche Hinweise vor, daß es Kontakte zwischen Wohlgemuth und Max Wonsig gab. So hat vor allem Kriminalsekretär Schmidt von der Kripo Berlin auf die dort bekannten Kontakte und auf die Tatsache, daß Wonsig sowjetischer Agent war,

894 *Gieseking*, S. 320-323.

895 *Gieseking*, S. 322.

896 Unten P. II. 1., 291.

897 *John I*, S. 345 f.

898 Unten R. I. 3., 322 ff.

hingewiesen[899]. Auch Günther Nollau, wichtiger Mitarbeiter Johns im BfV und von 1972 - 1975 dessen Präsident, bestätigte die dem BfV allerdings erst nach dem 20. Juli 1954 bekanntgewordenen mehrjährigen Beziehungen zwischen Wohlgemuth und Wonsig. Weiterhin berichtete der Zeuge Kropidlowski - wenn auch in Einzelheiten von anderen Aussagen abweichend - von diesen Kontakten[900] und auch von einer ihm von Wonsig geschilderten Anwesenheit von Otto John am Abend des 20. Juli1954 in Ost-Berlin[901]. Rosemarie Wohlgemuth erwähnte in ihrer Aussage 1954 bei der Kripo Berlin die Kontakte ihres Mannes zu Wonsig, und daß dieser für die Stasi arbeite. Sie wiederholte diese Angaben als Zeugin in der HV am 22.November 1956, bis OBA und Senatspräsident ihr nahelegten, diese Aussagen vor der Vereidigung zurückzunehmen[902], um ihren Mann nicht zu belasten. Schließlich hatte Alexander von Hase, Sohn des Widerstandskämpfers Paul von Hase, über ein Treffen mit Wonsig in Genf 1955 ausgesagt, bei dem auch von dem Grab von Hans John die Rede war, vor allem aber Wonsig mitteilte, daß „er den Kontakt zwischen John und Wohlgemuth vermittelt habe" und „daß er [Wonsig] die ganze Flucht von John in die Ostzone gesteuert" habe und am Abend des 20. Juli 1954 in der Praxis von Wohlgemuth anwesend gewesen sei. Auch hier wurde also wieder bestätigt, daß der KGB-Agent Wonsig sich schon lange für Otto John interessierte[903]. Die Miteilung über die Aussagen erhielt OBA Wiechmann am 15. Dezember. 1955 per fs vom BfV und gab sie an OStA Loesdau weiter.

Obwohl also der BGH eine Reihe von Angaben darüber hatte, daß Wonsig ein sowjetischer Agent war, daß er sich für John interessierte und daß er Kontakte zu Wohlgemuth hatte, veranlaßte den BGH dies nicht zu Zweifeln, ob Johns Angabe, unter nicht im einzelnen bekannten Umständen bewußtlos entführt worden zu sein, nicht doch der Wahrheit entsprechen könnte. Der BGH machte auch keinerlei Versuche, Max Wonsig als Zeugen zu hören; weder im Prozeß 1956 noch bei den späteren Wiederaufnahmeverfahren.

Weiterhin lag dem die Anklage vorbereitenden OStA Loesdau ein fünfseitiges Schreiben des Kaufmanns Rosengarten aus Frankfurt vor, der Einzelheiten darüber wußte, daß Wonsig den Wohlgemuth

---

899 *Gieseking*, S. 284 mwN.

900 BArchKO, B 362 / 4615, Bl. 160 - 172.

901 *Gieseking*, S. 306.

902 *Gieseking*, S. 301.

903 BArchKO; B 462/4611, Bl. 601 ff. ; zur Sache des Grabes s. L. IV. 2. , S. 246 ff.

veranlaßt hatte, John in den sowjetischen Machtbereich zu verbringen. Das entsprechende Anschreiben des BMVg liegt vor[904]. Die fünfseitige Anlage, die sich in den Handakten von OStA Loesdau befand, wurde aber vernichtet[905].

Die späteren detaillierten Angaben von Wonsig gegenüber Dritten, daß er aktiv an der Entführung beteiligt gewesen sei, die zu seinen Aussagen gegenüber Alexander von Hase passen, konnte der BGH 1956 nicht kennen, sie hätten aber in dem fünften Wiederaufnahmeverfahren eine erhebliche Rolle spielen müssen, wenn es nicht 1997 wegen des Todes von Otto John ohneEntscheidung eingestellt worden wäre, bevor sich der BGH damit befassen konnte[906].

5. Be- und Verurteilung durch den BGH

Der 3. Strafsenat des Bundesgerichtshofs hat sich in einem höchst umstrittenen Indizienprozeß für die Lösung aa)[907] (freiwilliger Übertritt, freiwilliger Verbleib) entschieden. Otto John hat - obwohl nach seinen Aussagen eine Erinnerungslücke von mehr als 24 Stunden bestanden hatte[908] -- auf Grund der später auch in seinen Wiederaufnahmeverfahren vorgebrachten Erkenntnisse die Lösung cc) (Verschleppung und erzwungene Mitarbeit) zu beweisen versucht.

Es ist hier bereits teilweise gezeigt worden und wird insbesondere im Kapitel L und ín Kapitel P in Verbindung mit dem fünften Wiederaufnahmeverfahren deutlich gezeigt werden, daß auch bei Annahme der Lösung von Kern bb) (freiwilliger Übertritt, gezwungener Verbleib) die meisten verläßlichen Zeugenaussagen nicht zu Widersprüchen führen, und daß unter den Voraussetzungen eines „fair trial", insbesondere bei vorurteilsfreier Anwendung des Grundsatzes „in dubio pro reo", schon der ursprüngliche Prozeß zu einem Freispruch hätte führen müssen.. Auch wenn man als worst case annimmt, daß Otto John freiwillig in völlig unpolitischer Absicht zur kurzfristigen Grenzüberschreitung zu Wohlgemuth ins Auto gestiegen wäre[909], bliebe es eine Entführung. Wohlgemuth wußte (was Otto John nicht wissen konnte), daß die Übergabe an „Dr. Schneider" die beabsichtigte Rückkehr nach West-Berlin für

904 BArchKO, VS B 362/10931, Bl. 857, Schreiben des BMVg v. 2.5.55-I/2/11-Tgb Nr.4/55 str.geh.

905 BArchKO, VS B 362/10931, Bl. 858-863, Details dazu unten R. I. 6. , S. 330 f.

906 Einzelheiten dazu unten P. III. 1. , S. 296 f.

907 In der Klassifikation nach Kern, oben L. I. 2. a). aa), S. 185.

908 *John I*, S. 276.

909 Unten L. IV. 2., S. 248f.

Otto John unmöglich machen werde, so daß die Entführung lediglich zunächst nicht mit brutaler Gewalt - wie im Fall Linse -, sondern mit einer List ausgeführt worden war.

Spätestens nach den Erkenntnissen im Prozeß gegen Wohlgemuth[910] (der als wichtigster Zeuge trotz Zusicherung freien Geleits 1956 nicht erschienen war, aber 1958 von den gleichen Richtern, die Otto John zu vier Jahren Zuchthaus verurteilten, wegen mangels an Beweisen freigesprochen wurde[911]), hätte man annehmen können, daß Otto John in unglaublicher Naivität oder leichtfertiger Vertrauensseligkeit in Wohlgemuth Auto die Grenze überqueren wollte, wobei er davon ausging, in Kürze wieder in das Hotel Schätzle in West-Berlin zu seiner Frau zurückzukehren; daß er aber dann im östlichen Machtbereich zum russischen Geheimdienst verbracht und an der Rückkehr nach West-Berlin gehindert wurde. Dort stand er bis zu seiner Flucht zurück im Dezember 1955 unter ständiger Bewachung. Wie sich das im einzelnen abgespielt haben könnte, wird bei dem Versuch, die Einzelheiten des Grenzübertritts am 20. Juli 1954 zu klären und bei den vergeblichen Wiederaufnahmeverfahren geschildert. Man kann ein gewisses Maß an Naivität, Leichtsinn und Blauäugigkeit bei Otto John annehmen - es wären dies Eigenschaften, die ihn für das hohe Amt, das er bekleidete, ungeeignet erscheinen lassen; es sind aber keine strafbaren Tatbestände.

Der Bundesgerichtshof kannte bei seinem Urteil 1956 bereits einen großen Teil der hier geschilderten widersprüchlichen Aussagen darüber, wie Otto John am Abend des 20. Juli 1954 von West nach Ost gelangt sein könnte. Ein gerechtes Urteil hätte schon damals nur auf Freispruch - allenfalls wegen Mangels an Beweisen - lauten müssen..

Aus heutiger Sicht mit den vielen in den einzelnen Wiederaufnahmeverfahren und vor allem in dem nach dem Tode des Verurteilten eingestellten, also nicht entschiedenen fünften Wiederaufnahmeverfahren vorgebrachten neuen Tatsachen, müßte ein klarer Freispruch erfolgen.

Der BGH war aber 1956 von vornherein auf Grund der in der überlangen Untersuchungshaft teilweise sehr einseitig geführten Ermittlungen und wegen der politischen Ansichten der Bundesrichter entschlossen, Otto John zu einer hohen Freiheitsstrafe zu verurteilen. Hierfür spricht auch die private Äußerung des Generalbundesanwalts Max Güde [912]. Die Ansicht des BGH ergibt sich aus dem

---

910 Unten N., S. 277 ff.

911 Unten N. II., S. 283 f.

912 Oben J. I. 3., S. 154 f.

Verlauf der HV und aus der mündlichen und schriftlichen Urteilsbegründung[913]. Gegenüber den Vorurteilen der auch in der NS-Zeit in wichtigen Stellungen in der Justiz tätigen Richter hatte der Angeklagte keine Chance.

6. Die Ansicht von Bernd Stöver (wahrscheinlich freiwilliger Übertritt von Otto John)

Die vorliegende Arbeit wäre ohne die Ermutigung durch Bernd Stöver nicht entstanden. Verfasser stieß - noch bevor er seine Zulassung als Doktorand beantragte - auf die sorgfältig recherchierte Arbeit von Stöver. In einer ausführlichen Mail[914] wies Stöver auf die unsichere Quellenlage hin, die eine endgültige Beurteilung erschwere, sowie darauf, daß eine rechtswissenschaftliche Bearbeitung überhaupt noch nicht vorliege. Ein zusätzliches persönliches Gespräch [915] gab weitere nützliche Hinweise.

Diese Vorgeschichte schließt eine freundschaftliche Kritik an der Arbeit Stövers insbesondere auf Grund der neuen, Stöver nicht bekannten Quellen nicht aus. Die Kritik beginnt auf der ersten Seite mit der Feststellung Stövers, daß der Übertritt Otto Johns am 20. Juli 1954 auf den ersten Blick wie die eindeutige Geschichte eines Überläufers aussieht[916]. Stöver schränkt dies zwar mit dem zweiten Blick ein, behält aber im wesentlichen den ersten Blickwinkel bei. Dem Verfasser erscheint dies keineswegs eindeutig; im Gegenteil, gerade auf den ersten Blick scheint es eindeutig eine Entführung zu sein. Auch viele wichtige Zeitgenossen sahen in dem Geschehen am 20. Juli 1954 zunächst eine Verschleppung, wie sie damals in Berlin nicht selten geschah[917].

Diese Ansicht galt vor allem für den Bundesminister des Innern, Dr. Gerhard Schröder, dem das BfV unterstellt war. Schröder lobte die für die damalige (und selbst heute noch!) enorme Summe von 500.000 DM aus, um die Tat aufklären zu lassen. Niemand erhielt die Summe oder einen Teil davon. Die Personen, die sich mit Otto John beim Grenzübergang im PKW befanden (Wohlgemuth und eventuell Wonsig), konnten im Westen nicht aussagen - selbst wenn sie gewollt hätten --, weil sie sich im östlichen Machtbereich befanden. Aber auch wenn sie sich frei bewegen bzw. hätten aussagen

913 Oben H. II. , S. 130 ff.

914 *Stöver* E-Mail v. 23. Juli 2003, Archiv des Verfassers.

915 Am 13. Mai 2004 in Potsdam.

916 Stöver, S.103.

917 Z. B. Fall Linse, oben H. II. 1. c) bb), S. 136 ff.; weitere Fälle zitiert von *Meier*.

können, hätten sie sich wohl kaum selbst eines Verbrechens bezichtigt, wie sich insbesondere aus der schriftlichen Stellungnahme von Wohlgemuth ergibt. Neben seiner Aussage 1955 gegenüber Alexander von Hase[918] hat Wonsig sich viele Jahre später gegenüber verläßlichen Zeugen seiner Mitwirkung an der Verschleppung Johns gerühmt, während Wohlgemuth bei seiner Darstellung blieb, daß er nur Chauffeur für den freiwillig nach Ost-Berlin mitfahrenden John gewesen sei. Als Ziel gab er allerdings Besuch des Grabes von Hans John an und ein Treffen mit einem Dr. Schreiber. In seinen unterschiedlichen Darstellungen - einmal zu einem Treffen mit Freunden aus der Widerstandszeit, ein anderes Mal zu politischen Gesprächen - wird Dr. Schneider als ein alter Bekannter von Otto John bezeichnet. Schreiber war aber, wie man heute weiß, der KGB-Agent Karpow[919].

Erst unter dem Eindruck der Pressekonferenz am 11. August 1954 änderte Schröder offiziell seine Ansicht und hielt Otto John für einen „Verräter", wurde aber später wieder von Zweifeln geplagt und war schließlich von Johns Unschuld überzeugt[920], ebenso wie andere Spitzenpolitiker, darunter Franz Josef Strauß, Herbert Wehner, Walter Scheel, Carl Carstens[921].

Stöver verdeutlicht nicht, daß die am 22. Juli 1954 verlesene Rundfunkerklärung von Otto John, die schon am 21. Juli vom MfS formuliert wurde, tatsächlich von Otto John unter Zwang unterschrieben wurde[922]. Man weiß heute, daß Otto John am 20. Juli 1954 spät abends in nicht vernehmungsfähigem Zustand in die Macht des KGB gelangte und erst am 22. Juli vormittags aus tiefen „Schlaf" im Hauptquartier des KGB in Karlshorst erwachte[923]. Er konnte also am 21. Juli keine Erklärung formulieren oder auf Band sprechen, sondern erst am 22. Juli. Die Situation war so, daß man ihm die unmittelbare Abgabe der Erklärung am Rundfunk nicht gestattete, sondern die kurze Erklärung vom Band sendete.

Die Feststellung, daß der letzte Antrag Otto Johns auf Wiederaufnahme seines Verfahrens abgelehnt sei, ist juristisch inkorrekt. Nur das KG Berlin als erste Instanz hat den Antrag abgelehnt, der als Berufungsinstanz zuständige BGH hatte sich mit der zulässigen, aber noch nicht begründeten Beschwerde noch gar nicht befaßt, als

---

918 Oben L. III. 4., S. 227.

919 Unten L. IV. 2., S. 251 f.

920 Unten L. III. 9., S. 238 und Q. III. 3., S. 302 f.

921 *Gieseking*, S. 365-367.

922 *Stöver*, S. 103, Daten bei Stöver sind falsch. Richtig ist 23. und 22. Juli.

923 Dazu R. I. 1., 319; L. III. 2. b), S. 223.

Otto John im März 1997 verstarb[924]. Das letzte Verfahren war also noch nicht entschieden, die Frist zur Begründung der Beschwerde beim BGH als zweite Instanz lief noch bis zum 31. Juli 1997.

Verfasser versteht die Aussage Stövers, daß letzte Klarheit auf Grund der Quellenlage nicht erreicht werden könne[925]. Der Einblick in die Akten des KGB, die in Moskau vorhanden sind, könnte diese Klarheit über die genaue Rolle Wohlgemuths und Wonsigs verschaffen. Dieser Einblick wurde aber bisher niemandem gewährt. Soweit es die sonstige Quellenlage betrifft, hatte Verfasser den Vorteil, viele Quellen benutzen zu können, die Stöver nicht zugänglich waren[926]. Deshalb konnte er auch ohne Einblick in die John-Akten des KGB den Beweis für die Unschuld Otto Johns erbringen.

Stöver stellt Überlegungen an, warum Otto John Wohlgemuth am Abend des 20. Juli 1954 aufgesucht haben könnte. In der Tat liegt hier der Schlüssel, wenn man klären will, ob Otto John freiwillig die Grenze überquert hat oder verschleppt wurde. Stöver nennt als eine Möglichkeit, daß es sich um das Attest für Frau Nehlsen gehandelt haben könnte. Daß sich Otto John seit langem um dieses Attest bemühte und daß die Unterlagen dazu von der Sprechstundenhilfe an dem Abend des 20. Juli 1954 in der Praxis an Wohlgemuth gegeben wurden, war keine Möglichkeit, sondern steht fest[927]. Auch der BGH hat 1956 das als erwiesen angesehen, aber Zweifel vorgebracht, ob es nicht ein verabredeter Vorwand zu einem Besuch in der Charité (Ostsektor Berlin) gewesen sein könnte. Der Vorwand ist aber leicht zu entkräften, da es einen Brief von Frau Nehlsen gibt, in dem sie sagt, daß ihr Mann niemals in der Charité behandelt wurde. Verfasser hält Otto Johns konsequente Aussagen dazu, gestützt auch auf die Vorkorrespondenz und Telephongespräche, für die Wahrheit[928]. Dies beweist auch die Vernehmung von Generalstaatsanwalt Dr. Buchardi durch den OBA Wiechmann, die merkwürdigerweise nicht Gegenstand der Hauptverhandlung wurde[929].

Schließlich sieht Stöver noch die Möglichkeit des Aufsuchens der Praxis zu einer medizinischen Untersuchung durch Wohlgemuth. Hierfür gibt es überhaupt keinen Anhaltspunkt. Weder haben die ausführlich vernommenen Sprechstundenhilfen davon berichtet,

---

924 Näheres dazu unten P. III., S. 296 ff:

925 *Stöver*, S. 106.

926 A . Einleitung, S. 2 f.

927 Aussage Ursula Gohrbandt am 14.. Nov. 1956, zitiert nach Gieseking, S. 279 ff., sowie Briefe von Frau Nehlsen.

928 *John I*, S. 263, 268.

929 oben H. I. 2. , S. 126.

noch gibt es eine Krankengeschichte. Es gibt im Gegenteil die Aussagen von Lucie und Otto John, daß Wohlgemuth bei einem Besuch in Köln eine solche Untersuchung zunächst Otto John angeboten habe[930], dann später in Berlin auch Lucie John[931], daß dies aber von beiden abgelehnt worden sei.

Eine weitere Möglichkeit, die nicht völlig auszuschließen ist, besteht in der Absicht, das Grab von Hans John aufzusuchen, wie es Wohlgemuth in einigen seiner Versionen, vor allem auch in seinem Prozeß 1958 erfolgreich behauptet hatte. In der vorliegenden Arbeit wird diese Möglichkeit eingehend untersucht, aber letzten Endes als eine Schutzbehauptung von Wohlgemuth abgelehnt[932].

Stöver zitiert richtig den Wortlaut des „Abschiedsbriefs" von Wohlgemuth[933]. Für den darin enthaltenen Satz, daß John in der Charité Gespräche mit Kollegen geführt habe, gibt es aber nirgends einen Beweis. Dies ist schon die dritte der sieben Versionen von Wohlgemuth. Auch Wohlgemuth hat bei seinen späteren Aussagen das nicht mehr erwähnt, sondern im Gegenteil behauptet, daß sie Dr. Schneider so spät getroffen hätten, daß John sofort in das Auto von Schneider umgestiegen sei und sie alle (Wohlgemuth in seinem Auto hinterher) zu einer Villa in Weissensee gefahren seien.

Stöver zitiert die ihm zugänglichen Quellen und kommt zu der Ansicht, daß „sich eine schlüssige Indizienkette über den Ablauf der Ereignisse, mit dem Ergebnis eines freiwilligen Übertritts konstruieren läßt"[934]. Er zitiert nicht die umfangreichen im Bundesarchiv in Koblenz bzw. als Verschlußsachen in Hangelaar liegenden Akten. Ein großer Teil davon wurde in der 2005 erschienenen Arbeit von *Gieseking* berücksichtigt, der bereits daraufhin eine Entführung für wahrscheinlich hält. Für die vorliegende Arbeit konnten aber weitere noch teilweise bis 2016 gesperrte VS-Sachen (besonders die Handakten der Bundesanwaltschaft) eingesehen und die Erkenntnislage des BfV verwertet werden. Für den Verfasser ist damit das, was Gieseking für wahrscheinlich hält, zur Gewißheit geworden.

Verfasser ist der Überzeugung, daß Stöver bei Kenntnis dieser Quellen aus der vorliegenden Arbeit zu den gleichen Folgerungen gekommen wäre bzw. seine Rekonstruktion der Ereignisse revidieren wird. Aus diesem Grunde wird auf die vielen Stellen, in denen in

---

930 *John I*, S. 268.

931 *John I*, S. 269 f.

932 Unten L. IV. 2., S. 252.

933 *Stöver*, S. 107.

934 *Stöver*, S. 108,

der Arbeit aus 1999 Widersprüche zu der heutigen Kenntnislage vorliegen, hier nicht weiter eingegangen.

7. Die Ansicht von Erik Gieseking (wahrscheinlich eine Entführung)

Gieseking hat dem Verfasser freundlicherweise vier Seiten Zusammenfassung seiner Dissertation im Juli 2004 und die fertige Dissertation als Buch[935] nach Erscheinen im Juni 2005 zugeschickt. Beim Lesen des Buches stellte sich heraus, daß die Gliederung der vorliegenden Arbeit (die nach der Zulassung des Verfassers als Doktorand mit einem Arbeitsplan im Dezember 2003 im Januar 2005 eingereicht und gebilligt wurde) sehr ähnlich dem von Gieseking gewählten Aufbau ist. Dies gilt auch für Einzelheiten der Darstellung, die in den ersten 1 ½ Jahren der Bearbeitung durch den Verfasser entstanden sind. Dadurch ergaben sich vor allem in den Kapiteln A - C der vorliegenden Arbeit eine Reihe von Duplizitäten. Soweit es möglich war, wurde in diesen Abschnitten gekürzt und auf Gieseking verwiesen. Dies gilt auch für die ersten vier Wiederaufnahmeverfahren[936], sofern bei diesen für den Gedankengang und die Quellen der vorliegenden Arbeit der Hinweis auf Gieseking ausreicht.

Zwei summarische Urteile des Zeithistorikers Gieseking zur Rechtskraft des Johnurteils sind aber für den Juristen in dieser Form nicht akzeptabel: „...die Rechtskraft des am 22. Dezember 1956....gesprochenen Urteil ist unbestritten"[937] und: „...es kann keinen Zweifel geben, daß Johns Schuld juristisch erwiesen ist"[938].

Diese Feststellungen, die den Respekt des Zeithistorikers vor den Juristen zeigen, sind um so bemerkenswerter, als sich Gieseking in seinen Ergebnissen doch in Widerspruch zu dem Urteil des BGH stellt. Gieseking glaubt nicht an einen freiwilligen Übertritt Johns in den Osten und hält eine Entführung nicht nur für möglich, sondern sogar für wahrscheinlich. Daraus folgt aber juristisch der Schluß, daß das Gericht bei der unsicheren Beweislage aus Mangel an Beweisen hätte freisprechen müssen. Auch die „unbestrittene Rechtskraft" trifft so nicht zu. John ist von einem Gericht, das zugleich erste und letzte Instanz war[939], verurteilt worden. Eine normale Berufung oder Revision war also nicht möglich. Otto John hatte nur

---

935 Gieseking, s. Literaturverzeichnis.

936 Gieseking, S. 413 – 459.

937 Gieseking, S. 221.

938 Gieseking, S. 561.

939 Hierzu *Delmer*: „That legal monstrosity, anathema to jurists throughout the free world,- a court of first and last instance". S. 293.

die Möglichkeit des Wiederaufnahmeverfahrens, für das die Gesetzgebung und die Rechtsprechung hohe Hürden aufgestellt haben. Otto John hat zu seinen Lebzeiten in vier Jahrzehnten in fünf Verfahren vergeblich versucht, diese Hürden zu überwinden. Woran er im einzelnen gescheitert ist, wird schon bei Gieseking und hier ergänzend diskutiert. Das letzte (fünfte) Verfahren, zu dem noch kein einziger Zeuge gehört worden war, ist bis heute nicht rechtskräftig entschieden. Es befand sich noch im Zustand der sofortigen Beschwerde gegen das verwerfende Urteil der ersten Instanz (KG Berlin). Die Begründung zu der Beschwerde war fristgemäß bis zum 31.Juli 1997 nachzureichen. Innerhalb dieser Frist verstarb Otto John, sodaß die Begründung dem BGH als zweiter und letzter Instanz noch nicht vorlag. Das Verfahren war also noch nicht entschieden, sondern wurde nur auf Antrag der Verteidigung eingestellt, weil kein berechtigter Antragsteller vorlag. Als einzige Berechtigte gab es die Schwester von Otto John, die aber wohl vor allem wegen der horrenden Kosten kein Interesse an der Weiterführung bis zur Entscheidung hatte. Theoretisch könnte das Verfahren durch den Staatsanwalt jederzeit nach § 359 Nr. 5 StPO wieder aufgenommen werden, wenn die Begründung schlüssig ist, zumal es inzwischen noch neue Beweise und Entlastungszeugen gibt.

Gieseking standen nicht die gleichen Quellen wie dem Verfasser zur Verfügung[940]. Gieseking schreibt selbst, daß er beim Versuch des Zugriffs auf „Quellen des Bundes" gescheitert sei[941]. Dies ist um so bedauerlicher, als es sich um eine mindestens siebenjährige Forschungsarbeit gehandelt hat[942]. In entscheidenden Punkten hat er ebenso wie Stöver die 24 Bände der BStU („Stasi-Akten") über Otto John als Quelle benutzt. Es ist bemerkenswert, daß er u.a. auf Grund dieser Quelle und ohne die dem Verfasser zugänglichen Quellen bereits zu der entgegengesetzten Auffassung wie Stöver gekommen ist und zu der Ansicht neigt, daß Otto John entführt wurde.

Die sehr ausführliche Berücksichtigung von Zeitungsartikeln als Quelle bei Gieseking entspricht wohl dem Stil zeitgeschichtlicher Arbeiten. Für den Verfasser haben diese Quellen nicht die Natur juristisch verwertbarer Beweise, da sie nur die Meinung der jeweiligen Autoren, allenfalls den „Zeitgeist" darstellen. Sehr oft stellt sich leider heraus, daß beweisbar falsche Dinge behauptet werden, vermutlich nur, um das Interesse des Lesers zu wecken. Deshalb wird

940 Oben A., S. 2 f.

941 *Gieseking*, S.566 ff.

942

in der vorliegenden Arbeit wenig aus Tageszeitungen und Zeitschriften zitiert.

Verfasser sieht in seiner Arbeit an vielen Stellen eine Weiterführung der Arbeit von Gieseking unter rechtswissenschaftlichen Gesichtspunkten und auf Grund neuer Erkenntnisse.. Es wird deshalb an dieser Stelle nicht Punkt für Punkt zu den Ausführungen Stellung genommen, sondern jeweils in den einzelnen Kapiteln darauf eingegangen.

8. Die Ansicht von Murphy, Kondraschow und Bailey

In Ihrem Buch über den „Battleground Berlin" im Kalten Krieg beschreiben diese hohen Offiziere, die damals auf der amerikanischen (Murphy) und russischen (Kondraschow) Seite bei den Geheimdiensten in Berlin zuständig waren, gemeinsam mit dem ebenfalls im Geheimdienst erfahrenen Bailey, der später Radio Liberty leitete, in Kapitel 10 ihre Sicht des mysteriösen Falles John. George Bailey ist verstorben, aber mit dem 85-jährigen David Murphy und mit Sergei Kondraschow hatte Verfasser einen Gedankenaustausch in zahlreichen E-Mails. Dieses 1997 kurz nach Johns Tod erschienene Buch enthält eine Reihe interessanter Informationen, die John nicht zur Verfügung standen. Aber wirklichen Einblick in die Johnakten des KGB (jetzt FSB) konnte nicht einmal Kondraschow nehmen, der selbst Leiter des Deutschland-Geheimdienstes in Berlin ab 1955 war. Murphy, der das John-Kapitel geschrieben hat[943], stützte sich auf Informationen, die Kondraschow vom Russischen Auslandsgeheimdienst SVR erhielt. Dies war zunächst ein Auszug aus der Johnakte: „an edited version of the KGB John file which we were allowed to read"[944]. Kondraschow erhielt sogar eine Kopie der Richtlinien[945], die das SVR den Offizieren im Ruhestand Pitowranow und Tschernjavski [alias Tschernow] gegeben hatte, die im Fröhder-Film aussagen sollten.

Nachdem die erfahrenen Geheimdienstleute diese Dokumente und die Sendung im Hessischen Rundfunk von C. M. Fröhder über Otto John: „Ich will nicht als Verräter sterben" verglichen hatten, er-

943 Mitteilung von D. Murphy, E- Mai l v. 11.11.2004 an Verfasser.

944 *Murphy et al.* S. 186; „Summary of Material Concerning Otto John (Spravka po materialiam v otnosheni IONA Otto), prepared by SVR in summer 1993 from the John file in SVRA, Fn 6, S. 479."

945 *Murphy et al.* ,S. 186, undated SVR memorandum containing guidelines for retired KGB officers being interviewed by German TV on John case, Fn 7, S. 479.

schienen ihnen die ersten Informationen des SVR unglaubwürdig[946]. Sie erhielten daraufhin einen neuen Auszug[947], der wesentlich mehr Aufschlüsse über die Rolle des sowjetischen Geheimdienstes in der Johnaffäre und über die Mitwirkung von Wonsig und Wohlgemuth gab[948]. Unter Einbeziehung von „Karpow's Erzählungen"[949] ergibt sich folgendes Bild: Zuerst hatte Max Wonsig[950] den Kontakt zu Wohlgemuth gesucht, dann fand ein konspiratives Gespräch zwischen den beiden und Karpow (alias Kutschin=Kuchin, alias Dr. Schneider) in Ost-Berlin statt, bei dem Überlegungen angestellt wurden, wo man sich am besten unauffällig mit Otto John treffen könnte, ohne diesen zu kompromittieren. Man glaubte schließlich durch Johns Anwesenheit am 20. Juli1954 in Berlin einen geeigneten Treffpunkt gefunden zu haben. Es gibt keinen Beweis dafür, daß John von diesen Vorgesprächen etwas wußte. Die offizielle Darstellung des KGB sagt, daß John freiwillig mit Wohlgemuth zu einem verabredeten Treffen gekommen sei und politische Gespräche gesucht habe. Die Autoren haben aber erhebliche Zweifel an der Darstellung im Buch von *Frederik,* das sie als ein Machwerk des MfS bezeichnen[951] und diskutieren die Möglichkeit, ob John nicht doch entführt wurde: „Was John kidnapped?"[952]. Eine endgültige, sichere Meinung dazu haben sie nicht. Die von Wohlgemuth konsequent vorgebrachte Behauptung, daß er John zum Grab seines Bruders fahren wollte[953], spricht dagegen, daß John von einem Treffen mit politischem Hintergrund etwas wußte. Aber auch diese Behauptung stammt nur von Wohlgemuth ohne einen objektiven Beweis. Die Darstellung beweist aber die Tatsache, daß die „Verbringung" Johns in die DDR eine Sache des KGB, nicht des MfS war.

Auch die Flucht Johns zurück am 12. Dezember 1955 wird diskutiert und auf die offizielle Version des KGB hingewiesen, daß John völlige Bewegungsfreiheit genossen habe und jederzeit die DDR verlassen hätte verlassen können. Die damit im Widerspruch stehende Rettung Johns in die Freiheit durch Bonde-Henriksen[954] schildern

---

946 *Murphy et al.,* S. 187.

947 SVRA file 76863, zitiert nach Murphy et al., Fn. 8, S. 479.

948 *Murphy et al,* S. 190 ff.

949 VS B 362/10937, Bl. 121-139; VS 362/10938 Bl. 40 -98; s. aber neuer G. 4. f), S. 118 f.

950 Dazu besonders L. III 4. , S. 226f.

951 *Murphy et al.,* S. 189 und 195; s. dazu oben G. 4. f), S. 118f.

952 *Murphy et al.,* S. 192 ff.

953 oben L. III. 2., S. 220, 224.

954 oben E. III. 1. , S. 70.

die Autoren, wobei sie auf die von ‚Franz Josef Strauß'[955] gegenüber Bonde-Henriksen gegebene Zusage hinweisen, daß Otto John bei einer Flucht zurück straffrei bleiben würde. Abgesehen davon, daß hier eine Verwechslung mit Staatssekretär Walter Strauß im Bundesjustizministerium vorliegt, ist die Angabe richtig. Verfasser hat hierzu den Beweis in der Erkenntnislage des BfV in einem detaillierten Bericht von Schrübbers gefunden[956].

In der deutschen Übersetzung [957], die auch in anderen Punkten nicht voll identisch mit der englischen Fassung ist, findet sich eigentümlicherweise der Hinweis auf die verschiedenen Versionen der Zusammenfassung der Akte John und vor allem auf die Instruktionen zu den Aussagen der Geheimdienstoffiziere zu dem Fröhder-Film nicht. Da zweifellos Murphy auf Englisch geschrieben hat und es sich dabei um den Urtext handelt, ist nur dieser hier zu Grunde gelegt.

Am Ende ihrer Arbeit ziehen die Autoren den Schluß, daß Otto John bei seiner Flucht zurück „in die offenen Messer des noch existierenden Nazi-Untergrundes lief: die Staatsschutzgesetze in der Bundesrepublik und die sie anwendenden Bundesrichter"[958]. Diese Auffassung wird in der vorliegenden Arbeit voll geteilt, aber ganz am Schluß unterliegen die Autoren dem weit verbreiteten Irrtum: „John's conviction was upheld in December 1995 by the highest court"[959]. Nicht das höchste Gericht, der Bundesgerichtshof, sprach das Urteil vom Dezember 1995, sondern das Kammergericht Berlin als erste Instanz. Die Revisionsinstanz BGH ließ die sofortige Beschwerde zu, konnte sich aber noch nicht damit befassen, weil bis zum Tode von Otto John die Begründung noch nicht eingereicht war[960].

Insgesamt erscheint dem Verfasser das Kapitel „The mysterious case of Dr. John" als ein besonders wichtiger Beitrag zur Aufklärung des Falles John.

9. Die endgültige Ansicht von Gerhard Schröder

Daß der Bundesminister des Innern, Dr. Gerhard Schröder, dem das BfV und damit Otto John unterstand, ein gewichtiger Zeuge in der

955 *Murphy et al.*, S. 200.

956 unten R. I. 5 a), S. 326.

957 *Murphy et al.*, Die unsichtbare Front, Berlin 1997.

958 *Murphy et al.*, S. 200.

959 *Murphy et al.*, S. 201.

960 unten P. III. 3., S. 298.

Affäre John war, ist evident. Seine wechselnde Ansicht wurde bereits geschildert[961]. Als Zeuge trat der Minister in der Hauptverhandlung 1956 nicht auf, sondern Ministerialdirektor Egidi, Abteilungsleiter VI im BMI, der auch vor Johns Verschwinden der normale Kontaktmann zum BfV war. Egidi sagte im Prozeß sehr positiv für John aus.

Schröder ist nach seinem Ausscheiden aus ministerieller Verantwortung wieder völlig und endgültig zu seiner ursprünglichen Unschuldsvermutung hinsichtlich Otto John zurückgekehrt. Dies ergibt sich aus seinem persönlichen Einsatz für Otto John beim Bundespräsidenten und der regen Korrespondenz während des Gnadengesuches[962], aber auch aus der 2002 erschienenen Biographie[963].

10. Zur Glaubwürdigkeit der Stasi-Akten und von Zeitungsberichten

Besonders weil sich Gieseking und Stöver so stark auf die Stasi-Akten[964] stützen, muß die Frage nach der Glaubwürdigkeit dieser Akten gestellt werden, weil in diesen Akten eventuell Tatsachen verfälscht sein könnten, um ein für die östlichen Machthaber günstiges Ergebnis zu erhalten. Streng genommen dürfte man ohne jeden Zweifel nur solche Angaben aus den Stasi-Akten berücksichtigen, in denen die östlichen Machthaber sich selbst beschuldigen bzw. einem Verdacht aussetzen, während für John negative Angaben besonders kritisch zu untersuchen sind. Man muß sich immer vergegenwärtigen, daß KGB und MfS alles Interesse daran haben mußten, zu beweisen, daß Otto John freiwillig die Seiten gewechselt hatte, weil er mit den Zuständen und den Entscheidungen der Adenauer-Regierung in der Bundesrepublik nicht einverstanden war (Renazifizierung, Aufrüstung, Ablehnung des Stalin-Angebots zur Wiedervereinigung), und weil sie sich keinesfalls mit dem Odium einer Entführung belasten wollten. Umgekehrt mußte es Otto Johns Interesse sein, zu beweisen, daß an diesen Behauptungen nichts Wahres daran war, und es keinen freiwilligen Übertritt in die DDR oder freiwilligen Verbleib dort gab. Infolgedessen muß es bei Fehlen unabhängiger objektiver Beweise auf eine Plausibilitätsbetrachtung hinauslaufen, welche Darstellung glaubwürdiger ist. Ein Gericht sollte bei Fehlen handfester Beweise und bei Fehlen eines Ge-

---

961 oben D. 3. b), S. 54.

962 unten Q. III. 3., S. 309 ff.

963 *Oppelland,* S. 271 - 292, Eine Schlacht im Kalten Krieg: Die Affäre John.

964 BStU, 24 Bände MfS AP 11263/56.

ständnisses den Angeklagten aus Mangel an Beweisen freisprechen, wenn es von seiner Unschuld nicht überzeugt ist.

Zweifelsfreien Aufschluß könnte vermutlich ein Einblick in die Akten des KGB geben, was bisher noch keinem der vielen Autoren gelungen ist, auch wenn sie es behaupten. Zeitungsartikel, deren Autoren behaupten, Einblick in die KGB-Akten genommen zu haben, halten einer Nachprüfung nicht stand. Als eines der neueren Beispiele sei ein Artikel im "Spiegel" von Georg Mascolo genannt[965]. Dort steht (als Beweis für unhaltbare Behauptungen wie z. B. Verrat durch Otto John von wesentlichen Geheimnissen an die Russen aus seiner Tätigkeit im BfV) „Mascolo ging auf die Spur, und er stieß auf Quellen in der russischen Hauptstadt"[966]; „Die ... Konvolute aus Moskau ... "[967]. Verfasser hat sich auf der Suche nach einem Zugang zu den KGB-Akten an Herrn Mascolo gewandt. In einem Telephongespräch ist Herr Mascolo ausgewichen und hat auf die „Stasi-Akten" verwiesen. Es ist also kaum anzunehmen, daß Mascolo wirklich Einblick in die Moskauer Akten gewährt wurde, worum Otto John selbst sich in Moskau 1993[968] und Verfasser sich seit 2003 und viele andere vor ihm mit negativem Erfolg bemüht haben. Vielmehr gehört der Artikel zu den unzähligen, denen man keinerlei Beweiskraft beimessen sollte.

Interessant ist in diesem Zusammenhang, was Markus Wolf dazu zu sagen hatte. Markus Wolf war im Range eines Generalmajors jahrzehntelang Chef des Auslandsgeheimdienstes des MfS. Heute lebt er (Jahrgang1923) noch in Berlin. Dem Verfasser ist es bisher nicht gelungen, mit ihm in Kontakt zu treten[969]. In seiner Biographie, die einige Seiten über den Fall John enthält, findet sich der Satz: *„Aus Akten, die ich 1990 einsehen konnte, und aus dem, was John selbst mir bei mehreren Begegnungen 1992 und danach erzählt hat, läßt sich ersehen, daß John tatsächlich entführt wurde und daß die Staatssicherheit der DDR sich ähnlich ahnungslos wie er selbst mit dem unerwarteten Gast konfrontiert sah, den ihr die Sowjets unversehens präsentierten"*[970]. Man kann also davon ausgehen, daß Markus Wolf, der einen der besten Geheimdienste in der Welt leitete, über den Fall John genau Bescheid wußte und zu den wenigen gehörte, die die KGB-Akten über den

965 Der Spiegel, 50/1995, S. 3 und 78-84.

966 a .a. O., S. 3.

967 a. a. O., S. 78.

968 L. IV. 2., S. 249.

969 Diese Feststellung stammt vom März 2006. Am 9. November 2006 ist Markus Wolf verstorben.

970 *Wolf*, S. 103.

Fall John kannten oder jedenfalls wußten, daß sie existieren. Er schrieb zum Fall John am 17. Februar 1992 an RA Jungfer[971], der ihm Fragen im Zusammenhang mit dem Wideraufnahmeverfahren gestellt hatte: „Es handelte sich meines Wissens um einen Vorgang des Komitees für Staatssicherheit der UdSSR. Unterlagen müßten sich demnach bei einer der Nachfolgeorganisationen dieser Institution befinden".

Daß die Stasi-Akten keine unbedingt verläßliche Grundlage darstellen, ist bekannt. Zur Unglaubwürdigkeit der Stasiprotokolle gehört z.B. die Tatsache, daß manche Mitarbeiter Tatsachen erfunden oder gefälscht haben, weil Erfolge nachgewiesen werden mußten. Eine typische Aussage eines Stasimitarbeiters nach der Wiedervereinigung lautet: „Wenn ich also Leute zu bearbeiten und Erfolge zu bringen hatte, und es kam nischt, dann habe ich es eben so gemacht, daß es wie ein Erfolg aussah"[972].

Es gibt ein authentisches Buch von zwei ehemaligen Mitarbeitern in der Stasi, die sich nach der Wende zur Wahrheit bekannt haben. Sie schildern ausführlich, wie die Hauptabteilung X für „Aktive Maßnahmen" nach Vorgaben der russischen „Freunde" die Desinformation des Westens, besonders der Bundesrepublik, betrieben[973].

Vermutlich teilweise aus diesem Grund sind die Autoren Stöver und Gieseking zu entgegengesetzten Ansichten gelangt. Stöver tendiert trotz der unsicheren Quellenlage zu der Annahme des freiwilligen Übertritts, Gieseking hält eine Entführung für wahrscheinlich. Verfasser hat zwar auch die Stasi-Akten gelesen und - bei kritischer Interpretation - durchaus wertvolle Kenntnisse daraus gewonnen, sich aber überwiegend auf andere Quellen gestützt, die in der Einleitung aufgeführt sind.

In allen Fällen, in denen die Stasi-Akten konkrete Tatsachen und vor allem dann, wenn sie für die DDR unbequeme Feststellungen enthalten, sind sie eine sehr wertvolle Quelle. Dies gilt z.B. für die Details über den Aufenthalt von Wohlgemuth in der DDR nach dem 20. Juli 1954 und für die Verwicklung Wonsigs in die Entführung sowie Angaben über den Hauptbelastungszeugen Wittig.

Es gilt auch für einen handschriftlich abgezeichneten Brief von Ernst Wollweber[974] vom 14. September 1954, als er Chef des MfS und auf

971 Kopie des Briefes bei RA Schweinester, Innsbruck und im Archiv des Verfassers.

972 *Karau*, S. 18. et passim.

973 *Bohnsack / Brehmer*, S. 29 ff. et passim.

974 Ernst Wollweber, 28. 10. 1898 - 3. 5. 1967, Altkommunist, 1919 der KPD beigetreten, nachdem er 1918 führend an den Matrosenaufstand in Kiel

dem Höhepunkt seiner Macht war, in dem er dem „Genossen Walter Ulbricht" vorschlägt, den Genossen Pitowranow und dessen Stellvertreter Medwedew mit dem Vaterländischen Verdienstorden in Gold auszuzeichnen mit der Begründung: „Beide Genossen waren hervorragend beteiligt an ......der Vorbereitung der Fälle John und ....an einer ganzen Reihe wichtiger Maßnahmen des Staatssekretariats für Staatssicherheit gegen die Feinde der DDR"[975]. Hier wird ganz deutlich, daß von Seiten des KGB Vorbereitungen für die Verbringung Johns in den östlichen Machtbereich getroffen wurden. Daß gegenüber der Öffentlichkeit alle Anstrengungen unternommen wurden, um den Übertritt Johns als freiwillig erscheinen zu lassen, gibt diesem Brief Wollwebers das eindeutige Zeichen der Wahrheit. Für einen freiwilligen Übertritt bedurfte es keiner Auszeichnung für die beteiligten KGB-Offiziere. Otto John schildert das Verhalten Pitowranows ihm gegenüber ausführlich[976]. Davon, daß er an den Vorbereitungen zur Verbringung Johns in den Osten beteiligt war, erfuhr Otto John selbstverständlich kein Wort. Auf diesen Brief hat schon *Gieseking* hingewiesen[977].

Abschließend noch ein besonders krasses Beispiel des Unsinns in den Stasi-Akten. Zur Zeit des zweiten Wiederaufnahmeverfahrens begann das MfS erneut, sich für den Fall John zu interessieren. Es gibt einen Auskunftsbericht der Hauptabteilung XX vom 2. November 1967[978]: „Auswertung des vorhandenen Materials über Dr. Otto John, ehemaliger Präsident des Bundesamtes für Verfassungsschutz".

In diesem Bericht steht gleich auf der ersten Seite: „1933 wurde er [John] Mitglied der Gestapo und nahm im gleichen Jahr als Beauftragter Görings an einer Untersuchung des Reichstagsbrandes teil". Otto John war 1933 noch Student in Frankfurt am Main[979], 1934 Re-

---

beteiligt war, Abgeordneter des Reichstags bis zum Reichstagsbrand 1933 und Verbot der KPD, Flucht nach Skandinavien, in Schweden verhaftet und zu einer verlängerten Strafe verurteilt, um ihn vor der Auslieferung an Deutschland zu schützen, 1944 Entlassung nach Rußland, nach Erwerb der russischen Staatsangehörigkeit, 1946 Mitglied der SED und steiler politischer Aufstieg, 1953 - 1957 Leiter des MfS (Stasi), bei Honecker und Ulbricht in Ungnade gefallen und durch seinen Stellvertreter Mielke ersetzt.

975 BStU MfS Allg. P. 11263/56, Bd. 23, Bl. 298/299.

976 *John I*, S. 277-281.

977 *Gieseking*, S. 474 f.

978 BStU MfS Allg. P. 11263/56, Bd. 23, Bl. 000006 - 000041; zitiert "Auskunftsbericht".

979 s. zuverlässig belegte Biographie oben B. II. 1., S. 16.

ferendar nach sechs Semestern Studium, 1935 Promotion in Marburg!

Es gibt noch viele andere beweisbar falsche Angaben in diesem Auskunftsbericht, aber auch zwei interessante Feststellungen, die sich auf John nach seinem Auftauchen in der DDR beziehen, und deshalb anders als die beweisbar unsinnigen Angaben über seine Tätigkeit nach 1933 auf eigener Kenntnis des MfS beruhen:

„John trat unter der Legende ‚freiwillig in die DDR übergetreten' auf der ersten mit ihm durchgeführten Pressekonferenz auf"'[980].

sowie

„John wurde während seines Aufenthalts in der DDR ständig von den Genossen VOIGT bzw. Bauch begleitet und abgesichert"[981].

Daß diese Begleitung und Absicherung nicht in erster Linie seinem Schutz, sondern seiner Bewachung diente, ist offensichtlich. Im weiteren Verlauf des Auskunftsberichtes wird zwar behauptet, daß sich Otto John frei in der DDR bewegen konnte, aber da die als Beweis dienenden Kontaktpersonen teilweise sowie große andere Abschnitte in dem Bericht geschwärzt sind, können verläßliche Schlüsse daraus nicht gezogen werden.

Was der Satz oben über die „Legende" bedeuten soll, ist schwer verständlich. Wenn man die Stasi-Akten als immer zuverlässige Quelle werten wollte, hätte man hier den eindeutigen Beweis, daß Otto John nicht freiwillig in die DDR gegangen ist. Der Satz gewinnt zusätzliches Gewicht, da der Bericht weitergeht:

„Einzelheiten über den vollzogenen Übertritt John's in die DDR sind in keinem beim MfS vorhandenen Material enthalten"

Hierin kann man allerdings einen erheblichen Plausibilitätsbeweis sehen, daß der Übertritt bzw. die Entführung Otto Johns eine Sache des KGB und nicht des MfS war[982].

11. Die „offizielle" Version der östlichen Machthaber

In allen zugänglichen und immer wieder in der Presse der DDR erscheinenden Veröffentlichungen, aber auch in der westlichen Presse findet sich die Version, daß Otto John aus der Bundesrepublik in die DDR übergewechselt sei, weil er mit der Adenauerregierung und dem Überhandnehmen der Nazis in der Bundesrepublik nicht einverstanden gewesen sei. Diese Behauptungen über die

980 Auskunftsbericht, Bl. 000008.

981 Auskunftsbericht, Bl. 000012.

982 s. dazu oben L. II. 5., S. 215ff; L. III. 8., S. 236 ff.

persönliche politische Meinung von Otto John sind sicher richtig; die Behauptung, daß er deswegen die Seiten gewechselt habe, aber mit Sicherheit falsch. Ein juristisch vollständig zwingender Beweis für oder gegen den angeblich freiwilligen Seitenwechsel ist auch heute nicht möglich, solange die Einsicht in die Akten des KBG in Moskau verweigert wird. Dort müßten die Weisungen stehen, die der KGB seinem Agenten Wohlgemuth gegeben hat. Daß es solche Weisungen gegeben hat, kann auf Grund der in dieser Arbeit zusammengefaßten Kenntnisse nach neuestem Stand nicht bezweifelt werden. Schon der BGH hatte 1956 Zweifel an der Darstellung der östlichen Seite, wie sie sich vor allem aus der Schilderung des unglaubwürdigen Kronzeugen Wittig ergab. Diesen Zweifeln nicht nachgegangen zu sein und sie zugunsten des Angeklagten nicht berücksichtigt zu haben, ist der eigentliche Skandal des Urteiles von 1956 und der nachfolgenden Wiederaufnahmeverfahren, in denen mit jedem neuen Zeugen die Darstellung des Angeklagten an Glaubwürdigkeit gewann. Ebenso müßten, wie es der Zeuge Tschernow bestätigte[983], die Protokolle des KGB über die ersten Verhöre in Karlshorst die letzten Zweifel beseitigen. Dem Gericht wäre es vielleicht möglich gewesen, die Akten des KGB im Weg der Rechtshilfe beizuziehen. Daß ein solcher Versuch 1956 oder später unternommen wurde, ist nirgends ersichtlich. Im Gegenteil hat das Kammergericht Berlin einen entsprechenden Antrag der Verteidigung im fünften Wiederaufnahmeverfahren (als nach dem Zusammenbruch der Sowjetunion ein solcher Antrag aussichtsreich erschien) abgelehnt.

Ebenso konsequent wie an der Behauptung des freiwilligen Übertritts hat die östliche Seite an der Behauptung des freiwilligen Verbleibs Otto Johns in der DDR in allen öffentlich zugänglichen Äußerungen festgehalten, nachdem die Pressekonferenz am 11.August 1954[984] dies deutlich zu beweisen schien. Man kann aber nach den in der vorliegenden Arbeit ausgewerteten Quellen mit Sicherheit davon ausgehen, daß die Pressekonferenz vom KGB und in seinem Auftrag vom MfS minutiös arrangiert war, ebenso wie die späteren „Beweise" in dem Buch von Frederik.

Um selbst nach der geglückten Flucht zurück an ihrer offiziell immer wieder vertretenen Behauptung festzuhalten, daß Otto John freiwillig in der DDR geblieben ist und dort ein freier Mann war, mußte die Lüge verbreitet werden, daß Otto John nicht etwa geflohen sei, sondern sich aus freiem Entschluß zur Fortsetzug des

---

983 BArchKO, B 362/4616, Bl. 124-129.

984 oben E. I. 3. , S. 59 ff.

Kampfes gegen Adenauer wieder in den Westen begeben habe. Diese Lüge ist durch den jüngsten Aktenfund in der BStU endgültig entlarvt[985].

Nach dem Kenntnisstand des Verfassers sollte man zu der Darstellung der östlichen Seite sagen, daß sie ein eindeutiger politischer Erfolg gegenüber der Bundesrepublik im Kalten Krieg war, nicht mehr und nicht weniger. Als sichere Grundlage für eine Freiheitsstrafe gegen Otto John eignet sie sich nicht. Diese Darstellung wurde zur Verurteilung von Otto John mißbraucht, weil die Richter, denen er gegenüber stand, mehrheitlich der Darstellung des Angeklagten keinen Glauben schenkten, da sie es durch ihre Tätigkeit in der NS-Zeit nicht wollten oder nicht konnten. Sie folgten der von der östlichen Seite geschickt manipulierten öffentlichen Meinung. Zur teilweisen Entlastung der Richter des BGH 1956 ist anzumerken, daß die Enttarnung wichtiger Zeugen als Mitarbeiter (Susanne Sievers) oder Beauftragte des MfS (Carl Wittig) 1956 noch nicht erfolgt war.

IV Eine Hypothese als Denkanstoß und ihre Entkräftung

Es wird hier ein hypothetischer Geschehensablauf in der Praxis von Wohlgemuth am Abend des 20. Juli 1954 angenommen, der von den Annahmen des Senats 1956 abweicht. Für diesen Ablauf gibt es ebensowenig schlüssige Beweise wie für den vom Senat angenommenen Sachverhalt. Damit soll lediglich verdeutlicht werden, daß der Senat zweifeln und damit „in dubio pro reo" entscheiden mußte, wie es alle Kritiker des Urteils verlangt haben[986].

1. Unkenntnis Johns über Wohlgemuths Absichten und unsichere Indizien

Der 3. Strafsenat des BGH, der Otto John 1956 zu vier Jahren Zuchthaus verurteilte, ist davon ausgegangen, daß John sich freiwillig und in der Absicht[987], der Bundesrepublik zu schaden, in Begleitung von Dr. Wohlgemuth nach Ost-Berlin begeben habe, um dort politische Gespräche zu führen. Dafür mußte der Senat zunächst nachweisen, daß Otto John wußte, daß Wohlgemuth mit ihm zu einem solchen Treffen zu fahren beabsichtigte und daß er mit diesem Fahrtziel einverstanden war. Dieser Nachweis konnte nicht geführt werden.

985 unten R. I. 5. b), S. 326 ff.

986 Besonders überzeugend Arndt, oben H. II. d), S. 142 ff.

987 zur Absicht K. III., S. 187 ff.

Otto John hat sich auf eine Erinnerungslücke vom Verlassen der Praxis Wohlgemuth am 20. Juli 1954 abends bis zu seinem Erwachen beim KGB in Karlshorst (Ost-Berlin) berufen[988]. Er erinnerte sich als Letztes daran, daß Wohlgemuth mit ihm aus seiner Praxis in eine zweite Wohnung fahren wollte, um dort das Attest für Frau Nehlsen auszustellen. Er hat dann versucht, eine plausible Erklärung zu finden, wie es zu dieser Erinnerungslücke gekommen sein könnte. Hierfür hat er angenommen, daß ihm in der Praxis Wohlgemuth ein Betäubungsmittel in den Kaffee getan wurde (den er erwiesenermaßen getrunken hat). Die sehr ausführlichen Ermittlungen hierzu ließen diese Version dem BGH als zwar nicht unmöglich, aber unbewiesen erscheinen. Gieseking[989] setzt sich mit den medizinischen Möglichkeiten auseinander und hält eine Entführung Johns unter Einfluß von Drogen für denkbar. Auch die neueren Zeugenaussagen zu dieser Version, die in den Wiederaufnahmeverfahren vorgebracht wurden, hatten für die Gerichte keinen zwingenden Beweischarakter. Die neuesten Zeugenaussagen, die eine Betäubung durch Wonsig mit Chloroform im Auto für die am sichersten bewiesene Version erscheinen lassen, hat der BGH als Berufungsinstanz im Jahr 1997 noch nicht zur Kenntnis nehmen können, weil das Wiederaufnahmeverfahren, in dem hierzu überzeugende Beweise vorlagen (besonders die Aussage Zeugin Möbius[990]), auf Antrag des Verteidigers wegen des Todes des Verurteilten im März 1997 ohne eine Entscheidung eingestellt wurde.

Da es sich bei dem Prozeß um einen Indizienprozeß gehandelt hat, wobei das Gericht die Indizien nicht zugunsten von Otto John gewertet hat, kommt es bei der Diskussion des Urteils darauf an, ob die Indizien so hieb- und stichfest waren, daß dem BGH keine Zweifel kommen mußten. Dies wird hier mit der Hypothese in Verbindung mit dem Grab von Hans John in Ost-Berlin verdeutlicht, wobei auf die Annahme einer Betäubung in der Praxis von Wohlgemuth verzichtet werden kann.

2. Besuch des Grabes von Dr. Hans John in Ost-Berlin und „Dr. Schneider“

Dieser als Hypothese vorstellbare Ablauf des Geschehens am 20. Juli 1954 abends, nachdem Otto John seinen „Freund“ Wohlgemuth in der Praxis wegen des Attestes für Frau Nehlsen aufgesucht hatte, ergibt sich, wenn man annimmt, daß tatsächlich ein Gespräch zwi-

988 *John I*, S. 272.

989 *Gieseking*, S. 343-346 mwN.

990 unten R. II. 1. e), S. 340.

schen Wohlgemuth und John über das Grab seines Bruders Hans stattgefunden hat. Dies hat Wohlgemuth immer wieder behauptet. Auf Grund einer - für den Verfasser zum damaligen Zeitpunkt am Beginn seiner Recherchen überraschenden - Aussage[991] von Hans-Walter Schleicher[992], hatte Otto John am 18. oder 19. Juli 1954 im Kreis der Bonhoeffer-Familie geäußert, daß er gern das Grab seines Bruders Hans in Ost-Berlin besuchen wolle, daß ihm dies aber leider in seiner offiziellen Position unmöglich sei. Diese Aussage hat aber auch Frau Schleicher schon während des Ermittlungsverfahrens 1955 gegenüber Otto Johns erstem Verteidiger, Dr. Hellmuth Dix gemacht: *„Er hat noch unmittelbar vor dem 20. Juli1954 in Berlin spontan zum Ausdruck gebracht, daß er das Grab seines Bruders leider nicht besuchen könne"*. Frau Schleicher datiert die Aussage von Otto John auf den 19. Juli 1954 bei dem Treffen von Freunden auf Einladung von Otto und Lucie John im Hotel Schätzle. Daß diese Aussage schon aktenkundig war, hatte Herr Schleicher fast 50 Jahre später offenbar vergessen. Verfasser hat dieses Beweisangebot an den ermittelnden Richter später in den Beständen des BA Koblenz gefunden[993], sodaß es dem Gericht bekannt gewesen sein mußte. Inzwischen wurde als zusätzlicher Beweis auch das Original der Vernehmung von Hans-Walter Schleicher gefunden[994], der im gleichen Sinne wie Frau Schleicher vor der Kriminalpolizei in Berlin unmittelbar nach dem Verschwinden von Otto John ausgesagt hatte. Schleichers hatten diese Aussage nur gemacht, um zu verdeutlichen, daß Otto John nicht aus freien Stücken in den Osten gegangen sein könne, und daß er sich der Unmöglichkeit des Zonenübergangs in seiner Stellung durchaus bewußt war. Die späteren Aussagen Wohlgemuths, daß er Otto John zum Grab des Bruders fahren wollte, konnten sie nicht kennen.

Die Verteidigung hat in ihrem Plädoyer Wohlgemuths Aussage, das Grab von Hans John besuchen zu wollen, nur als eine der vielen Lügen von Wohlgemuth en passant aus einem Brief Wohlgemuths vom 12. August 1954 an Frau Klinkmüller zitiert, ohne der Sache

---

991 Hans-Walter Schleicher tel. am 22. Jan. 2004, bestätigt am 4. Feb 2004 persönlich.

992 H-W. Schleicher ist der Sohn des am 23. April 1945 von der SS ermordeten Prof. Rüdiger Schleicher (s. oben S. 15, in dessen Institut Dr. Hans John an seiner Habilitationsschrift über Nietzsche arbeitete.

993 Schriftsatz Dr. Dix v. 9. 5. 56 an den Untersuchungsrichter, B 362/10931 Bl. 985.

994 B362/19941 Bl.348-350, Hans-Walter Schleicher am 14.8.54 in Frankfurt am Main.

weiter Bedeutung beizumessen[995]. In der Hypothese des Verfassers als „advocatus diaboli“ wird einmal angenommen, daß diese von den vielen Darstellungen Wohlgemuths der Wahrheit entsprach. Wie könnte es dann gewesen sein?

Die lose Freundschaft von Wohlgemuth zu Otto John stammte aus der Zeit im zweiten Weltkrieg, als Wohlgemuth Assistent bei Sauerbruch in der Charité war. Johns Bruder Hans, der an der Ostfront im Wehrdienst schwer verwundet worden war,[996]. wurde mit einem Lungensteckschuß zur Untersuchung wegen eventueller operativer Entfernung des Geschosses in die Charité eingeliefert Dadurch wurde Otto John 1942 mit Wohlgemuth bekannt. Obwohl Wohlgemuth kein Mitglied des Widerstands war - auch wenn er es nach 1945 gelegentlich behauptet hat - fanden die beiden in der Feindschaft gegen das Nazi-Regime rasch einen gemeinsamen Nenner[997]. Die durch dieses Erleben und die ärztliche Betreuung des geliebten Bruders verbundenen „Freunde“ könnten über die Sache mit dem Grab gesprochen haben, wie es Wohlgemuth immer wieder und auch später in seinem Prozeß behauptet hat[998]. Es ist denkbar, daß Otto John zu Wohlgemuth dasselbe über den für ihn unmöglichen Besuch des Grabes sagte, wie am Vortag zu Herrn und Frau Schleicher. Wohlgemuth konnte entweder wegen seiner Tätigkeit in der Charité oder als Agent des sowjetischen Geheimdienstes ungehindert nach Ost-Berlin fahren. Die Mauer gab es noch nicht, aber Kontrollen durch den bundesdeutschen Grenzschutz bzw. Zollbeamten in dessen Auftrag, und die Volkspolizei der DDR. Wohlgemuth könnte daraufhin zu Otto John gesagt haben: „Kein Problem, ich fahre Dich schnell 'mal ´rüber, Du kannst trotzdem heute abend bei Deiner Frau zurück sein“. Der ahnungslose, gutgläubige, leichtsinnige John könnte auf diesen Vorschlag eingegangen sein, und das Verhängnis zur Verbringung von John in den Osten nahm seinen Lauf, wie von Wohlgemuth, Wonsig und dem KGB geplant.

John wäre damit also ebenso freiwillig in den Wagen von Wohlgemuth gestiegen, wie er es auch nach seinen Angaben tat, um in die zweite Wohnung von Wohlgemuth wegen des Attestes zu fahren. Motiv wäre dann zusätzlich ein kurzer Abstecher in die DDR zu dem Grab gewesen. Selbstverständlich hätte eine solche Fahrt einen unverantwortlichen Leichtsinn im Hinblick auf Otto Johns Position und auf die ihm bekannten Verhältnisse im Kalten Krieg an der

---

995 Plädoyer Caemmerer, S. 25.

996 *John I*, S. 91.

997 *John I*, S. 260 ff.

998 BGH 9 StE 3/58, 2b BJs 63/57.

Berliner Grenze bedeutet. Einen Straftatbestand hätte aber das Überschreiten der innerdeutschen Grenze nach der gesetzlichen Lage in der Bundesrepublik nicht dargestellt. Es war die DDR, die ihre Bürger mit hohen Strafen für „Republikflucht" bedroht hat, notfalls mit dem Todesschuß. Der Leichtsinn hätte allenfalls Gegenstand eines Disziplinarverfahrens, aber nicht eines Strafverfahrens sein können.

Otto John spricht in seiner sonst immer glaubwürdigen und detaillierten Darstellung allerdings nicht von dem Grab des Bruders[999]. Man könnte einen Gedächtnisverlust durch eine nachfolgende Betäubung im Auto oder doch durch eine vorhergehende Beeinflussung durch eine Droge in der Praxis annehmen. Schließlich könnte man daran denken - nicht sehr schmeichelhaft für Otto John, aber immer noch kein Straftatbestand - daß er die Verabredung wegen des Grabes einfach unterschlagen hat, weil er eine solche Dummheit nicht zugeben wollte. Daß eine Absicht zu einem kurzen Besuch in Ost-Berlin nicht völlig auszuschließen ist, ergibt sich auch aus folgenden Hinweisen:

- Erklärung von Prinz Louis Ferdinand, der dies aus ehrenhaften Motiven für denkbar hält[1000].
- Vermutung von Theodor Heuss „Abenteuer"[1001].
- Artikel von Bonde-Henriksen über die Flucht am 12. Dezember 1955, erschienen am 14 und 15, Dezember 1955 in Berlingske Tidende[1002]. Hier zitiert der Journalist Bonde-Henriksen ganz am Anfang Otto John: „Mein Besuch in Ostberlin am 20. Juli 1954 sollte nur von ganz kurzer Dauer sein. Er dauerte leider anderthalb Jahre". In einer anderen Version heißt die Stelle: „Was nur einige Stunden dauern sollte, dauerte anderthalb Jahre". Im weiteren Verlauf des Artikels beschreibt Bonde-Henriksen aber Johns Version von der Betäubung. Darin muß kein Widerspruch liegen, wenn man davon ausgeht, daß Wohlgemuth genau wußte, daß er John bei den Russen abliefern würde, John selbst aber nur an das Grab dachte. In der zweiten Version wird Ost-Berlin nicht genannt. John kann auch nur seinen Aufenthalt in der Praxis und die Abfassung des Zeugnisses gemeint haben.

---

999 *John I.*, S. 272.

1000 oben G. 2. a), S. 106.

1001 unten Q. II. 1., S. 304.

1002 Deutsch Übersetzung in BArchKO B 362 / 4611, Bl. 720-734.

- Aussage des Fernsehjournalisten C. M. Fröhder, der Otto John nach Moskau 1993 begleitete, ihn in Igls besuchte und auch John in Frankfurt zu Besuch hatte. Fröhder hatte also Gelegenheit zu vielen Gesprächen mit dem damals 84.-jährigen Otto John. Fröhder hatte immer dann, wenn er bohrende Fragen stellte, was nun genau am Abend des 20. Juli 1954 abgelaufen sei, den Eindruck, daß Otto John etwas verschwieg. Fröhder hält es für möglich, daß Alkohol im Spiel war[1003].

Der Kommentar von Louis Ferdinand ist eine reine Meinungsäußerung ohne Beweiswert. Louis Ferdinand glaubte gemäß seiner Erklärung an eine Entführung und wollte nur zum Ausdruck bringen, daß für den Fall, daß wirklich ein freiwilliger Übertritt bewiesen werden könnte, dieser nur aus vertretbaren Motiven stattgefunden haben könnte.

Bundespräsident Heuss glaubte offenbar an eine leichtsinnig von Otto John mit Wohlgemuth unternommene „Spritztour", bei der John in die Hände der Russen geriet. Deshalb hat er auch eine Begnadigung abgelehnt.

Bei dem Artikel von Bonde-Henriksen handelt es sich zwar tatsächlich um den Bericht von Johns Retter aus der Gefangenschaft im Osten, aber auch um eine Sensationsmeldung eines Journalisten, bei dem man nicht jedes Wort auf die Goldwaage legen darf, zumal er in der ausführlichen Fassung des Berichtes am nächsten Tag die Version Johns bringt. Vor allem gibt es ein sechs Seiten langes Schreiben von Bonde-Henriksen[1004], das er vermutlich zusammen mit dem Gnadengesuch Otto Johns vom 30. November 1975 dem Bundespräsidenten Walter Scheel persönlich überreicht hat. Dieses Schreiben ist in sachlichem Ton gehalten und gibt in allen Details die Vorgeschichte und die Durchführung der Flucht sowie Otto Johns erste Erklärung unmittelbar nach dem Durchfahren des Brandenburger Tors wieder. Hier gibt es nur die immer von Otto John wiederholte Darstellung, wie er zur Erstellung des Gutachtens für Frau Nehlsen mit Wohlgemuth in dessen zweite Wohnung (wie er meinte) fahren wollte und im Wagen das Bewußtsein verlor. Bonde-Henriksen erwähnt seine journalistisch griffige Formulierung („Es sollte nur wenige Stunden dauern....") mit keinem Wort in dem Brief an den Bundespräsidenten. Vom Besuch des Grabes von Hans

1003 Erstes Gespräch mit C.M. Fröhder Ende 2003; erneute tel. Auskünfte am 1. Dezember 2007.

1004 *NL John I*, IWM Box 8 „Mappe Jagusch". Die Kopie ist mit vollem Namen unterschrieben, das Datum nicht erkennbar. Das Original muß sich im Bundespräsidialamt befinden.

John oder irgendwelchen anderen Motiven, die Grenze zu Ost-Berlin zu überschreiten, ist nirgends die Rede.

Am nachdenklichsten macht das Zeugnis Fröhders, der auch sonst beobachtete, daß John dem Alkohol gern zusprach, aber nicht viel vertrug. Fröhder hatte Gelegenheit in verschiedenen Situationen Otto John längere Zeit zu erleben. Man muß allerdings dabei bedenken, daß es sich um den 84-jährigen John handelte, und daß ein Rückschluß auf ein 40 Jahre zurückliegendes Ereignis nicht ohne weiteres möglich ist[1005].

Das Grab des Bruders Hans John taucht bei Wohlgemuth in verschiedenen Aussagen immer wieder auf, vor allem in dessen persönlichen Brief vom 11. Januar 1956 [1006] und einem langen „öffentlichen" Brief an Lucie John vom 20. Januar 1956. Wohlgemuth behauptet darin, daß er Otto ursprünglich zum Grab des Bruders und anschließend zu einem Treffen mit einem Dr. Schneider, „den John von den Vorbereitungen des 20. Juli 1944 her kennt" fahren wollte. Es sei aber für den Friedhofsbesuch zu spät gewesen und hätte den schon ungeduldig wartenden Dr. Schneider vor der Charité getroffen. Otto John sei in den Wagen von Dr. Schneider umgestiegen, der weggefahren sei und Wohlgemuth in seinem Auto hinterher. Auch in seiner schriftlichen Aussage für den Untersuchungsrichter Kurt Weber blieb Wohlgemuth konsequent bei dieser Version, nur daß er Dr. Schneider nicht beim Namen nennt, sondern von einem „Bekannten" spricht[1007]. Daß das Treffen mit diesem Dr. Schneider von Otto John beabsichtigt war oder John diesen Schneider kannte, wird nur von Wohlgemuth und den östlichen Stellen behauptet. Die Verteidigung sprach in ihrem Plädoyer von dem „sagenhaften Dr. Schneider", nachdem sie sich durch Befragung vieler Zeugen vergeblich bemüht hatte, diesen Dr. Schneider zu identifizieren.

Wie wir heute wissen, war dieser Dr. Schneider kein anderer als der russische Agent Karpow alias Kuchin Es gibt keinen Beweis, daß Otto John wußte, daß er mit diesem Schneider/Kuchin/Karpow zusammengebracht werden sollte. Die Behauptung, daß es sich um einen alten Freund von Otto John gehandelt habe, und daß sich Otto John mit ihm treffen wollte, ist glatt gelogen. Es gibt ausführliche Berichte des langjährigen KGB-Mitarbeiters Oberst Karpow, der

1005 Siehe dazu unten M 2. Legende vom Alkoholismus, S. 266 f.

1006 BArchKO, B 362/10946, Bl. 198.

1007 BStU, MfS A-P 6558/57, Band 12, Bl. BStU 000068.

später Otto John unter einem seiner Decknamen Kutschin (Kuchin) betreut hat, wie er die Rolle dieses Dr. Schneider gespielt hat[1008].

Das Grab von Hans John ist auf dem Invalidenfriedhof in der Dorotheenstraße hinter der Charité. Der Besuch des Grabes fand nach allen Aussagen überhaupt nicht statt. Es gibt noch die Aussage des allerdings in seinen Aussagen ähnlich wie Wohlgemuth variierenden Zeugen Max Wonsig[1009] (der langjähriger sowjetischer Agent und angeblich an einer Reihe von Verschleppungen beteiligt war) gegenüber Alexander v. Hase in Genf im Oktober 1955, daß er Otto John die Pflege des Grabes seines Bruders angeboten habe[1010]. Schließlich gibt es im 5. Wiederaufnahmeverfahren (das konnte der BGH 1956 nicht wissen) das genaue Bekenntnis von Wonsig gegenüber der Zeugin Möbius, wie sich die Entführung abgespielt habe[1011]. Vom Grab ist darin nicht die Rede.

Wenn man das alles bedenkt, kommt man zur Ansicht, daß es für die Annahme, daß zwischen Otto John und Wohlgemuth ein Gespräch über das Grab stattgefunden hat, nur eine geringe Wahrscheinlichkeit besteht. Nach den konsequenten Behauptungen von Wohlgemuth hätte der BGH aber zweifeln müssen, ob an dieser Darstellung nicht etwas Wahres daran sein könnte. Er hätte die Möglichkeit, daß es sich um eine List gehandelt hat, in seine Erwägungen einbeziehen müssen, um so mehr, als der damalige Bundesminister des Innern Dr. Gerhard Schröder zunächst an ein Entführung mit Überlistung glaubte.

Schröder sprach von einer List, mit der „Dr. John..... über die Sektorengrenze gelockt worden ist". Die Bundesregierung stützte damit ihre zunächst angenommene Version der Entführung, die von Schröder auf einer Pressekonferenz[1012] am 26. Juli 1954 mitgeteilt und vor dem Bundestagsausschuß zum Schutz der Verfassung am 27. Juli 1954 wiederholt wurde[1013]. Schröder brachte die List allerdings mit angeblich in der Charité befindlichem Material zu dem Attest für Frau Nehlsen in Verbindung. Dies kann nach Aktenlage ausgeschlossen werden. Frau Nehlsen hatte mitgeteilt, daß ihr Mann niemals in der Charité behandelt wurde. In den vorhergehenden

---

1008 *Murphy et al.*, S. 190 et passim; *Frederik*, S. 516 ff., 567 ff. ; „Karpows Erzählungen".VS B 362/10937, Bl. 121-139; VS 362/10938 Bl. 40 -98.

1009 s. dazu unten R. I. 1. , S. 319 ff.

1010 BArchKO, B 362/4619, Bl.208-214 Vernehmung des Alexander von Hase durch Dr. Brückner am 20. 12.1955, s. auch oben L. III. 4. , S. 227.

1011 unten R. II. 1. e), S. 340 f.

1012 Bulletin des BPA Nr. 137 v. 27. Juli 1954, S. 1233 ff.

1013 *Schiffers II*, S. 94

Kontakten zwischen Wohlgemuth und Otto John über die Abfassung des Attestes war nie die Rede von einer Notwendigkeit, dafür in die Charité zu fahren. Auch bei der Übergabe der Unterlagen für die Ausstellung des Attestes durch die Assistentin von Wohlgemuth am 20. Juli 1954 in der Praxis sagte Wohlgemuth nur, daß er das Attest in seiner zweiten Wohnung schreiben wolle.

3. Weitere Indizien, die die Hypothese entkräften, besonders zur Rolle Wonsigs

So hübsch die Hypothese ist, daß Otto John mit dem Besuch des Grabes überlistet worden sein könnte, wird es doch wohl nicht so gewesen sein. Die Hypothese wurde ja nur eingeführt, um zu demonstrieren, wie unsicher der Sachverhalt war und um die Notwenigkeit des Zweifels für das Gericht zu begründen. Es kommt jedoch nicht darauf an, weil alles dafür spricht, daß der im Wagen versteckte Wonsig Otto John betäubt hat. Was vorausgegangen ist und ob die Betäubung vor oder nach der Grenze erfolgte, ist unerheblich. Wesentlich für die strafrechtliche Beurteilung ist nur, ob John freiwillig, bei Bewußtsein und mit der Absicht zu einem politischen Gespräch nach Ost-Berlin gefahren ist. Daß es dann keiner Betäubung bedurft hätte, ist evident.

Genau so wenig bedurfte es dieser Betäubung, wenn Wohlgemuth mit Johns Einverständnis ihn zum Grab seines Bruders fahren wollte. In diesem Fall wäre eine Mitwirkung Wonsigs völlig entbehrlich gewesen. Da es aber vielfältige Beweise über die Mitwirkung Wonsigs an der „Verbringung" (das ist die bevorzugte Sprachregelung des MfS) Johns in den Osten und Wonsigs eigene Aussagen gibt, daß er im Auto war, bricht die Hypothese weitgehend zusammen.

Für eine Verurteilung, die sich auf einen freiwilligen Übertritt wegen eines beabsichtigten „konspirativen Gesprächs" gründet, wurden keine glaubwürdigen Beweise erbracht. Dieses Gespräch als Motiv für einen freiwilligen Übertritt des Präsidenten des BfV findet sich nur in den sieben verschiedenen sich widersprechenden Aussagen von Wohlgemuth[1014], dem auch in anderen Punkten Unwahrheiten nachgewiesen wurden[1015], und in den Akten des MfS. Daß es sich mehr oder weniger gleichlautend in den Pressemiteilungen und sonstigen Verlautbarungen der östlichen Seite findet, ist kein zusätzlicher Beweis, sondern eine Selbstverständlichkeit, wenn man von der Annahme einer Entführung ausgeht, die vom Osten gesteuert wurde, die aber der Osten unter keinen Umständen zugeben wollte.

1014 Plädoyer Caemmerer, S. 25 f., sowie oben L. III. 2., S. 220 ff.

1015 dazu unten Exkurs Wohlgemuth, N. I. 1. und 2., S. 277 ff.

Man darf dabei nicht vergessen, daß der freiwillige Übertritt an sich kein strafbarer Tatbestand war. Das Gericht, das entschlossen war, Otto John zu verurteilen, benötigte aber diesen Sachverhalt in Verbindung mit der Absicht, an einem konspirativen Treffen teilzunehmen, um damit die angenommene spätere freiwillige Mitarbeit an der politischen Propaganda der DDR plausibel zu machen und einen strafbaren Tatbestand zu finden.

Wenn man annimmt, daß John nach Verlassen der Praxis von Wonsig im Auto betäubt wurde, steht dies nicht im Widerspruch zu den (unsicheren) Aussagen des Zeugen Schmidt[1016]. Für den Fall, daß Wonsig die Betäubung schon vor Überqueren der Grenze vorgenommen hätte, könnte Schmidt John und Wonsig verwechselt haben, und John hätte schon betäubt hinten im Wagen gelegen, wo vorher Wonsig versteckt gewesen wäre. Eine Kontrolle des Fahrzeugs fand nach Aussage Schmidts nicht statt, er unterhielt sich nur durchs Wagenfenster kurz mit einer Person, die er später als John zu erkennen glaubte. Ob der Zeuge Schmidt überhaupt das Fahrzeug Wohlgemuths kontrolliert hat, kann insbesondere auch auf Grund der in der HV nicht verwendeten Aussage seines Kollegen Hanke angezweifelt werden. Schmidt kontrollierte an der Sandkrugbrücke[1017], während Wohlgemuth stets bei der Aussage blieb, daß er am Brandenburger Tor in den Ostsektor gefahren sei[1018]. Um die Verwirrung komplett zu machen, steht in dem Haftbefehl vom 12. Dezember 1955 „Heydekrugbrücke".

Die letzte Aussage von Wonsig gegenüber der Zeugin Moebius[1019], wie sich die Entführung mit seiner Hilfe abgespielt hat, kommt damit wohl der Wahrheit am nächsten. Er behauptete, im Auto versteckt gewesen zu sein, und den durch ein Mittel, das diesem Wohlgemuth in der Praxis in einem Getränk wie verabredet verabreicht habe, einschlafenden Otto John von hinten mit einem Chloroformlappen vollends betäubt zu haben. Zu dieser Version paßt eine kürzlich erschienene Veröffentlichung, in der unter dem Titel „Chloroform an Frau getestet" eine unheimliche Verbrechensserie geschildert wird. Der geständige Täter hat beschrieben, wie eine der Testpersonen nach einer Stunde aus dem Chloroformrausch aufgewacht sei[1020].

1016 oben L. II. 2. c), S. 206 f.

1017 *Gieseking*, S. 281

1018 BArchKO, B 106/100143, Bl. 33

1019 BArchKO, B 3823 / 4625 Bl. 86-90; im Schriftwechsel mit Verfasser 2005 ausdrücklich bestätigt.

1020 FAZ v. 21. 7. 2005, S. 40.

Selbst die von der etwas eigenartigen Zeugin Elly Suchi hartnäckig aufgestellte Behauptung, daß sie zwei Männer vor der Charité vorfahren und einen bewußtlosen Mann aus dem Auto tragen gesehen habe - zu einem Zeitpunkt, der zur Fahrt Wohlgemuth/Wonsig/John paßt - ließe sich in das Geschehen einordnen. Wohlgemuth müßte dann entweder in der Charité abgewartet haben, bis John aus seinem von Max Wonsig behaupteten Chloroformrausch erwachte, oder ihn noch bewußtlos oder benommen an Schneider abgeliefert haben. Der BGH hielt Frau Suchi für unglaubwürdig und lehnte eine Vereidigung ab. Frau Suchi hat dann noch viele Briefe[1021] an den OBA sowie an Dr. Caemmerer und Lucie geschickt und sich bitter beklagt, daß sie von den Berliner Behörden schikaniert werde.

Dazu paßt auch die Aussage des besonders wichtigen und sachverständigen Zeugen Dr. Herbert Brehmer, der berichtet, daß Otto John in einem „provozierten, unzurechenbaren physischen" Zustand in die Hände des KGB gelangte[1022].

Schwer damit zu vereinen ist allerdings die spätere (dem Gericht 1956 unbekannte) Aussage von „Tschernow"[1023]. Er war bereit, seine schriftliche Aussage, die der bereits früher in dem Fröhder-Film gegebenen Darstellung entsprach, zu beeiden. Dazu kam es nicht, weil das KG Berlin es ablehnte, irgendeinen der vielen genannten Zeugen zu hören. [1024]. Tschernow sagte, daß Otto John „in guter gesundheitlicher Verfassung" „mit nüchternem Verstand und verläßlichem Gedächtnis" das Gespräch geführt habe und erst dann unter Einfluß von Alkohol „völlig abschaltete". Er meint ein erstes Gespräch am 20. Juli 1954 abends, nachdem Wohlgemuth mit John über die Grenze gefahren war. Tschernow betont in seinem Brief an Otto John, daß „weder Wohlgemuth noch Max Wonsig vom Nachrichtendienst des KGB die Aufgabe erhielten, Sie zu entführen, Sie gewaltsam[1025] von West- nach Ost-Berlin zu entführen". Es kann dahingestellt bleiben, solange man die Anweisungen an die sowjetischen Agenten aus den vom KGB nicht freigegebenen Akten in Moskau nicht kennt, ob diese Aussage der Wahrheit entspricht. Auch eine Unsicherheit im Gedächtnis über Einzelheiten der Ereignisse am 20. bzw.

1021 Originale in B 362 / 10933 und B 362/10934. Zuletzt nur als „Querulantin" unerledigt zu den Akten.

1022 L. II. 3. c), S. 212.

1023 Brief von Oberst Czernjavski (Deckname Tschernow) v. 22.2 1995, NL John I sowie Archiv Fröhder; BArchKO, B 362/4616, Bl. 124-129.

1024 Beschluß des KG Berlin v. 20. 12. 95, 2 StE 15/56 (18/94), unzulässig. Sofortige Beschwerde v. 6.1.1996.

1025 Hervorhebung vom Verfasser.

22. Juli 1954 ist möglich. Tschernow selbst sagt, daß er bei dem ersten Gespräch nicht anwesend war, und „daß vollständige Sicherheit sich nur aus dem Gesprächsprotokoll ergeben würde, das in dem Archiv des KGB liegen müßte. Aber ich habe keine Möglichkeit, dieses Dokument zu bekommen oder zu lesen".

In Tschernows Brief steht, daß der ganz nüchterne John mit Wodka traktiert wurde, bis seine Unterhaltung „unordentlich" wurde und ihn die Russen mit einem Mittel „ruhig gestellt" hätten. Diese Darstellung ist vereinbar mit de Beschreibung von Wohlgemuth, was sich an diesem Abend abgespielt haben soll. Da aber Tschernow Otto John erst zwei Tage später kennen gelernt hat, stammt dieser Teil der Erzählung nicht aus eigenem Wissen. Es ist durchaus möglich, daß hier schon die offizielle Version des KGB vorbereitet wurde, die einen freiwilligen Übertritt und konspirative Gespräche enthielt. Wohlgemuth hatte das gleiche Interesse an dieser Version, weil er nicht in den Verdacht des Menschenraubs kommen wollte, und vermutlich eine solche Aussage im Rahmen seiner Instruktionen als KGB-Agent lag, soweit er diese Darstellung nicht einfach als Schutzbehauptung frei erfunden hat.

Die Unsicherheit über den wirklichen Sachverhalt wird aus heutiger Sicht noch durch die dem BGH 1956 nicht bekannte Aussage von Valentin Falin verstärkt, der auf Grund dienstlichen Wissens zum fünften Wiederaufnahmeverfahren bezeugt hat, daß Otto John „unter mysteriösen Umständen, d.h. ohne seine Bewilligung, nach Ost-Berlin gelangt" sei[1026]. Das Gleiche in Variationen ergibt sich aus den Aussagen der russischen Geheimdienstmitarbeiter Deriabin, Golytzin[1027] und Novilaiko[1028].

Sehr interessant ist in diesem Zusammenhang, was Heinz Felfe[1029] über die Vorgänge am 20. Juli 1954 weiß. Felfe war der sehr erfolgreiche Spion für die DDR, der von 1951 bis 1961 in der Organisation Gehlen bzw. dann im BND in Pullach war, bis er 1961 enttarnt, verhaftet und 1963 vom BGH zu 15 Jahren Haft verurteilt wurde. 1969 wurde er ausgetauscht und lehrte als Professor für Kriminalistik an der Humboldt-Universität in Ost-Berlin. Sein Führungsoffizier

---

1026 Zeugnis v. 29. Juni 1995, BArchKO, B 362/4625, Bl. 309/310; dazu auch *Falin*, S.326-328.

1027 s. unten Deriabin und Golytzin in P. II. 2., S. 292f.

1028 unten R. II. 1. h), S. 342.

1029 Prof. Dr. jur. Heinz Felfe, geb. 18. März 1918 hatte eine typische NS-Karriere: 1931 Hitlerjugend, nach Jurastudium im Reichssicherheitshauptamt, Geheimdiensttätigkeit Referat Schweiz, 1944 SS Hauptsturmführer. Nach britischer Gefangenschaft Jurastudium Bonn und 1950 Anwerbung für sowjetischen Geheimdienst, lebt in Berlin.

Oberstleutnant Iwan Sumin berichtete ihm bei einem Treff einige Zeit nach dem Übertritt von Otto John in die DDR, daß die KGB-Dienststelle von dem plötzlichen Auftauchen von Dr. John völlig überrascht gewesen sei. Es habe nicht einmal ein Dolmetscher zur Verfügung gestanden, sodaß er [Sumin] nachts aus dem Bett geholt werden mußte[1030]. Das Zeugnis von Felfe stimmt mit der Aussage von Falin weitgehend überein. Allerdings schreibt Falin als Mitarbeiter des Informationskomitees in seinem Buch, daß Molotow dem stellvertretenden Vorsitzenden des Informationskomitees, Iwan Tugarinow, befohlen habe, sofort nach Berlin zu fliegen, um mit Otto John zu sprechen, während er in seiner sorgfältig formulierten Zeugenaussage schreibt, daß sein Chef sofort nach Bekanntwerden des Übertritts von John nach Berlin gereist sei „um mit John zusammenzukommen". Dafür, daß Tugarinow tatsächlich mit John gesprochen hat, gibt es keine Hinweise. Eindeutig hat aber Tugarinow nach seiner Rückkehr in Moskau zu Falin und weiteren Zeugen die obige Erklärung über die mysteriösen Umstände abgegeben und noch hinzugefügt: *„Er [John] sei in West-Berlin eingeschlafen und in Ost-Berlin aufgewacht"*.

Mit den vorstehenden Betrachtungen soll nur deutlich gezeigt werden, daß ein Geschehensablauf denkbar ist, der mit vielen sicheren Aussagen im Einklang ist, und daß das Gericht nicht in einer völlig einseitigen Beweiswürdigung urteilen und verurteilen durfte. Es gibt nirgends einen Hinweis, daß es Otto John bewußt war, wohin Wohlgemuth ihn fahren würde. Das „konspirative Gespräch" taucht nur einseitig bei Aussagen der beteiligten Mitarbeiter des MfS und KGB auf. Bei einer solchen Situation darf ein Urteil, das auf Indizien beruht, die mit guten Gründen angezweifelt werden können, nicht auf vier Jahre Zuchthaus lauten, sondern hätte bei freier Beweiswürdigung nach § 261 StPO durch unbefangene Richter nur zu einem Freispruch führen dürfen - allenfalls mangels Beweises, wenn sie von der Verteidigung des Angeklagten nicht voll überzeugt waren[1031].

Weitere Beweise, die darauf schließen lassen, daß Wohlgemuth die Entführung geplant hatte, wurden von der Verteidigung 1956 vorgetragen und waren dem BGH bekannt. Hierzu zählen vor allem die Vorbereitungen, die die Assistentin und Geliebte Wohlgemuths, Annemarie Weyres, einige Tage vor dem 20. Juli 1954 getroffen

---

1030 Brief v. 8. Dezember 2005 an den Verfasser und Brief v. 25.8.1986 an Otto John.

1031 Zur rechtlichen Würdigung ausführlich Dr. Adolf Arndt, oben H. II. 1. d), S. 142 ff; Gutachten Kern und Jescheck, oben L. I. 2. a), S. 194 ff; und b), S. 197 ff.

hatte, die Beobachtung der Hausbewohner, daß sie am späten Abend (aber vor Rückkehr von Wohlgemuth aus Ost-Berlin nach „Ablieferung“ von Otto John bei „Dr. Schneider“) des 20. Juli 1954 mit einem schweren Gegenstand (Koffer?) über eine Hintertreppe ihr Zimmer verlassen hatte. Später - am frühen Morgen des 21. Juli 1954 - ist sie dann mit Wohlgemuth in die DDR übergesiedelt. Vor allem spricht der in der Nacht zurückgelassene Brief von Wohlgemuth Bände. Wenn er nichts mit Otto Johns Verbleib in der DDR zu tun hatte, brauchte er sich nicht vor einer Strafverfolgung in der Bundesrepublik zu fürchten.

4. Ein von der Staatsanwaltschaft vernichteter Beweis?

Zu diesem Themenkomplex hat Verfasser eine Merkwürdigkeit gefunden. In den Handakten der Staatsanwaltschaft[1032] befindet sich ein ausdrücklich als „Geheim“ bezeichnetes Schreiben (bis zur Intervention des Verfassers noch Verschlußsache bis 2016) des OBA am BGH vom 1. Februar 1956 an den Präsidenten des BfV Herrn Schrübbers, mit dem der OBA auf eine Nachricht von RR Hebeler vom BMVg hinweist, daß dieser einen Bericht des Kaufmanns Alvin Rosengarten am 2. Mai 1955 an das BfV geschickt hat. In dieser Nachricht steht, daß „Rosengarten....insbesondere über seine Beziehungen zu Max Wonsig Auskunft gegeben und mitgeteilt hat, daß Max Wonsig den Arzt Dr. Wohlgemuth veranlaßt habe, John in den sowjetischen Machtbereich zu bringen“. Den eigentlichen Bericht hat Verfasser bis jetzt trotz Rückfragen mit Angaben der Aktenzeichen weder in den Archiven des BMVg noch des BfV auffinden können. Der Bericht muß sich auch in den Akten der Bundesanwaltschaft befunden haben[1033], wurde aber lt. Fehlblatt[1034] am 25. Mai 1966 gemäß Verfügung v. 2. Dezember 1964 vernichtet. Es ist eigenartig, daß die Vernichtung in die Zeit fiel, in der einerseits das erste Wiederaufnahmeverfahren gegen John eingereicht (17. Dezember 1963) und geführt und das zweite Wiederaufnahmeverfahren eingereicht wurde (20. Mai 1966), andererseits Oberstaatsanwalt Loesdau, der maßgebend am Johnprozeß beteiligt und seit 23. November 1959 Bundesanwalt war, sich um das Amt eines Bundesrichters bemühte und vom BMJ dafür vorgeschlagen wurde (25..2.1964)[1035].

1032 BArchKO, VS B 362/10931, Bl. 857.

1033 B 362/10931, Bl. 858-863.

1034 B 362/10931, Hülle Bl. 908.

1035 Vita Loedau oben J. II. 1. b), S. 159 ff.

Ein weiteres Fehlblatt befindet sich dort über einen Bericht der SG des BKA v. 14. August 54, der auf Grund der gleichen Verfügung vernichtet wurde.

Auf dem Schreiben des OBA an das BfV vom 1. Februar 1956 befinden sich eine Reihe handschriftlicher Notizen von OStA Loesdau, der für die Vorbereitung der Klage gegen Otto John maßgebend war. Daraus geht hervor, daß Rosengarten am 17. März. 56 schwer krank nach Frankfurt am Main, Bergerstr. 107 entlassen wurde. Es ist auf Grund der handschriftlichen Anmerkungen sicher, daß Loesdau die schriftliche Aussage von Rosengarten kannte, aber trotz Wiedervorlage Rosengarten nicht vernommen hat. Es finden sich keine Hinweise, daß die Sache Rosengarten dem Gericht bekannt wurde. Nach Aussage des Sohnes von Alvin Rosengarten ist sein Vater 1956 verstorben[1036]. Wenn nicht doch noch eine Kopie des fünf Seiten langen Schreibens von Rosengarten aufgefunden wird, die etwas anderes aussagt, drängt sich der Schluß auf, daß der vernichtete Brief konkrete Angaben des Rosengarten enthielt, die die Entführungsthese stützten. Heute liegen Beweise vor, daß Wonsig aktiv an der Entführung beteiligt war[1037].

5. Entkräftung der Hypothese

Wenn auch im Vorstehenden gezeigt wurde, daß man auf Grund einer Hypothese annehmen könnte, daß entsprechend der Behauptung von Wohlgemuth tatsächlich das Grab des Bruders Hans John bei dem bisher ungeklärten Ereignis am 20. Juli 1954 eine Rolle gespielt hätte, ist Verfasser in Abwägung aller heute bekannten Umstände - siehe die bereits oben angestellte Plausibilitätsbetrachtung[1038] - zur Überzeugung gelangt, daß die Sache mit dem Grab eine von Wohlgemuth aufgebrachte Schutzbehauptung war, und es sich in Wirklichkeit etwa so abgespielt hat, wie es Otto John in seinem Buch beschreibt[1039]: Entführung in betäubtem Zustand. Wie bereits erwähnt, ist für die strafrechtliche Beurteilung die Sache mit dem Grab unerheblich.

Bei der minutiösen Erinnerung von Otto John ist kaum zu glauben, daß er sich an die in der Hypothese des Verfassers nur zu Demonstrationszwecken angenommene angebliche Bemerkung von Wohlgemuth hinsichtlich eines inkognito-Besuches des Grabes nicht mehr erinnert hat, während ihm alles andere während seines kurzen

---

1036 Tel. Mitteilung von Rolf Rosengarten, Frankfurt am Main, 24. 7. 2005.

1037 unten R. I. 1., S. 319 ff. und R. II. 1 e), S. 340f.

1038 L. II. 5., S. 215 ff.

1039 *John I*, S. 271 f.

Aufenthalts in der Praxis genau in Erinnerung war, und er auch noch genau wußte, wie er in Wohlgemuths Auto eingestiegen war. Auch die Aussagen der Sprechstundenhilfe bezüglich des Attestes für Frau Nehlsen und ihr Erstaunen, daß Wohlgemuth dafür in die andere Wohnung fahren wollte, paßt kaum dazu - mindestens müßte Wohlgemuth ihr, die sonst sein volles Vertrauen genoß[1040], nichts von einem „harmlosen" kurzen Abstecher in die DDR verraten haben.

Verfasser sieht die von Wonsig behauptete Betäubung durch Chloroform während der Autofahrt als die sicherste Ursache für Otto Johns Bewußtseinsverlust an, der später noch durch die „Ruhigstellung" der Russen verlängert worden sein kann. Sich in einem großen Wagen auf dem Boden unter einer Decke hinter den Vordersitzen zu verstecken, ist durchaus möglich. Daß ein Vorrat von Chloroform zur Standardausrüstung im Koffer der Agenten des MfS gehörte, ist aus „Spionage-Ausstellungen" in der Bundesrepublik nach der Wende bekannt. Wenn man ahnungslos vorne in einen großen Wagen (Wohlgemuth fuhr einen amerikanischen Ford) einsteigt, kommt man nicht auf die Idee, vorher nachzusehen, ob sich eine dritte Person hinten im Wagen verborgen hält. Ob zusätzlich ein in dem Kaffee enthaltenes Medikament eine Rolle gespielt hat, ist für die Beurteilung der Schuld von Wohlgemuth nicht sehr wichtig. Wenn man Wonsig als den Anstifter und späteren Täter ansieht, hätte Wohlgemuth nach § 27 Abs. 2 StGB mindestens als Gehilfe wie der Täter bestraft werden müssen, soweit man nicht von einer gemeinschaftlich mit Wonsig begangenen Tat ausgeht. Die ganze Sache mit dem Grab und die Rolle des Dr. Schneider ist eine unwahre Schutzbehauptung von Wohlgemuth. Es gibt keinerlei Beweis, daß Otto John etwas davon wußte. Er stieg in den Wagen von Wohlgemuth, um in der von Wohlgemuth genannten zweiten Wohnung das Attest für Frau Nehlsen endlich zu erhalten. Dann verlor er das Bewußtsein.

Daß es den „Dr. Schneider" nicht gab, sondern daß es sich um Oberst Karpow handelte, Mitarbeiter des KGB ebenso wie Wohlgemuth und Wonsig, steht heute fest. Ebenso steht fest, daß Karpow Otto John in das Hauptquartier des KGB in Karlshorst verbrachte, nachdem Wohlgemuth ihn über die Grenze entführt hatte. Ohne das Protokoll des KGB über den Fall John, das in Moskau existiert, kann man nur spekulieren, was sich im einzelnen abgespielt hat. Die Zeugenaussagen sind widersprüchlich, wobei die Zeugen Karpow, Wonsig und Wohlgemuth vom KGB gesteuert wurden und selbst-

1040 s. z.B. Abschiedsbrief oben L. III. 2., S. 222.

verständlich ihre Beteiligung an einem Menschenraub leugneten. Alles, was sie über eine angebliche Besprechung mit Otto John noch am Abend des 20. Juli 1954 behaupteten, muß als unwahr angesehen werden. Unbedingt glaubhaft ist die Angabe von Dr. Brehmer, daß John in einem nicht vernehmungsfähigen Zustand in Karlshorst landete. Hierfür kann man ohne Widerspruch eine kurzfristige Chloroformierung durch Wonsig annehmen, wie er es selbst gegenüber Zeugen ausgesagt hat. Wenn eine solche Besprechung eventuell noch am späten Abend stattgefunden haben sollte, nachdem Otto John wieder zu sich gekommen war, würde er sich daran erinnern. Tschernow, der Otto John erst nach seinem Aufwachen in Karlshorst am übernächsten Tag kennenlernte, weiß von der angeblichen Besprechung am 20. Juli 9154 abends nur von der Erzählung anderer Geheimdienstmitarbeiter.

Den Aussagen von Wohlgemuth ist grundsätzlich nicht zu trauen. Nicht nur, weil er die vielen unterschiedlichen Versionen über sein „Verbringen" von Otto John in die DDR bzw. in die Gewalt des KGB beschrieben hat, sondern vor allem, weil seine Motive klar erkenntlich sind. Wie sich aus zahlreichen Aussagen auf westlicher und östlicher Seit ergibt, erwartete er für seine Verdienste mit der „Verbringung" Johns von den Russen als Belohnung eine Karriere in der Charité und wollte gleichzeitig den Verdacht zerstreuen, ein Doppelagent für die Amerikaner zu sein.[1041]. Den westlichen Behörden gegenüber mußte er eine harmlose Fahrt in den Osten behaupten, um sich gegen die Anklage wegen Menschenraubs abzusichern.

Die Aussage von Tschernow und anderen, daß Wohlgemuth keinen Auftrag hatte, John mit Gewalt zu entführen und seinen Auftrag überzogen hatte, ist vermutlich eine Schutzbehauptung, um dem tatsächlichen Einfluß des KGB bei der Entführung zu verschleiern. Sie kann auch der Wahrheit entsprechen, ändert aber nichts an der erwiesenen Unschuld Otto Johns. Ob Wohlgemuth hierbei nach Instruktionen des KGB handelte oder diese überschritten hat, spielt für die strafrechtliche Beurteilung des Verhaltens von Otto John keine Rolle. Es kommt nur darauf an, ob Otto John, solange er noch bei Bewußtsein war, wußte, daß Wohlgemuth ihn zu einem Treffen mit Politikern des Ostens fahren wollte, und daß er damit einverstanden war. Dies war mit Sicherheit nicht der Fall.

1041 dazu im einzelnen: L. III 2., S. 220 ff.; N. I. 2., S. 278 ff.; L. II. 5., S. 215 f.

M. Legendenbildung im Fall Otto John

Kriminalpolizei, Staatsanwälte und die ermittelnden Richter nach Otto Johns Entführung am 20. Juli 1954 nach Ost-Berlin und nach seiner Flucht zurück am 12. Dezember 1955 nach West-Berlin stellten bei ihrer Befragung von vielen hundert Zeugen stereotyp immer wieder bohrende Fragen nach Homosexualität, Alkoholismus, Frauenbekanntschaften, kommunistischer Gesinnung und einem „Nazi-Tick“ von Otto John. Die Fraugen ergaben sich dadurch, daß nach dem Verschwinden von Otto John am 20. Juli 1954 und seinen ersten Wortmeldungen aus der DDR schon wenige Tage später unzählige entsprechende Anschuldigungen in der Presse erschienen. Selbst die Otto John im Prozeß des Jahres 1956 wenig gewogenen Richter haben ausdrücklich festgestellt, daß keine dieser Behauptungen Substanz hatten[1042].

Hier werden deshalb zusammenfassend die teilweise unsinnigen oder völlig unglaubwürdigen Behauptungen über die Person Otto John oder seine verschiedenen Aktivitäten dargestellt, die zu verschiedenen Zeitpunkten vor allem in der Presse auftauchten und auch in dem Prozeß 1956 eine Rolle gespielt haben. Diese Legenden finden sich zunächst bereits bei den Einsprüchen gegen Otto Johns Berufung zum Präsidenten des Bundesamts für Verfassungsschutz 1950[1043], dann verstärkt nach seinem Verschwinden im Osten am 20. Juli 1954, erneut nach seiner Flucht zurück in den Westen am 12. Dezember 1955, sowie während der Hauptverhandlung im Dezember 1956 und nach dem Urteil vom 22. Dezember 1956. Daß diese Legenden bis in die neueste Zeit nicht ausgestorben sind, zeigen auch neuere Veröffentlichungen.

„Legenden“ steht hier in Anlehnung an den Titel „Ende einer Legende“ von Frederik. Das Buch ist heute als Auftragsmachwerk des MfS entlarvt; es beteiligt sich fleißig an der Legendenbildung[1044].

1. Legende von der Homosexualität

Homosexualität war 1956 noch ein nach § 175 StGB strafbares Delikt. Eine Zeugin, die Otto John 1929 kennen lernte[1045], behauptete, daß Otto John homosexuell war, bevor sie ihn davon befreite. Nach

1042 BGH, 2 StE 15 / 56, mündliche. Urteilsbegründung, S. 4, 5.

1043 s. oben B. III. 1. a) + b), S. 26 ff.

1044 s. oben G. 4. f), S. 118.

1045 oben F. II. 2. a) aa), S. 92.

ihrer Aussage war sie ab 1932 intim mit ihm befreundet, bis er 1936 nach Berlin zog.

Obwohl schon der BGH alle Behauptungen über die angebliche Homosexualität - über die man heute ohnehin anders denkt - als unbewiesen zurückgewiesen hat, halten sich solche Legenden bis in die neueste Zeit. Als Beispiel wird hier der Roman „Der Patriot" diskutiert, der kurz nach dem Tod von Otto John erschien und eine scheußliche pornographische Beschreibung hinsichtlich Johns angeblicher Homosexualität enthält[1046]. Verfasser hat sich deswegen mit dem Autor in Verbindung gesetzt, weil er auch wegen anderer Behauptungen sich Hinweise auf Quellen erhoffte. Wolfgang Brenner hat zunächst alle Fragen mit der Begründung zurückgewiesen, daß es ein Roman sei, es sich um Kunst handele und damit seine Rechte aus GG Art. 5, Absatz 1 hinsichtlich Kunstfreiheit bestünden. Auf den Hinweis, daß die Kunstfreiheit ihre Schranken im Allgemeinen Persönlichkeitsrecht findet, und nach Auffassung des Verfassers die wahrheitswidrige Beschreibung von Vorgängen mit Namensnennung des Betroffenen den Tatbestand der Verunglimpfung des Andenkens Verstorbener nach § 189 StGB erfüllt, nannte Brenner zwar eine Quelle[1047], sagte aber im übrigen: „Verklagen Sie mich doch, das ist die beste Reklame für mein Buch". Abgesehen von der eingetretenen Verjährung hatte Verfasser diese Absicht nicht, aber die Bemerkung verdient doch, festgehalten zu werden. Ebenso sollte man festhalten, daß alle Beteiligten von Brenner mit vollem Namen genannt werden, und daß ein Anhang mit den Biographien aller wichtigen Personen das Buch ziert. Für einen Roman ist dies recht ungewöhnlich. Allerdings fehlt es hier auch an der Sorgfalt - z.B. heißt Wonsig bei Brenner „Wornsieck".

Bei der Quelle handelt es sich um ein Buch, das man nur als „Journaille" bezeichnen kann, für das der Autor vermutlich auch Kunstfreiheit in Anspruch nehmen würde, wenn er noch lebte[1048]. Es enthält ein Kapitel über Otto John unter der Überschrift; „Es war keine Entführung"[1049]. Auf den acht Seiten, von denen eine nur aus Bildern besteht, finden sich mindestens ein Dutzend eindeutige Fehler, sodaß auch den unbewiesenen Behauptungen kaum Vertrauen zu schenken ist. In dem Satz:......„und trotz seiner homosexuellen Neigungen, die sechs Jahre ältere Witwe eines deutschen Schauspie-

---

1046 *Brenner*, S 146 ff., S. 161 et passim.

1047 E-Mail v. 1. 5. 2004.

1048 Will Tremper, *19.09.1928 Braubach ; †14.12.1998 München.

1049 *Tremper*, S. 420-427.

lers heiratete, eine gewisse Lucie Marlén"[1050] sind vier Fehler: Lucies Künstlername war Manén, nicht Marlén, sie war auch nicht verwitwet, sondern geschieden, ihr geschiedener Ehemann war auch nicht Schauspieler, sondern als Sohn des Mitgründers der Deutschen Bank[1051] ein wohlhabender Mann, der 1954 in Australien lebte, und sie war nicht sechs, sondern fast zehn Jahre älter als Otto John. Entsprechend ist die aus der Luft gegriffene Behauptung „homosexuelle Neigungen" zu bewerten.

Trempers Behauptung „Lothar [*Winkler*], Hasso Osterkamp und ich [*haben*] 30 Tage lang die Frontseite der BZ mit der Hauptschlagzeile zum Thema John & Wohlgemuth besetzt gehalten"[1052] mag der Wahrheit nahe kommen und zeigt deutlich, wie das Thema in der Presse behandelt wurde und warum in der vorliegenden Arbeit sehr zurückhaltend mit Pressenotizen umgegangen wird[1053]. Hier noch einige Kostproben über die journalistischen Leistungen von Tremper:

„...das Bild eines Mannes, der durch den später hingerichteten Bruder Hans zum Kreis der Widerständler gestoßen war und erst durch die Verhaftung und Quälerei eines geliebten jüngeren Mannes zum Gegner des Hitlerregimes wurde"[1054].

Tatsächlich war es genau umgekehrt; Otto John kam bereits vor Ausbruch des zweiten Weltkriegs durch Klaus Bonhoeffer in den Widerstandkreis der späteren Verschwörer des 20. Juli 1944[1055]. Daß dabei die „Quälerei eines geliebten jungen Mannes" eine Rolle gespielt habe, entspringt allein der Phantasie von Tremper. Otto John konnte und wollte später seine Aktivitäten nicht vor seinem Bruder verbergen, der dann allein wegen seiner Mitwisserschaft von Freisler zum Tode verurteilt wurde[1056] und noch am 23. April 1945 durch Genickschüsse eines SS-Kommandos das Leben verlor.

An anderer Stelle spricht Tremper von „der blühenden Praxis des Dr. Wohlgemuth"[1057]. Es ist erwiesen, daß bei Wohlgemuth vor dem Verschwinden in die DDR bereits der Gerichtsvollzieher den „Kuckuck" unter Teppiche geklebt hatte, und Wohlgemuth hoch ver-

---

1050 A.a.O., S. 420.

1051 oben B. II. 4. d), S. 25 Fn 124.

1052 A.a.O, S. 423.

1053 oben A. Einleitung, S. 3.

1054 A.a.O., S. 423.

1055 oben B. II. 2. , S. 17ff.

1056 dazu auch M. 7., S. 271f.

1057 A.a.O., S. 421.

schuldet war, ehe er mit Otto John im Auto nach Ost-Berlin fuhr und sich durch diese Tat aus Mitteln des MfS sanierte[1058]. Man kann getrost auch weitere Teile von Trempers Schilderung in das Reich der Phantasie oder der üblen Nachrede verweisen.

Es ist höchst bedauerlich, daß bis in die neueste Zeit solche Legenden immer wieder aufleben.

2. Legende vom Alkoholismus

Richtig ist, daß Otto John in Gesellschaft gern alkoholische Getränke konsumierte, sodaß er bei vereinzelten Gelegenheiten dann in eine beschwipste Albernheit verfiel, dabei aber nie über Angelegenheiten seines Amtes sprach[1059]. Er hat sich in einer 58 Seiten umfassenden Niederschrift[1060] zu Beginn seiner Untersuchungshaft 1955 gleich zu Anfang mit diesem Problem befaßt. Er beschreibt den Zustand, in dem er in den Räumen des KGB in Karlshorst aus tiefer Bewußtlosigkeit erwacht ist. Es war kein Alkoholrausch bzw. Kater, der ihm von „manchen fröhlichen und bacchantischen Zechereien" bekannt ist. Er betont aber, daß er dann immer wußte, wie er in diesen Zustand geraten war: „Niemals bin ich vom Alkohol überwältigt worden und wußte immer danach, was geschehen war und was ich selbst getan hatte". Es handelte sich also um das normale Verhalten eines erwachsenen deutschen Mannes, wenn er kein Abstinenzler ist, aber keineswegs um einen pathologischen Alkoholismus.

Richtig ist auch, daß Otto John zwar im hohen Alter in zunehmendem Maße dem Alkohol zusprach und nicht mehr viel vertragen konnte[1061], aber von einem wirklichen Alkoholismus, also einer Abhängigkeit, kann auch dann keine Rede sein. Bei dem tragischen Schicksal – jahrzehntelanger vergeblicher Kampf um Rehabilitie-

---

1058 unten N. I. 4. a), S. 281f.

1059 Aussage z.B. Wera Schwarte, s. oben G .I. 2. a), S. 104; dazu auch F. II. 2. a) cc), S. 94.

1060 Niederschrift von Dr. Otto John für seinen Verteidiger Dr. Dix, S. 1, ohne Datum, mit Anschreiben des OBA Wiechmann vom 9.Januar 1956 an Herrn Schrübbers, Präsident des BfV. Quelle: Erkenntnislage des BfV.

1061 Zahlreiche Beobachtungen, so z.B .persönliche Mitteilungen von Christoph M. Fröhder, Produzent des Films „Ich will nicht als Verräter sterben" 1993 (Otto John war damals 84 Jahre alt), von Marita Gleiss, Berlin, die u.a. an der 2. Auflage von *John II* mitwirkte; von Katharina Christiansen-Leber, Tochter des nach dem 20. Juli 1944 zum Tod verurteilten und am 8. August 1944 in Plötzensee erhängten bedeutenden sozialdemokratischen Politikers Julius Leber, die Otto John in Igls mehrfach besuchte und den 86-jährigen zur Uraufführung des Films von Erwin Leiser 1995 nach Berlin begleitete.

rung, Verlust der geliebten Frau, die er während ihrer schweren Erkrankung viele Jahre rührend gepflegt hat[1062], -- ist durchaus verständlich, daß er an besonderen Gedenktagen gelegentlich in seiner Einsamkeit Trost im Alkohol suchte[1063]. Ein angesehener Bürger von Igls in Tirol, wo Johns die letzten Jahrzehnte lebten, beschreibt Otto John als einen gut aussehenden älteren Herrn, der bei seinen Spaziergängen im Dorf respektvoll gegrüßt wurde, bis er in den letzten Jahren nach seinen Schlaganfällen kaum mehr aus dem Haus kam [1064]. Die Vermieterin von Johns Wohnung in Igls[1065], in dem Haus mit dem hochtrabenden Namen „(Schloß) Hohenburg", sagte, daß man im Dorf nur von dem „Spion" gesprochen habe, von Alkoholismus wußte sie nichts.

Alle Zeugen, die bei den Ermittlungen der Kriminalpolizei sofort nach dem Verschwinden Johns 1954 systematisch zu diesem Punkt befragt wurden, und später - soweit sie gehört wurden - entsprechend im Prozeß 1956 aussagten, verneinten das Vorliegen eines Alkoholismus, der auch nicht vom BGH angenommen wurde.

3. Legende vom Verrat der Abschußrampen der VA 2 in Peenemünde

Dies unter dem Aktenzeichen 2 B Js 81/56 geführte Verfahren gehört zu den unsinnigsten Legenden, die durch eine Anzeige wegen Totschlags ausgelöst wurde. Bekanntlich wurde von Peenemünde aus die von Wernher v. Braun entwickelten Raketen auf London abgefeuert. Die Abschußrampen in Peenemünde wurden bei einem Angriff der britischen Luftwaffe schwer beschädigt. Es stellte sich schnell heraus, daß Otto John keinerlei Kenntnisse über Peenemünde haben und der Zeitpunkt des Angriffs nichts mit ihm zu tun haben konnte.

Trotzdem hielt es der OBA für angebracht, das Folgende in den Akten zu vermerken[1066]:

1062 Persönliche Mitteilung von Walter Bonhoeffer, der John häufig bis kurz vor seinem Tod in Igls besuchte. Walter Bonhoeffer ist der Sohn von Klaus Bonhoeffer, s. oben S. 15.

1063 Aussage der Hausangestellten Anita Perger, die nach dem Ableben von Lucie John im Haushalt blieb und den Haushalt bis zu John Tod führte; Interview des Verfassers in Innsbruck am 22. 2. 2005.

1064 Pers. Mitteilung am 18. Feb. 2004 von Dr. Beck, Inhaber des Schloßhotels in A-6080 Igls.

1065 Persönliche Mitteilung von Frau Brigitte Magis am 18. Feb.2004.

1066 BArchKO, B 362/10931, Bl. 851.

„Eine Übernahme zum Verfahren BJs 351/54 scheint jedoch (§ 3 StPO) angezeigt:
die Angelegenheit Peenemünde spielt … insofern eine Rolle, als sie zur Charakterisierung der Person des Angeschuldigten Dr. John dienen kann".

Den § 3 StPO in diesem Zusammenhang zu bemühen, erscheint abwegig. BJs 351/54 war die Anklage gegen Otto John, bis die Hauptverhandlung 2 St E 15/56 eröffnet wurde.

In zahlreichen Artikeln in der John feindlichen Presse findet sich der Hinweis auf Peenemünde. Zusammenfassend entkräftet *Gieseking* die gegen Otto John in diesem Zusammenhang erhobenen und frei erfundenen Vorwürfe[1067].

4. Legende von Otto John als Geschöpf der Engländer

a) Otto John als englischer Geheimdienstagent und als Gestapo-Mitarbeiter

Zu den am häufigsten bis in die neueste Zeit wiederholten Legenden gehört, daß Otto John als englischer Agent von der britischen Besatzungsmacht in sein Amt geschleust worden sei. Otto Johns wirkliche Tätigkeit in England für Deutschland wurde bereits geschildert[1068]. Es gibt keinerlei Beweise, daß Otto John jemals vor seiner Tätigkeit im BfV einem Geheimdienst angehört hat. Deshalb gehört auch die von phantasievollen namhaften Historikern - der hochangesehene Anthony Glees gehört dazu - bis heute vertretene dahingehende Meinung ins Reich der Legende[1069]. Die freundschaftliche Korrespondenz des Verfassers mit Prof. Anthony Glees enthält seinen Satz: "unchanged opinion on the basis of existing evidence -- only idiots do not change their opinions in the light of new evidence"[1070] und endet mit: "I'll await your thesis with interest"[1071].

Auch Franz Josef Strauß, damals Bundesminister für besondere Aufgaben, äußert sich in einem sieben Seiten langen Brief vom 31. Juli 1954[1072] an Adenauer in diesem Sinne, ohne irgendeinen Beweis dafür zu erbringen: *„Ich habe in ihm nie etwas anderes gesehen als den*

1067 *Gieseking*, S. 36 ff. mwN., s. auch oben H. I. 2., S. 127.

1068 s. oben B. II. 4., S. 23 ff.

1069 z. B. *Glees*, S. 73; Otto John nannte. Glees „the silly historian" in einer Auseinandersetzung.

1070 E-Mail v. 31. 7. 2005.

1071 E-Mail v. 1. 8. 2005.

1072 BArchKO B 136 / 1755 fiche 2, S. 72 - 78; s. auch oben E. I. 2. d), S. 59.

Mitarbeiter des Secret Service". Selbst in dem so sorgfältig recherchierten Buch von *Schiffers* findet sich eine fehlerhafte Anmerkung, die man als eine Andeutung in die gleiche Richtung deuten könnte: *„Daß die beiden ersten Präsidenten dieser Ämter, John und Dickopf, von britischer bzw. amerikanischer Seite vorgeschlagen wurden...."*[1073] Für Dickopf und die Amerikaner trifft es sicher zu, ist aber nicht Gegenstand dieser Arbeit.

Im Gegensatz dazu hat Johns unmittelbarer Vorgesetzter im Innenministerium, Hans Egidi[1074] bereits in der von Vizekanzler Blücher geleiteten Sondersitzung der Bundesregierung[1075] am 23. Juli 1954 (in Abwesenheit von Bundeskanzler Adenauer, der seinen Urlaub auf der Bühler Höhe nicht unterbrach, aber laufend von Blücher unterrichtet wurde) klar ausgesagt, daß die drei Alliierten vor der Einstellung Johns angefragt werden mußten und ihr Plazet gaben - eine weitergehende Einflußnahme gab es nicht. Auf Anfrage von Staatssekretär Ritter von Lex vom 25. September 1954 teilte der Britische Hochkommissar in Bonn mit Schreiben vom 28. Oktober 1954 Einzelheiten über Aufenthalt und Tätigkeit von Otto John in England seit seiner Ankunft 1944 aus Lissabon mit und bestätigt ausdrücklich, daß „Dr. John von keinem britischen Geheimdienst beschäftigt worden ist"[1076]. Dies ergibt sich auch ohne jeden Zweifel durch die Vernehmung des Bundesministers des Innern Dr. Dr. h. c. Lehr durch OBA Wiechmann am 11. November 1954. „John sei keineswegs von britischer Seite vorgeschlagen worden". Neben dem günstigen Zeugnis von Jakob Kaiser habe sich auch St.S. Thedieck vom

---

1073 gemeint ist das Bundeskriminalamt mit dessen vierten Präsidenten Paul Dickopf, im Amt 1965-1971, also Amtsantritt 15 Jahre später als Otto John. Allerdings war Dickopf wirklich ein Geheimagent, auch für die CIA, und wurde 1951 Vizepräsident des BKA. Dazu : Dieter Schenk, Die braunen Wurzeln des BKA, 2003. Im Jahr 2007 hat Jörg Ziercke, Präsident des BKA, endlich damit begonnen, die Wahrheit über diese Dinge von einer Forschungskommission zu untersuchen und dann publizieren zu lassen.

1074 Dr. iur. Hans Egidi (1890 -1976), 1919 Regierungsassistent im Preußischen Ministerium des Innern, 1920 - 1933 Landrat des Kreises Ostprignitz, aus politischen Gründen aus dem Amt entfernt und im Rechnungshof des Deutschen Reiches, dem Sammelbecken der politisch Unbequemen, bis 1945 „überwintert", 1948-1949 Vizepräsident des Niedersächsischen Landesrechnungshofs, 1949 - 1955 MinDir. im BMI (Innere Sicherheit), 1955-1958 Präsident des Bundesverwaltungsgerichts.

1075 Kabinettsprotokolle der Bundesregierung Band 7 (1954), Boppard 1993.

1076 BArchKO, B 106 / 200142, ohne Paginierung; s. dazu auch oben D. 4., S. 55. dort wird 200143 genannt.

Ministerium für gesamtdeutsche Fragen befürwortend für John eingesetzt.

In diesen Zusammenhang gehört auch, daß John sich wegen eines Empfehlungsschreibens an Duncan Wilson, den Ersten Staatssekretär im englischen Außenministerium gewandt hatte, den er aus seiner Tätigkeit in England kannte. Wilsons Antwort enthält den Satz: „I need hardly to tell you that there is no question of 'the English being against you' in your desire to return to a responsible job in Germany. Quite the reverse is the case". Daraus kann man schließen, daß die Gegner der Einstellung von John auch behauptet haben, daß die englischen Alliierten nicht mit seiner Einstellung einverstanden seien. Johns Brief wurde nicht gefunden.

Auch Jörg Friedrich beteiligt sich in mehreren Veröffentlichungen über Otto John bis in die neueste Zeit an der Verbreitung dieser Legende[1077].

Wie sich die erfolgreiche Bewerbung von Otto John um die Leitung des neu geschaffenen Bundesamts für Verfassungsschutz in Wirklichkeit nach seiner zunächst vergeblichen Stellungsuche in einer deutschen Behörde abgespielt hat, ist oben ausführlich geschildert[1078], besonders sein Scheitern an den alten Seilschaften des Auswärtigen Amtes.

Die Legende von John als Geschöpf der Engländer sollte mit dem Vorstehenden endgültig erledigt sein.

b) Otto John als „Ankläger" im Mansteinprozeß

Die Tatsache, daß Otto John im Mansteinprozeß mitwirkte, wurde auch immer wieder herangezogen, um ihm vorzuwerfen, daß er für englische Interessen arbeite. Otto John hat in seinem Buch „Falsch und zu spät" über den 20. Juli 1944 zu dem Mansteinprozeß Stellung genommen[1079], die der Schilderung in seiner Autobiographie entspricht und die vom Verfasser oben bereits dargestellt wurde[1080]. Daraus ergibt sich, daß Otto John nicht etwa als Vertreter der Anklage in englischen Diensten stand, sondern im Rahmen seiner anwaltlichen Tätigkeit als Berater und Dolmetscher zugezogen wurde. Zur Vorbereitung schrieb er ein militärhistorisches Memorandum: „Die Feldzüge des Feldmarschalls von Manstein im Osten", das von Manstein als richtig anerkannte, sodaß es als Informationsgrundlage

---

1077 oben G. 4. d), S. 115 f.

1078 B. III. 1. , S. 29 f.

1079 *John II*, s. 203/204.

1080 B. II. 4. c), S. 27 f.

für die Beweiserhebung für Anklage und Verteidigung dienen konnte. Es wurde auch in der britischen Armeezeitschrift *Army Quarterly* abgedruckt[1081].

Die Familie des verstorbenen Erich v. Manstein hat gerichtlich Richtigstellungen zu Johns Darstellung in der 1. Auflage von „Falsch und zu spät" verlangt. Diese Richtigstellungen wurden in der erweiterten Auflage gedruckt[1082]. Tatsächlich war aber die Verstrickung des Erich v. Manstein in die Greuel an der Ostfront unter seinem Oberbefehl wesentlich schwerwiegender. In einem von Generalfeldmarschall Erich v. Manstein selbst abgeänderten und unterschriebenen Tagesbefehl vom 20. Nov. 1941 finden sich die Sätze:

„Das Judentum bildet den Mittelsmann zwischen dem Feind im Rücken und den noch kämpfenden Resten der Roten Wehrmacht und der Roten Führung. Es hält stärker als in Europa alle Schlüsselpunkte der politischen Führung und Verwaltung, des Handels und des Handwerks besetzt und bildet weiter die Zelle für alle Unruhen und möglichen Erhebungen. Das jüdisch-bolschewistische System muß ein für allemal ausgerottet werden. Nie wieder darf es in unseren europäischen Lebensraum eingreifen. Der deutsche Soldat hat daher nicht allein die Aufgabe, die militärischen Machtmittel dieses Systems zu zerschlagen. Er tritt auch als Träger einer völkischen Idee und Rächer für alle Grausamkeiten, die ihm und dem deutschen Volk zugefügt wurden, auf".

„Für die Notwendigkeit der harten Sühne am Judentum, dem geistigen Träger des bolschewistischen Terrors, muß der Soldat Verständnis aufbringen. Sie ist auch notwendig, um alle Erhebungen, die meist von Juden angestellt werden, im Keime zu ersticken"[1083].

Bereits 1964 hat Werner Steltzer, Sohn eines Widerstandskämpfers, anläßlich einer Gedenkrede 20 Jahre nach dem 20. Juli 1944 diese Sätze in Erinnerung gebracht[1084]. Die Familie v. Manstein hätte wohl besser zu der richtigen Darstellung von Otto John geschwiegen[1085].

1081 *John I*, S. 216, 218.

1082 *John II*, S. 261.

1083 *John II*, S. 268/269, mitgeteilt von Prof. Jehuda L. Wallach; Quelle Office of Chief Counsel for War Crimes, Document No. 4064-PS.

1084 Werner Steltzer, Der 20. Juli- Erinnerung oder Mahnung, Vortrag vor dem Politischen Club der Evangelischen Akademie Tutzing am 18. Juli 1964.

1085 Der Tagesbefehl vom 20. 11. 41 wird auch richtig zitiert in der Mansteinbiographie von Oliver von Wrochem: Erich von Manstein, Akteur und Symbol. Vernichtungskrieg und Geschichtspolitik, Paderborn 2006, die erschien, als die vorliegende Arbeit weitgehend fertiggestellt war; zitiert nach Wolfram Wette, FAZ Nr. 80 D v. 4. April 2007, S. 27 .

5. Legende vom Kommunismus

Zu den absurden, aber erfolglosen Versuchen, im Ermittlungsverfahren Otto John als Anhänger des Kommunismus zu identifizieren, gehört die bereits oben[1086] geschilderte Aussage von Frau Pabst. Der Senat des BGH hat diesen von verschiedenen Seiten erhobenen Vorwurf untersucht und sagt dazu:

"Herkommen, bisherige Erlebnisse und Werdegang des Angeklagten sprechen sehr deutlich dagegen, daß in ihm etwa auch nur in einem inneren Herzkämmerchen ernsthafte Neigungen für den Kommunismus vorhanden sein können".

Verfasser stimmt in diesem Punkt mit dem Senat überein und verweist hierzu auf die Biographie oben Kapitel B, die das Profil eines echt liberalen Demokraten zeigt. Durch seine Freundschaft mit Prinz Louis Ferdinand spielte er in der Widerstandszeit sogar mit dem Gedanken, nach Erfolg des Attentats vom 20. Juli 1954 in Deutschland wieder eine konstitutionelle Monarchie entsprechend dem englischen Vorbild zu errichten. Ein ganz sicherer Beweis ist das in Otto Johns Panzerschrank nach seinem Verschwinden aufgefundene Memorandum über die Gefahren des Wiedererstarkens des vom Osten gesteuerten Kommunismus. Dieses Memorandum stand im Zusammenhang mit den Vorbereitungen zum Verbot der KPD, die ihm als nicht verfassungstreue Partei ebenso gefährlich erschien wie die bereits verbotene rechtsradikale SRP. Das Verbot der KPD erfolgte auf Grund seiner Vorarbeiten später, als er nicht mehr im Amt war. In einem Gespräch des Bundesministers des Innern Schröder mit den leitenden Beamten de BfV, an dem auch die leitenden Herren des BMI, St.S. Ritter von Lex, Min.Dir. Egidi und Min.Dir. Bargatzky teilnahmen, wurde auf ausdrückliches Befragen festgestellt, daß „der KPD-Prozeß" fortgesetzt werden solle[1087].

6. Legende über Motive des plötzlichen Verschwindens aus West-Berlin

Zu dieser Legende, die den plötzlichen freiwilligen Entschluß Otto Johns, West-Berlin zu verlassen, erklären soll, lesen wir wieder am besten Otto Johns eigenen Kommentar[1088]:

„Danach soll ich aus ‚Kummer und Verzweiflung über die politischen Verhältnisse in der Bundesrepublik' in depressiver Stimmung und in einer psychischen ‚Kurzschluß-Entscheidung' mich plötzlich zu einer politischen

1086 F. II. 2. a) aa), S. 92.

1087 *NL Schröder*, 01-483-284/2, Aktennotiz über Gespräch am 5. August 1954.

1088 aus der oben in M. 2. , S. 266 zitierten Niederschrift für Dr. Dix, S.2.

Tat – sozusagen zu einer weltpolitischen Einmann-Aktion gedrängt gefühlt haben und deshalb nach Ost-Berlin gegangen sein, um dort das Heil und die Rettung für Deutschland zu suchen. Einen solchen oder ähnlichen ‚Kurzschluß-Entschluß' hat es bei mir noch nie gegeben. Er würde auch meinem ganzen Wesen widersprechen. Daß ich politisch sehr nüchtern denke und handele, habe ich wohl hinreichend im Widerstand gegen Hitler bewiesen. Keiner, der mich wirklich kennt, hat je geglaubt, daß ein so wahnwitziger politischer Tatendrang mich plötzlich überwältigt und bestimmt haben könnte, alles stehen und liegen zu lassen, um nach Ost-Berlin aufzubrechen und mit den Sowjets zu paktieren."

In der Tat hat es solche Presseberichte gegeben, deren Autoren diese Motivation ohne jeden Beweis erfunden haben.

7. Otto John als Gestapo-Mitarbeiter

Schließlich gibt es in einem Auskunftsbericht des MfS den bemerkenswerten Satz, daß Otto John 1933 Mitglied der Gestapo wurde (natürlich ohne jeden Beweis). Daß dies gar nicht möglich war, wurde bereits oben nachgewiesen[1089]. Trotzdem vertritt auch Glees diese Ansicht, weil er damit die Flucht Johns am 24. Juli 1944 nach Madrid erklären will. Wenn auch Johns detaillierte Schilderung seiner Flucht und sein knappes Entkommen vor der Gestapo in Portugal sowie die Kaltenbrunnerberichte dies bereits eindeutig widerlegen, gibt es einen neuen authentischen Beweis[1090]. Als Johns Bruder Hans nach dem 20. Juli 1944 verhaftet wurde, erhielt seine Schwester Ella die Nachricht, daß er im Gestapogefängnis (nach Folterungen) schwer an Hunger leide. Sie fuhr unter den damals schon abenteuerlichen Zugverbindungen (zwei Tage Reisezeit) Ende November 1944 nach Berlin und erkämpfte sich mutig den Zugang zum Hauptquartier der SS bzw. Gestapo in der Prinz-Albrechtstraße, wo sie höhere SS-Führer Günter und Baumann sprechen konnte, die mit der Sache John befaßt waren. Aus den Akten teilte man ihr mit: „Der Schweinehund Otto John ist an allem schuld, und hat seinen Bruder und noch andere mit hineingerissen, aber er entgeht uns nicht, denn auch in Spanien, wohin er floh und nicht, wie Sie annahmen, für die Lufthansa reiste, sind unsere Leute am Werk und das Schicksal wird ihn erreichen". Ella blieb noch bis zum 10. Dezember 1944 und versorgte ihren Bruder Hans im Gefängnis mit Zigaretten und Nahrungsmitteln. Auf Grund eines Telegramms reiste sie Mitte Januar 1945 erneut nach Berlin und konnte einen Richter des Volksgerichtshofs sprechen, der ihr 15 Minuten

---

1089 L. III. 10., S. 242 f.

1090 *NL John II*, Brief Ella Kolbe, handschriftlich XVII Seiten, S. VII.

Sprecherlaubnis bei ihrem Bruder gab, aber wenig Hoffnung machte, daß etwas anderes als ein Todesurteil zu erwarten sei. „Die Wut auf Otto hörte ich auch im Volksgerichtshof: ‚aber unsere Leute in Spanien haben Befehl bekommen, ihn nach hier zu bringen' ".

Wer diesen erschütternden Bericht gelesen hat, weiß auch ohne die anderen Beweise, daß Otto John niemals ein Mitarbeiter der Gestapo gewesen sein konnte.

8. Fortleben dieser und anderer Legenden bis in die neueste Zeit

Daß diese Legenden auch heute noch nicht ausgestorben sind und auf dem Nährboden des Neonazismus weiter gedeihen, zeigt beispielhaft das 1999 erschienene Buch von *Nordbruch* über den Verfassungsschutz. Auch wenn *Nordbruch* in seiner Vorrede[1091] die Neutralität seines Buches nach rechts und links betont, kann dieses Buch nicht als eine objektive Darstellung des Verfassungsschutzes angesehen werden. Schon im ersten Kapitel dekuvriert sich Nordbruch, wes Geistes Kind er ist, wenn er die Machtergreifung der Nationalsozialisten als „mit legalen Mitteln und auf demokratischem Wege" bezeichnet[1092]. Tatsächlich erhielt Hitler erst nach dem Verbot der kommunistischen Partei und damit dem Ausschluß ihrer Reichstagsabgeordneten eine parlamentarische Mehrheit. Der Ausschluß der Kommunisten wurde damit begründet, daß die Kommunisten den Reichstag in Brand gesteckt hätten. Die heute hM geht aber dahin, daß die Nationalsozialisten selbst die Brandstifter waren.

Nordbruchs Buch wird hier zitiert, weil es typisch für die Fülle der im Laufe der Jahrzehnte über John in Publikationen vor allem in Zeitungen erschienenen Behauptungen ist, die sehr oft negativ für Otto John und überhaupt nicht oder unsauber recherchiert sind. Bei Nordbruch liest man: „Bereits seit März 1939 leitete er [1093]......zum Schaden seines Landes geheime Nachrichten an andere Konspiratoren weiter". „Vier Tage nach dem Attentat auf Adolf Hitler am 20. Juli 1944 floh er....nach London, wo er unverzüglich seine Tätigkeit gegen Deutschland aufnahm". Ein Beleg wird nicht gegeben - könnte auch nicht gegeben werden, weil die Behauptungen abgesehen von dem Datum der Flucht schlicht unwahr sind.

1091 *Nordbruch*, S. 11.

1092 *Nordbruch*, S. 20.

1093 gemeint ist Otto John.

Was *Nordbruch* als „geheime Nachrichten an andere Konspiratoren" bezeichnet, ist Johns Tätigkeit im Widerstand, als er unter dem Deckmantel seiner Stellung in der Lufthansa, und von seinem Chef Klaus Bonhoeffer ermutigt und beauftragt, die Verbindungen zwischen den verschiedenen Widerstandgruppen gegen Hitler aufrecht erhielt oder z.B. im Falle von Julius Leber[1094] oder Fabian v. Schlabrendorff erst herstellte, sowie der Versuch der Übermittlung von Memoranden der Widerstandsbewegung an die englische Regierung bezüglich eines Friedensschlusses, falls der Sturz Hitlers gelänge.

Solche Veröffentlichungen zeigen, daß leider auch heute der Neonazismus und in seinem Sinne veröffentliche Geschichtsfälschungen nicht ausgestorben sind. Die Wahrheit ist, daß die „Konspiratoren" - die man ruhig auf gut deutsch Verschwörer nennen darf - Widerstandskämpfer gegen Adolf Hitler, aber nicht gegen Deutschland waren. Wäre die Verschwörung, in der Otto John in der Tat schon sehr früh tätig war, und die in dem Attentat durch Stauffenberg am 20. Juli 1944 gipfelte, erfolgreich gewesen, wäre Deutschland möglicherweise vieles erspart geblieben. Die Verschwörer waren Patrioten, die ihr Vaterland liebten und es von der verbrecherischen Naziherrschaft befreien wollten. Was Nordbruch „Tätigkeit gegen Deutschland" nannte, waren Anti-Hitler-Reden, die am Soldatensender Calais[1095] gehalten wurden, um Deutschland über die verbrecherische Regierung aufzuklären und die sinnlose Fortsetzung des verlorenen Krieges zu verkürzen, der nur das Überleben der Nazi-Clique um ein weiteres Jahr sicherte, aber unendliches Leid und Zerstörung nicht nur für Deutschland brachte. Mit dem gleichen Recht könnte man Thomas Mann absprechen, ein guter Deutscher gewesen zu sein, der schon vor 1930[1096] den Wahnsinn des Nationalsozialismus durchschaut hatte:

„Die Gewalt beweist sich selbst damit, sonst nichts, und das ist auch nicht nötig, denn alle Rücksichten außer ihr sind gefallen, die Menschheit glaubt nicht mehr an solche und ist also ‚frei' zu ausgelassener Gemeinheit.

Die exzentrische Seelenlage einer der Idee entlaufenen Menschheit entspricht eine Politik im Groteskstil mit Heilsarmee-Allüren, Massenkrampf, Budengeläut, Halleluja und derwischmäßigem Wiederholen monotoner Schlagworte, bis alles Schaum vor dem Munde hat. Fanatismus wird Heilsprinzip; Begeisterung epileptische Ekstase, Politik wird zum Massen-

---

1094 *John I*, S. 152,

1095 *Sefton Delmer*, S. 178 ff.

1096 *Mann, Thomas* , S. 18 f.

opiat des Dritten Reiches oder einer proletarischen Eschatologie, und die Vernunft verhüllt ihr Antlitz".

Auch Thomas Mann, der rechtzeitig Deutschland verlassen konnte, blieb seinem Patriotismus treu und hielt während des Krieges am englischen Sender BBC Reden, die den durch Goebbels'sche Propaganda verblendeten Landsleuten in der deutschen Heimat die Augen über das verbrecherische Naziregime öffnen sollten. Dies waren Reden, die sich gegen Hitler, aber nicht gegen Deutschland richteten.

Nordbruch ist aber nützlich durch eine vollständige Diskussion[1097] der Nachfolger Johns als Präsidenten des Bundesamtes für Verfassungsschutz, deren Amtsdauer bis zu Hans Geiger 1995 teilweise sehr kurz war. Von den neun Präsidenten in dieser Zeit mußten acht wegen eines Skandals ihren Sessel vorzeitig räumen, darunter auch Richard Meier, der nach einem Autounfall mit überhöhter Geschwindigkeit auf regennasser Fahrbahn wegen fahrlässiger Tötung verurteilt wurde. Hierüber ist in Meiers autobiographischem Buch „Geheimdienst ohne Maske" nichts zu lesen[1098].
Zu einer anderen fortlebenden Legende, daß der KGB niemals beabsichtigte, einen hochrangigen Mann eines gegnerischen Geheimdienstes zu entführen, gibt es ein kürzlich erschienenes Buch von *Bubke*. Hier wird der langfristig vorbereitete, in letzter Minute abgeblasene Versuch des KGB, Reinhard Gehlen, den Chef des späteren BND in Pullach, 1963 zu entführen[1099], in allen Einzelheiten geschildert. Dieser gut dokumentierte Versuch entkräftet das Argument von Glees[1100], daß der KGB niemals Verschleppung hochgestellter Personen beabsichtigt habe. Wenn auch nur die - verweigerte - Einsicht in das KBG-Dossier in Moskau letzte Sicherheit darüber geben könnte, was der KGB in dieser Sache wirklich veranlaßt hatte, neigt Verfasser zu der Ansicht, daß im Fall Otto John sein Entführer Wohlgemuth mit Hilfe von Max Wonsig auf eigene Faust Anweisungen des KGB überschritten hat, die sich vermutlich nur auf die Beobachtung Johns und freiwillige Gesprächskontakte mit ihm bezogen, nicht aber auf eine gewaltsame Entführung. Für diese Ansicht spricht die Analyse von *Murphy et al.* und die Aussage von Tschernow[1101].

1097 *Nordbruch*, S. 251 ff.

1098 *Nordbruch*, S. 253.

1099 *Bubke*, S. 107 et passim.

1100 E-Mailkorrespondenz mit Anthony Glees, E-Mails vom 31.7. und 1.8.2005.

1101 Brief Tschernow v. 22.2.1995 an Otto John, in *NL John I*, = BArchKO, B 362/4616, Bl. 124-129.

N. Der Prozeß gegen Dr. Wolfgang Wohlgemuth

Dieser Prozeß ist nicht Gegenstand der vorliegenden Arbeit, er ist aber geeignet, die Voreingenommenheit der Richter gegenüber Otto John zu verdeutlichen. Deswegen wird unten[1102] der Prozeßverlauf kurz skizziert. Ebenso wie bei Otto John[1103] wird eine Betrachtung zur Persönlichkeit des Angeklagten, der die Schlüsselfigur des Falls John war, vorangestellt.

I. Exkurs über Dr. Wohlgemuth

Unter diesem Titel befaßt sich Gieseking ausführlich mit Lebenslauf, Persönlichkeit und der Rolle von Dr. Wolfgang Wohlgemuth in der Affäre John[1104]. Er schreibt mit Recht Wohlgemuth einen entscheidenden Anteil an der Verurteilung Johns zu. Da Verfasser mit der Ansicht von Gieseking über Wohlgemuth weitgehend übereinstimmt, wird hier nur soviel wiederholt, wie zum Verständnis erforderlich ist und ergänzt, was Verfasser auf Grund von Quellen, die Gieseking nicht nutzen konnte, festgestellt hat.

1. Zur Persönlichkeit Wohlgemuth

Aus vielen Aussagen geht hervor, daß Dr. Wolfgang Wohlgemuth ein fähiger Arzt war, der in der NS-Zeit bei dem Leibarzt Hitlers, Dr. Morell[1105] einige Zeit lang beschäftigt war. Später arbeitete er in der Berliner Charité - die nach 1945 zum sowjetischen Sektor, d.h. Ost-Berlin gehörte - als Assistent des berühmten Chirurgen Prof. Sauerbruch[1106]. Dort kam Otto Johns Verbindung zu Wohlgemuth

---

1102 N. II. , S. 283 f

1103 oben Kapitel G., S. 103ff.

1104 *Gieseking*, S. 369 - 412.

1105 Theodor Gilbert Morell, 22. 7. 1886 - 26. 5. 1948, genoß Hitlers volles Vertrauen, wird aber von vielen als Quacksalber angesehen.

1106 Ferdinand Sauerbruch, 3. 7. 187 - 2. 7. 1951, 1910 - 1918 Professur an der Universität Zürich und Leiter des Kantonsspitals, 1918 - 1928 Professur in München, 1928 - 1949 Leiter der Chirurgie in der Charité. Zu seinen besonderen Erfolgen neben spektakulären Operationen gehörte die Entwicklung der Thoraxchirurgie durch das Differenzdruckverfahren sowie im ersten Weltkrieg die Entwicklung der „Sauerbruchhand" als funktionsfähige Prothese für Kriegsversehrte. Sauerbruch stand von Anfang an wegen der Maßnahmen gegen jüdische Kollegen und später wegen der „Euthanasie" in kritischer Distanz zur NSDAP, ließ sich aber von Hermann Göring zum Staatsrat ernennen. Er war Mitglied der Berliner

zustande, als sein Bruder Dr. Hans John, der an der Ostfront schwer verwundet worden war, mit einem Lungensteckschuß von Sauerbruch behandelt wurde.

Die Brüder John merkten schnell, daß Wohlgemuth kein Nazi war und man ebenso offen mit ihm sprechen konnte wie mit seinem Chef. Wohlgemuth war nicht nur keineswegs Nazi, sondern seit früher Jugend in kommunistischen Jugendverbänden tätig und zeitlebens ein überzeugter Kommunist. Otto John bezeichnete ihn als Salonbolschewisten, d.h. trotz seiner Überzeugung war sein persönlicher Stil der eines Lebemannes, der in Berliner Nachtlokalen Stammgast war und unzählige Affären mit Frauen (auch oft mit Mitarbeitern und Patientinnen) hatte. Der krasseste Fall war wohl, daß Wohlgemuth eine 16-jährige Patientin mit Syphilis ansteckte. Sauerbruch trennte sich von Wohlgemuth mit der Verweigerung eines Zeugnisses, weil er sein Verhalten nicht mit den ethischen Anforderungen an einen Arzt für vereinbar hielt.

Nach Otto Johns Darstellung war die Verbindung zu Wohlgemuth keine wirkliche Freundschaft, wie Wohlgemuth selbst es darstellte, sondern nur ein loser Kontakt zu einem Gleichgesinnten aus der NS-Zeit, und bestand vor allem wegen der ärztlichen Versorgung des Bruders Hans, zu dem Otto John ein sehr inniges Verhältnis hatte. Daß Wohlgemuth und Otto John „per Du" waren, erklärt dieser damit, daß Wohlgemuth hier seinen berühmten Chef Sauerbruch nachahmte[1107].

Gieseking stützt sich zur Beurteilung von Wohlgemuth und seinen Aktionen gegen John weitgehend auf die Bände der BStU mit Signatur MfS 3389/92 (über 40 Zitate), während die 17 Bände MfS A.P 6558/57 nicht zitiert werden, also ihm offenbar nicht vorlagen. Hierin finden sich aber oft Bestätigungen oder Ergänzungen von Vermutungen Giesekings hinsichtlich der Rolle, die Wohlgemuth bei dem Übertritt Johns gespielt hat. Aus zahlreichen Aktennotizen, die nachstehend zur Verdeutlichung in Einzelfällen zitiert werden, ergibt sich das folgende Bild[1108]:

2. Mitwirkung von Wohlgemuth am Übertritt Otto Johns

Die Aussage Wohlgemuths, er habe Otto John lediglich zu dem Grab seines Bruders und zu einem kurzen Treffen mit einem Dr.

Mittwochs-Gesellschaft, die nach dem 20. Juli 1944 verboten wurde. Er war mit den Brüdern John befreundet.

1107 *John I*, S. 261.

1108 vgl. mit oben C. 2. b, S. 43.

Schneider fahren wollen, hätte schon dem BGH als mindestens zweifelhaft erscheinen müssen. Nach heutiger Kenntnis, die nachstehend skizziert, aber im Zusammenhang mit dem fünften Wiederaufnahmeverfahren ausführlich begründet wird, kann man davon ausgehen, daß Wohlgemuth schon lange vor dem 20. Juli 1954 vom KGB auf Otto John angesetzt war. Er sollte ihn beobachten, möglichst viel von seiner Tätigkeit erfahren und eventuell ein Gespräch zustande bringen. So heißt es z.B. in den Akten des MfS über die Prozesse gegen John 1956 und gegen Wohlgemuth 1958 in einer zusammenfassenden Auskunft der Hauptabteilung XX vom 16. April 1968:

Entgegen seiner bis dahin verbreiteten Linie gab WOHLGEMUTH zu [im Prozeß 1958], daß er kurz vor dem Übertritt seines Freundes Dr. Otto John vorbereitende Gespräche im demokratischen Sektor geführt hat[1109].

In dem Bericht eines V-Mannes vom 1. Juli 1991 stellt es sich so dar:

„Quelle erklärte, daß er von dem Hauptbeteiligten Max WONZIG (inzwischen verstorben) erfahren habe, daß Dr. JOHN aufgrund einer langfristig angelegten strategischen Operation des KGB und des MfS durch eine List in den Osten gelockt worden sei. Danach habe man Dr. JOHN mit dem Angebot geködert, das Grab seines Bruders in Weißensee besuchen zu können. In Ost-Berlin sei Dr. JOHN dann festgenommen worden und habe versucht, das Beste aus der verfahrenen Situation zu machen.

Dieser Sachverhalt wurde dem GBA mit Schreiben vom 16. 07. 1990 mitgeteilt"[1110].

Von alledem wußte Otto John am 20. Juli 1954 nichts, auch wenn es von östlicher Seite und Wohlgemuth immer wieder im Laufe der Jahre behauptet wurde. Denkbar - wenn auch recht unwahrscheinlich - ist, daß Wohlgemuth Otto John mit dem Besuch des Grabes dessen Bruders Hans[1111] getäuscht und ihn dann unter Mitwirkung von Max Wonsig betäubt und dem KGB-Agenten „Dr. Schneider" (Karpow alias Kutschin) übergeben hat. In der oben zitierten Zusammenfassung steht dazu (ein typisches Beispiel der amtlichen MfS-Sprachregelung und Irreführung):

„Nachdem WOHLGEMUTH den Dr. Otto John auf dessen persönlichen Wunsch am 20. Juli1954 mit dem Vertreter des Ausschusses für deutsche Einheit „SCHNEIDER" zusammengeführt hat und dieser sich entschloß

1109 MfS 3389/92 , Kopie BStU AR 8, S. 000070.

1110 Erkenntnislage des BfV.

1111 oben I. IV. 2., S. 246 f.

hierzubleiben, wurde auch Wohlgemuth angeraten, bis zur endgültigen Klärung seinen Wohnsitz ebenfalls in die DDR zu verlegen"[1112].

Hier wird also der Sowjetagent Karpow alias Schneider als Vertreter des Ausschusses für deutsche Einheit bezeichnet (was er auch nicht war); bei Wohlgemuth ist er ein Freund Johns aus Widerstandstagen, mit dem dieser (verschiedene Begründungen bei Wohlgemuth) zusammentreffen wollte, um an einer kleinen Gedenkfeier im Kreise anderer ehemaliger Widerstandkämpfer anläßlich des 20. Juli 1944 teilzunehmen oder um „konspirative Gespräche" mit hohen Funktionären der SED zu führen. Nichts von diesen Behauptungen Wohlgemuths ist wahr. Eine weitere Darstellung, die das ganze als Lüge entlarvt, findet sich bei *Frederik*[1113].

3. Verhinderung der Rückkehr Wohlgemuths in den Westen nach dem 20. Juli 1954

Das MfS als Vollstrecker des Willens der „Freunde" (so werden stets die sowjetischen Stellen vom MfS tituliert) hat mit allen zur Verfügung stehenden Mitteln versucht, die Rückkehr Wohlgemuths nach West-Berlin zu verhindern. Er stand ebenso unter ständiger Bewachung wie Otto John. Die Bewacher werden als Beschützer bezeichnet. Das Argument ist ebenfalls wie bei John, daß Wohlgemuth Gefahr vom Westen drohe. Wohlgemuth hat selbst diese Befürchtung geäußert, da in West-Berlin ein Haftbefehl wegen des Verdachts der Entführung Johns gegen ihn vorlag; er wehrte sich aber dagegen, in seiner Bewegungsfreiheit eingeschränkt zu werden.

Wenn das MfS bzw. die sowjetischen Stellen an dem Übertritt Johns unbeteiligt gewesen wären, und Wohlgemuth lediglich Otto John zum Grab seines Bruders fahren wollte, gab es keinen Grund für das MfS, Wohlgemuth in der DDR festzuhalten.

Nach einem Gespräch mit Gen. Major Treßelt vom MfS, in dem dieser Wohlgemuth erklärt hatte, daß von West-Berlin aus seine Entführung geplant sei, erklärt er sich damit einverstanden, daß er ständig von zwei Mann begleitet wird[1114]. Später beschwerte sich Wohlgemuth verschiedentlich, daß er „wie ein Gefangener" behandelt werde[1115].

1112 MfS 3389/92 , Kopie BStU AR 8, S. 000068.

1113 *Frederik*, S. 516 ff., s. dazu oben G. 4. f), S. 118f.

1114 Aktennotiz vom 9.12.1954, unterschrieben Klotz, MfS A.P. 6558, Bd . I, BStU 000062.

1115 Kopie BStU AR 8 von3389/92, S. 000009.

4. Vorzugsbehandlung Wohlgemuths durch das MfS

Wohlgemuth genoß in jeder Beziehung eine Vorzugsbehandlung. Er konnte sich eine überhebliche, oft aggressive Sprache gegenüber den Offizieren des MfS leisten, die ihn „betreuten". Er konnte es sich leisten „die leitenden Funktionäre des MfS zu beleidigen und zu beschimpfen"[1116]. Er wurde mit erheblichen Geldmitteln versehen, große amerikanische Automobile, Wohnungen und Häuser wurden ihm und seiner späteren Ehefrau Annemarie Weyres zur Verfügung gestellt. Da der Hauptwunsch von Wohlgemuth, eine Chefstelle an der Charité[1117] zu erhalten, an dem Widerstand der dortigen Ärzte scheiterte, wurden ihm verschiedene Arbeitsmöglichkeiten sowohl für Forschung (in Leipzig) und schließlich auch eine Chefarztstelle am Krankenhaus der Nationalen Volksarmee in Saarow verschafft.

a) Geldzuwendungen

Am 22. Juli 1954 fand ein erstes Gespräch eines MfS-Offiziers (Name nicht genannt) in Anwesenheit von zwei „Freunden" mit Wohlgemuth über dessen weiteres Leben statt. Er lehnte alle anderen Vorschläge ab und bestand darauf, an der Charité tätig sein zu wollen. Infolgedessen lehnte er auch alle ihm angebotenen Wohnungen ab, die nicht nahe bei der Charité waren. Am 23. Juli konnte er darauf im Beisein von (geschwärzt) eine Wohnung in der Stalinallee besichtigen, die „Beiden zusagte". Aus dem Zusammenhang ergibt sich, daß die zweite Person Annemarie Weyres gewesen sein muß. Dieser Bericht wurde am 12. August.1954 (unterschrieben Schönherr, Leiter Abt. III) an Generalmajor Wolf (sicher Markus Wolf) weitergeleitet und trägt die handschriftliche Bemerkung von Wolf: „Gen. Genltnt Mielke zur Kenntnis"[1118].

Schon am 6. August 1954 konnte der in West-Berlin hochverschuldete Wohlgemuth, bei dem in der Praxis der Kuckuck für Pfändungen unter Teppichen klebte, einen Betrag von 12690 DM West an Frau Ursula Klinkmüller durch Boten überbringen lassen[1119]. Der Bote wurde verhaftet. Wohlgemuth muß also bereits zu diesem frühen Zeitpunkt eine hohe Zahlung von den östlichen Behörden erhalten haben.

1116 A.a.O. S. 000008.

1117 Die berühmte Klinik, an der Wohlgemuth lm Krieg als Assistent unter Sauerbruch tätig war, in Ost-Berlin gelegen.

1118 BStU, MfS A.P. 6558/57, Bd. 1, BStU 000015/16.

1119 BArchKO, VS B 362 / 10929, Bl. 46 Rückseite.

Mielke war es auch, der persönlich die hohen Zahlungen an Wohlgemuth bewilligte. In den Stasi-Akten[1120] finden sich minutiös Hunderte von Quittungen über alle an Wohlgemuth geleisteten Zahlungen, aufgeteilt nach DM West und Ost. Am 19. November 1956 wurde Mielke eine Gesamtaufstellung der bis dahin geleisteten Zahlungen übersandt, die er am 23. November 1956 handschriftlich mit „einverstanden Mielke" bewilligte. Die Summe belief sich auf 86.521 DM West und 99.310 DM Ost[1121]. Mit dem gleichen Blatt wurden weitere 13.173 DM West und 4500 DM Ost für die Aufrechterhaltung der West-Berliner Praxis, für Autoreparaturen etc. bewilligt, bei Beibehaltung von regelmäßigen monatlichen Zahlungen 1.360 DM West und 3000 DM Ost. Diese Beträge stellten ein Gehalt dar. Die Zahlungen liefen in dieser Höhe weiter bis mindestens Anfang 1959, als Wohlgemuth bereits in West-Berlin verhaftet worden war.

Die einzige Erklärung für dieses ungewöhnliche Verhalten der östlichen Machthaber gegenüber Wohlgemuth besteht darin, daß einerseits Wohlgemuths Verdienste bei der Entführung Johns belohnt wurden, andererseits aber unter allen Umständen die Rückkehr Wohlgemuths in den Westen verhindert werden sollte, weil man befürchtete, daß durch ihn im Westen die Wahrheit ans Licht kommen könnte.

Dies ergibt sich vielfach aus den Akten des MfS. Hier sei nur aus einer Anweisung vom 9. Mai 1957 von Oberst Beater, Stellvertreter des Ministers, an untergeordnete Stellen für die bevorzugte Behandlung Wohlgemuths ein Satz zitiert[1122]:

„Dr. Wohlgemuth, der im Juni 1954 (sic! Richtig ist Juli) nach dem demokratischen Sektor von Berlin kam, hat der Deutschen Demokratischen Republik einen sehr großen Dienst erwiesen, indem er den Präsidenten des westdeutschen Bundesamtes für Verfassungsschutz, Dr. Otto John, mit uns in Verbindung brachte."

„Mit uns in Verbindung brachte" ist offizielle Sprachregelung und ein Euphemismus, wenn man nach heutiger Kenntnis, wie es in der vorliegenden Arbeit geschieht, die Einzelheiten des „in Verbindung Bringens" als eine Entführung deutlich werden läßt. Untergeordnete Stellen, die sich über das arrogante Verhalten Wohlgemuths beschwerten, sprechen gelegentlich schlicht von einer Entführung.

1120 MfS A.P. 6558/57, Bd. 3.

1121 MfS A.P. 6558/57, Bd. 13, BStU Bl. 000024.

1122 MfS A.P.6558/57, Bd. 10, Bl. BStU 000040/41.

b) Toleranz des arroganten Auftreten Wohlgemuths

An vielen Stellen, die hier nicht einzeln zitiert werden, aber in den MfS-Bänden 6558/57 nachgelesen werden können, ergibt sich, daß Wohlgemuth es sich leisten konnte, Angehörige untergeordneter Parteiorgane zu beschimpfen, weil er sich immer auf seine guten Verbindungen zu den Führungsleuten in SED (MfS) und bei den „Freunden" berufen konnte.

Er konnte deswegen auch lange die ihm angebotenen leitenden Stellen im medizinischen Dienst ablehnen, bis er schließlich die Chefarztstelle im Militärkrankenhaus Saarow annehmen mußte. Dort machte er sich aber durch sein undiszipliniertes Verhalten - unregelmäßiges Erscheinen zum Dienst; Operationen spät in der Nacht; Weigerung, eine allgemeine Anordnung über Westkontakte zu unterschreiben etc. - schließlich so unmöglich[1123], daß er wieder ausscheiden mußte. Sonst geschah ihm nichts.

II. Verhaftung von Wohlgemuth in West-Berlin, Anklage und Freispruch

Dieses Thema wird von Gieseking eingehend und richtig behandelt[1124]. Im Hinblick darauf wird hier nur das Wichtigste mitgeteilt.

Wohlgemuth wurde bei einem Besuch in West-Berlin, den er dem MfS verheimlichte, vor der Wohnung eines Patienten am 11. Februar 1958 von der Berliner Kriminalpolizei auf Grund eines Haftbefehls des BGH v. 6. Feb. 1956 festgenommen. Annemarie Weyres, die sich in seiner Begleitung befand, blieb unbehelligt. Wohlgemuth durfte ihr sogar die Schlüssel zu seinem Auto übergeben, das er in Ost-Berlin zurückgelassen hatte.

Das Verfahren gegen Wohlgemuth verlief zügig. Wohlgemuth wurde - anders als Otto John - schon am 1. Juli 1958 gegen eine Kaution von 30.000 DM aus der Untersuchungshaft entlassen. Die Anklage lautete auf Vergehen gemäß §§ 100d Abs. 2., 100 e Abs.1., 101.[1125] Die Hauptverhandlung wurde mit Beschluß vom 18. November 1958 am 4. Dezember 1958 eröffnet. Der GBA beantragte eine Gefängnisstrafe von einem Jahr; das Gericht sprach Wohlgemuth mit Urteil vom 18. Dezember 1958 wegen mangels an Beweisen für seine Schuld frei. Das Stimmenverhältnis der fünf Bundesrichter war 3 : 2.

1123 s. z. B. Aktennotiz des Hauptmann Brückner der Hauptabteilung I/1 des MfS v. 26. 10 1957, MfS A.P. 6558/57, Bd. 10, Bl. BStU 000073/74.

1124 *Gieseking*, S.384-388, 390ff.

1125 BGH 9 StE 3/58, Anklageschrift v. 21. Oktober 1958.

Unter den Zeugen war auch Otto John, der einige Monate vorher nach Verbüßen von zwei Dritteln seiner Strafe aus dem Zuchthaus entlassen worden war. Es kam vor Gericht zu heftigen Auseinandersetzungen zwischen ihm und Wohlgemuth.

Hierbei ist zu beachten, daß es derselbe Senat und fast dieselben Richter waren, die Otto John zwei Jahre vorher zu vier Jahren Zuchthaus verurteilt hatten, obwohl der Antrag des OBA Dr, Max Güde nur auf zwei Jahre lautete. Senatspräsident Geier war nicht mehr beteiligt, weil er altershalber ausgeschieden und durch den umstrittenen Jagusch[1126] ersetzt worden war. Unverändert waren auch Willms und Wirtzfeld Mitglieder des Senats. Neu hinzugekommen waren Kurt Weber und Heinz Wiefels. Somit war Wiefels der einzige Richter, der nicht vorher mit dem Prozeß gegen John befaßt war. Kurt Weber war während der langen Untersuchungshaft von Otto John der Untersuchungsrichter des BGH. Es ist naheliegend, daß diese Richter sich nicht zu einer Verurteilung Wohlgemuths entschließen konnten. Dies hätte ja die Wiederaufnahme des Prozesses gegen John und die Revision des Urteils gegen ihn bedeutet. So wurde es auch kritisch von Beobachtern des Prozesses gesehen[1127].

1126 oben J. II. 5. , S. 170 f.

1127 *Gieseking*, S. 392 ff.

O. Der parlamentarische Untersuchungsausschuß

Von Anfang an standen die Ermittlungen gegen Otto John im Zentrum politischer Interessen. Die SPD als stärkste Oppositionspartei sah eine Gelegenheit, die Adenauerregierung wegen Fehlern des Bundesministers des Innern Dr. Gerhard Schröder bei der Behandlung des Falles John anzugreifen.

Am 27. Juli 1954 gab Dr. Schröder eine erste Erklärung vor dem Untersuchungsausschuß ab, in der er eindeutig von einer Entführung Johns ausging[1128]. Schröder mußte sich vielen kritischen Fragen stellen.

Am 12. August 1954 reichte die Fraktion der SPD, unterschrieben „Ollenhauer und Fraktion", eine Große Anfrage betr. Fall John im Bundestag ein[1129]. Ausgelöst war die Große Anfrage durch das Auftreten von Otto John auf der Pressekonferenz in Ost-Berlin am 11. August 1954. Dies ergibt sich nicht nur aus dem Datum, sondern vor allem aus Punkt 5. der Anfrage:

„Bestehen geheime Abkommen zwischen den Vertragsmächten des Vertrages über die Europäische Verteidigungsgemeinschaft und des Generalvertrages über eine Zusammenarbeit von politischen Nachrichtendiensten?"

Eine entsprechende Anfrage zu den EVG-Verträgen war in der Pressekonferenz am 11. August 1954 gestellt und von Otto John positiv beantwortet worden[1130].

Am 12. August stellte die Fraktion der SPD den Antrag auf Einsetzung eines Untersuchungsausschusses im Falle John[1131] mit fünf Untersuchungspunkten. Die Punkte 1.-4. waren Angriffe gegen den BMI hinsichtlich seiner Dienstaufsicht über das BfV, der Punkt 5. betraf die Klärung durch den Ausschuß, *„unter welchen Umständen sich der Übertritt Johns in die sowjetisch besetzte Zone Deutschlands vollzogen hat"*. Am gleichen Tage stellte die SPD den Antrag auf Mißbilligung des BMI *„...hinsichtlich seines Verhaltens anläßlich des Übertritts...von Dr. John..."*[1132].

1128 Bulletin des BPA Nr. 137 v. 27. 7. 1954, S, 12333 f. , zitiert in Schiffers II, S. 89-96.

1129 BT- Ds. 767, Deutscher Bundestag, 2. Wahlperiode.

1130 s. oben E. I. 3., S. 65 f.

1131 BT-Ds. 768, Deutscher Bundestag, 2. Wahlperiode 1953.

1132 BT-Ds. 769, 12. 8. 1954, Deutscher Bundestags, 2. Wahlperiode 1953.

Im Verlauf der Bundestagsdebatte über die SPD-Anträge hat die Bundesregierung am 15. September 1954 eine ausführliche Antwort über den Stand der Ermittlungen gegeben[1133].

Am 16. September 1954[1134] hat die Mehrheit des Deutschen Bundestags (Fraktionen der CDU/CSU, FDP, BHE, DP) einen Änderungsantrag zum Untersuchungsausschuß gestellt auf Einführung eines Punkt 6.

> „ob zu irgendwelcher Zeit von Seiten der politischen Parteien Bedenken gegen die Einstellung oder die Amtsführung Johns erhoben, insbesondere, ob die Tätigkeit von Dr. John und seine Zusammenarbeit mit anderen während des Krieges in der Emigration weilenden Deutschen zum Gegenstand von Bedenken gemacht worden sind oder werden können".

Es gab schließlich noch einen letzten Antrag der SPD[1135] vom gleichen Datum, daß der Ausschuß sich im Rahmen der Geschäftsordnung § 60 Abs. 3 im Rahmen seines Aufgabenbereichs auch mit Fragen befassen können solle, die ihm nicht ausdrücklich zugewiesen sind.

Am 17. September 1954 hat der Deutsche Bundestag die Einsetzung eines paritätisch von den Parteien besetzten 15-er Untersuchungsausschusses beschlossen. Vorsitzender wurde Gerd Bucerius[1136], CDU/CSU, Stellvertreter Dr. Greve, SPD. In der endgültigen Zusammensetzung hatte der Ausschuß 17 Mitglieder, davon 9 von der Regierungskoalition und 8 von den Oppositionsparteien[1137].

Der Ausschuß hat dann in unregelmäßigen Abständen getagt. Ein Nachvollziehen dieser Sitzungen ist für das Thema der vorliegenden Arbeit zu aufwendig und nicht erforderlich.

An dem Nachmittag des 12. Dezember 1955, an dem Otto John mit Hilfe von Bonde-Henriksen die Flucht gelang, begann eine Ausschußsitzung um 18 Uhr, ziemlich zeitgleich mit der gelungenen

---

1133 Presse- und Informationsamt der Bundesregierung, Mitteilung Nr. 1019/54, 15. 9. 1954, S. 1-17.

1134 BT-Ds. 768, a.a.O.

1135 BT-Ds. 767 v. 16.9.1954 a.a.O.

1136 Dr. Gerd Bucerius, *19. Mai 1906 in Hamm, Westfalen; † 29. September 1995 in Hamburg); Jurist, Verleger (Herausgeber der „Zeit"), Politiker (CDU bis 1962, Ausscheiden wegen eines Artikels mit Kritik an der katholischen Lehre), Mäzen der Stadt Hamburg (Bucerius Law School, Bucerius-Stiftung).

1137 Stand v. 10. Nov. 1954, Mitteilung des Präsidenten des deutschen Bundestags v. 11.11.1954, Fundstelle Hess. Staatsarchiv Wiesbaden, Abt. 502, Nr. 1748.

Flucht, die dem Ausschuß noch nicht bekannt sein konnte. Dieser Zufall wurde von Schrübbers, dem Präsidenten des BfV geschildert, der sich zur Ausschußsitzung begab, als er gerade die Nachricht vom Eintreffen Johns in West-Berlin erhalten hatte[1138].

Der Ausschuß setzte seine Beratungen auch während der Untersuchungshaft von Otto John fort. Es gelang ihm nicht, Otto John vor den Ausschuß zu laden. Dies scheiterte am Widerspruch des OBA Dr. Wiechmann. Auch ohne John gehört zu haben, kam der Ausschuß in seiner letzten Sitzung nach dem Urteil des BGH vom 22. 12. 1956 zu einer anderen Ansicht zur Schuldfrage als der BGH, der John zu vier Jahren Zuchthaus verurteilt hatte..

Ohne daß Otto John gehört werden konnte - und nach fast dreijähriger Untersuchungstätigkeit - schrieb der Ausschuß, unterzeichner vom Juristen Dr. Bucerius, in das Abschlußprotokoll vom 5. Juli 1957, also sechs Monate nach der Verurteilung[1139]:

„Die letzte Klarheit über die Vorgänge am 20. Juli 1954 insbesondere über die Umstände, unter denen sich der John'sche Übergang in die sowjetisch besetzte Zone Deutschlands vollzogen hat, kann heute noch nicht geschaffen werden. Zu diesem Ergebnis ist der Untersuchungsausschuß nach Prüfung des Materials der Verfassungsschutzämter, der Ermittlungs- und Strafverfolgungsbehörden, auf Grund seiner eigenen Beweisaufnahmen und in Würdigung der im Urteil des Bundesgerichtshofs vom 22. Dez. 1956 getroffenen Feststellungen gelangt."

1138 oben E. III. 2., S. 75.

1139 Deutscher Bundestag, 2. Wahlperiode, BT-Drucksache 3728.

P. Die fünf Wiederaufnahmeverfahren

I. Überblick

Otto John hat sich nach seiner Entlassung aus dem Zuchthaus 1958 bis zu seinem Lebensende 1997 unablässig bemüht, zu beweisen, daß das Urteil des BGH von 1956 ein Fehlurteil sei und daß ihn persönlich keine Schuld im Sinne der Anklage treffe. Sein Großneffe schreibt[1140]: „Für ihn gab es keinen anderen Lebenssinn mehr. Zweifel an seiner Unschuld hat er nie aufkommen lassen". Daß ihm der Unschuldsbeweis nicht gelungen ist, gehört zur Tragik seines Lebens.

Wenn man den Richtern des Prozesses von 1956 folgt, die von der Annahme ausgegangen sind, daß Otto John sich freiwillig mit der Absicht, der Bundesrepublik zu schaden, in den sowjetischen Machtbereich begeben hat und dort freiwillig geblieben ist, dann bleibt als großes Fragezeichen, woher dieser als schwächlich vom Oberbundesanwalt charakterisierte Mann die Kraft genommen haben soll, nicht nur kein Geständnis abzulegen - immerhin wurde er sofort nach der Rückkehr in die Bundesrepublik vom 12. bis 22.Dezember 1955 unter Hausarrest bei der SG in Bonn und im BKA Wiesbaden an 9 Tagen von morgens bis abends von LGD Dr. Clauß verhört und war danach ein Jahr in Untersuchungshaft mit den Verhören des Untersuchungsrichters Dr. Weber konfrontiert -, sondern auch jahrzehntelang bis zu seinem Tod in vielen Gerichtsverfahren, Veröffentlichungen, Fernsehauftritten und auch gegenüber engsten Freunden und seiner Frau immer die Darstellung seiner Unschuld beizubehalten.

Keines der Wiederaufnahme-Verfahren war erfolgreich. Es wird hier nicht im einzelnen auf die vier ersten Verfahren eingegangen, weil *Gieseking*[1141] sich mit diesen gründlich auseinandergesetzt, ihren Verlauf beschrieben und die Gründe für das Scheitern an Hand der ihm zugänglichen Quellen herausgearbeitet hat. Die Verfahren werden hier nur kurz skizziert. Diese Verfahren werden aber herangezogen, wenn die dort von der Verteidigung angebotenen Beweise in Verbindung mit den neuen Beweisangeboten im fünften - nicht zu Johns Lebenszeit abgeschlossenen - Verfahren bedeutungsvoll sind, das ausführlich diskutiert wird.

1140 Claus-Dieter Theile, Brief vom 5. Dez. 1997, im Besitz von und zitiert nach Gieseking, S.570.

1141 *Gieseking*, S. 414 -459.

Bei dem Scheitern der Wiederaufnahmeverfahren hat sich deutlich gezeigt, daß die Gerichte die Rechtskraft des vom BGH 1956 ergangenen Urteils und damit dessen Beständigkeit höher einschätzten als das eigentliche Ziel des Strafprozesses: Gerechtigkeit und Wahrheit[1142].

Zusammenfassend kann festgestellt werden, daß es wohl ein Fehler war, daß Otto John und seine wechselnden Verteidiger in den Wiederaufnahmeverfahren sich zur Tatfrage immer wieder darauf gestützt haben, daß Wohlgemuth ihn in seiner Praxis am 20. Juli 1954 vor der Abfahrt zur DDR-Grenze mit einem Mittel in einer Tasse Kaffee betäubt habe. Gerade dieses - letztlich für die Schuldfrage[1143] nicht entscheidende Detail - hat der BGH im Prozeß 1956 sehr sorgfältig geprüft und als unbewiesen angesehen. Wäre Otto John bei seiner ursprünglichen Aussage in seiner Autobiographie geblieben[1144] : „Ich sah dicke Regentropfen auf der Scheibe und der Motorhaube. An alles Folgende kann ich mich nicht mehr erinnern. Als ich wieder zu mir kam, lag ich auf einem Sofa im Haus des sowjetischen Geheimdienstes in Berlin-Karlshorst.", hätte es vermutlich seine Verteidigung erleichtert. Wie es sich eventuell auch ohne eine sofortige Betäubung in der Praxis abgespielt haben könnte, wurde oben geschildert[1145]. Auch wenn vieles in den sich teilweise widersprechenden Zeugenaussagen dafür spricht, daß tatsächlich im Zusammenwirken von Wohlgemuth und Wonsig eine Betäubung wenn nicht schon in der Praxis, dann jedenfalls im Auto und damit eine Entführung im engeren Sinne vorlag, kommt es für die strafrechtliche Beurteilung der Schuld von Otto John darauf nicht an. Entscheidend ist nur, ob Otto John wußte, als er zum Auto von Wohlgemuth ging, daß Wohlgemuth die Absicht hatte, ihn mit Personen des östlichen Machtbereichs in Verbindung zu bringen. Alle Aussagen, die dahingehen, daß Otto John mit seinem Wissen und auf seinen Wunsch zu einem Gespräch mit solchen Personen gebracht werden sollte, stammen lediglich von Wohlgemuth selbst oder von östlichen Stellen und sind daher nicht als zweifelsfreie Beweise anzusehen. Der BGH hat aber in einer fehlerhaften Beweiswürdigung gerade diesen Aussagen Glauben geschenkt. Ob er wirklich auf diesem Auge so blind war, oder ob er dieses Auge bewußt geschlossen hat, muß dahingestellt bleiben. Eine Erklärung für

---

1142 *Peters*, § 1, S. 2 ff.

1143 dazu Gutachten Jescheck L. I. 2. b) cc), S. 201f.

1144 *John I*, S. 272.

1145 L. IV., S. 245ff.

dieses Verhalten kann man in der von der NS-Zeit geprägten Mentalität der Bundesrichter finden[1146].

II. Die ersten vier abgeschlossenen Wiederaufnahmeverfahren

1. Das erste Verfahren 1963/64

Am 17. Dez. 1963 reichte Dr. Caemmerer den ersten Antrag auf Wiederaufnahme ein, der mit Beschluß des 3. Senats BGHSt am 7.April 1964 als zulässig erklärt wurde[1147]. Die Verteidigung stützte ihr Vorbringen in erster Linie darauf, daß der des Meineids bezichtigte wichtige Belastungszeuge Carl Wittig einen Meineid geschworen habe. *Gieseking* beurteilt dieses Verfahren detailliert und zutreffend[1148]. Es ist aus heutiger Sicht schwer nachzuvollziehen, wieso der auf Wiederaufnahme gerichtete Antrag abgelehnt wurde, obwohl u.a. nachgewiesen wurde, daß der Hauptbelastungszeuge Wittig nicht nur wegen Betrugs vorbestraft war, sondern auch wahrheitswidrig im Prozeß 1956 unter Eid ausgesagt hatte, nie für einen Geheimdienst tätig gewesen zu sein. Er wurde in der DDR rechtskräftig wegen Agententätigkeit für den amerikanischen Geheimdienst verurteilt. Es gab auch eine Zusammenarbeit mit dem BfV während der Präsidentschaft von Otto John, jedoch wurde das nicht als wirkliche Agententätigkeit angesehen.

Die Verteidigung übernahm im April 1964 zusätzlich Dr. Stammberger[1149], Rechtsanwalt aus Coburg. Henrik Bonde-Henriksen, der 1955 die Flucht von Otto John zurück in die Bundesrepublik ermöglichte, bemerkt dazu, daß Stammberger ebenso wie zwei andere Bundesjustizminister sich in Gesprächen mit ihm von der Unschuld Otto Johns überzeugt gezeigt haben[1150].

Die Richter *Rotberg, Dr. Wiefels, Dr. Hengsberger, Faller, Dr. Weber* lehnten mit Beschluß vom 28. Juli 1964 [1151] die Wiederaufnahme ab und verurteilten Otto John zu den Kosten des Verfahrens. Es ist bemerkenswert, daß Wiefels einer der Richter war, die am Schuld-

---

1146 s. oben J., S. 151ff.

1147 BArchKO, B362/4622, Bl. 22-24.

1148 *Gieseking*, S. 414 - 431.

1149 Dr. Wolfgang Stammberger, 14. 7. 1920 - 1. 5. 1982, Bundesjustizminister.1961/1992, bis er wegen der Spiegelaffäre zurücktrat, 1970-1978 OB in Coburg.

1150 *John I*, S. 10.

1151 7/2 StE 15/56, BArchKO, B 362/4622 Bl. 72 - 85, 1. Fassung mit vielen handschriftlichen Änderungen; Bl. 89 ff. Reinschrift.

spruch gegen John 1956 und am Freispruch für Wohlgemuth 1958 mitgewirkt haben.

2. Das zweite Verfahren 1966/69

Das zweite Wiederaufnahmeverfahren wurde am 20. Mai 1966 von Dr. Stammberger als Verteidiger Johns beantragt. Der 3. Senat mit Dr. Carlhans Scharpenseel als Senatspräsident und den Bundesrichtern Faller, Mayer, Neifer und Schubath[1152] erklärte den Antrag am 13. September 1966 für zulässig, verwarf ihn aber am 22. Juli 1969[1153] als unbegründet. Die Verteidigung hat vergeblich versucht, Scharpenseel als befangen abzulehnen, weil er 1956 im Prozeß mitgewirkt hat, wenn er auch nicht zu den urteilenden Richtern gehörte. Er erklärte sich in einer dienstlichen Erklärung für unbefangen. Völlig unverständlich ist die Teilnahme von Bundesrichter Faller, der nach § 23 Abs.2 StPO auf jeden Fall ausgeschlossen sein sollte, weil er einer der erkennenden Richter im ersten Wiederaufnahmeverfahren war[1154].

In der Sache lagen diesmal eine Reihe von Zeugenaussagen vor, die ein wohlwollendes Gericht durchaus zugunsten Otto Johns hätte auslegen können. Das gilt vor allem für die Aussage des russischen Überläufers Peter Deriabin, die drei Punkte betraf:

1. Daß die subversive Aktivität gegen Otto John schon seit 1952 lief.
2. Daß er als im KGB zuständiger Sachbearbeiter weiß, daß es keine Anzeichen gab, daß OJ auf Grund irgendeiner (persönlichen oder politischen) Anfälligkeit für die Sowjets gewonnen werden konnte.
3. Daß Wolfgang Wohlgemuth seit ungefähr 1950 als Agent des KGB tätig war.

Wichtig war die unter Eid in USA gemachte Aussage des russischen Überläufers Golytzin, der behauptete, daß John „gekidnapped" worden sei. Diese Aussage war im BfV schon 1962 bekannt, wurde aber John vorenthalten. Dr. Meier vom BfV (dessen späterer Präsident) reiste mit zwei Mitarbeitern nach USA, um Golytzin zu verhören. Als John davon hörte, erreichte er, daß Dr. Meier in dieser Sache vom BGH verhört wurde. Er mußte seine Kenntnis zugeben, versuchte aber das Wort „kidnapped" abzuschwächen. Es könne auch eine andere Bedeutung als die international übliche Bedeutung

1152 Personalangaben zu den Richtern oben J. III. , S. 177, 178.

1153 BGH 7/2 StE 15/56, Beschluß v. 22.7.1969.

1154 Unten S. II. 1. , S. 346; Q.VI., S. 317.

„entführt" haben. Der BGH übernahm diese absurde Ansicht in seinen verwerfenden Beschluß.

Alle Einzelheiten des Verfahrens sind bei *Gieseking* nachzulesen[1155].

3. Das dritte Wiederaufnahme-Verfahren 1973/76

Am 29. Mai 1973 reichte RA Dr. Werner Nusse den dritten Wiederaufnahmeantrag beim OLG Koblenz ein[1156]. Nusse arbeitete weitgehend ohne Honorar, weil sich der mittellose John keinen teuren Strafverteidiger leisten konnte[1157]. Otto John entwarf einen großen Teil der Schriftsätze selbst. Sie sind deshalb teilweise „cum ira et studio" geschrieben und zeigen die wachsende Empörung und Verbitterung von Otto John, der unbeirrbar daran festhielt, daß das Urteil von 1956 ihm schweres Unrecht zugefügt hätte und revidiert werden müsse.

Die Hauptstoßrichtung ging gegen BR Jagusch, der inzwischen wegen unwahrer Angaben über seine Vergangenheit in der NS-Zeit und wegen anonymer Veröffentlichungen angegriffen worden war und seinen Abschied nehmen mußte. Wegen seiner maßgeblichen Mitwirkung im Prozeß 1956 sollte das Urteil aufgehoben werden. Daneben gab es noch Entlastungszeugen unterschiedlicher Qualität.

Zunächst verzögerte sich das Verfahren um fast ein Jahr wegen einer Zuständigkeitsfrage. Da inzwischen die 2. Instanz für Staatsschutzfragen eingeführt war, mußte der Antrag bei dem OLG Koblenz eingereicht werden. Der GStA in Koblenz hielt sich wegen der besonderen Bedeutung des Falles für die Bundesrepublik nicht für zuständig und gab die Akten an den BGH in Karlsruhe ab. Mit Schreiben vom 17. April 1974 gab der GBA nach fast einem Jahr die Akten an das OLG Koblenz als zuständig zurück Trotz seiner Unzuständigkeit erklärte der GBA den Antrag als unzulässig[1158] und verfaßte eine sechsseitige Begründung[1159]. Hierin kann man eine unzulässige Beeinflussung der ersten Instanz durch das übergeordnete Gericht sehen.

Der 2. Ferienstrafsenat des OLG Koblenz verwarf am 11. September 1974 den WA-Antrag[1160]. Die sofortige Beschwerde[1161] vom 25. Sep-

1155 *Gieseking*, S .431-453.

1156 BArchKO B 362/10839, Bl. 5-48.

1157 A.a.O., Bl. 121.

1158 BArchKO, B 362/ 4623, Bl. 95.

1159 A.a.O., Bl. 96 - 101.

1160 BArchKO, B 362/10939, Bl. 133-138, Beschluß 2 AR (OJs) 1/73 aus StE - 15/56 v. 11. Sept. 1974.

tember 1974 wurde vom BGH zugelassen, am 30. April 1975 begründet[1162], aber am 7. Juli 1976 vom 3. Senat mit den Richtern Schmidt, Mayer und Schauenburg verworfen[1163].

4. Das vierte Verfahren

Über dieses Verfahren, das Otto John auch nicht mit der gleichen Energie verfolgt hat, wie die vorhergehenden Verfahren[1164], gibt es relativ wenige Unterlagen. Es wurde über die Kanzlei von Reinert, Appy & Partner in Karlsruhe vom früheren Bundesverfassungsrichter Prof. Martin Hirsch geführt. Hirsch hatte sich schon nach 1956 sehr kritisch zu dem Urteil geäußert. Er war bis zu seinem Tod von der Unschuld Johns überzeugt[1165]. Die Kanzlei Reinert, Appy & Partner, die noch existiert, hat keinerlei Akten mehr[1166].

Der WA-Antrag wurde am 18. Juni 1991 eingereicht[1167]. Der Schriftsatz von Prof. Hirsch mit Begründung hat nur drei Seiten einschließlich der Benennung der drei neuen Zeugen[1168]. Allerdings läßt er an Deutlichkeit nichts zu wünschen übrig. So heißt es z.B. im zweiten Absatz der Begründung:

> „Dieses Urteil wurde bereits zu der Zeit, als es erging, sehr und zwar von maßgebender Seite kritisiert, wie z.B. durch Herrn Dr. Adolf Arndt. Wenn man dieses Urteil heute liest, ist es nach heutiger rechtsstaatlicher Auffassung kaum zu erklären und war offensichtlich sehr stark durch die Atmosphäre des Kalten Krieges beeinflußt."

Der GBA verweist mit Schreiben vom 6. August 1991 zuständigkeitshalber an das OLG Koblenz. Statt sich aber darauf zu beschränken, nimmt er zu dem WA-Antrag auch inhaltlich Stellung und formuliert bereits den Ablehnungsantrag[1169]. Dies ist eine unzulässige Beeinflussung des unteren Gerichts.

Die Verteidigung beantragte wie vom GBA gefordert beim BGH die Verweisung an das OLG Koblenz, hält aber das KG Berlin für zu-

1161 A.a.O..., Bl. 140.

1162 A.a.O..., Bl. 149-168.

1163 A.a.O..., Bl. 186-192..

1164 *Gieseking*, S. 458 f.

1165 *Gieseking*, S. 366, 459.

1166 tel. Auskunft an den Verfasser.

1167 BArchKO, B 362 / 4614; B 362 / 4624 Bl. 2.

1168 BArchKO, B 362 / 4624, Bl. 2-4.

1169 A.a.O. Bl. 6-9.

ständig als Gericht des Tatorts.[1170]. Entsprechend entschied auch der BGH [1171].

Das wegen des Tatorts zuständige KG Berlin gibt zunächst der Verteidigung Gelegenheit, sich ausführlicher zu äußern[1172]. Prof. Hirsch macht davon nur mit einem Schriftsatz[1173] von anderthalb Seiten Gebrauch, der einen Seitenhieb auf den GBA und eine falsche Tatsachenbehauptung enthält (John habe in einem Potsdamer Garderegiment gedient). Die Behauptung wird eine Woche später richtig gestellt - Otto John war nie Soldat.

Das KG Berlin verwirft den Antrag als unbegründet[1174]. Die neu vorgebrachten Zeugenaussagen werden nicht als geeignet angesehen, um nach § 359 Nr. 5 StPO eine Aufhebung oder Abänderung des Urteils zu rechtfertigen. Neu waren vor allem die Zeugen Werner Franke und Franz Kramer, beide Offiziere im MfS. Sie hatten in der Tat kein originäres Wissen über den Fall John; nur was sie in ihrer Dienststellung aus Gesprächen und Telephongesprächen mitbekommen haben. Beide leben noch in Berlin und haben sich brieflich gegenüber dem Verfasser geäußert[1175]. Die Aussagen decken sich mit denen von Brehmer und Felfe.

Kramer hat sich u. a. in einem Gespräch wie folgt geäußert[1176]:

„Ob der John freiwillig über die Grenze ist? Nein, der ist gemaust worden. Das wurde damals häufiger gemacht – von uns, aber auch von drüben. Der Wohlgemuth, der KGB-Mann, der hat ihn rübergeholt. Aber das hat er ohne Auftrag gemacht. Er hat seine Kompetenzen überschritten. Von wem ich das weiß? Das kann ich nicht mehr sagen. Das ist aber allgemein bekannt bei uns in der Firma. Genaueres müßte da Heinz Felfe wissen, der hat ja damals für den KGB beim Bundesnachrichtendienst gearbeitet und ist von seinem Führungsoffizier bestimmt informiert worden. Oder Werner Franke, der war 1954 persönlicher Referent von Bruno Beater, dem Mielke-Stellvertreter".

Die gegen den Beschluß des KG Berlin gerichtete sofortige Beschwerde vom 6. Dezember 1991[1177] ist als rechtzeitig angenommen

1170 A.a.O. Bl. 10 f.

1171 Beschl. des 3. Strafsenats v. 23. August 1991, a.a.O.. Bl. 12 f.

1172 A.a.O.. Bl. 18.

1173 A.a.O.. Bl. 20 f.

1174 KG Berlin, Beschl . v. 11. 11. 91, (1(5 (7) (2) StE 15/56 (23/91), a.a.O.. Bl 22 ff..

1175 Insbesondere Briefe von Franke v. 18. 10. 05 . und 24. 07 06.

1176 Erkenntnislage des BfV.

1177 BArchKO, B 362 / 4624, Bl. 35 ff.

worden[1178], weil die Zustellung des Beschlusses fehlerhaft an die Privatanschrift von Prof. Hirsch statt an die Kanzlei gegangen war. Der weitere Verlauf ist nicht ganz klar. Prof. Hirsch hat das Mandat am 10.1.1992 niedergelegt[1179], 1992 ist er verstorben. Dr. Jungfer in Berlin sollte wohl die Beschwerde zurücknehmen[1180], Otto John hatte es selbst bereits mit Telegramm v. 17. 12, 1991 getan. Mit Beschluß v. 27. Januar hat das KG. die Rücknahme der Beschwerde als zulässig angenommen, aber dem Verurteilten die Kosten des Verfahrens auferlegt[1181]. Dr. Jungfer hat sich weiter um Akteneinsicht bei der BStU zunächst vergeblich bemüht[1182]. Er hat später das 5. Wiederaufnahmeverfahren geführt und die Akten sowie die Aussagen der noch nicht gehörten Zeugen aus diesem vierten Verfahren verwendet.

III. Das fünfte Wiederaufnahmeverfahren 1994-1997

1. Überblick

Dieses ohne Entscheidung nach dem Tod von Otto John eingestellte Verfahren wird hier ausführlich diskutiert, weil es nicht rechtskräftig entschieden wurde, obwohl es fast überall in der Literatur als endgültige Entscheidung dargestellt wird. Auch in der sonst so sorgfältig recherchierten Arbeit von Gieseking (der allerdings teilweise schon damals zugängliche Quellen sowie für die vorliegende Arbeit neu erschlossene Quellen fehlten) befindet sich dieser Irrtum[1183] sowie in der ausführlichen Dokumentation von *Schiffers*[1184] zum Fall John.

Tatsächlich hatte das Kammergericht Berlin, das als erste Instanz wegen des Tatorts Berlin zuständig war, den von dem Berliner Strafverteidiger Jungfer mit seinem Mitarbeiter Dr. Lammer am 10. Juni 1994[1185] eingereichten Wiederaufnahmeantrag als unzulässig verworfen[1186]. Dagegen wurde jedoch die zulässige sofortige Beschwerde am 3. Januar 1996 eingereicht und vom BGH angenommen, Begründung war nachzureichen. Wegen der schweren Erkran-

1178 BArchKO, B 362 / 4614, Bl. 44.

1179 BArchKO, B 382 / 4624, Bl. 51.

1180 A.a.O.. Bl. 66, Telegramm v. Otto John am 17. 12. 91.

1181 A.a.O.. Bl. 59.

1182 A.a.O.. Bl. 68 ff.

1183 *Gieseking*, S. 221, Fn 532 und S. 561 Ergebnisse, 1. Satz.

1184 *Schiffers II*, S. 81.

1185 BArchKO, B 362/4615, Bl. 1ff.

1186 (1) 2 StE 15/56 (18/94), Beschluß v. 20. Dez. 1995.

kung Otto Johns und wegen neuer Zeugen, die sich nach Sendung des Leiser-Films[1187] meldeten, wurde die Frist zur Begründung der Beschwerde mehrfach erstreckt, zuletzt bis zum 31. Juli 1997. Der OBA hatte beantragt, die Beschwerde aus inhaltlichen Gründen zurückzuweisen. Im März 1997 ist Otto John verstorben. RA Jungfer hat den Testamentsvollstrecker von Otto John in Innsbruck, RA Dr. Schweinester[1188], darauf hingewiesen, daß nach § 361 II StPO das Verfahren durch Verwandte[1189] weitergeführt werden kann. In Frage kam nur die Schwester von Otto John, Erika Wolff, die kein Interesse an der Fortführung des Verfahrens hatte, wobei der Hinweis von Jungfer auf „honorarrechtliche Konsequenzen" vermutlich entscheidend war. Die Beträge, die an die Strafverteidiger gingen und für Gerichtskosten anfielen, sind erschreckend[1190].

Auf den Antrag von RA Jungfer vom 16. Mai 1997, das Verfahren nach § 206 a StPO einzustellen, hat der BGH[1191] das Verfahren ohne eine Entscheidung wegen des Fehlens eines Antragstellers eingestellt.

Das KG Berlin hat nicht eine einzige der vielen als neue Beweismittel angebotenen Zeugenaussagen durch Vernehmung der Zeugen überprüft. Gerade dagegen hätte sich die zulässige sofortige Beschwerde wenden müssen, deren Begründung wegen des Todes von Otto John nicht mehr erfolgte.

2. Exkurs zum Begriff „Verwandte" in § 361 II StPO

Nach hM - alle befragten Strafrechtslehrer und Strafverteidiger sind sich darüber einig - sind das nur die Verwandten in gerader Linie, also Kinder, Eltern etc.[1192] Es wäre interessant, sprengt aber den Rahmen dieser Arbeit, zu untersuchen, wen der Gesetzgeber der ursprünglichen StPO von 1877 mit „Verwandten" gemeint hat und woher die hM stammt. Das Erbrecht im BGB, das auch im 19. Jh. formuliert wurde, benutzt den Begriff „Verwandtschaft" als Oberbegriff in § 1927 BGB, der auch die Abkömmlinge der Erben erster, zweiter und dritter Ordnung umfaßt (§§ 1924 - 1926 BGB). In § 2067

1187 Prof. Erwin Leiser, Eine deutsch-deutsche Geschichte, Uraufführung am 24.4.1995 in der Akademie der Künste, Berlin; 2. Präsentation am 29.5.1995 im Beisein von. Richard v. Weizsäcker.

1188 Schreiben Jungfer an Schweinester v. 14 .04. 97.

1189 Zum Begriff Verwandte" s. Exkurs hier folgend P. III. 2. , S. 297 f.

1190 Einige Abrechnungen in den Akten des Testamentsvollstreckers.

1191 Beschluß vom 23. Juli 1997, 5 (7) (2) StE 15/56, StB 11/97.

1192 Krehl im *Heidelberger Kommentar*, § 361, Rn 2.

BGB wird „Verwandte" klar als Oberbegriff für alle Abkömmlinge benutzt. Bei der Unterhaltspflicht spricht der Gesetzgeber von „Verwandten in **gerader** Linie", wenn er Neffen, Nichten etc. ausschließen will. Dieser Begriff kommt auch an anderer Stelle vor. § 361 II StPO spricht aber von „Verwandten **auf- und absteigender Linie"**, ohne diese durch den Zusatz „gerader" oder „direkter" zu begrenzen. Eine Diskussion hierüber ist für die Frage einer gerichtlichen Wiederaufnahme im Hinblick auf die noch lebende Nichte und Patentochter von Otto John und deren Abkömmlinge ohne praktisches Interesse, falls sich ein Staatsanwalt findet, der das Verfahren zugunsten des Angeklagten wieder aufnehmen will. Das ist jederzeit möglich[1193]. PD. Dr. Thomas Henne vertritt die Ansicht, daß man eine seit 130 Jahren unangefochtene hM nicht zu erschüttern versuchen solle, daß es aber auf ein formelles Wiederaufnahmeverfahren nicht ankomme. „Wichtiger als symbolische Justizakte ist eine genaue rechtshistorische Analyse"[1194]. Verfasser ist der Ansicht, daß es für die noch lebenden Angehörigen (Nichten, Großneffen, Stieftochter) durchaus von Bedeutung wäre, einen tatsächlichen justiziellen postumen Freispruch zu erhalten.

3. Fehlende Entscheidung des BGH als zweiter Instanz

Wenn auch die vier vorhergegangen Wiederaufnahmeverfahren für John negativ ausgegangen waren, bestand doch bei dem sehr sorgfältig mit neuen Zeugen und neuen Tatsachen vorbereiteten Verfahren in Verbindung mit den in den vorhergegangenen Verfahren vorgelegten Beweisen durchaus die Möglichkeit, daß der BGH als Berufungsinstanz zu einer Abänderung des Urteils von 1956 gekommen wäre. Insofern ist die Kapitelüberschrift bei *Gieseking*[1195]: „Das endgültige Scheitern seiner Bemühungen vor dem Kammergericht in Berlin" juristisch nicht exakt. Gieseking diskutiert die Gründe für den Beschluß des KG als ob eine Gerichtsverhandlung stattgefunden hätte. Das war aber nicht der Fall, sondern das KG Berlin als erste Instanz hat den Schriftsatz von Jungfer/Lammer vom 10. Juni 1994[1196] im Umfang von mehr als 300 Seiten mit Kopien der neuen Zeugenaussagen über 18 Monate später mit einer Begründung von 20 Seiten verworfen. Die Begründung des KG Berlin läuft im wesentlichen darauf hinaus, daß das Gericht alle Zeugen nur als

1193 *Krehl* loc cit. und persönliche Mitteilung von Dr. Christoph Krehl an den Verfasser.

1194 E-Mail v. 30. 7. 2006 an den Verfasser

1195 *Gieseking*, S. 459.

1196 Vollständig in BArchKO B362 / 4625.

Zeugen vom Hörensagen[1197] einstufte und ihnen damit nicht die erforderliche Beweiskraft für eine eventuelle Entscheidung zur Wiederaufnahme nach § 359 Nr.5. zubilligte.

4. Zeugen vom Hörensagen

Das Gericht hat bei seiner Abqualifizierung der Zeugen als solche „vom Hörensagen" nicht berücksichtigt, daß mehr als 40 Jahre nach der angeblichen Straftat, die 1956 zu der Verurteilung durch den BGH führte, echte neue Tatzeugen wohl kaum aufzutreiben waren, die es auch für den Beweis des freiwilligen Übertritts von Otto John am 20. Juli 1954 schon in dem ursprünglichen Prozeß nicht gab, sodaß das Gericht sich schon damals auf Indizien stützen mußte, die von „Zeugen vom Hörensagen" stammten. Der einzige wirkliche Tatzeuge am 20. Juli 1954 außer John selbst, der unbestritten im Auto saß, das mit Otto John über die Grenze zur DDR fuhr, war Wohlgemuth. Er folgte aber der Vorladung des Gerichts 1956 nicht - trotz Zusage auf freies Geleit. Für ihn trat Breuning auf, sein Bevollmächtigter - also auch ein Zeuge vom Hörensagen.

Da neue Zeugen behaupteten, daß sich auch Max Wonsig[1198] in dem Auto befand, mußte sich das Gericht gründlich mit der Rolle von Max Wonsig befassen. Schon der BGH hätte sich 1956 um diesen Zeugen kümmern müssen, da seine Verwicklung in den Fall Otto John durch die Aussage des Alexander von Hase[1199] und weiterer Zeugen schon damals bekannt war. Als unmittelbar verwertbarer Zeuge stand Wonsig allerdings 1995 nicht mehr zur Verfügung. Er ist 1982 verstorben und wurde auf dem Ehrenfriedhof der DDR in Ost-Berlin beigesetzt.

Heute sind neue Tatsachen bekannt geworden, die an der Mitwirkung Wonsigs keine vernünftigen Zweifel mehr lassen[1200]. Auch Gieseking, der sich in seinem Exkurs über Wohlgemuth[1201] eingehend mit der Rolle Wonsigs beschäftigt, kommt zur Auffassung, daß eine Verbindung zwischen Wohlgemuth, Wonsig, KGB und MfS vor dem 20. Juli 1954 als bestätigt anzusehen ist[1202].

1197 Beschl KG Berlin, a.a.O.. S. 15.

1198 dazu mehr in den Zeugenaussage Möbius und Rechelmann, unten R. II. 1. e), S. 340f. und f), S. 341f.

1199 Ursprünglich fs-Mitteilung von BfV, Emmerling am 16.12.55 an OBA Dr. Wiechmann, B 362 / 4611 Bl. 599/600. Mit fs weitergeleitet an OStA Loesdau, z. Z. BKA Wiesbaden, Bl. 601/602.

1200 Unten R. II. 1. ,S. 339ff.

1201 *Gieseking*, S. 369 ff.

1202 *Gieseking*, S. 395.

Das KG Berlin ist der Aufgabe ausgewichen, sich in freier Beweiswürdigung aus dem persönlichen Auftreten der wichtigsten Zeugen als Tatgericht eine Meinung zu bilden, ob die von den Zeugen behaupteten Tatsachen, auch wenn sie nur Aussagen Dritter waren, für einen Wahrheitsbeweis zugunsten des Beschuldigten geeignet gewesen wären. Warum das KG Berlin sich für seine Entscheidung 18 Monate Zeit gelassen hat, ist unbekannt. Bei einem zügigen Verfahren hätte die Berufung des hochbetagten Otto John an den BGH noch vor Johns schwerer Erkrankung durchgeführt werden können.

Gieseking sieht die Aussage von Falin „vor Gericht"[1203] als nach Ansicht des Gerichts nicht konkret und deshalb nicht ausreichend entlastend für John. Falin hat aber ebensowenig wie die anderen sehr wichtigen Zeugen vor Gericht ausgesagt. Falin als ehemaliger Mitarbeiter des KGB an leitender Stelle und später russischer Botschafter in Deutschland steht auch heute noch zu seiner Aussage[1204] ebenso wie Jörg Friedrich, der in einem Gespräch mit Falin unter vier Augen in Bonn 1993 erstmals von Falins Kenntnissen erfahren hat.

Soweit es die Zeugin Annemarie Wohlgemuth, geb. Weyres betrifft, hat es sich hier eindeutig um eine unmittelbare Zeugin gehandelt, die auch heute noch lebt, die bisher dem Wunsch des Verfassers nach einem Gespräch ausgewichen ist[1205]. Einer gerichtlichen Vorladung hätte sie aber vor zehn Jahren folgen müssen und müßte es auch heute noch. Eine eventuelle Verweigerung der Aussage wäre ein Indiz, daß ihre Aussage im Prozeß 1956 nicht richtig oder nicht vollständig war.

Ohne den Aussagen der „Zeugen vom Hörensagen" im einzelnen noch weiter nachzugehen, kann man davon ausgehen, daß bei ihrem Auftreten vor Gericht in der Zweiten Instanz das Wiederaufnahmegesuch durchaus positiv für Otto John hätte ausgehen können.

5. Unzuverlässige Hauptbelastungszeugen

Wegen des Nichterscheinens des Hauptbelastungszeugen Dr. Wohlgemuth stützte sich der BGH 1956 in erster Linie auf die Aussagen der Zeugen Sievers und Wittig[1206]. Schon der BGH hätte Grund gehabt (wie es die Verteidigung betonte), diesen Zeugen zu mißtrauen. Heute weiß man von beiden Zeugen, daß sie bestellte

1203 *Gieseking*, S. 460.

1204 Tel. Mitteilung an den Verfasser am 11. Juli 2005.

1205 Telephongespräche mit der Tochter Tanja Wohlgemuth am 28. 8. 2005 und 29. Sept. 2005; E-Mails v. 29.9. und 22.10.2005.

1206 Oben H. II. 1. b) Punkt 4. und 5. , S. 134.

Arbeit für den MfS leisteten[1207]. Dies ist einer der wichtigsten Gründe, aus denen Verfasser die Unschuld Johns als bewiesen ansieht, und aus denen eine Wiederaufnahme des Verfahrens durch die Staatsanwaltschaft geboten erscheint.

6. Die wichtigsten Entlastungszeugen

Der gut dokumentierte Schriftsatz von Dr. Jungfer und Dr. Lammer enthält alle neuen Zeugenaussagen. Die wichtigsten werden unten als neu zu bewertende Erkenntnisse zusammengefaßt[1208].

1207 Unten R. I. 3. und 4. , S. 322ff. u. 325f.

1208 Unten R.. II. 1. , S. 339 ff.

Q. Die Gnadengesuche und eine Verfassungsbeschwerde

I. Übersicht

Die Tragik des Lebens von Otto John nach seiner Entlassung aus dem Zuchthaus 1958 läßt sich besonders deutlich am Verlauf seiner Gnadengesuche erkennen. Schon der Generalbundesanwalt Dr. Max Güde, der über die Strafzumessung des Gerichtes bestürzt war, hatte 1957 den Gnadenweg als Milderung dieses Unrechts gesehen[1209]. Bundesinnenminister a. D. Schröder, Otto Johns Vorgesetzter, erklärte nach seinem Ausscheiden aus dem Amt, daß er inzwischen von der Unschuld Johns überzeugt sei und empfahl ebenfalls den Gnadenweg[1210], in den er sich zu Gunsten Johns energisch, aber ohne Erfolg, einschaltete, nachdem drei Wiederaufnahmegesuche [1211] gescheitert waren.

Die Verfassung gibt in Art. 60 GG Abs. 2 dem Bundespräsidenten „im Einzelfalle für den Bund das Begnadigungsrecht". Da gemäß § 452 StPO in Staatsschutzsachen, die im ersten Rechtszug vom Bundesgerichtshof entschieden wurden, das Begnadigungsrecht beim Bund liegt[1212], wird es vom Bundespräsidenten ausgeübt[1213]. Man muß bei der Diskussion eines Gnadenerweises das Begnadigungsrecht nach Art. 60 GG unterscheiden von der Aussetzung des Strafrestes nach § 57 StGB. Diese vom Gericht routinemäßig auf Antrag verfügte Aussetzung, die nach Verbüßung von zwei Dritteln der verhängten Strafe erfolgen kann (§ 57 StGB Abs.1 Satz 1 Punkt 1. unter den Voraussetzungen des § 57 StGB Abs. 1 Satz 2) wird in der Literatur zum Johnprozeß oft als „Begnadigung" bezeichnet[1214]. Im Nachstehenden wird zwischen dem Bemühen um vorzeitige Haftentlassung (Aussetzen der Reststrafe) und dem Gnadenerweis unterschieden. Mit Gnadenerweis ist hier nur eine echte Änderung des Urteils vom 22. Dezember 1956 oder Milderung seiner Folgen zugunsten des Verurteilten durch den Bundespräsidenten gemeint.

1209 Brief v. 26.1.1957 an Arndt, s. oben J. II. 3., S. 168.

1210 Unten Q. III., 3., S. 309 ff.

1211 Oben Kapitel P., S. 289 ff.

1212 *Heidelberger Kommentar*, § 453 Rn 2.

1213 Zur Frage der Anfechtbarkeit eines Gnadengesuches s. unten Q. V., S. 314 f.

1214 So z. B. *Gieseking*, S. 502.

II. Gnadengesuch an Bundespräsident Theodor Heuss 1957

1. Ermittlungsstand bis Oktober 2007

Bei den Recherchen des Verfassers hat sich zunächst kein formelles Gnadengesuch an Theodor Heuss gefunden. Vermutlich sind die Quellen unvollständig. Das Bundespräsidialamt beantwortete keine Anfrage[1215]. In einem kürzlich aufgefundenen Brief[1216] von Lucie John an Dr. Ernst Ludwig Heuss - den Sohn des Bundespräsidenten Theodor Heuss - vom 29. Sept. 57 aus London schrieb sie: *„Endlich kann jetzt nach den Wahlen ein offizielles Gnadengesuch von den Anwälten eingereicht werden"*. In dem gleichen Brief steht: *„Leider ist es mir doch nicht möglich mit meinen schweren Sorgen mich direkt an Ihren Vater zu wenden, und zwar gerade wegen des nahen freundschaftlichen Verhältnisses unserer Familien. So schreibe ich Ihnen und hoffe, Sie werden eine Möglichkeit finden, diese Bitte ihm zu übermitteln"*. Dieser Brief sowie viele andere Korrespondenzen von Lucie John zeigen die große Liebe für ihren Mann und die Sorge um ihn, der sich in der Untersuchungshaft in schlechtem Gesundheitszustand befand. Lucie John selbst hatte sich einer schweren Knochenoperation unterziehen müssen, nach der sie monatelang unbeweglich liegen mußte. Sie war während der Haft ihres Mannes zu ihrer Tochter in London gezogen, weil sie in Deutschland wirtschaftlich nicht überleben konnte. Otto Johns Gehalt war ab dem 21. Juli 1954 nicht mehr gezahlt und auch die Zuschüsse zur Miete der Dienstwohnung in Köln nach einiger Zeit eingestellt worden.

Ludwig Heuss hat erst am 12. Oktober 1957[1217] geantwortet, weil er selbst sich in einem Herzsanatorium in Heidelberg befand. Aus der Antwort geht hervor, daß Theodor Heuss *„die vollkommene Zurückhaltung weiter bewahren wird"*, weil er nicht an die Entführungsthese glaubt und *„Otto Johns Übertritt in den Sowjetsektor von Berlin als ein Abenteuer der Neugier betrachtet"*, wobei *„eine gewisse Bitterkeit* [blieb]*, dass dieses ‚Abenteuer' zeitlich die Nachbarschaft zu seiner großen Gedächtnisrede (20. Juli 1954) suchte"*.

Lucie John hat diesen für sie zweifellos sehr enttäuschenden Brief erst am 12. November 1957 kurz beantwortet. Es gibt aber einen vier

---

1215 Diese Aussage galt nur bis zum 16. Okt. 2007. An diesem Tag schrieb Prof. Dr. Stefan Pieper vom BPRA einen ausführlichen Brief mit zahlreichen Anlagen, für dem ihm auch an dieser Stelle gedankt sei, s. dazu unten Q. II. 2., S. 305.

1216 *NL John II*, Mappe Bundespräsident Th. Heuss.

1217 A. a. O.

Seiten langen Brief von Prof. Ernest J. Cohn[1218] aus England an Dr. Ernst Ludwig Heuss, der wie eine Antwort klingt. In diesem Brief gibt er seiner Überzeugung von der Unschuld Johns Ausdruck: *„Ich persönlich bin fest davon überzeugt, dass Otto John nicht anders als durch eine Entführung nach der* Sowjetzone *gekommen ist. Das Gleiche ist, wie ich ausdrücklich sagen kann, auch die Auffassung eines hiesigen Experten, des Colonel Scotland, der das Urteil und einen Teil der Prozessakten gelesen hat"*. Professor Cohn weist auf seine offiziellen Funktionen für die britische und deutsche Regierung hin, die ihm einen Schritt in die Öffentlichkeit verbieten. Er schlägt ein persönliches Gespräch mit Ludwig Heuss vor, das aber nicht stattgefunden hat.

Andererseits geht aus einem Brief von Otto John an Emmi Bonhoeffer[1219] während der Laufzeit seines jahrelang nicht entschiedenen Gnadengesuches an Bundespräsident Scheel in den 70er Jahren hervor, daß es tatsächlich 1957 schon ein Gnadengesuch gegeben haben muß. *„Es war schon einmal von meinem Verteidiger Caemmerer...ein Gnadengesuch für vorzeitige Entlassung zu Weihnachten 1957 eingereicht worden"*. John schreibt, daß Heuss wegen der fehlenden Gegenzeichnung von Justizminister Dr. Schaeffer das Gnadengesuch abgelehnt habe. Schaeffer sei willig gewesen, aber Adenauer habe Schaeffer die Befürwortung nicht gestattet.

2. Ermittlungsstand seit Oktober 2007

Inzwischen wurde im Bundespräsidialamt das Gnadengesuch von Dr. Caemmerer vom 11. Oktober 1957 für den im Zuchthaus einsitzenden John sowie eine Abschrift eines Schreiben des Bundesministers der Justiz vom 15. Juli 1958[1220] gefunden, in dem dieser an den GBA beim BGH mitteilt, daß am gleichen Tage eine Gnadenentscheidung des Bundespräsidenten erfolgt sei, der sich auf ein Schreiben des Verteidigers vom 11. Juli1958. bezieht. Mit der Entscheidung wird die nicht verbüßte Reststrafe unter Auflage einer Bewährungsfrist von zwei Jahren ausgesetzt. Die beantragte Niederschlagung der Prozeßkosten wird abgelehnt. „Der Verurteilte und dessen Rechtsanwälte Dres. Caemmerer sind von mir nicht benachrichtigt worden". Die Entlassung Otto Johns ist am 28. Juli 1958 erfolgt[1221] und entspricht damit auf den Tag genau der Verbüßung von zwei Dritteln der Strafe unter Anrechnung der Untersuchungshaft nach § 57 StGB.

1218 Vom 21. Oktober 1957, a. a. O.

1219 *NL John II*, Brief v. 12. September 1978.

1220 Az. 4253 E - 81/11/58, i.A. gez. Dr. Kleinknecht.,

1221 *John I*, S. 355.

III. Gnadengesuch an Bundespräsident Walter Scheel 1975

1. Johns Entschluß zum Gnadengesuch wegen seiner finanziellen Lage

Nachdem Otto John jahrelang vergeblich versucht hatte, seine Unschuld in drei Wiederaufnahmeverfahren zu beweisen[1222], entschloß er sich Ende 1975 bei dem aussichtslosen Stand des dritten Wiederaufnahmeverfahrens zu dem Versuch, wenigstens auf dem Wege über einen Gnadenerweis nicht nur seine persönliche Ehre wiederherzustellen, sondern auch seine prekäre finanzielle Situation zu verbessern. Die volle Wiederherstellung seiner Ehre hätte nur im - gescheiterten - Wege der Wiederaufnahme mit Aufhebung des Urteils des BGH vom 22. Dezember 1956, aber nicht durch einen Gnadenerweis erfolgen können. Otto John bemühte sich deshalb im Gnadenwege nur um den Bezug einer Rente aus seiner Berufstätigkeit. Da er seit 21. Juli 1954 kein Gehalt mehr erhielt (eine Nachzahlung in Höhe von netto 19766,10 DM für die Zeit bis zu seiner rechtskräftigen Verurteilung am 22. Dezember 1956 hatten seine Anwälte Caemmerer in einem Disziplinarverfahren erstritten, jedoch mußte dieses Geld zur Abgeltung von Honoraransprüchen verwendet werden), konnte er zunächst nur in bescheidensten Verhältnissen überleben und zog zu seiner Schwester nach Katzenelnbogen. Später in Igls in Österreich hatte er durch das Vermächtnis der Johanna v. Ficker in dem Haus Hohenburg, das sie den Jesuiten vermacht hatte, mit seiner Frau lebenslanges Wohnrecht, das grundbuchlich gesichert war. Von seinen Schwestern Ella Kolbe und Erika Wolff erhielt er Unterstützungen. Lucie John erhielt seit 1978 eine Wiedergutmachungsrente von 2.200 DM monatlich[1223] (die 1978 netto 1821 DM betrug[1224]). Schließlich erhielt Otto John (seit Juni 1980) eine Beihilfe von 1000 DM monatlich vom Hilfswerk 20. Juli 1944, die jährlich geringfügig erhöht wurde, im Jahre 1983 auf 1099 DM. Wegen der schweren Erkrankung seiner Frau und den damit verbundenen hohen Kosten wurde die Beihilfe ab 1. Januar 1985 um 500 DM monatlich erhöht. Erst ab August1986 erhielt Otto John eine Gnadenrente auf Verfügung von Bundespräsident Richard von

---

1222 Oben Kapitel P., S. 289 ff.

1223 Brief Otto John an den Vorstand der Stiftung v. 17. August 1983, *NL John II,* Mappe Stiftung Hilfswerk 20. Juli 1944.

1224 Brief John an Herrn v. Perbandt v. 12. Juli 1978, *NL John II,* Mappe „Scheel“.

Weizsäcker[1225]. Das Hilfswerk 20. Juli 1944 verlangte teilweise die bezahlten Beträge zurück, worüber sich Freiherr v. Münchhausen empörte[1226]. Wie das ausgegangen ist; ergibt sich nicht aus den aufgefundenen Akten.

2. Unterstützung des Gnadengesuchs durch Gerhard Leibholz und andere

Der ehemalige Richter am Bundesverfassungsgericht, Professor Dr. Gerhard Leibholz[1227]ermutigte Otto John mit Schreiben vom 20. 9. 1975, den Weg des Gnadengesuches zu beschreiten. Otto John entwarf das Gesuch selbst. Dieses Gnadengesuch findet sich nicht in den dem Verfasser zugänglichen Akten. Ob eine noch laufende Anfrage beim Bundespräsidialamt Zugang zu dem Original und weiteren Einzelheiten ermöglichen wird, ist fraglich[1228], da schon *Gieseking* daran gescheitert ist[1229]. Aus der vorliegenden Korrespondenz[1230] von Otto John mit seinen Anwälten und vielen als Unterstützer des Gnadengesuches aufgetretenen Personen ergibt sich aber, daß das Gnadengesuch am 30. November 1975[1231] fertig gestellt und Anfang Dezember dem Bundespräsidenten Scheel anläßlich einer Privataudienz von Henrik Bonde-Henriksen übergeben wurde. Ob dies der beste Weg war, kann bezweifelt werden. Leibholz hatte statt Einzelaktionen begleitende Unterschrift maßgebender Juristen empfohlen, wozu er selbst, Schröder und viele andere gehörten[1232]. Leibholz wies auch darauf hin, daß unbedingt auf die

---

1225 Unten Q. IV. , S. 313.

1226 Briefe vom 1. 10. 1986 von John an Paul Schulze zur Wiesche und Freiherr. v. Münchhausen, Antwort von diesem am 8. 10. 1986, NL John II, Mappe Scheel.

1227 Gerhard Leibholz, 15. 11. 1901 - 19. 2. 1982, erster rechtswissenschaftlicher Lehrstuhl 1929 (mit 28 Jahren!) in Greifswald, 1931 Ruf nach Göttingen, wo er bis zur Emeritierung lehrte (unterbrochen durch erzwungene Emigration 1935 - 1947 mit seiner Familie nach England); verheiratet mit Sabine Bonhoeffer, der Zwillingsschwester von Dietrich Bonhoeffer, also Schwager von Klaus Bonhoeffer, 1951 - 1971 Richter am II. Senat des BVerfG.

1228 Kopie des Gnadengesuches mit Schreiben vom BPRA v. 16.12.2007 erhalten, s. Fn oben Q. III. 1., S. 304.

1229 *Gieseking*, S. 367.

1230 *Nl John II*, Mappe Scheel.

1231 *NL John II*, Mappe Hilfswerk 20. Juli 1944, Brief an RA Dr. Reinhard Goerdeler.

1232 Brief vom 25. Oktober 1975, *NL John II*, Mappe Scheel.

sehr knappe Entscheidung des Bundesverfassungsgerichts über eine Verfassungsbeschwerde in einer anderen Sache[1233] hingewiesen werden müsse. Freiherr v. Münchhausen, der Otto John freundschaftlich verbunden war, wies daraufhin, daß der Antrag zur Wiederauflebung der Ansprüche aus der Rentenversicherung in das Gnadengesuch gehöre. Diese Anregungen wurden von Otto John nicht oder nur teilweise und später (Rentenansprüche) aufgegriffen.

Statt dessen hat Otto John mit Briefen vom 21. bis 28. Oktober 1975[1234] an verschiedene Persönlichkeiten, von denen er sich Unterstützung seines Gesuches erhoffte, den Entwurf seines Gnadengesuches verschickt. Dies waren:

- Hans Katzer
- Wolfgang Stammberger
- Friedmann Freiherr v. Münchhausen
- Gerhard Leibholz
- Hans-Heinrich Jescheck
- Gerhard Schröder

Weitere Kopien gingen gemäß Brief Otto Johns vom 4. Dezember 1975 an Bonde-Henriksen mit der letzten Fassung des Gesuches (und weiteren Instruktionen für seine Vorsprache bei Bundespräsident Scheel), an Höcherl[1235], Dr. Vogel[1236], Mende[1237]. Verfasser ist der Ansicht, daß sich Otto John mit dem Streuversand seines Gnadengesuches nicht unbedingt einen Gefallen getan hat. Eine konzentrierte gemeinsame Aktion wirklicher Freunde und angesehener Juristen, wie sie Leibholz vorgeschlagen hatte, wäre wohl sinnvoller gewesen.

1233 BVerfGE 25, 361 ff. ; BVerfGE 30, 10.

1234 Alle Kopien in NL John II, Mappe Scheel.

1235 Oben J. III. 5, S. 179.

1236 Vermutlich ist Dr. Hans-Jochen Vogel (SPD) und nicht Dr. Bernhard Vogel (CDU) gemeint.

1237 Dr. Erich Mende, 28.10. 1916 - 6. Mai 1998, Jurist, Ritterkreuzträger, MdB 1949 - 1970 FDP, 1970 - 1980 nach Wortbruch CDU, 1963 - 1966 Bundesminister für gesamtdeutsche Fragen, 1960 - 1967 Bundesvorsitzender der FDP, wegen IOS-Skandal 1968 aus politischen Ämtern ausgeschieden.

Die Reaktionen der persönlich angeschriebenen Freunde waren überwiegend positiv. Hans Katzer[1238] versprach mit Brief vom 29. Oktober 1975 volle Unterstützung, die er gemeinsam mit Gerhard Schröder auch später durch Vorsprache bei Scheel gab.

Jescheck, von dem das positive Gutachten im Prozeß 1956 stammte, das vom BGH nicht berücksichtigt wurde, schrieb am 29. Oktober 1975, daß er wegen einer Hepatitis im Krankenhaus sei und nichts tun könne.

Wolfgang Stammberger, Duzfreund und Verteidiger in einem Wiederaufnahmeverfahren, konnte inzwischen als Oberbürgermeister in Coburg nicht mehr anwaltlich tätig sein und konnte nicht helfen. Freiherr v. Münchhausen zeigte lebhaftes Interesse, setzte sich auch mit Emmi Bonhoeffer in Verbindung und riet dringend zur Einschaltung von Dr. Paul Schulze zur Wiesche als Anwalt, der mit Scheel früher politisch zusammen gearbeitet habe. Wegen des Honorars brauche sich Otto John keine Gedanken zu machen. Er empfahl, daß Paul Schulze zur Wiesche Bonde-Henriksen zum Bundespräsident begleiten und später ein anwaltlich formuliertes Gnadengesuch nachreichen solle[1239]. Auch diese Ratschläge scheinen nicht befolgt worden zu sein, wie sich aus einem Brief v. Münchhausens an Otto John v. 20. Dezember 1975 ergibt.

3. Einschaltung von Gerhard Schröder beim Bundespräsidenten

Johns ehemaliger Chef Bundesminister a. D. Dr. Schröder[1240] hat in seiner Überzeugung von der Unschuld Johns im Sinne von Hans Katzer bei Scheel Einfluß genommen. Otto John schreibt an ihn am 8. Januar 1976[1241] *„......sehr herzlichen Dank für Ihre hilfsbereite Unterstützung meines Gnadengesuchs. Ihr Bekenntnis zu meiner strafrechtlichen Unschuld wird mir immer eine moralische Rückenstärkung sein..."* Man kann vermuten, daß Otto John das persönliche Schreiben von Schröder an den Bundespräsidenten kannte, auch wenn eine Kopie

1238 Hans Katzer, geb. 31. 1. 1919, gest. 18. Juli 1996 ist CDU-Urgestein; 1965 - 1969 Bundesminister für Arbeit und Soziales, verh. mit Elisabeth geb. Kaiser, Tochter von Jakob Kaiser.

1239 Brief v. 25.1.1975, *NL John II,* Mappe Scheel.

1240 Der umfangreiche Einsatz von Schröder für John geht nicht nur aus *NL John II* hervor, sondern auch aus den detaillierten Angaben im *NL Schröder,* ACDP 01-483-084/2 über seine Interventionen bei vielen mit dem Gnadengesuch befaßten Stellen, von Staatssekretären bis zum Bundespräsidenten, sowie aus der Schröder-Biographie von *Oppelland.*

1241 *NL John II,* Mappe Scheel.

im Nachlaß John fehlt. Sie findet sich im Nachlaß Schröder[1242] und lautet:

Dr. Gerhard Schröder MDB *Bonn, den 16. Dezember 1975*

Bundeshaus

Sehr geehrter Herr Bundespräsident, lieber Herr Scheel!

Herr Dr. Otto John, dessen vergebliche Bemühungen um einen Wiederaufnahmeantrag ich seit Jahren mit Anteilnahme verfolgt habe, hat Ihnen ein Gnadengesuch vorgelegt.

Als ehemaliger Dienstherr von Dr. John befürworte ich das Gnadengesuch. Ich bin überzeugt, daß Dr. John zu Unrecht verurteilt worden ist.

Mir scheint jetzt der Gnadenweg die einzige Möglichkeit zu sein, Dr. John und seiner Frau zu helfen.

Ich bitte Sie daher herzlich, das Gnadengesuch zu gewähren.

Mit freundlichen Grüßen
(Unterschrift). Ihr Schröder.

Auch Eberhard Bethge[1243] hat sich mit einem überzeugenden Brief am 21. Januar 1976 an Bundespräsident Scheel für die Begnadigung eingesetzt. Es gab noch viele andere, die von der Unschuld Johns überzeugt waren und sich teilweise aktiv für ihn verwendeten.

1242 *NL Schröder*, 01-483-084/2.

1243 Prof. D. Dr . Dr. h. c. Eberhard Bethge, 29. 8. 1909 – 18. 3. 2000, Theologe, Freund Dietrich Bonhoeffers, verheiratet mit dessen Nichte Renate geb. Schleicher; Verfasser der Bonhoeffer-Biographie, Honorarprofessor der Universität Bonn.

Trotz all dieser Bemühungen angesehener Persönlichkeiten gab es während der Präsidentschaft von Walter Scheel keine Entscheidung über das Gnadengesuch. Mit Schreiben vom 8. Juni 1979[1244] an Bundesminister des Innern Dr. Baum weist Dr. Schulze zur Wiesche daraufhin, daß bereits vom Bundesminister für Justiz eine positive Stellungnahme vorliege, sodaß lediglich die Entscheidung des BMI ausstünde, damit die Begnadigung noch während der Amtsperiode von Scheel erfolgen könne. Der positive Bescheid des BMJ war Herrn Schulze zur Wiesche aus einer Unterredung mit Ministerialrat Schätzler vom gleichen Tage bekannt.

Vorsorglich schrieb Schulze zur Wiesche am 18. Juni 79 noch einmal direkt an Scheel, um eine sofortige Entscheidung herbeizuführen.

Es gibt eine handschriftliche Notiz von Schröder[1245] vom 31. Januar 1979 über ein Gespräch zwischen Schröder und Baum, die auch die Intervention des BfV bestätigt:

1.) BM Baum hat mich beim Empfang Katzer in Köln auf Sache John angesprochen

2.) Der entscheidende Widerstand kommt aus dem <u>Amt</u> in Köln

3.) Er wolle mich aber noch einmal anrufen, bevor er seine endgültige Stellungnahme abgäbe

Offensichtlich hat Dr. Baum aber nicht zugestimmt, weil er sich den Einsprüchen des Präsidenten des Bundesamtes für Verfassungsschutz, Dr. Meier und Ministerialdirigent Attenberger vom BMI beugte. wie sich u. a. aus einem sehr ausführlichen Schriftsatzentwurf von Otto John ergibt[1246]. Paul Schulze zur Wiesche hat aber abgeraten, diesen Schriftsatz abzuschicken, Otto John befolgte den Rat.

4. Ablehnung des Gnadengesuchs im März 1980

Schließlich findet sich die Kopie eines Schreibens an Johns Anwalt von Dr. Spath vom Bundespräsidialamt[1247] in den Akten, mit dem die Ablehnung des Bundespräsidenten (inzwischen Carstens) angekündigt wird, was vom BMI noch formell mitgeteilt werden soll.

1244 *NL John II*, Mappe Scheel.

1245 In ACDP 01-483-084/1. (Die Signatur wurde von römisch „ I" in „01" geändert, was z.B. beim Vergleich mit *Oppelland* zu beachten ist).

1246 Kopie in *NL John II*, Mappe Scheel; Schriftsatz v. 11. 12. 1979.

1247 5. März 1980, Akt.Z. DGn. 53/75, *NL John II*, zusammen mit dem nicht immer einzeln zitierten übrigen umfangreichen Schriftwechsel. Kopie dieses Schreibens wurde am 16.Okt. 2007 vom Bundespräsdialamts übersandt.

Eine Unterredung zwischen Staatssekretär Neusel und dem Anwalt war vorausgegangen.

Im Nachlaß Schröder findet sich eine Kopie einer Mitteilung des BMI[1248] an Paul Schulze zu Wiesche von zwei Zeilen:

> „Ich teile Ihnen hiermit mit, daß der Herr Bundespräsident von der Erteilung eines Gnadenerweises Abstand genommen hat"

Das war also die angekündigte formelle Mitteilung - nach viereinhalb Jahren!

Mit Recht war Otto John über diese Erledigung seines Gnadengesuches empört, wobei sogar im Rubrum der Mitteilung des BMI falsch „Gnadengesuch vom 30. November 1978" statt 1975 stand.

Nachdem die Sache demnach hoffnungslos war, hat Paul Schulze zur Wiesche die weitere Verfolgung abgelehnt und dringend zum Antrag auf Unterstützung durch das Hilfswerk 20. Juli 1944 geraten, was dann auch erfolgreich geschehen ist[1249]. Bei Dr. Paul Schulze zur Wiesche mag mitgespielt haben, daß seine Partner in der Sozietät ihm schon lange Vorwürfe wegen seines selbstlosen, nicht vergüteten Einsatzes für Otto John machten. Er wandte sich deshalb nach Bewilligung der Gnadenpension an Otto John, der ihn auf die frühere Honorarvereinbarung hinwies, auf Grund deren Frau John die verlangten 900 DM gezahlt hatte. Der Anwalt entschuldigte sich sehr, zumal seine neue Forderung unglücklich mit einer sehr schweren Erkrankung von Frau John zusammentraf, die neue finanzielle Belastungen brachte, und weil es in Verbindung mit der ursprünglichen Forderung die Zusicherung gab, „John solle sich wegen der finanziellen Seite keine Gedanken machen"[1250].

Otto John, der sich lange gegen die „Bettelei" gewehrt hat, hat die Sache mit einer Beschwerde beim BMJ weiter verfolgt.[1251]. Auch Bonde-Henriksen hat nicht locker gelassen und mit Scheel und Carstens gesprochen[1252]. Scheel teilte daraufhin mit, daß er ein längeres Gespräch mit Baum geführt habe, der sich nochmals der Sache annehmen wolle.

1248 Az: Z I 2 - 009 - Dr. John v. 10. März 1980, gez. I.A. Starke; Fundstelle NL Schröder, 01-483-084/2, Trennblatt Bundespräsident/BMI. An dieser Stelle und nach den nächsten Trennblättern befinden sich auch viele Schreiben, die in *NL John II*, Mappe Scheel, fehlen.

1249 Oben Anfang des Abschnitts Q. III. , 1., S. 306.

1250 Schriftwechsel in *NL John II*, Mappe Scheel.

1251 Einschreiben an Bundesminister der Justiz Dr. H. J. Vogel mit Schriftwechsel in Kopie an Bundespräsident Dr. Karl Carstens, 7. 1. 1981.

1252 Brief vom 21.1. 81 an Otto John, *NL John II* , Mappe Scheel.

Dieser Teil der Akten schließt mit einem Schreiben des bereits oben erwähnten Dr. Spath[1253] (Bundespräsidialamt), der auf ein Petitionsgesuch von Bonde-Henriksen an den Bundestag hinweist, dem sich aber Otto John offenbar nicht angeschlossen hat, wohl weil Dr. Spath auf die unverändert ablehnende Stellungnahme von Baum hinweist.

Das Schreiben des Bundesministers des Innern vom 11. August 1986 setzt den Gnadenunterhaltsbeitrag mit Wirkung vom 1. Mai 1986 in Höhe von 4,236,43 DM brutto fest[1254]. Nach einer Pressemitteilung[1255] entsprach dies 41 % der ruhegehaltsfähigen Dienstbezüge.

IV. Teilweiser Gnadenerweis durch Bundespräsident Richard v. Weizsäcker

Die im März 2007 aufgefundene Akte „Scheel" im Nachlaß John enthält nichts über ein erneutes Gnadengesuch an Bundespräsident Weizsäcker. Es gibt dazu lediglich Kopien zweier Schreiben von Otto John an Freiherr v. Münchhausen und Dr. Schulze zur Wiesche vom 1. Oktober 1986, in denen Otto John unter Beifügung des Originals mitteilt, daß ihm der Bundesminister des Innern am 11. August 1986 mitgeteilt habe, daß ein Gnadenerweis des Bundespräsidenten erfolgt sei. Eine Kopie des Schreibens des BMI fehlt in Johns Akten, befindet sich aber im Nachlaß Schröder[1256]. In den Briefen weist Otto John daraufhin, daß der Gnadenerweis auf eine erneute Initiative von Eberhard Bethge zurückgehe, der anläßlich der Gedenkfeier zum 20. Juli 1944 im Jahr 1985 den Bundespräsidenten auf den Fall John aufmerksam gemacht habe.

Rückfrage des Verfassers bei Bundespräsident a D. Richard v. Weizsäcker ergab, daß er über keine den Fall John betreffenden Akten verfügt und deshalb keine für die vorliegende Arbeit verwertbaren Einzelheiten seines Einsatzes für John, an den er sich gut erinnert, beisteuern kann[1257].

Man kann also davon ausgehen, daß Richard v. Weizsäcker sich die alten Akten hat vorlegen lassen, ohne daß es eines neuen Gesuches bedurfte. Dies umsomehr, als das Gnadengesuch vom 30. November

---

1253 Brief v. 28. Nov. 1981, Az. DGn 53/75, *NL John II*, Mappe Scheel.

1254 Geschäftszeichen Z 4 - 002 208 II/Dr. John, Kopie in ACDP 01-483-084/2.

1255 Heinz Vielain in „Welt am Sonntag" v. 14. 9 1986, ACDP 01-83-084/2.

1256 BMI Geschäftszeichen Z 4- 002 208 II/ Dr. John v. 11. 8. 1986, in *NL Schröder*, 01-483-084/2.

1257 Schreiben von Dr. Gottfried Zeitz, Büro des Bundespräsidenten a. D. v. 10. April 2007.

1975 sich nicht auf eine Aufhebung des rechtskräftigen Urteils oder eine Änderung der Strafzumessung gemäß § 359 Nr. 5 richtete, die Otto John bis dahin in drei Wiederaufnahmeverfahren vergeblich angestrebt hatte, sondern lediglich eine Milderung der finanziellen Folgen herbeiführen sollte. Mit Schreiben vom 21. August 1986, das für die honorige Haltung dieses Bundespräsidenten kennzeichnend ist, hat Richard v. Weizsäcker Einzelheiten zu seinem Entschluß mitgeteilt und auf die internen Widerstände hingewiesen, die es immer noch zu überwinden gab.

Diese Haltung Richard v. Weizsäckers ist um so bewundernswerter, als ihm die Vorwürfe Otto Johns gegen RA Becker bekannt gewesen sein müssen. RA Becker als Verteidiger von Ernst v. Weizsäcker (Vater des Bundespräsidenten) in den Nürnberger Prozessen soll zusammen mit anderen Johngegnern im Jahr 1950 mit der Behauptung, daß Otto John als Beobachter bei den Nürnberger Prozessen sich negativ über Ernst v. Weizsäcker geäußert habe, Johns Eintritt in den auswärtigen Dienst verhindert haben.[1258].

Durch diesen Gnadenerweis wurde Otto John 40 Jahre nach dem Urteil des BGH ein finanziell sorgenfreies Leben ermöglicht, das aber bald durch die schwere Erkrankung seiner Frau überschattet wurde, die nach einer Operation im Krankenhaus 1987 einen Schenkel- halsbruch erlitt und danach zu Hause bis zu ihrem Tod im April 1991 bettlägerig krank war, mit nachlassenden geistigen Fähigkeiten. Sie benötigte ständige professionelle Pflege, die durch persönliche Pflege von ihrem Ehemann Tag und Nacht ergänzt wurde. Einzelheiten hierzu findet man in einem Rundbrief von Otto John an seine Freunde zur Jahreswende 1989[1259]. Dieser Brief wird vor allem zitiert, weil er nicht nur das enge Verhältnis der beiden Eheleute zeigt, sondern auch die Tatsache, daß Otto John auch nach seinem ersten Schlaganfall 1987 geistig unverändert war. Dies blieb auch bis zu seinem Tod zehn Jahre später so, aber handschriftliche Briefe konnte er nicht mehr schreiben, wie auch unter diesem Brief bereits die Unterschrift zeigt.

V. Rechtsfragen zu den Artikeln 58 und 60 GG

1. Sind Entscheide in Gnadensachen justitiabel?

Auf die Frage, ob Gnadenentscheide des Bundespräsidenten justitiabel sein sollten, wie es z. B. die Ansicht des Richters am BVerfG

1258 *John I*, S. 221; oben B. III. 1. a), S. 28.

1259 Anlage VIII, S. 379 ff., aus *NL Schröder*, 01-483-084/2.

Leibholz[1260] und weiterer dissentierender Richter war[1261], die sich auf Art. 19 GG Abs. 4 beriefen, kann im Rahmen dieser Arbeit nicht ausführlich eingegangen werden. Daß das Gnadenrecht des Bundespräsidenten zu den Grundrechten gehört und daß Otto John in diesem Grundrecht verletzt war (fast fünf Jahre bis zu einer Entscheidung, die formlos von einem Beamten des BMI mitgeteilt wurde, obwohl von den beiden zuständigen Bundespräsidenten Aussagen vorlagen, daß sie von der Unschuld Johns überzeugt waren), kann kaum angezweifelt werden. Es fehlt auch an dem von Art. 19 Abs. 1 GG geforderten Gesetz, das eine Verfassungsbeschwerde gegen eine Gnadenentscheidung ausschließt.

Immerhin gibt es zu denken, daß ein angesehener Verfassungsrechtler, der von 1951 - 1971 dem zweiten Senat des BVerfG angehörte, diese Meinung vertrat, falls die Verweigerung eines Gnadengesuches willkürlich ist. Die Beschlüsse des BVerfG erfolgten mit einer knappen Mehrheit (vier zu vier und vier zu drei).

Schätzler setzt sich mit dieser Frage auseinander[1262] und lehnt eine Justitiabilität des Gnadenrechts grundsätzlich ab. Er räumt aber ein, daß insbesondere im Falle der Willkür oder Ungerechtigkeit im Schrifttum die Frage unverändert umstritten ist. Dem Verfasser erscheint es in einem demokratischen Rechtsstaat ungerecht, einer Einzelperson, und sei es das Staatsoberhaupt in Gestalt des Bundespräsidenten, ein absolutes Begnadigungsrecht zuzusprechen, wie es nur absolutistische Monarchien kannten. Ein parteipolitisch neutrales oder paritätisch besetztes Gremium aus den höchsten Richtern der Bundesrepublik (BVerfG) zur Verhinderung von Willkürentscheidungen wäre durchaus denkbar. Dies umsomehr, als gegen den Widerruf eines Gnadenbeweises der Rechtsweg eröffnet ist[1263].

2. Ist die Gegenzeichnung der Regierung bei Gnadenerweisen erforderlich?

Die entsprechende Auslegung insbesondere unter historischen Gesichtspunkten kann ebenfalls hier nicht vertieft werden. Man kann Art. 60 GG so auslegen, daß Art. 60 Abs. 2 dem Bundespräsidenten ein absolutes Begnadigungsrecht gibt, wie es früher dem Kaiser zustand. Die Überschrift zu Art. 60 GG unterscheidet zwischen der Ernennung der Bundesbeamten etc. und dem Begnadigungsrecht. Art. 58 GG schreibt die Gegenzeichnung der Regierung für Anord-

1260 Oben Q. III. 2., S. 307f.

1261 BVerfGE 25, 361 ff.; BVerfGE 30, 10.

1262 *Schätzler*, Kapitel 8.3, S. 126 ff.

1263 *Schätzler*, S. 131.

nungen und Verfügungen des Bundespräsidenten vor. Der wörtlichen Auslegung ist nicht ohne weiteres zu entnehmen, daß damit auch Gnadenerweise gemeint sein sollen, oder ob sich dieser Satz nicht nur auf Ernennungen etc. bezieht. In der Praxis haben sich die Bundespräsidenten wohl immer mit den zuständigen Ministern ins Benehmen gesetzt, woran die Begnadigung von Otto John gescheitert ist, obwohl die Bundespräsidenten sie aussprechen wollten.

Zu beachten ist in diesem Zusammenhang auch die Anordnung des Bundespräsidenten über die Ausübung des Begnadigungsrechtes des Bundes[1264]. Gemäß Art. 2 II 1. a) dieser Anordnung überträgt der Bundespräsident die Ausübung des Begnadigungsrechts des Bundes in rechtskräftigen Strafsachen, in denen der BGH im ersten Rechtszug erkannt hat, dem Bundesminister für Justiz, sofern der Bundespräsident sich nicht nach Art. 1 die Entscheidung vorbehalten hat.

Ohne Kenntnis der Akten des Bundespräsidialamtes, das bisher keine Anfrage beantwortet hat[1265], ist nicht verständlich, warum Bundespräsident Scheel, dessen persönliche Meinung zu einer positiven Entscheidung über das Gnadengesuch aktenkundig ist[1266], die Sache nach dieser Anordnung nicht dem Bundesminister für Justiz überlassen hat, der bereits dem Gesuch zugestimmt hatte, sondern sich nach der Ansicht des Bundesministers des Innern richtete.

VI. Die Verfassungsbeschwerde (VB)

Nachdem Ende Oktober 2007, als die vorliegende Arbeit fast fertiggestellt war, doch noch Auskünfte vom Bundespräsidialamt und vom Bundesverfassungsgericht[1267] erhalten worden sind, ist noch

1264 BGBl III 313-3 v. 5. Okt. 1965.

1265 Diese Feststellung traf bis zum 16. Okt. 2007 zu. An diesem Tag erstellte Prof. Dr. Stefan Pieper auf Grund der vielfachen vergeblichen Mahnungen ein ausführliches Schreiben zu der Rechtslage mit mehreren wertvollen Anlagen, wofür ihm besonderer Dank gebührt. Diese Auskünfte konnten noch in die weitgehend fertiggestellte Arbeit übernommen werden. Noch fehlende Auskünfte, die nach Ansicht des Verfassers nicht unter die Sperrfristen fallen, wurden am 20.10. 2007 angefordert und am 19.11.2007 erneut erbeten. (s. auch Fn S. 304 oben).

1266 Oben Q. III. 2, S. 311, Schriftwechsel Paul Schulze zur Wiesche in *NL John II,* Mappe Scheel.

1267 Mit Schreiben Aktenzeichen AR 5106/07 v. 22.10.2007 hat der Vizepräsident des BVerfG Prof. Dr. iur Dr. h.c mult. Winfried Hassemer die Akteneinsicht genehmigt, wofür auch hier besonderer Dank ausgesprochen wird.

kurzes Eingehen auf diese VB möglich. *Gieseking*[1268] konnte wegen der Quellenlage nur aus Zeitungsnotizen darüber berichten.

Otto John hat als Volljurist die VB selbst verfaßt. Die VB vom 20. August 1969 richtet sich gegen den Beschluß des 3. Strafsenats des BGH vom 22. Juli 1969 - 7/2 StE 15/56 - , mit dem der WA-Antrag vom 20. Mai 1966 als unbegründet verworfen wurde. Er rügt, daß er seinem gesetzlichen Richter nach Art. 101 GG iVm § 23 StPO entzogen worden sei, weil der Senatspräsident Carlhans Scharpenseel bereits in dem Prozeß 1956 mitgewirkt habe, der mit dem Urteil zu vier Jahren Zuchthaus am 22. Dezember 1956 endete. Scharpenseel war einer der fünf Richter die den Beschluß des BGH vom 28. September 1956 zur Fortsetzung der Untersuchungshaft, die bereits neun Monate dauerte, unterschrieben hat. Hierbei enthielt der Beschluß den Vorwurf des Landesverrats und andere Beschuldigungen, die in der HV nicht aufrechterhalten werden konnten. Scharpenseel war außerdem während des gesamten Prozesses 1956 im Gerichtssaal als Ergänzungsrichter anwesend.

Nachdem sich der Senatspräsident Scharpenseel in einer dienstlichen Erklärung für nicht befangen erklärt hatte, wurde die Verfassungsbeschwerde mit der knappen Mehrheit von vier zu drei Richtern im April 1971 abgelehnt. Zu den dissentierenden drei Richtern, die ihre abweichende Meinung veröffentlicht haben, gehörte Prof. Gerhard Leibholz, der schon 1957 zusammen mit Adolf Arndt zu den Kritikern des Urteils gehört hatte und sich in der Gnadensache für Otto John eingesetzte hatte[1269].

Unverständlich ist, wieso sich Otto John nicht gegen die Mitwirkung von BR Hans Joachim Faller[1270] richtete. BR Faller hatte schon den verwerfenden Beschluß im ersten Wiederaufnahmeverfahren am 28. Juli 1964 unterschrieben[1271]. Er hätte auf jeden Fall nach § 23 Abs.2 StPO nicht erneut in einem Wiederaufnahmeverfahren in derselben Sache mitwirken sollen, auch wenn der Text des § 23 StPO in diesem Punkt nicht ganz klar ist. Sinn des § 23 StPO ist jedenfalls, daß es nicht darauf ankommt, ob ein Richter sich befangen fühlt, sondern darauf, ob der Antragsteller überzeugt sein kann, daß er nicht einem Richter gegenüber steht, der aus einem früheren Verfahren eine vorgefaßte Meinung gegen ihn hat.

1268 *Gieseking*, S. 446 f.

1269 Oben Q. III. 2, S. 290 f.

1270 Oben J. III. 3., S. 167.

1271 Oben P. II. 1., S. 277.

Der mittellose Otto John konnte sich keinen Verteidiger leisten, der das Ohr des Gerichtes gehabt und die Begründung der VB überzeugend vorgetragen hätte.

R. Zusammenfassung neuer und Neubewertung alter Erkenntnisse

Im Laufe der mehrjährigen Recherchen und bei der Analyse der ernstzunehmenden Veröffentlichungen zum Fall John, die nach Einstellung des letzten Wiederaufnahme-verfahrens 1997 erschienen sind[1272], haben sich Tatsachen ergeben, die für eine neue rechtliche Beurteilung des Prozesses im Jahre 1956 von entscheidender Bedeutung sind.

I. Neue Erkenntnisse

1. Mitwirkung von Max Wonsig an der Entführung

An erster Stelle stehen hier neu aufgefundene Beweise, daß tatsächlich Max Wonsig an den Vorbereitungen zur Entführung von Otto John und deren Durchführung maßgeblich beteiligt war, und daß es sich damit ohne einen möglichen berechtigten Zweifel um eine Entführung gehandelt hat. Dieser Beweis wurde bei der Erkenntnislage des BfV gefunden. Den bisherigen Autoren zum Fall John war dieser Beweis nicht zugänglich. In einem Schreiben der BStU[1273] vom 28. April 1997 an den GBA des BGH in Karlsruhe wird auf aufgefundene Akten zu Max Wonsig hingewiesen, in denen sich „Notizen über seine Beteiligung an der Entführung des Dr. Otto John im Jahre 1954" befinden. Diese Akten haben der Bundesanwaltschaft vorgelegen, möglicherweise schon, als die Frist zur Begründung der sofortigen Beschwerde (31. Juli 1997) noch lief. Bundesanwalt Lampe (jetzt i.R.) erinnert sich noch gut an den Vorgang[1274] und konnte aus dem Kopf den Ausspruch „Alles Scheiße" zitieren, den Wohlgemuth dem angeblich schwer betrunkenen John am Abend des 20. Juli 1954 in Karlshorst bei der Aussprache mit russischen Offizieren zuschreibt, obwohl nach den Erkenntnissen der vorliegenden Arbeit dieses Treffen vermutlich gar nicht und mit Sicherheit nicht im Beisein Wohlgemuths stattgefunden hat. Es ist aber von der Bundsanwaltschaft wohl im Hinblick auf die Einstellung des Verfahrens[1275] nichts mehr unternommen worden.

1272 Insbesondere *Wolf* 1997, *Murphy et al.* 1997, *Stoever* 1999, *Oppelland* 2002, *Gieseking* 2005.

1273 Aktenzeichen AU II.2 Sb. Boyn / 4752/97Z; 2291i v. 28.04.97.

1274 Gespräch des Verfassers am 19. April 2006 in Karlsruhe mit BA Lampe und BA Siegmund.

1275 Oben P. III. 1., 296f.

Verfasser hat diese aufgefundenen Akten am 27. Dezember 2004 bei der BStU angefordert und nach mehrfacher Mahnung und persönlicher Vorsprache in Berlin schließlich auszugsweise und mit vielen Schwärzungen am 2. Februar 2006 erhalten.

Es gibt in diesen Akten einen aus dem Russischen übersetzten streng geheimen Auskunftsbericht[1276] über Max Wonsig. Als Altkommunist, der in der NS-Zeit viele Jahre im KZ war, arbeitete er als Mitarbeiter des KGB mit Wohnsitz in Frankfurt am Main von 1946 - 1949, bis er in den Osten 1949 zurückgezogen wurde, weil sich die Amerikaner für ihn interessierten. In dem Bericht sind auch Vorwürfe wegen Wonsigs Trunksucht und Unehrlichkeit in Geldsachen, aber auch die Feststellung, daß der KGB doch weiter mit ihm zusammenarbeitet „wegen seiner guten Eigenschaften .. . (Kühnheit, geschicktes Anknüpfen von Bekanntschaften, Hartnäckigkeit bei der Erfüllung unserer Aufträge, verbunden mit der Nachstellung der eigenen Interessen)".

Es handelt sich weiter um Berichte, die das MfS über den „GM Erich" (Deckname für Max Wonsig), hauptsächlich von einem Ltn. Held (und einem GI „Kolibri") anfertigen ließ, weil Max Wonsig sich auch dort durch seine Trunksucht und Schwatzhaftigkeit in diesem Zustand unbeliebt gemacht hatte. Er wurde von „Kolibri" bespitzelt und später von Ltn. Held vernommen. Ein Hauptvorwurf ging dahin, daß er über seine Rolle bei der „Aktion John" geschwatzt habe. Die Mitwirkung von Max Wonsig an der Entführung von Otto John wird stets als feststehende Tatsache behandelt: „Im Ort ist bekannt, daß der GM [Erich]Major beim MfS ist und an der Affäre John mitgewirkt hat"[1277]. Offensichtlich unterlag die Sache John strenger Geheimhaltung, sodaß ein Verstoß dagegen zu Konsequenzen führen mußte. Kolibri berichtet: „ Auch sei es Max damals gewesen...John in die DDR zu verbringen, wofür er dann vom MfS eine Prämie von 50.000 DM erhalten habe"[1278].

Diese Akte des MfS 299/84 enthält noch viele weitere Hinweise auf die Mitwirkung von Wonsig an der Entführung von John. Als z. B. Leutnant Held ihn bei einem späteren Treff zur Rede stellt, heißt es in dem Bericht: „Er [gemeint ist Wonsig] stritt jedoch ab, jemals von seiner Zusammenarbeit mit dem MfS und über seine Mitwirkung an

---

1276 I MfS 299/84, Bericht Nr. 837 v. 31.8. 1960, BStU Kopie AR 8, S. 000049 - 52.

1277 Bericht He/Hau., Hauptabteilung V/2/III, v. 24.6.1961, MfS 299/84, Bd. Nr.2 (in MfS/Zentralarchiv 1 SV/7 v. 13.01.84), S. 1 (handschriftlich numeriert S. 137), Stempel „Kopie BStU AR 8" ohne Paginierung.

1278 Bericht 16.6.1961, ohne Zeichen, S. 7, BStU Seitenzahl 000319 (Stempel).

der Aktion John ...gesprochen zu haben"[1279]. In der gleichen Akte findet sich auch der Hinweis, daß sich „die Freunde" über die Schwatzhaftigkeit Wonsigs in der Sache John beschwert haben[1280]. Wonsig wird „wegen der Verletzung der Konspiration" ernsthaft verwarnt. Als Ergebnis wird Wonsig „aus Gründen der Konspiration" aus bestimmen Aufgaben (die einer besonderen Geheimhaltung bedürfen) „herausgelöst"[1281]. Wonsig wird in einer weniger exponierten Stellung im „Informationsbüro Zentrum" belassen. Von einer völligen Trennung wird im Hinblick auf die internen Kenntnisse „der Methoden des MfS und der Freunde" abgeraten[1282].

Diese neuen Erkenntnisse über Wonsig muß man in Verbindung mit den vielen früheren Aussagen über ihn schon aus 1954 werten[1283]. Diese früheren Aussagen wurden vom BGH nicht als entlastend für Otto John berücksichtigt und hätten schon damals zu seinem Freispruch aus Mangel an Beweisen führen müssen.

2. Beweis, daß Wohlgemuth der Entführer im Auftrag des KGB war

Trotz bereits dem BGH 1956 vorliegender Beweise über Kontakte von Wohlgemuth mit dem Osten, trotz der bekannten Kontakte von Wohlgemuth mit Wonsig, einem KGB-Agenten, der sich schon lange für John interessierte, trotz der Charaktermängel von Wohlgemuth hat der BGH ihm geglaubt, daß Otto John mit ihm freiwillig „zu konspirativen Gesprächen" nach Ost-Berlin gefahren und freiwillig dort verblieben sei. Dem BGH hätten allerdings schon erste Zweifel kommen müssen, da er von der ersten großen DM-Zahlung des hochverschuldeten Wohlgemuth am 6. August 1954 Kenntnis hatte[1284].

Wenn man heute weiß - was der BGH in dem mit einem Freispruch endenden Prozeß 1958 gegen Wohlgemuth noch nicht wissen konnte - , daß Wohlgemuth nach der „Verbringung" von Otto John in die DDR dort eine ganz außergewöhnliche Vorzugsbehandlung[1285] genoß (auch hinsichtlich reichlicher Geldversorgung in DM West und

1279 MfS /Zentralarchiv 1 SV/7 v. 13.01.84, enthält MfS 299/84, Band 2, Treffbericht Hauptabteilung V/2/III - v. Lt. Held mit GM „Erich" am 29.6.1961, Bericht v. 6.7.1961, S. 4, handschriftl. paginiert S. 148.

1280 A. a. O., Band 3, Bericht v. 14. 4. 1962, S.7, handschriftl. S. 136.

1281 A. a. O., Bericht v. 5. 12. 1962, handschriftl. S. 198.

1282 A. a. O., S. 199.

1283 Dazu oben L. III. 4. , S. 226 f.

1284 Oben N. I. 4. a), S. 281 f.

1285 Oben N. I. 4. , S. 280 ff.

Ost), die vom MfS ausdrücklich mit seinen Verdiensten in der Sache John begründet wurde, kann man an der wahren Rolle von Wohlgemuth als Entführer nicht mehr zweifeln.

3. Neue Erkenntnisse über den Kronzeugen Carl Wittig

Nachdem von Anfang an Zweifel an der Glaubwürdigkeit Wittigs bestanden[1286], kann jetzt der Nachweis durch die neu aufgefundenen Unterlagen des MfS[1287] geführt werden, daß dieser Zeuge vom Osten gesteuert war und einen Meineid geleistet hat. Sie zeigen die Verwicklung von Wittig in vielfache Geheimdiensttätigkeiten für die DDR, CSSR, USA und am Rande auch für das BfV. Die Tätigkeit für die Amerikaner wurde ihm zum Verhängnis. Auf Grund der Beschuldigtenvernehmung vom 7. Februar 1963[1288] durch die Staatsanwaltschaft in Neubrandenburg wurde am 8. Februar 1963[1289] die Anklageschrift durch die gleiche Staatsanwaltschaft erstellt und am 6. März 1963[1290] durch den 1. Strafsenat des Bezirksgerichts Neubrandenburg das Hauptverfahren eröffnet, das mit dem Schuldspruch am 8. März 1963 zu 15 Jahren Zuchthaus endete[1291].

Soweit es die Glaubwürdigkeit der Aussagen betrifft, die Carl Wittig als Hauptbelastungszeuge im Prozeß 1956 gemacht hat, geben die MfS Unterlagen sehr interessante Hinweise. Für das in der Bundesrepublik von Otto John im Zusammenhang mit seinem Wiederaufnahmeverfahren eingeleitete Meineidsverfahren gegen Wittig verlangte Markus Wolf[1292] am 4. Juni 1964 von dem in Bautzen einsitzenden Wittig eine Erklärung.. Mit einer Instruktion von drei Seiten nannte Wolf die Punkte, die ihm wichtig waren. Carl Wittig gab eine 34 Seiten lange eidesstattliche Erklärung ab, von der jede Seite von ihm unterschrieben wurde[1293]. Die Erklärung wurde am 20. Juni

---

1286 Unten R. II. 2. , S. 326.

1287 BStU 11037/66 (Wittig) , fünf Bände Ermittlungsakten und zwei Bände Gerichtsakten. Verfasser hat diese Akten - wie immer durch viele Schwärzungen teilweise unbrauchbar gemacht - am 4. 8. 2007 erhalten.

1288 A.a.O.., Gerichtsakte 1a, BStU 000020-29.

1289 A.a.O.., BStU 00001-19.

1290 A.a.O.., BStU 000062ff.

1291 A.a.O.., BStU 000076-77.

1292 BStU 11037/66, Untersuchungsvorgang Bd. 5, Bl. BStU 000239-241, Schreiben von Generalmajor Wolf, Leiter HVA an Leiter HA IX. Markus Wolf beauftragte eine Woche vorher auch Hans Frederik, s. oben G. 4. f), S. 108 ff.

1293 A.a.O..., BStU 000262 - 295.

1964 an Wolf geschickt[1294]. Das Dokument ist lesenswert, weil es ein Muster bestellter Arbeit mit einer Mischung unzähliger uninteressanter, vermutlich wahrer Details mit freien Erfindungen ist. So steht in der langatmigen Erklärung gleich zu Anfang des Berichtes über die laut Wittig zwei Stunden dauernde (behauptete) Unterredung mit Otto John in Weimar, daß diese „ohne Zeugen, wie von mir ausdrücklich gewünscht" stattgefunden habe. Es folgt eine angebliche Mitteilung von John an Wittig über die von Otto John durch Vermittlung von Wohlgemuth am 20. Juli 1954 gesuchte Unterredung mit Botschafter Semjonow:

„Er (Dr. John) sei völlig freiwillig und im Vollbesitz seiner geistigen und physischen Kräfte zu dieser Unterredung in das demokratische Berlin gekommen. Die Vorwürfe, die gegen Dr. Wohlgemuth in Westdeutschland erhoben würden, entbehrten jeder Grundlage"[1295].

Es erscheint recht unwahrscheinlich, daß Otto John eine Unterhaltung mit einer ihm nicht näher bekannten Person mit diesen Sätzen am Anfang geführt hat. Viel wahrscheinlicher ist, daß Markus Wolf diese und viele ähnliche Sätze in dem langen Bericht haben wollte, um seinen „Auftrag Irreführung" durchzuführen. Andererseits könnte man sie auch als ein Paradebeispiel vollständiger Tarnung von Otto John auslegen, wenn die Unterhaltung wirklich in der beschriebenen Form stattgefunden haben sollte, was Otto John vehement bestritt. In diesem Zusammenhang ist interessant, daß Otto John dem Journalisten Bonde-Henriksen ein dreistündiges Interview gab, das von diesem am 5. Juni 1955 veröffentlicht wurde, in dem John ebenfalls von seinem freiwilligen Übertritt sprach[1296]. Bonde-Henriksen, der ein halbes Jahr später die Flucht von Otto John ermöglichte, nachdem sich der vorsichtige John ihm offenbarte, erklärte später dem Ermittlungsrichter Dr. v. Engelbrechten, daß er die Verstellung von John im Juni 1955 nicht erkannt habe[1297].

Vor dem BGH 1956 war Johns Kommentar zu Wittigs Aussagen: „Wittig spinnt". Dem Verfasser erscheint „Wittig lügt" ein wesentlich treffenderer Kommentar. Unter der Überlegung „Cui bono" ist es sehr viel logischer, daß die eidesstattliche Erklärung von Wittig auf Grund der Vorgaben von Markus Wolf abgefaßt wurde, weil der Osten alles daran setzte, die Freiwilligkeit von Übertritt und Aufenthalt von John im Osten nachhaltig zu dokumentieren.

1294 A.a.O..., BStU 000243, Oberst Heinitz, Leiter HA IX an Leiter der HA XX.

1295 A.a.O..., BStU 000277-278.

1296 BArchKO, B 362/10943, Bl. 959-968.

1297 BArchKO, B 362/10944, Bl. 1119-1129.

Wie leichtfertig Carl Wittig in einer eidesstattlichen Erklärung mit der Wahrheit umgegangen ist, läßt sich (abgesehen davon, daß er das maschinenschriftlich vorgegebene Datum mit 14. Juli 1964 unterschrieben hat, was mit Sicherheit 14. Juni heißen muß) einfach an einem Beispiel demonstrieren. John soll zu seiner Fahrt mit Wohlgemuth am 20. Juli 1954 gesagt haben:

„Daraufhin habe er [*John*] ihn [*Wohlgemuth]* einige Stunden vorher....aufgesucht und sei dann mit Wohlgemuth....am Abend des gleichen Tages in das demokratische Berlin gefahren, wo sie von einigen Herren erwartet und von diesen nach Karlshorst geleitet wurden." Aus welchem Grunde sollen alle anderen Zeugen und John selbst hier eine falsche Darstellung gegeben haben? Es ist zweifelsfrei aktenkundig[1298], wie der Tagesablauf von Otto John am 20. Juli 1954 war, sodaß er keine Möglichkeit hatte, Wohlgemuth „einige Stunden vorher" aufzusuchen. Von „einigen Herren" spricht selbst Wohlgemuth nicht, sondern nur von dem „Dr. Schneider".

Das Schreiben vom 4. Juni 1963 von Markus Wolf sagt ausdrücklich, daß diese Erklärung von Wittig gefordert wird, um ihn von dem Vorwurf des Meineids zu entlasten, sodaß er weiter als Belastungszeuge gegen John glaubhaft bleibt. Wenn man diese neuen Erkenntnisse zusammen mit der auffälligen Tatsache betrachtet, daß Wittig ebenso wie Susanne Sievers nach Verbüßung von nur der Hälfte der Strafe am 25. Juni 1969 in die Bundesrepublik entlassen wurde, kann kein Zweifel mehr bestehen, daß Wittig auch ein vom Osten gesteuerter Zeuge war. Ohne den Beweis der Einflußnahme Wolf auf Wittig zu kennen, hat hierzu bereits *Gieseking* interessante Spekulationen angestellt, die den Zeitpunkt der Entlassung mit dem Erscheinen von Johns Buch und mit Karpows Erzählungen im ‚Stern' in Verbindung bringen[1299].

Der Vollständigkeit halber sei noch erwähnt, was ein erfahrener Jurist und Beobachter des Prozesses 1956 von den Zeugen Wittig und Sievers hielt, ohne die ganze hier bewiesene Steuerung aus dem Osten zu kennen. Prof. Ernest Cohn schrieb an Prof. Leibholz[1300] am. 6. Januar 1957: „Ich hatte das Glück an dem Tage in Karlsruhe zu sein, als die Zeugen Wittig und Sievers vernommen wurden. Ich halte beide Aussagen für völlig belanglos. Nichts hat mich mehr verblüfft als die Tatsache, dass das Gericht diesen Aussagen einen Wert beigelegt hat".

1298 Oben C. 2. a), S. 47 ff.

1299 *Gieseking*, S. 447- 453.

1300 *NL John I*, Mappe „Miscellaneous Papers (Legal)".

Dem war ein Brief des Verteidigers Dr. Caemmerer vorausgegangen[1301]:

„Es ist sicher, dass dieses Urteil eines der übelsten Fehlurteile ist, die je gefällt worden sind, es ist sicher, dass der Senat eine Beweiswürdigung vorgenommen hat, die, falls es Revision gebe, unter allen Umständen der Aufhebung verfallen würde.

Nun wünsche ich ein gutes neues Jahr, soweit es bei dieser Situation möglich ist, denn ich kann mir denken, dass Sie aus diesem Urteil die richtigen Schlüsse über die Renazifizierung in Deutschland ziehen. Leider kann ich Ihnen nach England oder in ein anderes westlich freies Land nicht folgen und bin verurteilt, hier zu bleiben.

Mit den besten Grüssen,

Ihr sehr ergebener

Gerhard Caemmerer"

4. Die Zeugin Susanne Sievers als Agentin des MfS enttarnt

Über die Zeugin Sievers, die für den Senat der vierte Beweis[1302] der insgesamt acht belastenden Argumente war, weiß man heute mehr, hätte sie aber auch schon 1956 nicht als besonders glaubwürdig einstufen müssen. Markus Wolf[1303] schreibt, daß sie 1951 auf der Fahrt zu Leipziger Messe verhaftet und wegen DDR-feindlicher Tätigkeit zu acht Jahren Zuchthaus verurteilt wurde. Als sie von ihrer bevorstehenden (vorzeitigen) Entlassung erfuhr[1304], erklärte sie sich bereit, für den DDR-Geheimdienst zu arbeiten. In Kenntnis der Gepflogenheiten des MfS kann man wohl annehmen, daß ihre Bereitschaft eine Bedingung für die vorzeitige Entlassung war. Lydia - das war der Deckname - richtete in Bonn eine gastliche Wohnung ein, in der sie einen Salon führte, in dem auch Franz Josef Strauß und Willy Brandt verkehrten. Mit Willy Brandt hatte sie vor ihrer Fahrt nach Leipzig eine leidenschaftliche Affäre[1305]. Nach dem Mauerbau wechselte sie zum BND und wurde in Asien eingesetzt. Sie

1301 A.a.O, Brief vom 31.12.1956 an Prof. Cohn.

1302 Aus mUB, S. 12., oben H. II. 1., S. 220 ff.

1303 Markus Wolf, geb. 19.1.1923, verst. 2006, Chef des Auslandsnachrichtendienstes der DDR bis zu seinem freiwilligen Rücktritt 1986, lebte bis zu seinem Tod gut abgeschirmt in Berlin.

1304 *Wolf*, S. 93.

1305 „Stern", 17. 12. 2003, Artikel von Andres Hoida-Borchers „EXTRA: Willy Brandt"; s. http://www.stern.de/politik/historie/517760.html?eid=523692&nv=cb>

soll bei Ende der Zusammenarbeit eine Abfindung von 300.000 DM bekommen haben[1306].

Zu diesen Tatsachen, die teilweise Gieseking schon erwähnt, die aber dem BGH nicht bekannt waren, kommt hinzu, daß sie sich vor ihrer Aussage im Prozeß schon ganz anders geäußert hat. Am 8. September 1956 teilt sie der Vereinigung der Opfer des Stalinismus e.V., Bonn, Lennéstr. 8 mit, daß man sie im Zuchthaus in Halle nach ihrer Bekanntschaft mit OJ gefragt hat - den sie aber gar nicht kennt. Man wollte wissen, ob sie etwas über seine Motive für den Übertritt wisse. Sie äußerte die Vermutung, daß er evtl. auf gleiche Art wie sie in den Osten gelangt sei[1307]. Entsprechend hat sie auch bei einer Vernehmung am 28. September 1956 durch den KS Weber vom BKA ausgesagt. Sie vermutet, daß Otto John „nicht freiwillig im Osten gelandet ist“[1308].

Es ist unverständlich, daß sie angesichts dieser Aussagen drei Monate später Otto John schwer im Prozeß belastete - daß er freiwillig in die DDR gekommen sei und dadurch die Bevölkerung schwer enttäuscht habe - und daß dem Senatspräsidenten, der ihre früheren Aussagen kannte, keine Bedenken hinsichtlich dieser Zeugin kamen.

5. Beweis, daß Otto Johns Flucht zurück in den Westen wirklich eine Flucht war

a) Detaillierte Schilderung des BfV über Fluchtplan vor der Flucht

Die insbesondere von der östlichen Seite aufgestellte, aber auch vom BGH übernommene Behauptung, daß Otto John in der DDR ein freier Mann gewesen sei und jederzeit die DDR hätte verlassen können, ist u.a. durch die auf westlicher Seite geführten Verhandlungen und Vorbereitungen auf die Flucht am 12. Dezember 1955 widerlegt[1309]. Wenn das BfV der Verteidigung im Prozeß 1956 diese Unterlagen zur Verfügung gestellt hätte, wäre dies von großem Wert gewesen. Dem BGH scheinen diese Unterlagen tatsächlich unbekannt gewesen zu sein, weil sie nicht vom BfV vorgelegt wurden. Staatssekretär Dr. Walter Strauß vom Justizministerium wußte aber

---

1306 *Wolf*, S. 92 ff. Irgendwelche Auskünfte, auch nur die Bestätigung, daß Susanne Sievers dem BND bekannt war, sind vom BND nicht zu erhalten.

1307 BArchKO, B 362/10950, Bl. 1013.

1308 A.a.O., Bl. 1014 -1018.

1309 oben E. III. 2. b)., S. 72 ff.

ebenso Bescheid wie der Justizminister selbst und das Bundesministerium des Innern.

Es gibt auch weitere Hinweise darauf, daß die Leitung des BfV wichtige Erkenntnisse, die in den Wiederaufnahmeverfahren von Otto John bedeutsam waren, vorenthalten hatte. Z. B. hatte RR Hubertus Jantke vom BfV in einer dienstlichen Erklärung vom 25. September 1963 festgehalten, daß ein Mitarbeiter folgendes ihm gegenüber an diesem Tage geäußert hat:

„Der Mitarbeiter ....PÄTSCH habe anläßlich eines Treffs......am 29. August 1963 ihm ..gegenüber geäußert, er, PÄTSCH, wisse genau, daß die Amtsleitung des BfV davon Kenntnis habe, daß der frühere Präsident des BfV JOHN unschuldig sei. Diese Tatsache sei ORR Dr. MEIER und RR WEYDE bei der Befragung eines sowjetischen Überläufers im Herbst 1962 in Washington mitgeteilt worden. Aus Gründen der „Staatsraison" oder ähnlichen Motiven halte die Amtsleitung dieses Wissen jedoch zurück, um JOHN die Wiederaufnahme seines Verfahrens zu erschweren"[1310].

Es handelt sich hierbei um die Vernehmung des Zeugen Golytzin, dessen schriftliches Zeugnis aus formalen Gründen nicht vom BGH anerkannt wurde. Deswegen wurde Pätsch wegen Geheimnisverrat angeklagt, weil er Mitteilungen über den Zeugen Golytzin an die Frankfurter Rundschau gegeben hatte[1311].

b) Unkenntnis des MfS über den Fluchtplan

Letzte Gewißheit erhält man durch eine streng vertrauliche Mitteilung von Mielke (Erster Stellvertreter des Ministers im MfS) mit sozialistischem Gruß an den „Lieben Walter" (Erster Sekretär des ZK der SED Walter Ulbricht) vom 13. Dezember 1955, daß dpa um 12:07 Uhr eine Meldung veröffentlicht hat, daß Dr. Otto John nach Westdeutschland geflüchtet sei und sich der Bundeskriminalpolizei gestellt habe. Mielke informiert seinen obersten Vorgesetzten weiter:

„Dr. John ist am 12. Dezember 1955 von einem Besuch in der Humboldt-Universität nicht mehr zu seinem auf ihn wartenden Begleiter und Wagen mit Chauffeur zurückgekehrt. Alle Nachforschungen über sein [sic] Verbleib blieben erfolglos.

Seine Stimmung war denkbar schlecht, er protestierte gegen die ständige Begleitung.

1310 Erkenntnislage des BfV, Name des Mitarbeiters im Original.

1311 8 BJs 357/63.

Nach dem Bisherigen ist anzunehmen, daß er freiwillig nach dem Westen zurückging.

Ich bin der Meinung, auf diese Tatsache zunächst in keiner Weise zu reagieren, sondern abzuwarten, was der Westen aus der Rückkehr Johns macht. Eine Verlautbarung, daß er freiwillig die DDR verließ, erscheint mir zunächst noch nicht zweckmäßig.

Falls Du anderer Meinung bist, bitte ich um Mitteilung"[1312].

Es steht also zweifelsfrei fest, daß Otto John genau so, wie er und Bonde-Henriksen es immer wieder beschrieben haben, tatsächlich den Bewachern des MfS entkommen ist. Der BGH hat diesen Angaben nicht geglaubt. Ein Zwangsaufenthalt von Otto John nach einer Entführung hätte völlig den Boden zu einer Bestrafung Johns entzogen. Statt dessen hat er die nichtssagende, in der Not von Mielke entworfene und später einen Tag nach der Flucht veröffentlichte Mitteilung [1313] für bare Münze genommen:

„Herr Dr. John, ehemaliger Präsident des Bonner Amtes für Verfassungsschutz, dem am 20. Juli 1954 Asylrecht in der DDR gewährt wurde, hat die DDR verlassen.

Dr. John hatte sich schon wiederholt dahingehend geäußert, daß er den Kampf gegen den Neofaschismus in Westdeutschland zu führen gedenke".

Hierzu ist nur noch anzumerken, daß der Asylantrag an Ulbricht, zu dem Otto John von Pitowranow nach seiner Entführung in Karlshorst aufgefordert wurde, in Wirklichkeit vom 24. Juli 1954 stammt. Mielke wählte das frühere Datum, weil Otto John ja angeblich am 20. Juli freiwillig in die DDR gekommen war[1314].

c) „Östliche Reaktionen über die Rückkehr des Dr. J o h n in die Bundesrepublik"

Unter diesem Titel richtete der Präsident des BfV Schrübbers am 12. Januar 1956 ein ausführliches Schreiben[1315] an den OBA Dr. Wiechmann mit Kopien an Bundeskanzleramt, BMI, BMJ und Bundesministerium für Gesamtdeutsche Fragen. Der Oberbundesanwalt sowie OStA Loesdau (Handzeichen am 16. 1. 56 „z.d.HA") waren also

---

1312 BStU, MfS AP 3403/92, Bl. 000437. Kopien aus diesem Band erhielt Verf. am 25. Oktober 2007.

1313 BStU, MfS AP 3403/92, Bl .000438.

1314 *John I*, S. 283.

1315 Az. III/G 1 - 70242b- 24.397/55 geh., BArchKO B 106/200143, ohne Blattzahl, rot:"6318 12.1.56", lose vor dem Band U 02 VI A 1 6318 A Dr. John.

voll informiert. Das Schreiben wurde am 1. Juli 1966 als nicht mehr geheim herabgestuft.

Schrübbers schildert ausführlich den Verlauf einer Sitzung des ZK der SED am 13. Dezember. 55 in Ost-Berlin, geleitet von Horst Sindermann, an der führende Redakteure der Zeitschriften der DDR teilnahmen. Während der Sitzung wurde die Rückkehr von Otto John in die Bundesrepublik bekannt[1316]. Es erfolgten 37 Anrufe von Presse- und Rundfunkstellen während der Sitzung, die eine Stellungnahme des ZK zu dieser Meldung verlangten, die sie von dem „reichlich hilflosen" Sindermann nicht erhalten konnten. Dieser rief schließlich Walter Ulbricht an, der auf eine von ihm herauszugebende Stellungnahme verwies.

Diese Stellungnahme ist als Punkt III. des Schreibens als Mitteilung der Abteilung Propaganda und Agitation der SED-Stadtleitung Potsdam vom 14. Dezember 55 an alle Agitatoren enthalten und gibt die offizielle Lesart des ZK wieder. Sie beginnt wörtlich mit dem oben[1317] zitierten Vorschlag Mielke an Ulrich, erster Absatz und einem modifizierten zweiten Absatz:

„Damit verwirklichte Dr. J o h n einen schon des öfteren geäußerten Beschluß, den Kampf gegen den Neo-Faschismus und Militarismus in Westdeutschland zu führen." und geht weiter:

„Mit diesem Schritt beweist Dr. J o h n, daß er ein wahrhaft deutscher Patriot ist, der es nicht scheut, trotz des Terrors gegen alle fortschrittlichen und friedliebenden Kräfte durch das ADENAUER-Regime inmitten seiner Freunde [sic! Feinde?] diesen Kampf zu führen.

Damit ist gleichzeitig ein weiteres Mal die Lüge der Kriegshetzer entlarvt, daß Dr. J o h n von uns verschleppt und widerrechtlich festgehalten wurde. Die Agenten und Provokateure, die da glauben, diesen Schritt Dr. J o h ns für ihre schmutzigen Pläne ausnutzen zu können, freuen sich zu früh. Es wird sich bald beweisen, auf welcher Seite Dr. J o h n steht, auf der Seite der 150 Multimillionäre oder auf der Seite der fortschrittlichen und freiheitsliebenden Kräfte Deutschlands"

Schrübbers kommentiert diese offizielle Lesart des ZK:

„Es hat den Anschein, als sei diese Lesart gewählt worden, um propagandistisch nachteilige Auswirkungen des Weggangs Dr. J o h ns aus der SBZ zu verwischen."

1316 Siehe dpa-Meldung oben R. I. 5. b), S. 327.

1317 R. I. 5. b)., S. 327 f.

Verfasser ist der Ansicht, daß der 3. Senat - abgesehen von allen anderen Indizien - allein wegen der Kenntnis dieses Briefes erhebliche Zweifel hätte haben müssen, ob Otto Johns Flucht zurück nicht doch sehr deutlich dafür spricht, daß er kein freier Mann in der DDR war und daß er nicht freiwillig dorthin gegangen ist. Statt dessen sprach OStA Loesdau in der Hauptverhandlung 1956 von der „inszenierten Rückkehr“[1318].

6. Aussagen des Kaufmanns Alvin Rosengarten

Dies ist ein merkwürdiger Vorgang, der eigentlich keinen anderen Schluß zuläßt, als daß ein Interesse bei einer bei der Bundesanwaltschaft bzw. dem BGH tätigen Person bestand, ein wichtiges Aktenstück verschwinden zu lassen.

Am 1. Februar 1956[1319] schreibt BA Hartinger namens des OBA an den Präsidenten des BfV (Schrübbers), daß er kürzlich von RR Hebeler vom BMVg gehört habe, daß dieser am 2. Mai 1955 an das BfV „einen Bericht über die Bekundungen des Kaufmanns Rosengarten gegeben habe. „Rosengarten.... hat besonders über seine Beziehungen zu Max Wonsig Auskunft gegeben und mitgeteilt, daß Max Wonsig den Arzt Dr. Wohlgemuth veranlaßt habe, John in den sowjetischen Machtbereich zu bringen“ Dieses Schreiben von Hartinger ist mit Maschine auf „Karlsruhe, den........Januar 1956 datiert“. Der Monat Januar ist durchgestrichen und handschriftlich in 1. Februar abgeändert. In der rechten unteren Ecke befindet sich ein Handzeichen von Loesdau, 28/1. Man kann also davon ausgehen, daß Hartinger zuerst die Genehmigung seines Vorgesetzten (OStA Loesdau) eingeholt hat, ehe er das Schreiben abschickte. Das Schreiben befindet sich auch in den Unterlagen des Präsidenten des BfV, die Anlagen konnten aber nicht aufgefunden werden[1320].

Das Blatt 857 mit der Mitteilung über Rosengarten lag vor den Blättern 858-863, die sich nach einer „Fehlblatt“-Notiz vom 25. Mai 1966 auf die gleiche Sache bezogen. Es ist evident, daß dies der Bericht von Rosengarten war. Die Vernichtung, als Zeugen unterschrieben von den Justizangestellten Kunz und Gröbel, erfolgte „Gem. Vfg, v. 2.12.64 Bl 2354 Ziff. XX“.

Auf Blatt 857 finden sich eine Reihe von handschriftlichen Notizen von Loesdau, die erkennen lassen, daß es einen Bericht des BfV vom 27. März 1956 gab, daß Rosengarten, der sich wegen des Verfahrens

1318 Oben F. II. 4., S. 99 f.

1319 BArchKO, B 362/10931, Bl. 857.

1320 Erkenntnislage des BfV.

2 BJs 251/55 in Haft befand, krankheitshalber am 17. März 1956 nach Hause, Frankfurt am Main, Bergerstr.107 entlassen wurde. Die Akte wurde Loesdau am 3. April 56 und am 17. April 56 wieder vorgelegt. Es gibt keinen Hinweis, daß Loesdau versucht hat, Alvin Rosengarten zu vernehmen.

Der Untersuchungsrichter, der gemäß Schreiben von Hartinger die Antwort des BfV bekommen sollte, hat sie entweder nicht bekommen oder nicht berücksichtigt. Auch in der Hauptverhandlung 1956 finden sich keine Hinweise darauf. Da der Vorgang sich in den Handakten der Staatsanwaltschaft befindet, und die fünf Seiten 1964 oder evtl. sogar erst 1966 vernichtet wurden, ist so gut wie sicher, daß der Untersuchungsrichter Weber sie gekannt hat. Das paßt zu der Aussage von Dannenberg, daß Weber den Inhalt seiner Vernehmung nicht in den Prozeß eingeführt habe, weil es nicht zu seinem Konzept paßte[1321].

1965 wurde Loesdau Bundesrichter. Es drängt sich der Verdacht auf, wenn man die ganze Haltung von Loesdau in dem Verfahren berücksichtigt[1322], daß ein Interesse daran bestand, diesen Bericht Rosengartens zu vernichten, der auch in den Wiederaufnahmeverfahren keine Berücksichtigung fand.

7. Entwurf Otto Johns für eine Petition an den Bundestag

a) Allgemeines über Entstehung und Inhalt der Petitionsschrift

Dieses erschütternde Dokument wurde durch einen Zufall vom Verfasser aufgefunden[1323]. Es handelt sich um einen 93 Seiten umfassenden „Entwurf für einen Bericht an den Bundestag über die strafrechtliche Behandlung des Falles Otto John". Diese Petition wurde nicht eingereicht, weil der Verteidiger Dr. Caemmerer es für aussichtsreicher hielt, das formelle Wiederaufnahmeverfahren einzuleiten. Das genaue Entstehungsdatum des Entwurfes ist unbekannt, es muß aber zwischen der Entlassung Johns aus dem Zuchthaus 1958 und dem ersten Wiederaufnahmeverfahren 1961 gelegen haben. Otto John hat diesen Bericht in dem Meineidsverfahren von Carl

1321 Oben L. II. 3. , S. 208.

1322 Oben J. II. 1. b), S. 159 ff.

1323 Staatsarchiv Wiesbaden, Abt. 461, Nr. 35460, Akt.Z. 4s 30/75 Bd. II, S. 295 und 296 ff. Verfasser verdankt den Fund der Aufmerksamkeit von Herrn Pult (Lesesaal Staatsarchiv), der bei der Suche nach der (vernichteten) Akte Eland KLs 7/52, mit E-Mail v. 31.8. 2006 darauf hinwies, daß es eine Akte Wittig ./. John gebe, in der sich der obige Bericht befinde, der dem Verfasser unbekannt war.

Wittig gegen ihn mit Schreiben vom 31. Januar 1975[1324] an Staatsanwalt Eckert am LG Frankfurt am Main gegeben mit der Bitte um Rückgabe nach Kopienahme, da es sein einziges Exemplar sei. Vermutlich ist die Rückgabe nicht erfolgt, da Verfasser auch im Nachlaß von Otto John kein Exemplar gefunden hat. Otto John wurde nach Vernehmung am 16. Januar 1975 durch StA Eckert in Mittenwald (der von Otto Johns Wohnsitz in Österreich nächstgelegenen Polizeistation)[1325] später vom Vorwurf des Meineids freigesprochen. Einzelne Tatsachenbehauptungen aus dem Entwurf finden sich - teils in kürzerer Fassung - auch in anderen Berichten von Otto John[1326].

Nicht nur für den Staatsanwalt im angeführten Meineidsverfahren war der Bericht eindrucksvoll und glaubhaft, sondern jeder Leser muß Empörung empfinden, wenn er diese minutiöse Darstellung liest, wie es Otto John seit dem 12. Dezember 1955, dem Tag seiner vermeintlichen Flucht in die Freiheit, ergangen ist. Auch wenn es sich hier um die Darstellung des Verurteilten, der „keine Reue zeigt", wie es ein Gefängnisdirektor zur Begründung der Ablehnung vorzeitiger Entlassung geschrieben hat, stimmt dieser Bericht sehr nachdenklich. Ein charakterfester Unschuldiger kann keine Reue zeigen. Otto John hat die im Bericht gegebene Darstellung unter den noch frischen Eindrücken des Gerichtsverfahrens und seiner Haft verfaßt und bis zu seinem Tod 1997 unbeirrbar über Jahrzehnte und durch fünf Wiederaufnahmeverfahren durchgehalten. Auch seine Verteidiger Vater und Sohn Caemmerer haben daran geglaubt. Der hochbetagte Sohn Hans Caemmerer ist auch heute unverändert der gleichen Ansicht[1327]. Bereits in den 70er Jahren waren viele führende Politiker der Ansicht, daß Otto John 1956 zu Unrecht verurteilt wurde[1328]. Die öffentliche Meinung schwenkte in den 90er Jahren noch stärker zu seinen Gunsten um, als die Dokumentarfilme von Fröhder und Leiser[1329] gesendet wurden.

Soweit die Darstellung Otto Johns in dem Bericht objektiv überprüfbar ist, entspricht sie der Wahrheit. Für viele heute überprüfbare Tatsachen hatte Otto John bei Abfassung dieser Petition noch keine

---

1324 Staatsarchiv Wiesbaden, A.a.O.., 4s 30/75 Bl. 295.

1325 A.a.O., Bl. 280-282, 6 Seiten.

1326 Z. B in: *John I;* ferner in: *Gefangener.* Dieser Bericht wurde unmittelbar nach der Einlieferung ins Zuchthaus Anfang 1957 geschrieben.

1327 Gespräch mit dem Verfasser am 26. 8. 2004 in Karlsruhe und Korrespondenz im Jahr 2005.

1328 Oben Kapitel Q. III. 3, S. 307 f.

1329 Oben A. Einleitung, S.3, Fn 10.

Beweise, die erst durch die Wiederaufnahmeverfahren oder nach seinem Tod, teilweise durch die vorliegende Arbeit, geliefert wurden. Es gibt keinen Grund anzunehmen, daß nicht überprüfbare Angaben unwahr sind. Viele Punkte sind in der vorliegenden Arbeit bereits erörtert worden. Da es sich aus Platzgründen verbietet, die ganzen, sehr lesenswerten 93 Seiten wiederzugeben, werden nur noch einige besonders wichtige Stellen herausgegriffen, die bisher nicht oder nur kurz in anderem Zusammenhang erörtert wurde. Dies steht unter Otto Johns Motto:

Es gibt verschiedene Bedeutungen dafür, daß
Justitia eine Binde vor den Augen trägt.
Eine davon besagt, daß Justitia sich selbst
die Augen verbunden hat, weil sie das Unrecht
nicht mehr mit ansehen kann, das in ihrem
Namen geschieht.

b) Die §§ 234 und 234a StGB mit Bezug auf den „Fall John"

Otto John weist einleitend auf die §§ 234 und 234 a StGB hin, die sich auf Menschenraub und Verschleppung durch List beziehen. Auch wenn diese §§ von Verschleppungen in Gebiete von West nach Ost ausgehen (was nach den Ergebnissen dieser Arbeit mit Otto John geschehen ist), muß das Gesetz auch für Verschleppungen durch List in umgekehrter Richtung gelten. Tatsächlich zitiert Otto John einen Fall aus 1953, bei dem ein kommunistischer Funktionär, der in der politischen Zersetzungsarbeit gegen die Bundesrepublik von Potsdam (DDR) aus tätig war, durch eine fingierte Nachricht in eine Falle im Westen gelockt und verhaftet wurde. OBA Wiechmann (derselbe, der später im Johnprozeß die Anklage vertrat, bevor OBA Güde sein Nachfolger wurde) vertrat im Einvernehmen mit seinem damaligen Stellvertreter BA Güde und dem 3. Strafsenat (von dem Otto John verurteilt wurde, der später der 6. Strafsenat war,) den Standpunkt, daß die Verschleppung des Funktionärs widerrechtlich war. Der Funktionär wurde aus der Haft entlassen.

Analog war die Situation von Otto John, weil seine Flucht zurück in den Westen nur erfolgte, nachdem die Zusage durch das Bundesjustizministerium vorlag, daß keine Strafverfolgung stattfinden würde. Diese Zusage wurde nicht eingehalten, und Otto John auf Grund des von OBA Wiechmann beantragten Haftbefehls in Gewahrsam genommen. Otto John konnte diese Zusage im Prozeß nicht beweisen, weil vom BfV Informationen zurückgehalten wurden, wie er immer behauptete. Heute weiß man aus dem ausführlichen Bericht von Schrübbers, daß es diese Zusage gab[1330].

c) Einzelheiten über den „Empfang" Otto Johns nach geglückter Flucht

Als Otto John mit Hilfe von Henrik Bonde-Henriksen am 12. Dezember 1955 die Flucht aus dem Osten nach West-Berlin[1331] gelang, wurden sie von den Beamten des BfV wie gute Freunde empfangen, mit denen man verabredet war, und wie geplant zur Sicherheit vor russischen Übergriffen (so meinten John und Bonde-Henriksen, aber auch das BfV) unter Decknamen von Berlin-Tempelhof nach Bonn geflogen, wo sie Dr. Brückner von der Sicherheitsgruppe erwartete. Er entschuldigte sich für das einfache Zimmer in seiner Dienststelle, das für eine Nacht wohl genügen würde. Otto John hielt auch das für eine verständliche Sicherheitsmaßnahme. Er war nach den Aufregungen des Tages viel zu erschöpft, weitere Fragen zu stellen, hatte nur noch die Bitte, seine Frau in London anrufen zu dürfen, was ihm Dr. Brückner gestattete. Mit keinem Wort wurde ein Haftbefehl erwähnt, der den Beamten aber vorlag[1332].

Am nächsten Tag begrüßte OBA Wiechmann Dr. John und verhielt sich etwas eigenartig, erwähnte wieder nicht den Haftbefehl, den OStA Loesdau in seinem Auftrag beantragt hatte und der in seinem Besitz war. Er eröffnete dann Otto John, daß wegen der ungeeigneten Räume bei der Sicherungsgruppe die richterliche Vernehmung im Bundeskriminalamt in Wiesbaden erfolgen solle. Otto John kannte die Gästezimmer im BKA und war mit diesem Vorschlag durchaus einverstanden. Vor der Verlegung traf noch Lucie John aus London ein, die Ihren Mann 17 Monate nicht mehr gesehen hatte. Nach dem Telephongespräch am Vorabend hatte sie zusammen mit Ihrer Tochter das erste Flugzeug nach Bonn genommen. Otto John konnte mit seiner Frau nur im Beisein von Dr. Brückner sprechen und seiner Stieftochter nur eben die Hand drücken. Später wurde es ihm erst klar, daß die Anwesenheit von Dr. Brückner in Wirklichkeit eine kriminalpolizeiliche Überwachungsmaßnahme war. Den Beweis fanden Johns Verteidiger später in den Gerichtsakten durch einen geheimen Bericht von Brückner an den OBA über das erste Wiedersehen der Eheleute.

Otto John bezeichnete das ganze hier geschilderte Vorgehen der bundesrepublikanischen Behörden als arglistige Täuschung.

1330 Oben E .III. 1., S. 72ff.

1331 Oben E. III. 2. , S. 70f.

1332 Oben F. I. 1. , S. S. 67 ff.

Nach neun Tagen intensiver Vernehmungen[1333] eröffnete der Ermittlungsrichter Dr. Clauß den Haftbefehl am 23. Dezember 1955, als John glaubte, das Weihnachtsfest als freier Mann mit seiner Familie verbringen zu können. Es war außerdem sein Hochzeitstag. Er konnte noch mit seiner Frau telephonieren, ehe er in die Untersuchungshaft nach Pforzheim überführt wurde. Zu der Begründung „Fluchtverdacht" im Haftbefehl sagte der Ermittlungsrichter. „Sie müssen doch zugeben, daß Fluchtverdacht bei Ihnen wirklich nahe liegt und begründet ist. Sie sind mitten im Krieg nach dem 20. Juli 1944 den Nazis nach England entkommen - und jetzt gerade wieder den Russen". Damit bestand für den Ermittlungsrichter kein Zweifel, daß John nicht freiwillig in der DDR war.

d) Verhalten des Untersuchungsrichters Dr. Kurt Weber[1334]

Otto John saß drei Monate in Untersuchungshaft, ohne daß irgend etwas geschah. Dann erschien schließlich der Untersuchungsrichter und gab sich sehr jovial, sodaß Otto John sehr positiv beeindruckt war. Die Vernehmung sollte am folgenden Montag, dem 13. März 1956 beginnen. Dann geschah aber nichts und John wartete tagelang auf den Untersuchungsrichter, auf den er schon drei Monate gewartet hatte. Otto John drohte schriftlich, in den Hungerstreik zu treten, um gegen diese Behandlung zu protestieren. Er hatte bereits 26 Pfund Gewicht in den ersten drei Monaten verloren. „Ich war im Gefängnis vollständig von allen Menschen isoliert, durfte an keinerlei Gemeinschaftsveranstaltungen teilnehmen, auch nicht am Gottesdienst und wurde überhaupt nur in der Dunkelheit auf den Hof an die Luft gelassen". Für diese Anweisungen war OStA Loesdau verantwortlich.

Auf Grund des Briefes, den Otto John beim Empfang des Mittagessens abgegeben hatte, erschien innerhalb weniger Stunden der Richter und entschuldigte sich mit Terminschwierigkeiten.

Otto John erkannte erst später - auch nach Warnungen seines Verteidigers Dr. Caemmerer - , daß der Untersuchungsrichter - ebenso wie die anderen Bundesrichter des 3. Senats des BGH - von vornherein Otto John verurteilt sehen wolle und außerdem sich von dem Prozeß Vorteile für seine Karriere erhoffe.

1333 Oben F. I. 2. , S. 82 ff.

1334 Zur Person s. oben J. II. 2., S. 162 ff.

e) Der Haftprüfungstermin am 28. April 1956

Dies war der erste und letzte Haftprüfungstermin, an dem Otto John an einer mündlichen Verhandlung über eine Aufhebung der Untersuchungshaft teilgenommen hat. Nach dem Verlauf der Verhandlung und dem Auftreten des Senatspräsidenten hielt er seine Anwesenheit bei den alle drei Monate von Amts wegen vorgeschriebenen Haftprüfungen für sinnlos und verzichtete darauf.

Otto John schildert die Verhandlungsführung mit verbalen Angriffen und ungeduldigen Unterbrechungen durch den Senatspräsidenten und einen Beisitzer bei dem von John zur Eröffnung verlangten Bericht sehr detailliert. Durch die offensichtlich provozierende Bemerkung des Präsidenten „Die Gefahr war bei den Sowjets doch nicht so schlimm für Sie" verlor John die Beherrschung und sagte sehr laut: „Ich möchte erst einmal sehen, wie Sie sich in meiner Lage verhalten hätten". Darauf ein Beisitzer hämisch: „.....Warum haben Sie nicht so laut auf der Pressekonferenz geschrieen, daß Sie entführt worden sind? Dann brauchten Sie jetzt nicht zu schreien!". Otto John entschuldigte sich dann für die Lautstärke durch seine Erregung. Mit Sicherheit hatte er sich durch seine Bemerkung den Senatspräsidenten endgültig zum Feind gemacht.

Im Haftprüfungstermin fiel der oft zitierte Vergleich des Senatspräsidenten, daß Otto John den Mut eines Soldaten oder eines Feuerwehrmannes hätte aufbringen müssen[1335], wogegen der Verteidiger mit Recht einwandte, daß Otto John sich entsprechend den in seinem Amt besprochenen Richtlinien in der Hand des Feindes sehr geschickt scheinbar kooperativ gezeigt habe, um Schlimmeres zu verhüten. Gegen die vorgefaßte Meinung des Senatspräsidenten war aber nicht anzukommen.

8. Der Brief Ernst Wollwebers an Otto Grotewohl

Am 14. September 1954, also knapp zwei Monate nach der Entführung Johns, hat Wollweber als Leiter des MfS vorgeschlagen, einen hohen Orden an Pitowranow zu verleihen als Auszeichnung für seine Dienste bei der Vorbereitung des Falles John[1336]. Falls John freiwillig gekommen wäre, ist nicht einzusehen, warum der hohe Geheimdienstoffizier dafür ausgezeichnet wurde.

1335 Oben H. II. 1. c) aa), S. 135; L. I. 2. b) cc) , S. 202.

1336 Oben L. III. 10. , S. 241f.

9. Der Auskunftsbericht der Hauptabteilung XX des MfS

In diesem ausführlichen Bericht aus 1967[1337], der sicherlich im Hinblick auf das zweite Wiederaufnahmeverfahren von Otto John entstanden ist, finden sich Hinweise, die den freiwilligen Übertritt Johns zweifelhaft erscheinen lassen - obwohl bekanntlich KGB und MfS öffentlich alles taten, um den freiwilligen Seitenwechsel Otto Johns zu beweisen.

10. Beweis, daß Hans Frederiks Buch über den Fall John ein Machwerk ist

Von vielen Autoren wurde vermutet, daß das Frederiks Buch „Das Ende einer Legende" im Auftrag des MfS verfaßt wurde. Daß das tatsächlich so ist, konnte kurz vor Beendigung der vorliegenden Arbeit durch die Stasi-Akten nachgewiesen werden[1338].

11. Die persönliche Äußerung von OBA Max Güde gegenüber den Verteidigern

Mehr als alles andere über die „Gerechtigkeit" des Gerichtes, das überwiegend mit voreingenommenen Richtern besetzt war, sagt die 1956 im privaten Kreis gemachte Bemerkung des OBA Güde über die Entschlossenheit des Gerichts, Dr. Otto John zu einer langjährigen Zuchthausstrafe zu verurteilen, bevor die HV stattgefunden hatte[1339].

12. Beweise für die Überzeugung von der Unschuld Johns bei führenden Politikern

Schon *Gieseking*[1340] erwähnt das 1980 gescheiterte Gnadengesuch von Otto John und in Verbindung damit Vermutungen über die Ansicht führender Politiker über die Unschuld Otto Johns. Er nennt Walter Scheel, Carl Carstens, Gerhard Schröder, wobei er sich u.a. auf den oft zitierten Zeitungsartikel „Mit Strauß und Wehner zweifeln fast alle Bonner Spitzenpolitiker an Otto Johns Schuld"[1341] stützt. Durch Auffinden von Johns Korrespondenz zum Gnadengesuch[1342] im

1337 Oben E. II. 1., S. 70.

1338 Oben G. 4. f), S. 118 ff.

1339 Oben J. I. 3. , S. 154 f.

1340 *Gieseking*, S. 365 ff.

1341 Heinz Vilain / Henrik Bonde-Henriksen, in DIE WELT Nr. 290, 12. Dez. 1980.

1342 Oben Kapitel Q., S. 303 ff.

März 2007 und aus den Akten in Schröders Nachlaß[1343] liegen jetzt die Beweise vor. Auch vom Bundespräsidialamt sind jetzt[1344] Unterlagen - allerdings wegen datenschutzrechtlicher Bedenken noch unvollständig - gekommen. Daß der Bundesminister des Innern, Gerhard Schröder, der 1954 vorübergehend von seiner Ansicht abgerückt war, daß Otto John entführt worden war, ihn später aber für unschuldig hielt, ist bei Gieseking nur eine Vermutung. Es geht aber aus der bereits 2002 erschienenen Biographie über Schröder und aus dessen Nachlaß im Archiv der Konrad-Adenauer-Stiftung eindeutig hervor[1345]. Auch Carstens und Scheel glaubten persönlich an die Unschuld Johns, wollten aber nicht gegen eine Stellungnahme des Bundesminister des Innern entscheiden[1346].

13. Aussageverweigerung von Annemarie Wohlgemuth geb. Weyres

Neben den unmittelbar an der Tat Beteiligten, die verstorben sind (dem Angeklagten, Wohlgemuth, Wonsig) gibt es eine noch lebende wichtige Zeugin, Annemarie Wohlgemuth-Weyres in Berlin. Als langjährige Geliebte (und spätere vierte Ehefrau) fuhr sie in der Nacht vom 20./21. Juli 1954 mit Wohlgemuth von West-Berlin in den Osten. Daß ihre Aussage unter Eid im Prozeß 1956 nicht der vollen Wahrheit entsprechen konnte, war auch damals schon erkennbar. Der BGH hätte sie nicht vereidigen dürfen. Ihre mögliche eidliche Falschaussage ist seit langem verjährt, sodaß sie sich im letzten Wiederaufnahmeverfahren 1995 ebenso wie andere Zeugen zunächst anwaltlich hätte vernehmen lassen können. Dies verweigerte sie Johns Verteidigern. Zu einer gerichtlichen Vorladung kam es nicht, weil das KG Berlin den Wiederaufnahmeantrag ablehnte und keinen einzigen Zeugen hörte[1347]. Zu einer Entscheidung des BGH, die vermutlich zu einer Rückverweisung mit Zeugenvernehmungen geführt hätte, kam es nicht, weil der Verurteilte vorher verstarb und kein Antrag auf Weiterführung des Verfahrens gestellt wurde. Verfasser konnte zwar Verbindung mit der Tochter Tatjana Wohlgemuth aufnehmen, jedoch verweigerte die Mutter das vorgeschlagene Interview in Berlin.

1343 Oben Q. III. 3. , S. 309 ff.

1344 Stand November 2007

1345 Oben G. 4. e), S. 116 f.

1346 Aktenlage des BPRA, tel. Auskunft von Prof. Dr. Pieper am 22.11.2007, Einsicht (noch ?) nicht genehmigt.

1347 Oben P. III. 4. , S. 299 f.

II. Die wichtigsten früheren, neu zu bewertenden Aussagen

1. Die Mitwirkung Wonsigs betreffend

a) Anneliese Salewski

Sie hatte bereits im März 1954 die Kriminalpolizei in Berlin darauf hingewiesen, daß es Treffen zwischen Wonsig und Wohlgemuth gäbe, und daß Wohlgemuth heimlich Aussagen von John auf ein Tonbandgerät aufgenommen habe. Diese Aussagen hat sie erneut in einer eidesstattlichen Erklärung bekräftigt[1348] und im zweiten Wiederaufnahmeverfahren (1966 - 1969) entsprechend ausgesagt[1349]. Der BGH hat diese Angaben in seiner Entscheidung nicht berücksichtigt.

b) Informant aus Hamburg

Dieser Informant, der aus Gründen des Quellenschutzes nicht genannt wurde, hat am 23. Juli 1954 vor der Kriminalpolizei ausgesagt, daß sein guter Freund Wohlgemuth ihm bei einem Besuch am 18. Juli 1954 in Berlin gesagt habe, daß eine „große Sache im Gange sei". Diese Aussage stand in Verbindung mit dem Versuch, auch den Informanten zu einem gemeinsamen Besuch in der DDR zu überreden, wo ihm Wohlgemuth auf Grund seiner guten Beziehungen zu maßgebenden Stellen im Osten eine gute Stelle versprach. Am 25. Juli 1954 hat der Informant diese Aussage erneut vor der Kriminalpolizei im Beisein von ORR Brückner von der SG und Stabenow vom LfV Hamburg bekräftigt[1350]. Fast gleichlautend hat am 28. und 30. Juli 1954 der Zeuge Metzner vor der Kripo in Berlin ausgesagt[1351]

c) Bruno Kropidlowski

Dieser Zeuge, der auch in der HV ausgesagt hat, kannte Wohlgemuth und Wonsig sehr gut. Seine ausführlichen Aussagen zu der Tonbandaffäre[1352], die die heimliche Aufnahme dieses Tonbandes sowie das Motiv Wohlgemuths bestätigen, läßt keinen Zweifel, daß Wonsig bei der Entführung mitgewirkt hat. Wohlgemuth wollte damit den Russen zu beweisen, daß er zu Unrecht als amerikanischer Agent verdächtigt wird, und daß er als Belohnung eine leiten-

---

1348 BArchKO, B 362/4615, Bl. 138, 139.

1349 *Gieseking*, S. 436.

1350 BArchKO, B 362/4615, Bl. 141-147.

1351 BArchKO B 362/4617, Bl. 171-173.

1352 BArchKO, B 362/4615, Bl. 160.172,

de Stellung in der Charité erwartet, Kropidloeski beruft sich dabei auf Wonsigs ausführliche Erzählung, die in Details wiederum von dessen späteren Aussagen gegenüber Zeugen im fünften Wiederaufnahmeverfahren[1353] abweicht, aber die Tatsache der Verschleppung mit Wonsigs Hilfe zweifelsfrei bestätigt. Kropidlowski sagt auch aus, daß er selbst Angst hatte, in den Osten entführt zu werden. Dieser Zeuge wurde von OBA Wiechmann im Ermittlungsverfahren ausdrücklich als nicht unglaubwürdig bezeichnet[1354].

d) Rosemarie Wohlgemuth

Rosemarie Wohlgemuth geb. Fürstenberg als Ehefrau hatte zwar nach ihrer eigenen Aussage mit ihrem Mann nach der standesamtlichen Eheschließung keine sexuellen Kontakte mehr, weil er sich ganz der in seiner Praxis tätigen Krankenschwester Annemarie Weyres zugewandt hatte (seiner späteren vierten Ehefrau), aber sie hatte weiter Verbindung mit ihm. Im Prozeß beruft sie sich auch auf ihre früheren, teils beeideten, Aussagen. Hier heißt es: „Mein Mann hat mir gesagt, Wonsig sei für den SSD tätig" [1355]. Die der Tat nähere, erste ausführliche Aussage vor der Kripo in Berlin, die sowohl Wonsig als ihren Mann belastet, ist bereits oben wiedergegeben[1356].

e) Ilse Möbius

Frau Ilse Möbius, die heute in Nürnberg lebt und in einer längeren Korrespondenz mit dem Verfasser alle Ihre Aussagen ausdrücklich bekräftigt hat, wurde am 25. Oktober 1993 von Rechtsanwalt Dr. Dirk Lammer, der zusammen mit Gerhard Jungfer das fünfte Wiederaufnahmeverfahren geführt hat, anwaltlich vernommen[1357]. Dr. Lammer hat in einem Gespräch mit dem Verfasser in Berlin die absolute Glaubwürdigkeit dieser Zeugin bestätigt. Man kann also davon ausgehen, daß sie die „Beichte" von Max Wonsig gegenüber ihr und ihrem Mann richtig wiedergegeben hat. Ob und wieweit Wonsig in dieser Beichte die Wahrheit gesagt hat, ist eine andere Frage. Da Wonsig sich aber auch gegenüber anderen glaubwürdigen Zeugen ähnlich geäußert hat. ist an der Tatsache seiner Mitwirkung

---

1353 Auf dieser S. unten e) sowie f) S. 341

1354 Oben L. III 2. b), S. 223.

1355 BArchKO, B 362/4615, Bl. 145-147; Erkenntnislage des BfV; BArchKO, VS B 362 / 10942, Bl. 762-766.

1356 L. II. 4., S. 212 ff.

1357 Kopie der Aussage in BArchKo, B362/4615, Bl. 86-90; unterschriebene Originalkopie von Frau Möbius im Archiv des Verfassers, am 2. September 2005 erhalten.

bei der Entführung nicht zu zweifeln, auch wenn er in Einzelheiten etwas übertrieben haben mag.

Das Ehepaar Möbius unterhielt seit langem eine Duzfreundschaft mit Wonsig, obwohl man politisch nicht gleicher Meinung war. Möbius' wußten von Wonsig selbst, daß er sie zwei Jahre lang beobachten ließ, bis er zur Auffassung kam, daß der persönliche Umgang für ihn als Anhänger des SED-Regimes und Geheimagent nicht schädlich sei. Möbius' waren keine SED-Mitglieder. Herr Möbius hat als Arzt (er war Chefarzt der Poliklinik in Oberspree) die Mutter von Max Wonsig behandelt. Als in den 70er Jahren im „Spiegel" ein Artikel erschien, in dem Wonsig der Entführung von Otto John beschuldigt wurde, stellte das Ehepaar Möbius ihren Freund Wonsig zur Rede. Er schilderte dann sehr detailliert, wie mit Wohlgemuth die Einzelheiten verabredet worden seien. Am Abend des 20. Juli 1954 habe er sich im Auto von Wohlgemuth hinten versteckt. Als John von einem Mittel, das ihm Wohlgemuth vorher in der Praxis verabreicht habe, schon etwas benommen im Auto vorne Platz genommen habe, habe er ihm einen mit einem Betäubungsmittel getränkten Lappen über das Gesicht gehalten. Danach habe man Dr. John nach Karlshorst verbracht und dort den Stellen, die ihn (Wonsig) beauftragt hatten, übergeben. Für ihn sei damit der Auftrag erledigt gewesen." Ilse Möbius sagte zu Wonsig: „Weißt Du, Max, Du bist ein moralisches Schwein". Er erwiderte daraufhin: „Mädchen, das ist halt mein Job".

Frau Möbius wurde dann durch den Leiser-Film 1995 auf den Fall John aufmerksam und hat sich wie andere Zeugen zur Verfügung gestellt, um Otto John bei seiner Rehabilitierung zu helfen.

f) Ingelid Rechelmann

Ebenso wie Frau Möbius erhielt Frau Rechelmann von Max Wonsig eine Schilderung seiner Mitwirkung an der Entführung von Otto John am 20. Juli 1954[1358]. Dieses Geständnis machte er ihr 1973 beim Wiederaufleben ihrer langjährigen Beziehung, aus der eine 1956 geborene Tochter stammt. Es besteht kein Zweifel, daß der sehr präzise und mit genauen Daten versehene Bericht von Frau Rechelmann der Wahrheit entspricht. Sie hat den Bericht nach Belehrung als anwaltlich vernommene Zeugin am 13. September 95 im Büro von RA Lammer unterschrieben.

Verfasser hat die Zeugin in Berlin besucht und sich von ihrer Gewissenhaftigkeit überzeugt. Ebenso wie bei Frau Möbius besteht grundsätzlich die Möglichkeit, daß Wonsig seine Rolle bei der Ent-

---

1358 BArchKO, B362 / 4625, Bl. 331-337.

führung übertrieben hat. Diese Erzählungen gegenüber zwei Zeuginnen, die sich nicht kennen, sind aber gerade wegen ihrer Abweichungen in Details und in Verbindung mit der heute bekannten Rolle Wonsigs[1359] durchaus glaubhaft.

Der Kern der Aussage war: „Er habe gemeinsam mit Dr. Wohlgemuth Otto John nach Ost-Berlin gebracht ... Er habe im Nebenzimmer gesessen und leise Musik gehört, während Wohlgemuth mit John sprach. Otto John sei dann ein Kaffee, in dem eine Droge war, angeboten worden ... Er [Wonsig] habe sich auf dem Rücksitz [des Autos] zusammengekauert und versteckt, damit Otto John ihn nicht bemerken konnte. Wohlgemuth sei gefahren und man habe Otto John über die Sektorengrenze nach Karlshorst gebracht. Wonsig bezeichnete die Aktion als den ‚größten Coup ... seines Agentendaseins'".

g) Schulim Weizblüth

Der BGH hörte nicht die Aussagen von Schulim Weizblüth[1360], gegen den ein Verfahren wegen Entführung einer Frau in den Ostsektor lief, am 21 Februar 1956 bei der Kripo. Er machte sehr detaillierte Aussagen über die Mitwirkung von Max Wonsig, den er kannte. Die Sache John habe er aber nicht direkt von Wonsig, sondern von einem gewissen Negrassus in Einzelheiten erfahren, nachdem sie mit Wonsig und der Hella geb. Pieck in einem Lokal zusammen waren. Wonsig war ziemlich „besoffen", sprach davon, „den Otto Otto (sic!) habe man gut nach drüben gebracht, und der liebe Doktor habe am meisten dabei geholfen. ...Die Frau des Wonsig machte ihm Zeichen, daß er schweigen solle." Negrassus habe ihm dann die Erklärungen nach Verlassen des Lokals gegeben. Der Zeuge wurde nicht vereidigt. Auf die Trunksucht von Wonsig wird auch in den Stasiprotokollen hingewiesen. Auch wenn Weizblüth und Negrassus „Ganoven" waren, kann man solche detaillierten Aussagen nicht einfach unberücksichtigt lassen.

h) Boris Yakovlevich Nalivaiko

Dieser alterfahrene leitende KGB-Mitarbeiter in Deutschland[1361] sagte vor laufender Kamera im Fröhder-Film vom 28. November 1993 aus, daß er heute noch stolz sei, daß ein Mitarbeiter seiner Gruppe mit dem Decknamen Käfer an der Aktion beteiligt war, die Otto John erfolgreich in die DDR brachte. „Käfer" war aber ein

---

1359 Oben R. I. 1., S. 319 ff.

1360 BArchKO, B 362/4615, Bl. 151-154 = B 362/4625 Bl. 220-224.

1361 *Murphy et al.*, S. 193 et passim.

Deckname für Max Wonsig. Die Aussage befindet sich bei den Akten des fünften WA-Antrags[1362]. Es war diese Aussage, die dazu führte, daß die Zeugin Möbius sich meldete.

2. Meineid des Zeugen Carl Wittig

Bereits 1956 bestanden erhebliche Zweifel an der Glaubwürdigkeit des Zeugen Carl Wittig, worauf die Verteidigung im Plädoyer deutlich hinwies. Deswegen wurde gegen Wittig von Otto John bereits 1963 ein Meineidsverfahren[1363] angestrengt, das aber damals infolge der noch unvollständigen Beweislage nicht zum Erfolg führte, zumal Wittig sich zunächst durch eine Reise in die DDR der Strafverfolgung entzog. Dort wurde er als Doppelagent verhaftet.

Das Meineidsverfahren wird bei *Gieseking* ausführlich behandelt, wobei er auch auf Wittigs Vorstrafe von 1939 wegen Betrugs hinweist[1364].

Heute besteht an der vielfachen Agententätigkeit von Carl Wittig kein Zweifel mehr. *Henkel* schildert dies mit vielen Nachweisen in dem Kapitel „Carl Wittig - ein Diener vieler Herren", in dem er auch auf Wittigs Rolle im Johnprozeß eingeht[1365]. Insbesondere sind aber die neuen Erkenntnisse über Wittig heranzuziehen, um ihn endgültig als völlig unglaubwürdig anzusehen[1366].

3. Die Zeugin Rosemarie Meyer – keine Zeugin vom Hörensagen

Auch diese Zeugin ist ebenso glaubwürdig wie die oben genannten Zeuginnen Möbius und Rechelmann[1367]. Ihre Zeugenaussage machte sie ebenfalls ausführlich bei RA Lammer. Sie hätte wesentliche Erkenntnisse im fünften Wiederaufnahmeverfahren gebracht, wenn es zu Zeugenvernehmungen gekommen wäre. Sie wurde ebenfalls vom Verfasser aufgesucht und steht voll hinter ihren früheren Aussagen. Auch ihre Briefe zeigen, daß sie alle Aussagen sorgfältig abwägt.

Sie arbeitete aushilfsweise vor dem 20. Juli 1954 als Wohlgemuths Sekretärin. Ihre Aussagen lassen keinen Zweifel daran, daß sich Wohlgemuth bis zum 20. Juli 1954 in großen finanziellen Schwierig-

---

1362 BA-K 362/4625 Bl. 91 f.

1363 Oben P. II. 1., S. 291.

1364 *Gieseking*, S. 415 ff.

1365 *Henkel*, S. 176-197.

1366 Oben R. I. 3., S. 322 ff.

1367 R. II. e), S. 340; R. II. f), S. 341.

keiten befand; daß er aber als wohlhabender Mann nach einigen Jahren nach West-Berlin zurückkam. Dies paßt zu den neu aufgefundenen Unterlagen über die erheblichen Zahlungen, die Wohlgemuth als Anerkennung für die John-Sache im und vom Osten erhielt[1368].

Rosemarie Meyer hatte auch eine weitere durchaus beachtliche Aussage zu machen. Sie war in Wohlgemuths Plan eingeweiht, daß er versuchen wollte, mit Hilfe eines Betäubungsmittels in Kaffee Frau Wrobel in eine verfängliche Situation zu bringen und sie dadurch erpressen zu können. Deren Tochter erwartete ein Kind von ihm und drängte auf Heirat, aber Wohlgemuth mußte die noch nicht 16 Jahre alte Rosemarie geb. Fürstenberg heiraten, um einem Strafverfahren zu entgehen. Diese - und andere - Aussagen von Frau Meyer bestätigen das extrem negative Bild von Wohlgemuth und die Tatsache, daß ihm durchaus eine Entführung mit Hilfe von Drogen zuzutrauen war. Frau Meyer unternahm nichts gegen Wohlgemuth, weil er bei ihr eine damals noch strafbare ärztliche Handlung vorgenommen hatte, und sie nichts mit der Polizei zu tun haben wollte. Auch diese Zeugin wurde als eine „Zeugin vom Hörensagen" vom KG Berlin eingestuft, obwohl sie unmittelbare eigene Beobachtungen zu bezeugen hatte. Gieseking wertet ihre Aussagen als wenig glaubhaft[1369]. Wenn man die sehr präzise Aussage in ihrer anwaltlichen Vernehmung gelesen und die Zeugin dazu selbst gehört hat, kann man nicht an ihrer Aussage zweifeln. Im Falle einer Wiederaufnahme wäre sie ebenso wichtig wie die beiden anderen noch lebenden Zeuginnen Möbius und Rechelmann, auch wenn diese in der Tat „Zeugen vom Hörensagen" sind[1370].

1368 N. I. 4. a), S. 281 f.

1369 *Gieseking*, S. 468.

1370 Dazu auch oben P. III. 4., S. 291 f.

S. Möglichkeit der Wiederaufnahme des Prozesses

I. Vorgeschichte

In fünf Wiederaufnahmeverfahren mit vielen Zeugen ist es Otto John nicht gelungen, die Aufhebung seines Urteils durch den BGH zu erreichen. Auch das 1994 eingeleitete fünfte Wiederaufnahmeverfahren wurde vom KG Berlin als erster Instanz als unbegründet abgelehnt, der BGH als zweite Instanz hatte sich beim Tod von Otto John 1997 noch nicht mit der eingelegten sofortigen Beschwerde befaßt. Die zugelassene Beschwerde war bei Otto Johns Tod im März 1997 noch nicht begründet. Die Frist für die Begründung war wegen der schweren Erkrankung von Otto John bis zum 31. Juli 1997 erstreckt worden. Die heute nicht mehr lebende Schwester Erika Wolff von Otto John als einzige Verwandte im Sinne des § 361 II StPO[1371] hatte - wohl aus Kostengründen - kein Interesse an der Fortführung des Verfahrens, sodaß es auf Antrag des Verteidigers eingestellt wurde. Zu Otto Johns Lebzeiten hatte sie ein sehr enges Verhältnis zu ihrem Bruder. Nach seiner Entlassung aus dem Zuchthaus fand er zunächst eine Wohnmöglichkeit bei ihr in Katzenelnbogen, weil seine Frau die Dienstwohnung in Köln und auch die Zweitwohnung in Hohenkeppel längst hatte aufgeben müssen und sich in England durch Gesangstunden über Wasser hielt. Als das Ehepaar John in Igls eine mietfreie Unterkunft gefunden hatte, erhielt der mittellose Otto John laufend finanzielle Zuwendungen von seiner Schwester, deren Mann in Katzenelnbogen ein Sanatorium hatte, das heute von Otto Johns Großneffen geleitet wird.

Der Verteidiger Gerhard Jungfer in Berlin schreibt zur Einstellung des fünften Wiederaufnahmeverfahrens ohne Entscheidung an Walter Bonhoeffer am 11. August 1997 philosophisch:[1372]

„Das Verfahren gegen Dr. Otto John ist nun, entsprechend meinem Antrag, eingestellt worden, Kopie einer Ausfertigung des Beschlusses vom 23.07.1997 anbei.

Wie erinnerlich hatte die Bundesanwaltschaft beantragt, die sofortige Beschwerde aus inhaltlichen Gründen zurückzuweisen. Der Bundesgerichtshof hat das Verfahren eingestellt, weil „nach dem Tode des einzigen Antragstellers eine Sachprüfung nicht mehr möglich ist". Damit wird man

1371 Oben P. III. 2., S. 282.

1372 Kopie in den Akten des Testamentvollstrecker Dr. Schweinester in Innsbruck.

vor der Prozeßgeschichte des Verfahrens immerhin sagen können, daß die Sache am Ende offen geblieben ist."

Verfasser ist der Ansicht, daß die neu aufgefundenen Akten und die noch lebenden Zeugen eine erfolgreiche postume Wiederaufnahme ermöglichen.

II. Rechtslage

1. Voraussetzungen für eine Wiederaufnahme

Die Wiederaufnahme des Verfahrens ist nach § 361 StPO Abs. 2 nach dem Tod des Verurteilten auf Antrag von nahen Verwandten[1373] möglich. Die Staatsanwaltschaft kann das Verfahren ebenfalls zugunsten des verstorbenen Verurteilten wieder aufnehmen[1374]. Hierfür sind nach § 349. Abs. 5 StPO neue Tatsachen erforderlich (Nova). Die vergeblichen Wiederaufnahmeverfahren von Otto John sind teilweise daran gescheitert, daß das Gericht die vorgebrachten Beweise nicht als Nova angesehen hat. In der Tat liegt es im Ermessen des Wiederaufnahmegerichts, über die Zulassung der Beweise als Nova zu entscheiden[1375]. Hierbei neigen die Gerichte dazu, die Rechtskraft[1376] des ergangenen Urteils sehr hoch zu bewerten und an die Erheblichkeit der Nova hohe Anforderungen zu stellen. Eine sachgerechte Entscheidung setzt aber voraus, daß das Gericht mit unbefangenen Richtern besetzt ist. § 23 Abs. 2 StPO wurde in den Wiederaufnahmeverfahren mehrfach verletzt. Der Bundesrichter Faller[1377] war an den ablehnenden Beschlüssen des ersten und zweiten Wiederaufnahmeverfahrens als erkennender Richter beteiligt; ebenso Bundesrichter Wiefels an der HV 1956. Senatspräsident Scharpenseel hat den letzten ablehnenden Beschluß zum Antrag auf Aufhebung der Untersuchungshaft 1955 mit vier Richtern des späteren Urteils unterzeichnet, er war Ersatzrichter in der HV 1956 und hat als Senatspräsident das zweite Wiederaufnahmeverfahren geführt. Auf die Einsprüche der Verteidigung gaben die betroffenen Richter jeweils dienstliche Erklärungen ab, daß sie unbefangen seien. Auch Albrecht Mayer war erkennender Richter im zweiten und im dritten Wiederaufnahmeverfahren.

1373 Dazu auch oben P. III. 2., S. 297.

1374 *Krehl*, § 361 StPO, Rn 2.

1375 L-R, § 359 Rn 145.

1376 Dazu auch oben H. I. 1., S. 123 und P. I. ; S. 290.

1377 Oben J. III. 3. , S. 178.

2. Die Neuheit von Beweisen (Nova) gemäß § 359 Abs. 5 StPO

Heute besteht die Gefahr der fehlerhaften Besetzung des Gerichts nicht mehr. Allerdings sind die Maßstäbe, die an Nova gelegt werden, unverändert hoch. Verfasser vertritt die Ansicht, daß die von ihm in bisher nicht zugänglichen Geheimakten gefundenen Erkenntnisse[1378] durchaus entscheidende Nova sind und in Verbindung mit einer vorurteilsfreien Beweiswürdigung der Zeugenaussagen aus dem Prozeß 1956 und den späteren vergeblichen Wiederaufnahmeverfahren die Möglichkeit bieten, das Verfahren wieder aufzunehmen und zu einer rechtskräftigen postumen Rehabilitierung von Otto John zu führen. Soweit es die vorurteilsfreie Beweiswürdigung betrifft, ist umstritten[1379], ob sich das Wiederaufnahmegericht auf den Standpunkt des erkennenden Gerichts 1956 stellen muß, oder ob es frühere Beweise aus seiner heutigen Sicht beurteilen kann oder sogar muß. Dies gilt vor allem auch für die Erheblichkeit der Nova. Verfasser ist der Ansicht, daß Sinn und Ziel der Wiederaufnahme verfehlt werden, wenn es dem wiederaufnehmenden Gericht versagt sein soll, auch früher abgelehnte Beweise im Zusammenhang mit neuen Erkenntnissen heranzuziehen.

Als Novum sollte grundsätzlich alles gelten, was dem erkennenden Gericht bei Abschluß der mündlichen Verhandlung nicht bekannt war, auch wenn es in den Akten stand, aber nicht nach § 261 StPO in die HV eingeführt wurde. Dementsprechend sind Nova auch solche Tatsachen, die vom Gericht in der Urteilsbegründung verwendet werden, obwohl sie nicht in der HV vorgebracht wurden[1380].

Schon *Gieseking*[1381] erschien die vorzeitige Entlassung der Hauptbelastungszeugen Wittig und Sievers aus langjähriger Haft in der DDR jeweils rechtzeitig zu für John negativen Aussagen vor dem BGH verdächtig, und deren Aussagen möglicherweise vom Osten gesteuert; er konnte das aber nur vermuten. Dem Verfasser liegen jetzt dafür die Beweise vor[1382]. Diese Beweise und viele andere sind eindeutig Nova, die den Anforderungen des § 359 Abs. 5 genügen.

3. Wiederaufnahme nach dem Tod des Verurteilten

Der Wiederaufnahmeantrag kann sich nach § 371 Abs. 1 StPO wegen Todes des Verurteilten nur auf Freispruch ohne neue HV rich-

1378 Oben Kapitel R. I., S. 319 ff.

1379 *Peters*, S. 59.

1380 *Kleinknecht*, § 359 Rn 30; L-R, § 359, Rn 85, 88, 89.

1381 *Gieseking*, S. 451 ff.

1382 Oben R. I. 3. und 4., S. 322 ff und S. 325 f.

ten. Ziele des Wiederaufnahmeantrags sind nach der Inquisitionsmaxime[1383] die Erforschung des wahren Sachverhalts und die Gerechtigkeit. Das Wiederaufnahmegericht ersetzt dabei die Funktion einer Berufungsinstanz[1384], die für den BGH 1956 nicht vorhanden war. Als Berufungsersatzinstanz überprüft das WA-Gericht die Richtigkeit der angefochtenen Entscheidungen zugrunde liegenden tatsächlichen Feststellungen.[1385].

Daß die Richter den Grundsatz „in dubio pro reo" beim Prozeß von 1956 verletzt hatten, wurde in der vorliegenden Arbeit wiederholt gezeigt. Bei dem Wiederaufnahmeverfahren muß eine hinreichende Wahrscheinlichkeit bestehen[1386], daß in einem neuen Wiederaufnahmeverfahren eine für den Verurteilten günstigere Entscheidung [1387] getroffen wird, wenn in der Hauptverhandlung wegen widersprüchlicher Darstellungen Raum für den Grundsatz „in dubio pro reo" gegeben ist. Da wegen des Todes des Verurteilten keine neue Hauptverhandlung stattfindet, muß dies auch für die Entscheidung nach Aktenlage und Kenntnisnahme neuer Beweise durch das Gericht gelten.

4. Wiederaufnahme durch den Staatsanwalt

Für den Verfasser besteht kaum ein Zweifel, daß schon die im fünften Wiederaufnahmeverfahren angebotenen Zeugen ausgereicht hätten, um mit ihren Aussagen die Unschuld des Verurteilten zu beweisen, wenn das KG Berlin als erste Instanz die Zeugen gehört und sie nicht als „Zeugen vom Hörensagen" abqualifiziert hätte. Der mit der sofortigen Beschwerde angerufene BGH konnte sich nicht mehr mit dem Verfahren befassen, weil es wegen des Todes des Verurteilten unentschieden eingestellt wurde, bevor die Zeugen gehört wurden. Überhaupt kein Zweifel an diesem Ergebnis kann heute bestehen, nachdem in der vorliegenden Arbeit nicht nur nachgewiesen wurde, daß die wichtigsten Belastungszeugen Sievers und Wittig vom Osten gesteuerte Zeugen waren, sondern vor allem, weil auch feststeht, daß es sich im Zusammenwirken von Wohlgemuth und Wonsig wirklich um eine Entführung Otto Johns gehandelt hat, und daß dieser nicht freiwillig im Machtbereich des Ostens blieb, sondern ein Gefangener war, bis ihm die Flucht zurück in den Westen gelang.

1383 *L-R*, Rn 5 vor § 359.

1384 *L-R*, Rn 27 vor § 359.

1385 *L-R*, § 359 Rn 143.

1386 *L-R*, § 370 Rn 23.

1387 Im vorliegenden Falle wegen des Todes des Verurteilten Freispruch.

Ob sich allerdings ein Staatsanwalt findet, dessen Gerechtigkeitsgefühl so stark ausgeprägt ist, daß er von der gesetzlich eröffneten Möglichkeit Gebrauch macht, das Verfahren zugunsten des Verurteilten wieder aufzunehmen, ist eine andere Frage. Das Legalitätsprinzip zwingt die Staatsanwaltschaft nur zum Eingreifen, wenn eine Straftat begangen wurde. Das wäre z.B. Rechtsbeugung durch das Gericht 1956. Nach Ansicht des Verfassers sollte die Staatsanwaltschaft die Wiederaufnahme des Verfahrens anstrengen, um die Wiederaufnahmeziele Wahrheit und Gerechtigkeit zu erreichen. Auch das Interesse der lebenden Verwandten (Stieftochter, Nichte, Großneffen) an der Wiederherstellung der Ehre von Otto John sollte dabei eine Rolle spielen. Diese Verwandten können nach der hM selbst nicht den Antrag auf Wiederaufnahme stellen[1388]. Nach Ansicht des Verfassers handelt es sich auch um eine wichtige politische Frage. Es liegt im Ermessen der Staatsanwaltschaft, ob sie Unrecht, das in der frühen Bundesrepublik von durch Auffassungen aus der NS-Zeit voreingenommenen Richtern begangen wurde, wiedergutmachen und den ersten Präsidenten des Bundesamts für Verfassungsschutz rehabilitieren will.

1388 Oben P. III. 2., S. 282.

T. Ergebnisse

I. Zusammenfassende Übersicht

In sorgfältigem Studium aller zum Teil bisher noch nie ausgewerteten Quellen ist Verfasser zur festen Überzeugung gekommen, daß das Urteil von 1956 gegen Otto John ein Fehlurteil war. Die überwiegenden Indizien - von denen viele schon dem BGH 1956 bekannt waren oder hätten bekannt sein können, wenn sie nicht von verschiedenen Stellen zurückgehalten worden wären - sprechen dafür, daß Otto John am Abend des 20. Juli 1954 in der Praxis des Dr. Wohlgemuth oder kurz danach in dessen Kraftfahrzeug willenlos gemacht oder überlistet wurde, um ihn über die Zonengrenze nach Ost-Berlin zu entführen, wo er in die Gewalt des russischen Geheimdienstes KGB gebracht wurde. Das Gericht hat die von der Verteidigung vorgebrachten Indizien, daß John das Opfer einer Entführung geworden sei, nicht angemessen berücksichtigt. Die vom BGH 1956 als Beweis für einen freiwilligen Übertritt verwerteten Indizien sind weniger überzeugend als die entlastenden Indizien, soweit die belastenden Aussagen nicht sogar von Zeugen stammen, die erkennbar - und heute erwiesenermaßen- vom Osten gesteuert waren. Auch wenn ohne Zugang zu den KGB-Akten in Moskau nicht mit letzter Sicherheit festgestellt werden kann, ob dabei ein Betäubungsmittel in der Praxis des Wohlgemuth oder / und durch den mitwirkenden Agenten des KGB Max Wonsig später im Auto - wie dieser selbst Jahre später glaubwürdigen Zeugen berichtete - eine Rolle gespielt hat, kommt es darauf nicht an. Jescheck hat schon 1956 in seinem ausführlichen Gutachten nachgewiesen, daß selbst im Falle des freiwilligen Übertritts kein strafbarer Tatbestand vorlag.

Wirklich fest steht nur, daß Otto John die Praxis von Wohlgemuth aufgesucht hat, um als Gefälligkeit für Frau Nehlsen, die Witwe eines Freundes aus der Widerstandszeit, ein von Wohlgemuth seit langem versprochenes Attest zu beschaffen. Die Korrespondenz dazu von Frau Nehlsen mit Wohlgemuth, später mit Otto John und die Aussage der Sprechstundenhilfe, die die erforderlichen Unterlagen heraussuchte und Wohlgemuth übergab, läßt keinen Zweifel daran, daß dies der wirkliche Grund für den Besuch in der Praxis war, wie es Otto John immer behauptet hat. Wohlgemuth hatte Herrn Nehlsen im Krieg behandelt. Der Oberbundesanwalt Wiechmann, der die Anklage vorbereitet hatte, kannte durch die Vernehmung von Dr. Buchardi persönlich diesen wahren Sachverhalt.

Der BGH hat, statt von dieser Tatsache auszugehen, angenommen, daß die ganze Sache mit dem Attest ein Vorwand gewesen sei, und Otto John in Wirklichkeit Wohlgemuth aufgesucht habe, um mit ihm zu einem „konspirativen Treffen" in den sowjetischen Machtbereich zu fahren. Hierfür lag und liegt nichts an glaubwürdigen Beweisen vor. Der BGH folgte vielmehr der schriftlichen Aussage von Wohlgemuth, der der Vorladung des Gerichts nicht nachkam, sowie der Propaganda der DDR, die das von ihr behauptete „freiwillige Überlaufen" von Otto John als Beweis gegen die Politik der Adenauerregierung geschickt ausnützte. Als „Kronzeuge" trat - da Wohlgemuth nicht erschien - der zwielichtige Journalist Carl Wittig auf, der selbst geheimdienstliche Tätigkeiten ausübte, obwohl er das bestritt. Deswegen lief später ein Meineidsverfahren gegen ihn. Auch wenn dieses Verfahren schließlich zu einem Freispruch führte, liegen heute Beweise vor, daß Wittig für mehrere Geheimdienste tätig war.

Die Glaubwürdigkeit von Wittig wird dadurch erschüttert, daß er aus langjähriger Haft in der DDR nach Verbüßung von weniger als der Hälfte der Strafe plötzlich entlassen wurde; rechzeitig, um in Karlsruhe gegen Otto John auszusagen. Neu aufgefundene Unterlagen zeigen, daß seine Aussagen mit persönlichen Anweisungen von Generalmajor Markus Wolf, dem Chef des Auslandsgeheimdienstes der DDR, gesteuert worden waren. Das gleiche gilt für Susanne Sievers, auf deren Aussage sich der BGH stützte. Sie wurde nach ihrer eigenen Aussage in der Haft „wenige Tage nach dem 20. Juli 1954" im Gefängnis in der DDR von Beamten des MfS über den Fall John befragt. Was sie später im Johnprozeß aussagte, kann nur als Teil der geschickten Propaganda der östlichen Seite angesehen werden. Sie wurde - trotz Verurteilung zu achtjähriger Haft im Jahr 1952 als Doppelagentin - nach ihrer erneuten Verpflichtung als Agentin im August 1956 vorzeitig in die Bundesrepublik entlassen und führte in Bonn erneut mit finanzieller Unterstützung des MfS (Agentin „Lydia") einen politischen Salon, in dem auch Willy Brandt und Franz Josef Strauß verkehrten. Mit Willy Brandt verband sie in ihrer ersten Zeit als Agentin „Johanna" für den MfS 1951/1952 eine über zwei Jahre gehende intime Freundschaft bis zu ihrer Verhaftung auf der Leipziger Messe 1952.

Daß der von zahlreichen Zeugen charakterlich sehr negativ beurteilte Wohlgemuth, der erwiesenermaßen Agent des KGB war, die Vorgänge am Abend des 20. Juli 1954 anders und mehrfach unterschiedlich darstellte, um selbst dem Vorwurf des Menschenraubs zu entgehen, ist naheliegend. Als schlüssiger Beweis gegen Otto John, den alle Zeugen, die ihn entweder aus langjähriger persönlicher

Bekanntschaft oder Zusammenarbeit mit ihm als Präsident des BfV gut kannten, als absolut zuverlässig und ehrenhaft schilderten, durften diese indirekten Aussagen nicht dienen. Wohlgemuth gab in seinen unterschiedlichen Varianten schriftlich in Briefen an verschiedene Personen und an das Gericht sowie als Angeklagter 1958 vor dem BGH als ein Hauptmotiv seiner Fahrt mit Otto John nach Ost-Berlin den Besuch des Grabes des jüngerem Bruders Otto Johns an, des noch am 23. April 1945 von der SS ermordeten Dr. Hans John. Der Besuch fand nicht statt, weil Wohlgemuth (nach seiner Aussage) Otto John vor der Charité einem Dr. Schneider übergab, der angeblich ein Freund Johns war. Heute ist aus der eigenen ausführlichen Darstellung des KGB-Mitarbeiters Karpow bekannt, daß er diesen Dr. Schneider spielte (alias Kutschin, als der er sich später um John im sowjetischen Machtbereich kümmerte). John selbst hat daran keine Erinnerung, weil er erst etwa 24 Stunden später in den Räumen des KGB in Ost-Berlin aus tiefer Betäubung aufwachte.

Schon die Tatsache, daß Wohlgemuth sich entschloß, ebenfalls in der DDR zu verbleiben und seine West-Berliner Praxis im Stich zu lassen, spricht deutlich dafür, daß er an einer Straftat beteiligt war und sich einer befürchteten Strafverfolgung im Westen entziehen wollte. Bei Wohlgemuth lagen auch von vielen Stellen dokumentierte Motive für seine Tat vor. Im Westen war er mit drei Ex-Ehefrauen, die er teilweise unterstützen mußte, und seinem aufwendigen Lebensstil überschuldet und gepfändet. Durch die Verbringung von John in den Osten wollte er sich von dem Verdacht des KGB entlasten, daß er Doppelagent für die amerikanische Seite sei, und erhoffte als Belohnung für seine Tat die lang angestrebte leitende Stelle in der Charité. Der bekannte Chirurg und langjährige Chef der Charité Prof. Sauerbruch hatte ihn 1944 vor allem wegen seiner Frauenaffären, die in der Ansteckung einer 16-jährigen Patientin mit Syphilis gipfelten, mit Verweigerung eines Zeugnisses entlassen.

Die hohen Zahlungen in Ostmark und westlicher DM, die Wohlgemuth während seines Zwangsaufenthalts in der DDR vom 21. Juli 1954 bis zu seiner Verhaftung 1958 (bei einem nicht vom MfS genehmigten Besuch in West-Berlin) erhielt, wurden von der Leitung des Ministeriums für Staatssicherheit der DDR ausdrücklich mit seinen Verdiensten bei der Verbringung von Otto John in den Osten begründet. Sie sind damit ein deutlicher Hinweis auf die Entführung Johns durch den russischen Geheimdienst.

Beim BGH mußten 1956 auf Grund der ihm bekannten Tatsachen und vorliegenden Indizien zum ersten Teil der Anklage (freiwilliger Übertritt in die DDR in verfassungsfeindlicher Absicht) erhebliche

Zweifel bestehen, ob sich der Angeklagte wirklich freiwillig in den östlichen Machtbereich begeben hatte. Dies wurde allein von Wohlgemuth und der östlichen Propaganda behauptet. Nicht nur die Aussagen fast aller Personen, die Otto John teilweise seit vielen Jahren kannten, sondern vor allem auch die Aussagen aller seiner Mitarbeiter im BfV (die durchaus nicht immer mit seiner Amtsführung einverstanden waren) ließen die Tat für einen unbescholtenen Mann, der alle seine Wurzeln im Westen hatte, mit einer Engländerin erst seit vier Jahren glücklich verheiratet war, als völlig unverständlich und ohne vernünftiges Motiv erscheinen. Die vom BGH angenommenen Motive, daß Otto John amtsmüde gewesen sei und daß er die Bundesrepublik wegen Diskrepanzen mit der Adenauerregierung verlassen habe, halten einer Nachprüfung nicht stand. Otto John hatte jederzeit andere Berufsmöglichkeiten im Westen – so war ihm u.a die Rückkehr zur Lufthansa angetragen worden, in der er bis zu seiner Flucht nach dem 20. Juli 1944 tätig war. Seine gegenüber einigen Aspekten der Adenauerregierung sicher vorhandene Kritik hat ihn nicht gehindert, seine Amtspflichten korrekt und engagiert auszuführen, wie von seinen Vorgesetzten als Zeugen im Prozeß 1956 und bereits vorher unmittelbar nach seinem Verschwinden 1954 bei den Ermittlungen durch Kriminalpolizei und Staatsanwaltschaft betont wurde.

Auch die immer wieder von interessierter Seite oder voreingenommener Presse aufgestellte Behauptung, daß Otto John „Kommunist" gewesen sei, wird durch keine Beweise belegt, sondern das Gegenteil bewiesen, sodaß auch der BGH diesen Verdacht fallen ließ. Johns demokratisch-liberale Grundeinstellung wird aus vielen Indizien und Zeugnissen deutlich. In seinem Panzerschrank im BfV wurde nach dem 20. Juli 1954 ein kurz zuvor von ihm verfaßtes Memorandum über die kommunistische Gefahr aufgefunden. Er war an den Vorbereitungen zum Verbot der KPD maßgeblich beteiligt. Allerdings sah er auch eine Gefahr für die junge Bundesrepublik in der Renazifizierung, der massiven Wiedereinstellung nach 1945 verurteilter, aber später amnestierter aktiver Nationalsozialisten bis in hohe Stellen im Staatsdienst. In seiner Amtszeit wurde die ultrarechte SRP verboten und wäre auch das Verbot der KPD gefallen, wenn er im Amt verblieben wäre.

Soweit es den zweiten Teil des als strafbar vom BGH 1956 angenommenen Tatbestandes betrifft – freiwillige Mitarbeit an den politischen Zielen der DDR durch die von Otto John während seines Aufenthalts in der DDR ausgeübten Tätigkeiten, und durch seine Erklärungen insbesondere auf der Pressekonferenz am 11. August 1954 –, fehlen für die Strafbarkeit des Verhaltens von Otto John die

Voraussetzungen, selbst wenn er seine Erklärungen aus freiem Willen abgegeben hätte. Dies stellen insbesondere die Gutachten der Professoren Kern und Jescheck klar. Es fehlte an der Absicht zu staatsgefährdendem Umsturz als Voraussetzung, das Verhalten Johns im Osten unter den Straftatbestand der Staatsschutzgesetze zu subsumieren. Otto John als vom KGB Entführter und an der Rückkehr in den Westen Gehinderter konnte sich ohnehin nicht strafbar gemacht haben, weil er für sein Verhalten eine Notstandslage in Anspruch nehmen konnte.

Bei dieser Sachlage hätte das Gericht nach der zwingend gebotenen Maxime im Strafprozeß „in dubio pro reo" entscheiden müssen. Der Staatsanwalt hatte höchstens zwei Jahre Zuchthaus unter Anrechnung der Untersuchungshaft, die Verteidigung Freispruch beantragt. Das Gericht findet dann meist einen Kompromiß zwischen den beiden Extremen, sofern nicht ein Freispruch erfolgt. Statt dessen verurteilte der 3. Strafsenat des BGH Otto John zu vier Jahren Zuchthaus, die dieser unter Abzug des bei guter Führung üblichen teilweisen Straferlasses voll verbüßt hat. Nach dem 1956 geltenden Recht gab es in Staatsschutzsachen nur den BGH als einzige Instanz, eine Berufung war nicht möglich. Otto John hat bis zu seinem Tod 1997 im Alter von 88 Jahren in fünf Wiederaufnahmeverfahren auf Grund sich neu meldender Zeugen und anderer Beweise vergeblich versucht, seine Rehabilitierung zu erreichen. Das fünfte, vom KG Berlin als erste Instanz ohne überzeugende Begründung abgelehnte, aber durchaus aussichtsreiche Wiederaufnahmeverfahren lief bei Otto Johns Tod noch auf Grund der sofortigen Beschwerde der Strafverteidiger beim BGH, der auf die Begründung wartete. Es wurde aber wegen des Fehlens eines Antragstellers nach Otto Johns Tod auf Antrag des Verteidigers ohne eine Entscheidung des BGH als zweiter Instanz eingestellt.

II. Detaillierte Erwägungen zur Begründung des Endergebnisses

Im einzelnen ergibt sich zum Verlauf des Prozesses 1956 und zu dem aus heutiger Sicht eindeutig als fehlerhaft anzusehenden Urteils des BGH vom 22. Dezember 1956 das Folgende:

Dem BGH lagen neben den Aussagen von Otto John weitere Hinweise und Aussagen vor, die Zweifel an seiner Schuld aufkommen lassen mußten. Daß der BGH in seinem Urteil diese Zweifel nicht berücksichtigt und damit den Rechtssatz in dubio pro reo verletzt hat, zeigt in erster Linie die Fehlerhaftigkeit des Urteils. Einzelne

Hinweise wurden nicht zum Gegenstand der HV gemacht, so daß man insoweit sogar von Rechtsbeugung sprechen kann.

Der BGH hat in Otto Johns Verhalten die Absicht gesehen, der Bundesrepublik zu schaden. Im kurz nach dem Johnprozeß gegen Agartz geführten Prozeß, der mit einem Freispruch endete, hat der BGH seine Rechtsauffassung geändert, obwohl Agartz - anders als John - sich freiwillig in die DDR begeben hatte. In dem späteren Meineidsverfahren gegen Wittig hat das Gericht dessen in der DDR abgegebene Eidesstattliche Erklärung, daß er für den amerikanischen Geheimdienst gearbeitet habe, als nicht relevant angesehen, weil man davon ausgehen müsse, daß Erklärungen im Osten unter Zwang erfolgen. Die entsprechende Einlassung Otto Johns hat der BGH zurückgewiesen. Schon diese Gegensätze in rechtskräftigen Urteilen hätten Gründe für eine Revision des Johnurteils gegeben, wenn der BGH nicht die einzige Instanz nach der damaligen Rechtslage gewesen wäre.

Der Staatsanwalt hat die ursprüngliche Anschuldigung des Landesverrats im Haftbefehl vom 12. Dezember 1955 in der Anklage fallen gelassen. Das Urteil lautete auf vier Jahre Zuchthaus wegen landesverräterischer Fälschung nach § 100 a Abs. 2 StGB in Tateinheit mit landesverräterischer Konspiration im Sinne des § 100 d Abs. 2 und 3 StGB im besonders schweren Falle. Als besonders schwerwiegend hat der BGH angesehen, daß Otto John auf der vom KGB und MfS vorher sorgfältig einstudierten Pressekonferenz am 11. August 1954 auf die Frage eines ostdeutschen Pressevertreters, ob es geheime Zusatzabkommen zum EVG-Vertrag gebe, die gewünschte Antwort gab: „Ja, es gibt solche geheimen Abreden". Die Bundesregierung hat das Bestehen solcher geheimen Abreden abgestritten, sodaß der BGH im Urteil den Tatbestand des § 100 a Abs.2 a. F. [1389] als erfüllt ansah.

Zu diesem Aspekt des Urteils sind drei Punkte interessant:

1. Der bekannte Jurist Dr. Adolf Arndt, der als Bundestagabgeordneter an den Beratungen zur Neuaufnahme der §§ 100 ff. StGB teilgenommen hatte, bestritt, daß eine solche Äußerung überhaupt strafbar sein könne. Man sei sich bei der Abfassung der neuen Paragraphen darüber einig gewesen, daß nur solche Geheimnisse schutzwürdig seien, die auf demokratisch legitimem Weg zustandegekommen seien, also durch - geheime - Beratung und Billigung in den parlamentarischen Ausschüssen, nicht aber solche Geheimnisse, die die Regierung unter Umge-

1389 Wortlaut des Gesetzes s. oben Kapitel K. II. 1. a), S. 184.

hung des Parlaments geschaffen habe. Schon deswegen könne Otto John sich nicht strafbar gemacht haben.

2. Verfasser hat bei seinen Recherchen tatsächlich Zusatzabreden zu den EVG-Verträgen gefunden, die zunächst nicht veröffentlicht wurden. Insoweit stimmte also der Wortlaut der Erklärung von Otto John mit den Tatsachen überein. Über den Inhalt solcher Abreden hat Otto John nichts bekannt gegeben.

3. Die EVG-Verträge sind zwar ratifiziert worden, aber nicht in Kraft getreten. Das lag am Widerstand Frankreichs und hatte nichts mit Otto Johns Erklärung auf der Pressekonferenz zu tun. Insofern ist der Tatbestand: „einen ... Nachteil herbeiführt" nicht erfüllt, weil der Nachteil nicht eingetreten ist und nicht eintreten konnte. Wenn man § 100 a Abs. 2 zugrundelegt, der die Herbeiführung einer Gefahr nach Abs. 1 unter Strafe stellt, müßte die Absicht zur Herbeiführung einer solchen Gefahr nachgewiesen werden - auch daran fehlt es.

Daß auch für eine Verurteilung nach § 100 d StGB keine Rechtsgrundlage gegeben war, wird besonders im Gutachten von Jescheck deutlich herausgestellt.

Bevor der BGH 1 ½ Jahre nach dem 20. Juli 1954 - nach Otto Johns erfolgreicher Flucht zurück am 12. Dezember 1955 - seine Ermittlungen aufnahm, hatte zeitnah unter dem Vorsitz von Dr. Bucerius sofort der parlamentarische Untersuchungsausschuß seine Arbeit begonnen. Der damalige Bundesinnenminister Dr. Gerhard Schröder gab vor dem Ausschuß eine ausführliche Erklärung ab, daß er von einer Entführung ausgehe - ein im Rahmen des Kalten Krieges insbesondere in Berlin, das noch keine Mauer, sondern nur die streng bewachte Zonengrenze hatte, nicht unbekannter Vorgang. Unter dem Eindruck der sehr geschickt von der östlichen Seite arrangierten Pressekonferenz am 11. August 1954 änderte Schröder seine Meinung in der Öffentlichkeit und bezeichnete Otto John als Verräter - nach einem von Reinhard Gehlen, dem späteren Chef des BND in Pullach, gebrauchten griffigen Wort: „Einmal Verräter, immer Verräter!". Gehlen spielte damit auf die Tätigkeit Otto Johns im Widerstand und auf seine gelungene Flucht vor der Gestapo am 24. Juli 1944 an. Für die Mentalität in weiten Kreisen der frühen Bundesrepublik ist der Ausspruch Gehlens kennzeichnend. Man konnte ungestraft das Attentat gegen Hitler mit für die Adenauerregierung unbequemen Äußerungen auf eine Stufe stellen.

Der Bundestagsausschuß sah im Gegensatz zum Urteil des BGH die Schuld Johns nicht als erwiesen an.

Schröder als Bundesminister des Innern und für das Bundesamt für Verfassungsschutz politisch Verantwortlicher, damit 1954 Otto Johns oberster Chef, ist nach seinem Ausscheiden aus dem Amt als Innenminister und Wiederaufnahme seiner Praxis als Rechtsanwalt voll zu seiner ursprünglichen Ansicht von der Unschuld Johns zurückgekehrt. Schröder hat jahrelang vieles versucht, um die Rehabilitierung Johns im Gnadenweg zu erreichen, wie unter anderem seine Korrespondenz mit und seine persönliche Vorsprache bei Bundespräsident Scheel beweisen. Das Gnadengesuch von 1975 wurde 1980 unter Bundespräsident Carstens (nach fast fünf Jahren!) wegen weiterbestehender Bedenken des Bundesministeriums des Innern, das sich nach den Einwendungen des Präsidenten des BfV richtete, abgelehnt.

Bemerkenswert ist vor allem, daß der Entführer Wohlgemuth, dessen Tätigkeit als Agent des KGB heute absolut feststeht, die aber auch dem BGH nicht unbekannt war, während seines Aufenthalts in der DDR nach dem 20. Juli 1954 in der Nacht vom 20./ 21. Juli kurz noch einmal in seine Praxis in West-Berlin fuhr und einen Brief hinterließ, daß er sich in die DDR abgesetzt habe, weil er befürchte, in den Verdacht eines Menschenraubes zu geraten. Der BGH hat diese einige Stunden nach der Entführung handschriftlich erstellte „erklärende" Notiz mit Anweisungen für die Angestellte Ursula Gohrbandt als Beweis angesehen, daß Wohlgemuth kein Entführer sein könne - obwohl Wohlgemuth bei dieser Gelegenheit seine Geliebte und spätere vierte Ehefrau Annemarie Weyres abholte und mit in den Osten nahm.

Diese Beweiswürdigung ist völlig unverständlich, zumal es Zeugenaussagen gibt, die auf Reisevorbereitungen der Weyres am Abend des 20. Juli 1954 hinwiesen, bevor Wohlgemuth nachts in die Praxis zurückkam. Daß die heute noch lebende wichtige Zeugin Annemarie Wohlgemuth geb. Weyres auch später zu einer erneuten Aussage - als sie eine Anklage wegen Meineid nicht mehr zu befürchten hatte - gegenüber dem Verteidiger von Otto John im Wiederaufnahmeverfahren 1995 und auch gegenüber dem Verfasser 2005 (als eine eventuelle Falschaussage längst verjährt war) nicht bereit war, spricht nicht dafür, daß ihre Aussagen 1956 der Wahrheit entsprachen. Das KG Berlin ist dem Verlangen der Verteidiger, diese Zeugin zu vernehmen, nicht nachgekommen.

Zum Zeitpunkt dieser kurzen nächtlichen Rückkehr von Wohlgemuth konnte aber gegen Wohlgemuth noch kein Haftbefehl wegen des Verdachts des Menschenraubs vorliegen - die Tat war noch gar nicht bekannt. Die erste Mitteilung machte die Ehefrau Lucie John am Vormittag des 21. Juli 1954, als Wohlgemuth schon wieder sicher in der DDR war. Der östliche Geheimdienst hatte ihm diesen nächtlichen Besuch gestattet, aber auf seiner sofortigen Rückkehr nach Ost-Berlin bestanden. Wohlgemuth hätte ohne weiteres in West-Berlin bleiben können, wenn er sich keiner Schuld bewußt war und er nicht die Absicht hatte, mit den östlichen Mächten weiter zusammenzuarbeiten.

Schließlich wurde Wohlgemuth bei einem heimlichen (vom MfS nicht genehmigten) Besuch in West-Berlin am 11. Februar 1958 verhaftet und mußte sich vor dem gleichen Senat des BGH verantworten, der Otto John 1956 verurteilt hatte. Anders als Otto John, der ein volles Jahr in Untersuchungshaft verbrachte, wurde Wohlgemuth schon nach einigen Wochen aus der Untersuchungshaft gegen eine Kaution von 30.000 DM entlassen. Er wurde wegen nicht ausreichender Beweise für eine Straftat freigesprochen. Anders als im Fall John entschied das Gericht nach der zwingenden Maxime: in dubio pro reo, obwohl hier wesentlich deutlichere Indizien als im Fall John vorlagen, die auf eine Schuld Wohlgemuths hinwiesen. Man muß zu der Ansicht gelangen, daß dieselben Richter, die John zwei Jahre vorher verurteilt hatten, nicht bereit waren, ihr Fehlurteil zu revidieren.

In der vom Verfasser oft zitierten Arbeit hat Gieseking die ersten beiden Wiederaufnahmeverfahren ausführlich, die beiden folgenden kurz pauschal diskutiert. Auf eine detaillierte Diskussion dieser Verfahren wurde deshalb in der vorliegenden Arbeit verzichtet, aber das fünfte, nicht mit einem rechtskräftigen Urteil abgeschlossene und wegen des Todes von Otto John 1997 ohne Entscheidung eingestellte Verfahren eingehend erörtert.

Auf Grund der in den Wiederaufnahmeverfahren vorgebrachten, besonders im fünften, Verfahren angebotenen neuen Beweise, die dem BGH als zweiter Instanz noch nicht zur Kenntnis gekommen waren, sieht Verfasser heute die über mehr als 40 Jahre immer wieder mit neuen Beweisen gestützte Behauptung Otto Johns als erwiesen an, daß er nicht freiwillig und mit politischen Absichten in die DDR übergetreten sei, daß er sich bis zu seiner Flucht am 12. Dezember 1955 zurück in die Bundesrepublik in der DDR in einer Zwangslage befand und durch seine ständigen Bewacher an der Flucht zurück gehindert wurde. Für diese Ansicht gibt es weitere neue Beweise, die sich aus Einsicht in bisher nicht ausgewertete Geheimakten ergeben, die auch 1995 dem erkennenden Gericht und der Verteidigung noch nicht vorlagen.

Die Frage, warum das Gericht 1956 eine so einseitige Beweiswürdigung zu Lasten des Angeklagten vorgenommen hat, kann durch die private Aussage des GBA Dr. Max Güde und den Einblick in die Lebensläufe der erkennenden Bundesrichter in den Jahren 1933-1945 beantwortet werden. Auch eine Analyse besonders der mündlichen Urteilsbegründung von 1956 zeigt, daß die Richter noch von den Anschauungen der NS-Zeit beeinflußt waren und in dem Beschuldigten einen „Wiederholungstäter" sahen, weil er sich schon als aktiv Beteiligter an den Vorbereitungen zu dem Attentat auf Adolf Hitler am 20. Juli 1944 als Verräter gezeigt habe. Nur durch seine abenteuerliche Flucht am 24. Juli 1944 ist Otto John dem Tode entgangen, den fast alle anderen Mitglieder des Widerstandes erlitten, auch Otto Johns Bruder Hans und sein Chef Klaus Bonhoeffer.

Diese Argumente für das politische Vorurteil gegen Otto John gelten sicher auch noch für die beiden ersten Wiederaufnahmeverfahren, an denen unter Verletzung des § 23 Abs. 2 noch Richter aus dem ursprünglichen Verfahren beteiligt waren, die sich in dienstlichen Erklärungen als nicht befangen erklärten. Die Argumente verlieren aber mit dem Zeitablauf und der allmählichen Anerkennung des Attentats auf Hitler am 20. Juli 1944 als patriotische Tat an Bedeutung. Es ist schwer nachzuvollziehen, warum auch die Richter im dritten und vierten Verfahren an der Entscheidung von 1956 festgehalten haben. Vermutlich hat dies etwas mit „Krähenjustiz" zu tun: ein Richter scheut sich, das rechtskräftige Urteil eines früheren Verfahrens anzugreifen, zumal die früheren Richter der Tat zeitlich näher stehen und einen persönlichen Eindruck von den Aussagen des Angeklagten und der Zeugen gewinnen können. Allerdings setzt dies voraus, daß schon im früheren Verfahren belastende und entlastende Zeugen gleichgewichtet gehört und dann in die HV eingeführt werden, wo ihre Aussagen von unbefangenen Richtern gewürdigt werden. Dies war im Verfahren 1956 nicht der Fall.

Schließlich hat es aber für das letzte, wegen der zahlreichen neuen Zeugen und wegen des Vortrags der Verteidiger sehr aussichtsreiche Verfahren (1995-1997) den Anschein, als ob das Gericht sich nicht bemüht hatte, ernsthaft in den in Jahrzehnten angewachsenen Aktenberg einzusteigen. Dieser Anschein entsteht dadurch, daß das Kammergericht Berlin als erste Instanz sich zur Beurteilung des Wiederaufnahmeantrags eines hochbetagten Antragstellers 18 Monate Zeit nahm, um den 300 Seiten umfassenden Antrag der Verteidigung mit einer Begründung von nur 20 Seiten abzulehnen, ohne einen einzigen der angebotenen - schon damals betagten - Zeugen zu hören. Noch deutlicher zeigte sich dies in den Anträgen des Generalbundesanwaltes auf Ablehnung vor und nach der sofortigen Beschwerde. Ohne sich mit der Sache überhaupt auseinanderzusetzen, lehnte der GBA ab. Die zweite Ablehnung bestand nur aus einigen Zeilen. Die sofortige Beschwerde gegen das erstinstanzliche Urteil war zu diesem Zeitpunkt noch gar nicht begründet.

Erstaunlicherweise leben einige dieser Zeugen heute noch. Sie wurden vom Verfasser persönlich aufgesucht oder telephonisch (dies gilt z. B. für den ehemaligen russischen Botschafter Valentin Falin in Moskau) interviewt und stehen voll zu ihren für Otto John günstigen Aussagen.

III. Endergebnis

Die heutige Rechtslage wird dahingehend beurteilt, daß auf Grund der neuen Erkenntnisse in Verbindung mit Neubeurteilung früherer Beweise davon auszugehen ist, daß Otto John bei einer Wiederaufnahme des Verfahrens durch die Staatsanwaltschaft vom KG Berlin oder vom BGH freigesprochen werden müsse. Die Wiederaufnahme des Verfahrens durch die Staatsanwaltschaft ist möglich und erscheint geboten, um die Unschuld eines 1956 zu Unrecht Verurteilten postum formell rechtskräftig festzustellen.

Rechtswissenschaftlich sieht Verfasser durch die vorliegende Arbeit Dr. Otto John voll rehabilitiert.

Anhang I

Handschriftlicher Brief von Frau Sauerbruch S.1.

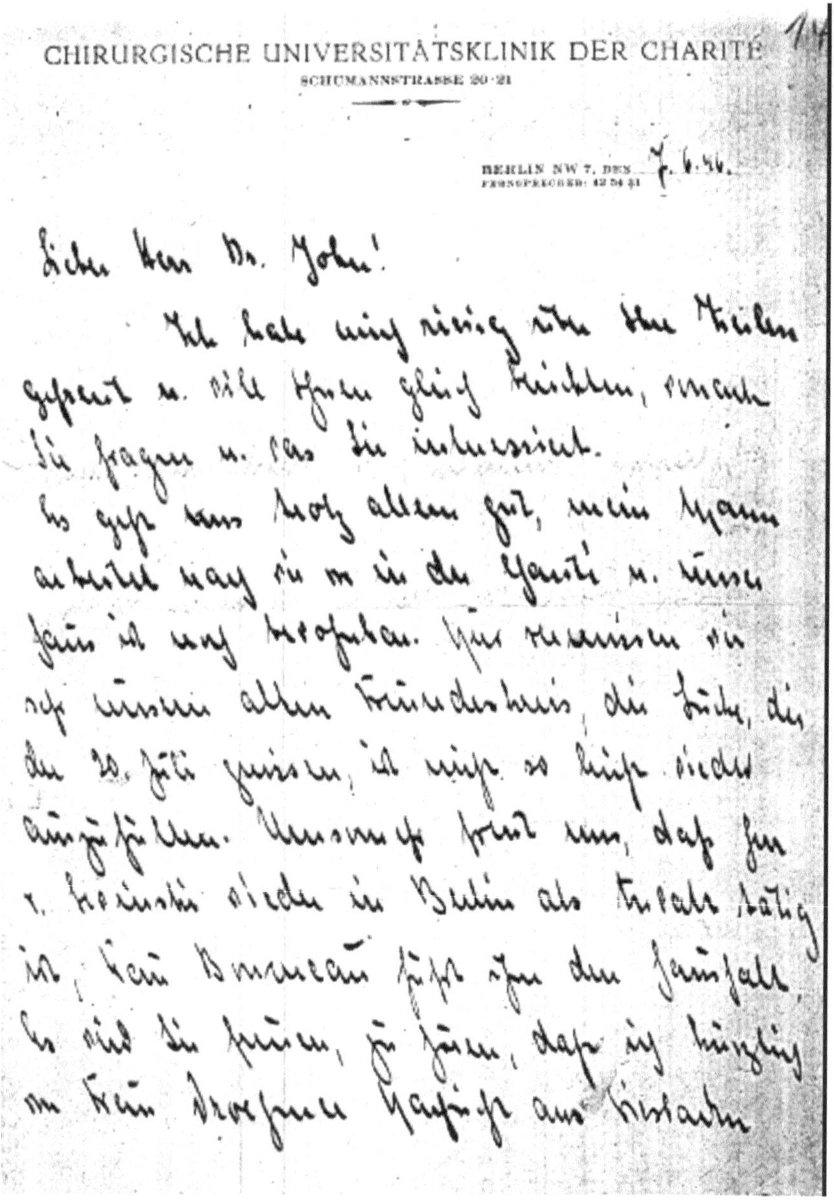

CHIRURGISCHE UNIVERSITÄTSKLINIK DER CHARITÉ
SCHUMANNSTRASSE 20-21

BERLIN NW 7, DEN 7.6.46.
FERNSPRECHER: 42 54 21

Lieber Herr Dr. John!

Ich habe mich riesig über Ihre Zeilen gefreut u. will Ihnen gleich berichten, wonach Sie fragen u. was Sie interessiert.
Es geht uns trotz allem gut, mein Mann arbeitet nach wie vor in der Charité u. unser Haus ist uns erhalten. Wir vermissen sehr unseren alten Freundeskreis, die Lücke, die der 20. Juli gerissen, ist nicht so leicht wieder auszufüllen. Besonders freut uns, daß Herr v. [illegible] wieder in Berlin als [illegible] tätig ist, Frau [illegible] führt ihm den Haushalt. Es wird Sie freuen, zu hören, daß ich kürzlich von Frau [illegible] Nachricht aus [illegible]

Handschriftlicher Brief von Frau Sauerbruch S. 2.

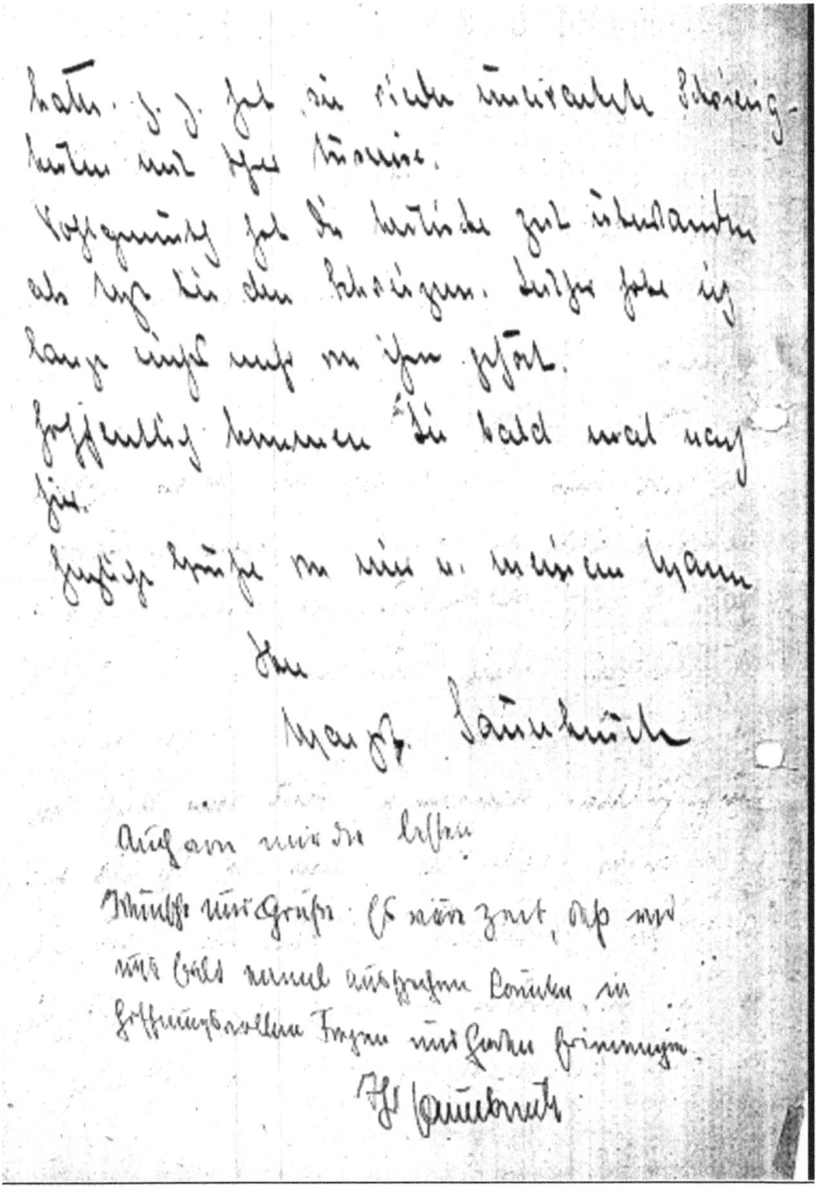
hatte. z. Z. hat sie viele unerwartete Schwierigkeiten mit ihrer Niere.
[illegible]
[illegible]
lange nichts mehr von ihm gehört.
Hoffentlich kommen Sie bald mal nach hier.
Herzliche Grüße von mir u. meinem Mann
Ihre
Margot Sauerbruch

Auch von mir die besten
Wünsche und Grüße. Es wäre Zeit, daß wir
uns bald einmal aussprechen könnten in
hoffnungsvollen Fragen und harten Erinnerungen.
Ihr Sauerbruch

Brief von Frau Margot Sauerbruch vom 7.6.1946

Lieber Herr Dr. John!

Ich habe mich riesig über Ihre Zeilen gefreut u. will Ihnen gleich berichten, wonach Sie fragen und was Sie interessiert.

Es geht uns trotz allem gut, mein Mann arbeitet noch in der Charité u. unser Haus ist noch bewohnbar. Nur vermissen wir sehr unseren alten Freundeskreis, die Lücke, die der 20. Juli gerissen, ist nicht so leicht wieder auszufüllen. Umsomehr freut uns, daß Herr v. Lecinski in Berlin wieder als Anwalt tätig ist, Frau Bonmeau führt ihm den Haushalt. Es wird Sie freuen, zu hören, daß ich kürzlich von Frau Droehmer Nachricht aus Wiesbaden hatte. Z.Z. hat sie wieder unerwartete Schwierigkeiten mit ihrer Ausreise.

Wohlgemuth hat die kritische Zeit überstanden als Arzt bei den Schweizern. Seither habe ich lange nichts mehr von ihm gehört.

Hoffentlich kommen Sie bald mal nach hier.

Herzliche Grüße von mir u. meinem Mann
Ihre
Margot Sauerbruch

Auch von mir die besten Wünsche und Grüße. Es wäre Zeit, daß wir uns bald einmal aussprechen könnten in hoffnungsvollen Fragen und guten Erinnerungen
Ihr Sauerbruch

Anhang II

Erstes Lebenszeichen von Otto John nach seiner Entführung, Brief vom 22. Juli 1954. Transkription unten.

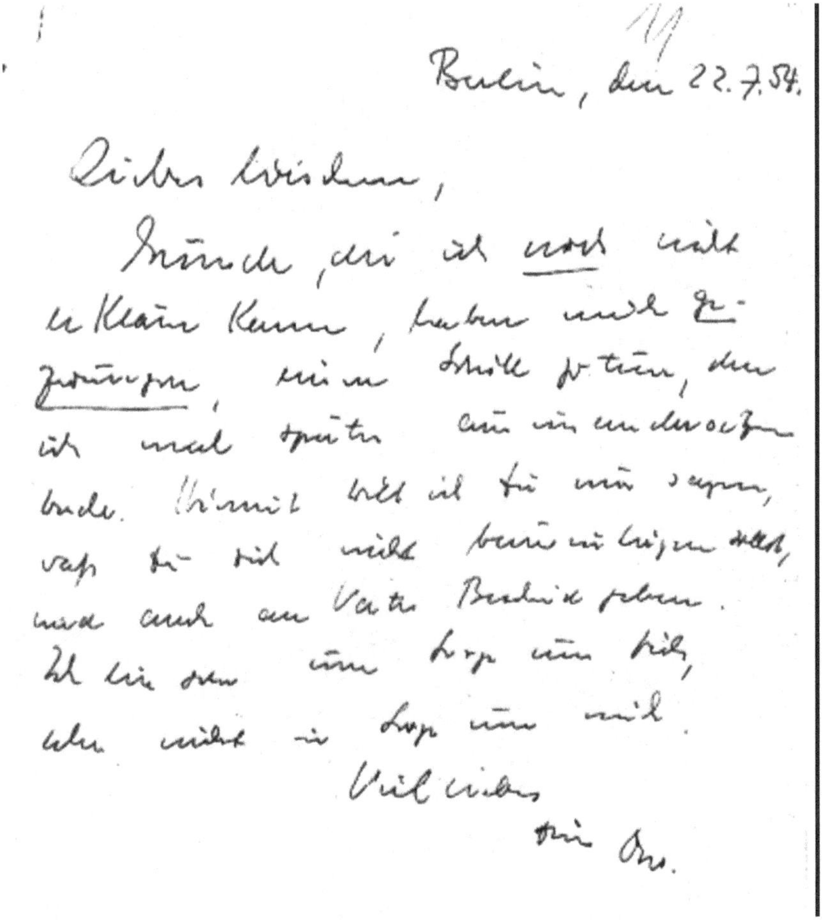

(Transkription auf der folgenden Seite 366)

(Transkription von S. 365)

Berlin, den 22.7.54.

Liebes Lieschen,
Gründe, die ich noch nicht
erklären kann, haben mich ge-
zwungen, einen Schritt zu tun, den
ich mal später auseinandersetzen
werde. Hiermit will ich Dir nur sagen,
daß Du Dich nicht beunruhigen sollst.
und auch an Vater Bescheid geben.
Ich bin sehr um [in ?] Sorge um Dich,
aber nicht in Sorge um mich

Viel Liebes
Dein
Otto

Anhang III

Erklärung Otto Johns, gesendet im Rundfunk am 23. Juli 1954

(folgt auf der nächsten Seite)

An meine deutschen Mitbürger !

Deutschland ist in Gefahr, durch die Auseinandersetzungen zwischen West und Ost auf ewig zerrissen zu werden.
Es bedarf einer demonstrativen Aktion, um alle Deutschen zum Einsatz für die Wiedervereinigung aufzurufen. Deshalb habe ich am Jahrestag des 20. Juli einen entschlossenen Schritt getan und die Verbindung mit den Deutschen im Osten aufgenommen.
In der Bundesrepublik ist mir die Grundlage für eine politische Aktivität entzogen worden. Nachdem ich in meinem Amt fortgesetzt von den sich überall im politischen und auch im öffentlichen Leben wieder regenden Nazis angeprangert worden bin, hat nunmehr der Herr Bundesinnenminister mir die weitere Arbeit in meinem Amt unmöglich gemacht, indem er vor der Presse erklärte, daß man nach Erlangung der Souveränität freie Hand und die Möglichkeit haben werde, "Persönlichkeiten mit Verfassungsschutzaufgaben zu betrauen, die wirklich über alle Zweifel erhaben sind."
Kluge und politisch erfahrene Männer haben mir in jüngsten Gesprächen ihre Überzeugung bestätigt, daß die Deutschlandpolitik in eine Sackgasse geraten ist. Andererseits hat der Kirchentag in Leipzig erwiesen, daß es noch Möglichkeiten für eine Wiedervereinigung gibt. Diese müssen zumindest versucht werden.

Ich hoffe, daß ich meine Gedanken und Pläne für die deutsche Wiedervereinigung bald der deutschen Öffentlichkeit in einer Schrift vorlegen kann.

Berlin, den 22.7.54

Otto John

Anhang IV

Eröffnung der Pressekonferenz von Dr. John am 11. August 1954

9(

Erklärung

Meine Damen und Herren!

Herr Dr. Adenauer hat am 6. August eine Rundfunkerklärung über den „Fall John" abgegeben und diesen „Fall John" in unmittelbare Verbindung mit den EVG-Problemen gebracht. Dies ist im Prinzip nicht falsch gewesen, denn ich spreche hier, weil die Bonner EVG-Politik und ihre Konsequenzen mich dazu veranlaßt haben. Herr Dr. Adenauer hat erklärt, „das Wichtigste, was ich bisher gesagt hätte, sei, daß ich die Geheimabreden zur EVG kenne". Über diese Feststellung bin ich deshalb sehr erstaunt, weil ich bisher noch kein Wort über Geheimabreden zur EVG gesagt habe. Ich kann mir aber denken, was Herrn Dr. Adenauer veranlaßt hat, Geheimabreden zur EVG so besonders nachdrücklich zu dementieren. Ich werde später darauf zurückkommen.

Zunächst möchte ich klarstellen, daß ich selbst diese Pressekonferenz gewünscht und veranlaßt habe, weil es mir sehr darauf ankommt, zur Weltöffentlichkeit zu sprechen. Von vornherein möchte ich sagen, daß ich nicht die Absicht habe, mich heute mit denen auseinanderzusetzen, die bisher versteckt und nun ganz offen gegen mich hetzen. Dies bleibt einer späteren Zeit vorbehalten. Was auch immer an Verleumdungen gegen mich aufgetischt werden mag, meine Entschlüsse und meine Handlungen werden allein durch die Überzeugung bestimmt, die ich mir auf Grund meiner eigenen Erfahrungen und Erkenntnisse gebildet habe.. Ich bin und bleibe geistig so frei und politisch so unabhängig, wie ich es immer gewesen bin. Jeder, der von der hektischen Betriebsamkeit unserer Zeit psychisch noch nicht ganz abgestumpft ist, weiß oder fühlt zum mindesten, daß in uns eine Stimme ist, die wir oft nicht hören wollen aber auf die Dauer nicht überhören können. Diese Stimme ist in mir laut geworden, als Frick in seiner Eigenschaft als Innenminister von Thüringen – es war Anfang der dreißiger Jahre – Schulgebete verordnet hatte, durch die Hitler an die Stelle von Christus gesetzt werden sollte. Dieser Stimme bin ich im Kampf gegen den Nationalsozialismus gefolgt und diese Stimme hat mich auch hierher geführt.

Verrat wird mir heute nicht zum ersten Mal zum Vorwurf gemacht. Diejenigen, die in dieses Horn stoßen, sind aber eigentümlicherweise – oder vielleicht auch garnicht so ganz zufällig – dieselben, die mich schon vor 10 Jahren des Verrats beschuldigt haben und gern gehängt hätten. Wer mich kennt oder auch nur annähernd eine richtige Vorstellung von mir hat, weiß, daß ich kein Kommunist bin. Die Geschichten, die jetzt über meine angebliche jahrelange Zusammenarbeit mit dem Osten erfunden und aufgetischt werden, sind völlig absurd und ich halte es einfach für unter meiner Würde, darauf einzugehen. Ich stehe hier, weil mich die Sorge um das Schicksal des deutschen Volkes bewegt und weil ich nirgendwo im Westen – bestimmt aber nicht in der Bundesrepublik – eine solche Plattform zur Verfügung gestellt bekommen hätte. Dafür ist in der Bundesrepublik die Restauration der Kräfte die einst den Nationalsozialismus an die Macht gebracht und getragen haben, schon viel zu weit fortgeschritten.

Ich habe mich nach reiflicher Überlegung entschlossen, in die DDR zu gehen und hier zu bleiben, weil ich hier die besten Möglichkeiten sehe, für die Wiedervereinigung Deutschlands und gegen die Bedrohung durch einen neuen Krieg tätig zu sein. Selbst viele kluge und aufrichtige Menschen in Westdeutschland sehen die Gefahren, die uns bedrohen, nicht, weil sie durch die Propaganda der Bundesregierung verblendet sind. Wieviele Menschen haben sich in Deutschland nicht nach 1945 darauf berufen, daß sie vor 1933 die Gefahr des Nationalsozialismus nicht hätten erkennen können? Deshalb halte ich es für meine Pflicht, jetzt öffentlich und eindringlich das deutsche Volk vor den Gefahren zu warnen, die uns heute bedrohen. Wenn der erste Schuß gefallen ist, wird es zu spät sein.

Als ich im Dezember 1950 mein Amt in der Bundesrepublik übernahm, hatte ich die Illusion, am Aufbau eines neuen Deutschland mitzuarbeiten, das – gereinigt vom Nationalsozialismus – allen Deutschen die Möglichkeit zur friedlichen Entfaltung ihres Lebens bieten würde. Stattdessen haben wir heute ein geteiltes Deutschland, das in der Auseinandersetzung zwischen Ost und West zum Schauplatz eines neuen Krieges zu werden droht, der nicht nur unvorstellbare neue Leiden über uns bringen, sondern tatsächlich die Existenzgrundlage unseres Volkes als Nation zerstören würde.

Der Kommunismus ist – ob man es mag oder nicht – eine Realität, die fast die Hälfte aller auf dieser Erde lebenden Menschen umfaßt. Die Vorstellung – oder auch der Wunschtraum – ihn wieder „ausrotten zu können" ist so töricht wie der Glaube Hitlers, der das Christentum ausrotten wollte. Das haben die klugen Engländer richtig erkannt und sind deshalb bestrebt, einen modus vivendi mit der kommunistischen Hälfte dieser Erde zu finden. Das wollen die Amerikaner aber nicht erkennen. Sie glauben, sie könnten früher oder später durch einen neuen Kreuzzug gegen den Osten den Kommunismus noch einmal aus der Welt auskehren oder wegfegen und bereiten den Krieg vor.

In dieser Entwicklung ist die Bundesregierung durch die Verträge von Bonn und Paris zu einem Werkzeug der amerikanischen Politik in Europa geworden. Die Amerikaner brauchen zu ihrem Krieg gegen den Osten deutsche Soldaten. Dabei sind ihnen selbstverständlich vor allem diejenigen willkommen, die aus der deutschen Katastrophe nicht nur nichts gelernt haben, sondern seitdem nur auf die Stunde warten, in der sie für die Niederlage von 1945 Rache nehmen können. Deshalb sind in der Bundesrepublik die wildesten Nazis und Militaristen wieder hoffähig gemacht worden.

Es sitzt zum Beispiel in der Bundesregierung ein Minister Oberländer, der in Polen die „Eindeutschungspolitik Hitlers" betrieben hat – jene barbarischen Maßnahmen, die auch alle anständigen Deutschen in der Welt in Verruf gebracht haben. Erschüttert über die Tatsache, daß ein führender Nazi wie Herr Oberländer in der Regierung sitzt, hat mir Staatssekretär Ritter von Lex vor noch garnicht langer Zeit anvertraut, „daß es bei uns mit den Nazis schon wieder soweit gekommen sei". Aber wer in der Bundesrepublik wagt es, dies auch offen auszusprechen? Selbstverständlich hat Herr Oberländer die als echte Demokraten bewährten Mitarbeiter seines Vorgängers vor die Türe gesetzt und an ihre Stelle seine Nazi-Mitarbeiter aus dem Hitlerschen Ost-Ministerium berufen.

Überall in den Verwaltungen, in der Wirtschaft, in der Industrie, an den Universitäten, wo immer Sie auch hinblicken, die Nazis sind wieder da und mit ihnen ist der Geist wieder lebendig geworden, der das deutsche Volk in die totale Katastrophe geführt hat. Durch die Amnestie ist nunmehr sogar auch all den Nazis die Möglichkeit zur Rehabilitierung gegeben worden, die 1945 untergetaucht sind, um sich ihrer verdienten Bestrafung zu entziehen.

Es ist einfach grotesk, daß in der Bundesrepublik an der Spitze der Europa-Union, die der deutsch-französischen Verständigung dienen soll, heute ein Dr. Leverkühn steht, ein ehemaliger Parteigenosse, der durch sein Buch „Posten auf ewiger Wache", in dem ein „Blutzeuge" des Hitler-Putsches von 1923 verherrlicht wird, seinen Nazi-Geist offenbart hat. Ist es nicht ein Hohn, daß so ein Mann heute in deutsch-französischer Verständigung „macht", nachdem er selbst im 3. Reich den Geist propagiert und gestärkt hat, der so viel Leid über das französische Volk gebracht hat? Dr. Leverkühn hat sich sogar schon im vorigen Jahr nicht mehr gescheut, den französischen Faschisten Maurice Bardèche zu einem Vortrag vor der Europa-Union in Hamburg einzuladen. Daraus können sie ermessen, was man in Bonn unter deutsch-französischer Verständigung wirklich versteht.

Es ist mir auch sehr wohl bekannt, daß die Renazifizierungspläne der Herren Naumann und Achenbach, zu denen sich nun auch der aus dem französischen Gefängnis entlassene Botschafter Abetz gesellt hat, sehr intensiv weiter betrieben werden. Stetig und immer umfangreicher plazieren sie ihre Gesinnungsgenossen in Schlüsselstellungen. Als Naumann im

9

Januar vorigen Jahres von den Engländern verhaftet wurde, war die Bundesregierung eifrig bemüht, die Gefahren des wiedererstehenden Nationalsozialismus zu verniedlichen. Bis heute ist der Prozeß gegen Naumann noch nicht durchgeführt, weil die Bundesregierung kein Interesse daran hat, den Nationalsozialismus wirklich auszurotten, denn heute werden die unverbesserlichen Nazis für den Kreuzzug gegen den Osten wieder gebraucht.

Sogar die FDP, deren echten liberalen Kräften ich mich am engsten verbunden fühle, ist von Nazis infiltriert. Es ist doch längst kein Geheimnis mehr, daß die FDP in Nordrhein-Westfalen von Nazis durchsetzt ist und beherrscht wird. Daß sie von Herrn Arnold dennoch jetzt in die Regierung von Nordrhein-Westfalen aufgenommen worden ist, beweist, wie stark bereits der Druck ist, der heute von den unbekehrten Nazis wieder ausgeübt wird. Die Parole heißt heute: erst noch einmal legal an die Macht kommen!

Wo solche Nazis sich wieder etablieren, sind die Militaristen willkommen. Kaum war der ehemalige Feldmarschall von Manstein aus Werl entlassen, da wurde er demonstrativ und offiziell von Dr. Adenauer empfangen.

Solche Feldmarschälle und Generale, die unser Volk schon einmal mit Hitler in die totale Katastrophe geführt haben, sind nicht nur wieder frei, sondern beziehen auch beachtliche Pensionen. Niemand wird ihnen eine angemessene Versorgung aus den Mitteln der Steuerzahler mißgönnen, wenn sie eine Lehre aus der bitteren Erfahrung gezogen haben und am friedlichen Aufbau eines neuen Deutschland mitwirken. Wenn jedoch ein ehemaliger General wie Herr Ramke – der heute eine Pension bezieht, die größer ist als das Gehalt eines aktiven Ministerialdirektors – fortgesetzt in Wort und Schrift gegen die Demokratie und besonders auch gegen Frankreich hetzt und beide verächtlich macht, dann muß dagegen eingeschritten werden. Ich habe die zuständigen Stellen mehrfach darauf aufmerksam gemacht. Es ist jedoch nichts geschehen.

Herr Kesselring, um ein anderes Beispiel zu bringen, verteidigt heute schon wieder öffentlich und vor Gericht als „Sachverständiger" Offiziere, die als Fanatiker der Hitlerschen Durchhaltepolitik unschuldige Menschen haben exekutieren lassen, weil diese aufrechten Menschen sich den Wahnsinnsbefehlen dieser Durchhalte-Fanatiker widersetzten.

Der ehemalige General von Manteuffel, der als FDP-Abgeordneter in den Bundestag eingezogen ist, ist nach der Aussage eines seiner engsten Freunde ein 100%-iger Nazi gewesen. Dieser Freund Manteuffels, ein Kölner Bankier, hatte Manteuffel eine gute Stellung verschafft, jedoch ihm dabei das Versprechen abgenommen, daß Manteuffel sich nie in irgendeiner Form politisch betätigen würde. Herr von Manteuffel hat sein Wort gegeben – und gebrochen.

Der ehemalige General Trettner, der heute vorerst noch im Hintergrund der Soldatenbünde wirkt, ist einer der Offiziere, die nie ein Hehl daraus gemacht haben, daß sie in der Gesinnung immer das bleiben, was sie waren: fanatische Gefolgsmänner ihres Führers. Bei einer Aussprache über die Soldatenbünde und ihren Geist sagte mir dies ein alter, als Antinazi erprobter General.

Es ist geradezu eine Katastrophe, daß so ein Mann wie Zehrer, einer der wirksamsten geistigen Wegbereiter des Nationalsozialismus, heute bereits schon wieder über eine der größten Tageszeitungen verfügt. Der „Tat-Kreis", in dem Zehrer eine Hauptfigur war, ist aber auch sonst wieder lebendig geworden. Claus Mehnert, der aus derselben geistigen Richtung wie Zehrer kommt, hat bei der Abfassung des außenpolitischen Referats für den Parteitag der CDU entscheidend mitgewirkt. Das beweist, welcher Geist in der CDU herrscht, die übrigens auf ihrem diesjährigen Parteitag in Köln die Wiedervereinigung Deutschlands praktisch abgeschrieben hat.

Das stetige Vordringen der unverbesserlichen nazistischen Elemente in der Bundesrepublik ist die logische Folge der Politik Dr. Adenauers, der sich vornehmlich auf diejenigen Kreise stützt, die schon mit Hitler „den Bolschewismus ausrotten wollten". Dieses Vordringen vollzieht sich nicht noch einmal oder weniger in der Form von Partei-Bildungen nach dem Muster der NSDAP, sondern nach der von Naumann ausgehenden Parole durch die systematische nazistische Unterwanderung der Koalitionsparteien und vor allem aber auch dadurch, daß die Regierung Dr. Adenauers in ihrer stupiden Weltfremdheit de facto die aggressive Politik Hitlers gegenüber unseren Nachbarn wieder aufgenommen hat und fortsetzt.

Während noch zahllose Opfer – Witwen und Waisen – des Naziterrors unversorgt ein kümmerliches Dasein fristen, haben andere, wie zum Beispiel Herr Ministerialrat Sauer, obwohl ihm im 3. Reich nie ein Haar gekrümmt worden ist, Tausende von DM und andere Vergünstigungen als Wiedergutmachung empfangen.

Die Remilitarisierung der Bundesrepublik ist im Amt Blank und in der Organisation Gehlen verkörpert. Das Amt Blank und die Organisation Gehlen beschäftigen in ihren großen Mitarbeiterstäben SD- und SS-Führer, die über deutsche Widerstandskämpfer zu Gericht gesessen oder diese einfach umgebracht haben. Im Amt Blank und in der Organisation Gehlen werden alle die beherbergt, die mit Hitler bis zum bitteren Ende gekämpft haben und noch nicht in den Vordergrund treten können und auch garnicht wollen, solange ihnen das Recht nicht zuerkannt wird, ihre Hitler-Orden wieder anzulegen. Widerstandskämpfer sind in diesen Reihen als Eidbrecher verfemt. Einem General von Gersdorff, der sich als Widerstandskämpfer bewährt hat, ist die Aufnahme in das Amt Blank versagt worden mit der Begründung, „daß er ja zum 20. Juli gehöre".

Es liegt mir wirklich fern, eine Jagd auf ehemalige Soldaten zu veranstalten. Was die Nazis anbetrifft, so bin ich der Meinung, daß diejenigen, die aus der Katastrophe gelernt und sich wirklich gewandelt haben, nicht diffamiert werden dürfen und völlig gleichberechtigt ihren Teil zum Wiederaufbau eines friedlichen Deutschland beitragen sollen. Aber das Klima der Bundesrepublik ist auf eine Wiederbelebung des Nationalsozialismus und des Militarismus gestimmt. Möglich geworden ist diese Entwicklung nur deshalb, weil die Amerikaner in ihrer geradezu hysterischen Besessenheit von der Angst vor dem Kommunismus keinen anderen Ausweg mehr finden und ihren Kreuzzug gegen den Osten vorbereiten.

Kriege brechen nicht von selbst aus – wie Unwetter. Sie können und werden immer nur von Menschen gemacht. Das heißt aber auch, daß Kriege von Menschen verhindert werden können. Wir Deutsche haben ein lebenswichtiges Interesse daran, einen neuen Krieg um oder in Deutschland zu verhindern. Vor allem aber ist es unsere Aufgabe, alles zu tun, um den nochmaligen Mißbrauch des deutschen Volkes für neue Kriegsabenteuer unmöglich zu machen. Die einseitige Bindung Deutschlands an die amerikanische „Politik der Stärke" – wie sie von Dr. Adenauer betrieben wird – führt unabwendbar zu einem Krieg auf deutschem Boden. Danach kann von Deutschland nur ein radioaktiv verseuchter Totenacker übrig bleiben.

Die ganze westliche Welt ist erst von Hitler und nun von USA aus mit einer Angstpsychose infiziert worden. Mit der Angst vor dem Kommunismus hat schon Hitler das deutsche Volk vor der Machtübernahme verwirrt, eingeschüchtert, überlistet und schließlich vergewaltigt. Mit dem Schreckgespenst des Kommunismus hat Hitler auch im Jahre 1941 den Angriff auf Rußland gerechtfertigt und so angeblich gerade noch rechtzeitig den angeblich bevorstehenden Angriff der Roten Armee abgewehrt. Die Folgen dieser Heldentaten – und die seiner Feldmarschälle – erleben wir heute. Aber die Hitler- und Goebbels-Legenden von der bolschewistischen Gefahr sind in Westdeutschland genau wieder so lebendig wie 1933 und 1941. Für Adenauer und die rehabilitierten Nazis sind sie natürlich ein willkommenes Mittel, um unser Volk genau wieder so wie vor 1933 einzuschüchtern und irrezuführen. Um diese Legenden zu widerlegen und um offen gegen diese hysterische Angstpsychose aufzutreten, habe ich mich jetzt selbst mitten in diese so gefürchtete, schreckliche kommunistische Welt begeben. Es ist und wird mir kein Haar gekrümmt werden. Das dürfen mir auch alle diejenigen glauben, die – noch immer oder schon wieder – eingeschüchtert durch die Angstmacherei vor dem Kommunismus nur noch Schreckgespenster sehen und behaupten, daß Hitler Recht gehabt habe.

9

Bei meinem Besuch in Amerika im Juni dieses Jahres ist mir mit aller Eindeutigkeit klar geworden, daß uns Deutschen im Rahmen der amerikanischen Politik nur ein Schicksal bestimmt ist: Deutsche Soldaten für den Kreuzzug gegen den Kommunismus in Europa zu stellen. „Germans to the front!" – Das ist die amerikanische Parole für uns Deutsche.

Aber noch kann dieser Krieg verhindert werden, wenn wir uns weigern, die amerikanischen Pläne auszuführen. Zur Vermeidung des Krieges ist aber auch erforderlich, die eigentlichen Hintergründe der Bonner Aufrüstungspolitik zu entlarven. Dr. Adenauer und die noch im Hintergrund wirkenden Militaristen sehen in der EVG nur ein Instrument, um eine starke deutsche Wehrmacht zu schaffen, die früher oder später durch ihr faktisches Übergewicht die andern EVG-Kontingente – einschließlich der französischen Armee –, absorbiert, damit Frankreich und Westeuropa wieder dem deutschen Militarismus ausgeliefert sind. Wenn dieses Ziel erreicht ist, wird der EVG-Vertrag nach bekannten Vorbildern zerrissen werden. Generalstabsoffiziere wie zum Beispiel Oberst von Bonin machen fast schon keinen Hehl mehr daraus. Ich will nicht verheimlichen und an dieser Stelle ganz deutlich erklären, daß eine Reihe deutscher Generale, die aus der Vergangenheit nichts gelernt haben, den EVG-Vertrag taktisch ausnutzen wollen, indem sie einfach deutsche Einheiten in die andern EVG-Länder verlegen, um diese gefügig zu machen. Das ist ganz einfach möglich, weil nach dem EVG-Vertrag keine Verteidigungslinien zwischen den EVG-Staaten errichtet werden dürfen. Vorbereitend dafür ist vor allem die immer stärker werdende Aktivität der Organisation Gehlen in Frankreich.

Dies alles bedeutet, daß hier ein neuer Versuch gemacht wird, die Strategie Hitlers und seines Generalstabes zu verwirklichen, die darauf gerichtet war, den Krieg gegen den Osten von der Basis eines militärisch gleichgeschalteten Westens aus zu führen. Weil ich dies alles sehr genau wußte, konnte ich nicht länger in Westdeutschland bleiben, ohne weiter mitzumachen und dadurch am deutschen Volk schuldig zu werden. Denn dieses Spiel ist für Deutschland lebensgefährlich und kann nur in einer neuen Katastrophe enden. Um dies zu verhindern, habe ich mich mit M. de Noblét, einem Franzosen, ausgesprochen, der für eine aufrichtige Verständigung mit einem wirklich friedlichen Deutschland tätig ist. Um die drohenden Gefahren abzuwenden, hatte ich auch die Absicht, mit M. Mendès-France zu sprechen. Jetzt kann ich nur hoffen, daß die Franzosen die wahren Hintergründe der EVG erkennen und daß es schließlich doch noch zu einer aufrichtigen deutsch-französischen Verständigung kommen wird.

Das deutsche Volk hat vor allem aber einen Anspruch darauf, von der Bundesregierung richtig und vollständig über die mit der EVG beabsichtigten Ziele unterrichtet zu werden. Und das ist bisher nicht geschehen. Dr. Adenauer hat in seiner Rundfunk-Ansprache wiederholt und nachdrücklichst behauptet, daß es keine geheimen Zusatz-Abreden zur EVG gäbe. Demgegenüber erkläre ich, auf Grund meiner Kenntnis als Präsident des Bundesamtes für Verfassungsschutz, daß es Geheimabreden zur EVG gibt, die Dr. Adenauer zu hüten versucht. Ich fordere Herrn Dr. Adenauer hiermit auf, diese Geheimabreden zur EVG dem Bundestag und dem deutschen Volk unverzüglich bekannt zu geben.

Unsere Aufgabe, wenn wir überleben wollen, ist die Wiederherstellung eines in Frieden geeinten friedlichen Deutschlands zwischen Ost und West. Es ist eigentlich unfaßbar, daß das deutsche Volk neun Jahre nach dem Krieg sich selbst noch nicht wieder gefunden hat und die Spaltung so gelassen und selbstverständlich hinnimmt wie den Wechsel zwischen Tag und Nacht. Daß die Berliner Konferenz nicht zu einer Wiedervereinigung geführt hat, haben wir der Tatsache zuzuschreiben, daß von der Bonner Regierung bisher nichts dafür getan worden ist. Wenn die Deutschen in der Bundesrepublik sich weiterhin weigern, unser Schicksal gemeinsam mit den Deutschen in der DDR in die Hand zu nehmen, dürfen wir uns nicht wundern, wenn die vier Großmächte die deutsche Wiedervereinigung weiterhin auch nur theoretisch behandeln.

Ich weiß – wie Sie alle –, daß es in der Bundesrepublik in allen Schichten des Volkes und in allen politischen Parteien Männer und Frauen gibt, denen die Wiedervereinigung unseres Vaterlandes wirklich am Herzen liegt. Ich weiß, daß unsere Wirtschaft – wenn sie bestehen soll – den Austausch mit dem Osten braucht. Ist es nicht ein Irrsinn, daß die anderen westeuropäischen Länder mit dem Osten Handel treiben, während uns die Hände durch das Embargo gebunden werden? Es kommt jetzt alles darauf an, daß wir alle aus West und Ost gemeinsam aktiv werden und Verhandlungen herbeiführen, um dem unerträglichen Zustand der Spaltung Deutschlands ein Ende zu machen. Dies ist die Aufgabe, der ich mich jetzt widmen werde.

Berlin, den 11. August 1954. Dr. Otto John.

Anhang V

S. 11 von Gerkens Kritik an den Vorwürfen der Bundesanwaltschaft

- 11 -

10.) Die weiteren Ausführungen (Fall Wehlen, das Urteil gegen Neumann und Vulkan) betreffen Abteilung II nicht.

11.) Schlußbetrachtung und Vorschlag:
Aus der Zeitung habe ich entnommen, daß Staatsanwälte, die mit der Untersuchung von Verkehrsunfällen befaßt werden, Radfahren und Autofahren lernen müssen. Zweck: Sie sollen nicht wesensfremd in Sachen tätig werden, von denen sie - unverschuldet - nichts verstehen. In Rücksprachen mit den Staatsanwälten (S.B.) der Bundesanwaltschaft haben die Sachbearbeiter des Bundesamtes für Verfassungsschutz festgestellt, daß in jener Behörde noch nicht einmal bekannt ist, was man unter einem V-Mann versteht. Die Herren kannten auch nicht den Begriff "Agent", ganz zu schweigen von dem "C.M.", Forscher, Tipper, der Arbeitsmethodik, Arbeitstaktik usw. Unbekannt war, was eine Arbeitsakte und eine Sachakte ist. Es kann nicht gut gehen, wenn an so bedeutungsvoller Stelle, wie sie die Bundesanwaltschaft darstellt, so wenig Fachkenntnis vorhanden ist. Wäre es nicht gut, wenn die in Frage kommenden Herren wenigstens informatorisch eine Zeitlang den V-Mann-Führungsdienst kennenlernten? Angeregt werde ich zu diesem Vorschlag durch den mir in Erinnerung gebliebenen Ausspruch eines deutschfreundlichen englischen Diplomaten, der in sinngemäßer Wiedergabe lautete:

" Gott schütze Deutschland vor Juristen,
die ungewollt, weil fern der Praxis,
Verbündete des Feindes werden. "

Regierungs-Direktor

Anhang VI

Brief Ernest Cohn v. 28. 12. 1955 an Dr. Dix – S. 1.

B 362/10445

30. DEZ. 1955

Telephone: Holborn 0813/5
Cables: Cortilaw, London.

E-C/B.

5, New Square,
Lincoln's Inn,
London, W.C.2.

Herrn Rechtsanwalt
Dr. Helmut Dix
K ö l n Hohenzollernring 14.

28. Dez. 1956.

Sehr geehrter Herr Kollege!

Ermittlungssache Dr. John.

In obenbezeichneter Sache höre ich von Fräulein Gisela Mann, dass Sie die Verteidigung meines alten Freundes Dr. Otto John übernommen haben. Ich darf mir erlauben, Ihnen zu sagen, dass ich vielleicht in der Lage bin, Ihnen durch meine Aussage und die meines Sohnes Henry J. Cohn in gewissem Umfange behilflich zu sein.

1. Otto John ist ein früherer Schüler von mir aus meiner Frankfurter Privatdozenten Zeit. In den Nachkriegsjahren war er mehrere Monate bei mir als wissenschaftlicher Hilfsarbeiter hier in London tätig. Nach der Uebernahme des Amtes als Präsident des Bundesamts für Verfassungsschutz habe ich ihn mehrfach in Deutschland aufgesucht und habe auch kurz vor seinem Verschwinden Gelegenheit gehabt, mit ihm eine mehrstündige Unterredung über seine dienstlichen und persönlichen Verhältnisse zu führen. Nach meiner Kenntnis seiner Person und seiner Absichten, die ich aus dieser letzten Unterredung gewonnen habe, ist es mir ganz sicher, dass Otto John nicht freiwillig in die russische Zone gegangen sein kann. Der Gegenstand unserer letzten Unterredung war mein Versuch, ihn dazu zu veranlassen, sich aus seiner dienstlichen Laufbahn zurückzuziehen und eine Stelle als juristischer Berater bei einem industriellen Unternehmen in Westdeutschland zu suchen oder als Rechtsanwalt tätig zu werden. Otto John betonte immer wieder, dass er dies nicht tun könne, weil er im Dienste der Bundesrepublik und im Dienste der Freiheit des Individuums Aufgaben übernommen habe, aus denen er sich nicht ohne weiteres herauslösen könne. Er hat bei dieser Unterredung nicht nur nicht die mindeste Sympathie mit dem Kommunismus zum Ausdruck gebracht sondern hat bei mir die Ueberzeugung hinterlassen, dass er die in dem kommunistischen System liegende Unterdrückung der Freiheit als eine von ihm mit allen Mitteln zu bekämpfende Aufgabe erblicke. Er sagte indessen, dass er nach Beendigung dieser Aufgabe meinem Rate folgend sich in Westdeutschland in das Privatleben zurückziehen werde. Nicht mit

einem

Brief Ernest Cohn v. 28. 12. 1955 an Dr. Dix – S. 2.

- 2 -

einem Worte hat er zum Ausdruck gebracht, dass er die Absicht habe oder auch nur im entferntesten den Gedanken habe, in die Sowjetzone überzutreten.

2. Im vergangenen Sommersemester 1954 war mein Sohn Henry J. Cohn Student der Wirtschaftswissenschaft an der Universität Köln immatrikuliert. Am Tage vor Otto John's Abreise nach Berlin, suchte er ihn in seinem Büro auf. Otto John brachte den Wunsch zum Ausdruck, dass mein Sohn ihn und seine Frau in seiner Privatwohnung aufsuchen solle, betonte aber, dass er erst nach seiner Rückkehr aus Berlin den genauen Zeitraum festlegen könne. Er bat meinen Sohn, ihn am Vormittag des 26. Juli anzurufen. Diese detaillierte Angabe gegenüber einem jungen Studenten würde Otto John sicherlich nicht gemacht haben, wenn er damals schon die Absicht gehabt hätte, von seiner Reise nach Berlin nicht zurückzukommen. Mein Sohn hat sich das Datum, an dem sein Anruf gewünscht wurde, in seinem Notizbuch aufgeschrieben, das sich noch hier in seinem Besitz befindet.

3. Ich halte es für erforderlich, sehr geehrter Herr Kollege, Sie darauf hinzuweisen, dass ich in der Zeit vom Jahre 1946 bis zum Ende des Jahres 1951 in den Diensten der Rechtsabteilung der Kontrollkommission für Deutschland, später des Kontrollministeriums und zum Schluss in denen des hiesigen Foreign Office gestanden habe. Mein Sohn und ich sind beide englische Staatsangehörige und ich muss es aus diesem Grunde Ihrem Entschluss überlassen, inwieweit Sie von meinem vorstehenden Angebot Gebrauch machen wollen. Ich möchte aber bei dieser Gelegenheit ausdrücklich betonen, dass ich Ihnen zu jedem Dienste, den ich Ihnen und Otto John zu leisten vermag, mit grösster Freude zur Verfügung stehe. Ich komme in jedem Monat auf einige Tage nach Westdeutschland. Am 19. Januar soll ich vor der Forschungsgemeinschaft des Landes Nordrhein-Westfalen in Düsseldorf einen Vortrag halten und ich nehme an, dass ich am 18. d. Mts. zu einer Konferenz in die englische Gesandtschaft nach Bonn bestellt werden werde. Ich würde mit Vergnügen die Gelegenheit dieses Aufenthaltes benutzen, um Sie aufzusuchen und mit Ihnen zu erörtern, inwieweit ich Ihnen dienlich sein kann. Sollte meine Anwesenheit schon vorher wünschenswert sein, so darf ich Sie bitten, mich dies telefonisch oder telegrafisch wissen zu lassen. Ich stehe in dieser Sache jederzeit zur Verfügung.

Ich darf mir gestatten zu verbleiben

[illegible]

Anhang VII

Urteil vom 22. Dezember 1956

2 St E 15/56

V

Im Namen des Volkes

In der Strafsache

gegen

den früheren Präsidenten des Bundesamts für Verfassungsschutz Dr. Otto John aus Köln, geboren am 19. März 1909 in Marburg/Lahn, in dieser Sache in Untersuchungshaft,

wegen landesverräterischer Fälschung u.a.

hat der 3. Strafsenat des Bundesgerichtshofs auf Grund der Hauptverhandlung vom 12., 13., 14., 15., 16., 19., 20., 22., 23., 26., 27., 28., 29. und 30. November, 3., 4., 5., 10., 11., 12., 13., 14., 17., 18. und 22. Dezember 1956, an der teilgenommen haben:

Senatspräsident Dr. Geier
als Vorsitzender,
Bundesrichter Dr. Jagusch
Bundesrichter Dr. Willms
Bundesrichter Dr. Mannzen
Bundesrichter Wirtzfeld
als beisitzende Richter,
Oberbundesanwalt Güde
Oberstaatsanwalt Loesdau
als Vertreter der Bundesanwaltschaft,
Justizangestellter Hatz.
als Urkundsbeamter der Geschäftsstelle,

am 22. Dezember 1956 für Recht erkannt:

Der Angeklagte wird wegen landesverräterischer Fälschung (§ 100 a Abs 2 StGB) in Tateinheit mit landesverräterischer Konspiration im Sinne des § 100 d Abs 2 und 3 StGB im besonders schweren Falle zu vier Jahren Zuchthaus verurteilt.

Ein Jahr der Strafe ist durch die Untersuchungshaft verbüsst.

Die Kosten des Verfahrens hat der Angeklagte zu tragen.

Von Rechts wegen

Anhang VIII

Brief Otto John an seine Freunde im Januar 1989 – S. 1.

Hohenburg-Igls/Tirol

im Januar 1989

An alle unsere Freunde:

Leider konnte ich auch diesmal keinen unserer Freunde mit Wünschen zum Weihnachtsfest und zum Neuen Jahr bedenken. Die stete Sorge um Lucie und ihre tägliche Versorgung haben Gedanken an das "Fröhliche Weihnachtsfest" nicht aufkommen lassen.

Indessen haben wir so viele schöne Weihnachtskarten, Wünsche und auch Geschenke erhalten, daß ich dafür, auch im Namen von Lucie nur ein kurzes, aber nicht weniger herzliches Dankeschön sagen kann.

Lucie liegt nun schon bald zwei Jahre fest, nachdem sie im März 1987 wegen einer gar nicht schweren Venenentzündung in die Spezialklinik Natters bei Innsbruck eingeliefert wurde. Am Tag vor ihrer Entlassung glitt sie in Folge der Nachlässigkeit einer Schwester auf dem viel zu glatt gebonerten Boden im Krankenzimmer aus und brach ihren Oberschenkelhals.

Nach ihrer Operation in der Universitätsklinik überkam sie eine cerebrale Durchblutungsstörung, mit der sie nun auf unabsehbare Zeit ohne Hoffnung auf die Möglichkeit einer Besserung ihr Leben fristen muß.

Seit September 1987 liegt sie zu Hause. Bei ihrer Versorgung werde ich morgens und abends von je einer Pflegerin unterstützt, die kommen, sie zu waschen usw. Gleichwohl muß ich Tag und Nacht wie ein geschulter Pfleger - das habe ich im Laufe der Zeit in den Kliniken gelernt - für allerlei kleine Handreichungen zur Verfügung sein, sie meist auch füttern oder auch auf die Bettschüssel setzen. Sie ist kein leichter Pflegefall. Physiologisch sind ihre Organe unver-

Brief Otto Johns an seine Freunde im Januar 1989 – S. 2.

2

ändert lebensfähig, möglicherweise noch auf Jahre, wie die Ärzte sagen. Ihr Erinnerungsvermögen ist beschränkt, auch die Fähigkeit, Gedanken aufzunehmen bzw. zu assimilieren. Was man ihr zum täglichen Miterleben aus dem Zeitgeschehen nahe bringen oder gar aufdringen möchte, um sie anzuregen, bleibt meist ohne Reaktion. Es ist ganz erstaunlich, daß ihre Fähigkeit zu hören, ihre ganz ungewöhnliche Gabe, mit der sie so erfolgreich unterrichtet hat – so Peter Pears –, überhaupt nicht beeinträchtigt ist.

Vor fünf Monaten mußte Lucie wegen einer Magenverstimmung zur Untersuchung in die Universitätsklinik, brauchte aber wegen einer leichten Gastritis nur zwei Tage dort bleiben und war bald wieder völlig, d.h. physiologisch gesund. Aber sie liest nicht, will nicht fernsehen oder Rundfunk hören. Sie hat kein Bedürfnis andere Menschen zu sehen. Aber sie hängt mit einer geradezu hörigen Bindung an mir. Wenn ich nur aus dem Zimmer gehe, ruft sie nach mir. Wenn ich, soweit ich das nur wagen kann, ins Dorf oder nach Innsbruck muß, bekommt sie Angstzustände in der Vorstellung, daß ich nicht wiederkomme. Das ist wohl eine in ihrem Unterbewußtsein schlummernde Erinnerung an meine Verschleppung durch den sowjetischen Geheimdienst im Sommer 1954.

Ich möchte nicht klagen. Lucie hat mich mit ihrer ungewöhnlichen geistigen und moralischen Kraft am Leben erhalten, nachdem ich im Juli 1954 vom sowjetischen Geheimdienst KGB entführt worden, bis zum Dezember 1955 von ihnen gefangengehalten worden war und nach meiner Flucht in den Westen zu vier Jahren Zuchthaus wegen angeblich landesverräterischer Fälschungen während der Gefangenschaft von Naziricktern verurteilt worden war. Dafür kann ich ihr nie genug danken oder gar eine angemessene Gutmachung zuteil werden lassen. Wir müssen so, wie es ist, wie unter einer biblischen Fügung unser Leben beenden, ohne "die Segnungen des Alters".

Hergestellt im Archiv für Christlich-Demokratische Politik (ACDP), Sankt Augustin · Weitergabe, Reproduktion und Veröffentlichung nur mit schriftlicher Genehmigung des ACDP

Brief Otto John an seine Freunde im Januar 1989 – S. 3.

3

Es ist ganz unbegreiflich, daß eine so außergewöhnlich begabte, stets gesunde und aktive Persönlichkeit wie Lucie Manén in diesem bedauernswerten Zustand dem Ende entgegen sehen muß. Sie war bewundert und verehrt von Musikern wie Otto Klemperer, Erich Kleiber und Gregor Piatigorski, der sie auf der Widmung seines Fotos "ebenso bewundernswert wie schön" nannte; von Gerhard Hauptmann, der sie bei einem Spaziergang angeregt hat, weniger zu lesen und selbst zu schreiben; von Stefan Zweig, der sich nach der Emigration in Lugano gerne in ihrer Gesellschaft zeigte. Sie war stets hilfreich um ihre Angehörigen und Freunde besorgt. Trotz eigener schwerer, mit bewundernswerter Energie bewältigten Schicksalsschläge.

Es bleibt ein Trost, daß Lucie Manén noch vor ihrer Erkrankung auf Grund intensiver Forschungsarbeiten ihr Lebenswerk "Bel Canto": Verfall und Wiederherstellung der Klassischen Italienischen Gesangslehren bei Oxford University Press (deutsch bei Florian Noetzel Verlag, Wilhelmshaven) publizieren konnte. Professor Dr.Jobst Fricke, Musikwissenschaftliches Institut der Universität Köln bezeichnet ihre Publikation als "ein außerordentliches Verdienst" und "bahnbrechende Ergebnisse auf Grund ihrer eigenen Erfahrungen als international erfolgreiche Lieder- und Opernsängerin und ihrer unermüdlichen Forschungstätigkeit". Brian Trowell, King Edward Professor of Music, King's College University of London, sagt in seinem Vorwort: "Dieses Buch ist von historischer Bedeutung. Die gediegen begründeten und erprobten Erkenntnisse und Thesen von Lucie Manén werden auf eine heilsame und positive Art die bestehenden Lehrmethoden in Frage stellen und eine längst fällige Reform im Lehren des Gesanglehrens bewirken."

Otto John

Hergestellt im Archiv für Christlich-Demokratische Politik (ACDP), Sankt Augustin · Weitergabe, Reproduktion und Veröffentlichung nur mit schriftlicher Genehmigung des ACDP

Literaturverzeichnis

Bücher

Bauer, Fritz

Auf der Suche nach dem Recht, Stuttgart 1966

Bohnsack, Günther / Brehmer, Herbert

Auftrag Irreführung. Wie die Stasi Politik im Westen machte, Hamburg 1992

zitiert: *Brehmer*

Boveri, Margret

Der Verrat im 20. Jahrhundert, Band I und II, Hamburg 1956

zitiert: *Boveri I, Boveri II*

Brenner, Wolfgang

Der Patriot, Frankfurt am Main 1998

Brünneck, Alexander von

Politische Justiz gegen Kommunisten in der Bundesrepublik Deutschland 1949-1968, Frankfurt 1978

Bubke, Hermann

Der Einsatz des Stasi- und KGB-Spions Freitag im München der Nachkriegszeit, Hamburg 2004

Delmer, Sefton

Black Boomerang. An Autobiography, Vol.II, London 1962

Deutschkron, Inge

Unbequem. Mein Leben nach dem Überleben, Köln 1992

Diels, Rudolf

Der Fall Otto John, 2. Aufl., Göttingen 1954

Ditfurth, Christian v.

Ostalgie oder linke Alternative. Meine Reise durch die PDS, Köln 1998

Döscher, Hans-Jürgen

Seilschaften: die verdrängte Vergangenheit des Auswärtigen Amtes, Berlin 2005

Dubiel, Helmut

Niemand ist frei von der Geschichte. Die nationalsozialistische Herrschaft in den Debatten des Deutschen Bundestages, München 1999

Engelmann, Bernt in:

Hafner, Georg M. / Jacoby, Edmund , Die Skandale der Republik 1949-1989, Rowohlt 1992

Falin, Valentin

Politische Erinnerungen, München 1993, Taschenbuchausgabe 1995.

Felfe, Heinz

Im Dienste des Gegners, Hamburg 1986

Fischer, Thomas in:

Frei, Norbert (Hrsg.), Karrieren im Zwielicht, Frankfurt am Main 2001

zitiert: *Frei*

Frederik, Hans

Das Ende einer Legende. Die abenteuerlichen Erlebnisse des Towarischtsch Alexander Busch, 2.Aufl., München 1971

Frei, Norbert

Vergangenheitspolitik. Die Anfänge der Bundesrepublik und die NS-Vergangenheit, München 1996

zitiert: *Frei I*

Frei, Norbert

Karrieren im Zwielicht, Frankfurt am Main 2001

zitiert *Frei II*

Freudiger, Kerstin in:

Joachim Perels / Rolf Pohl (Hrsg.),

NS-Täter in der deutschen Gesellschaft, Hannover 2002

Fricke, Karl Wilhelm / Marquardt, Bernhard

DDR-Staatssicherheit: das Phänomen des Verrats, die Zusammenarbeit zwischen MfS und KGB, Bochum 1995

Friedrich, Jörg

Die Affäre John in: *G.M. Hafner / E.Jacoby* (Hrsg..), Die Skandale der Republik 1949-1989, Rowohlt 1992

zitiert: *Friedrich I*

Gehrig, Klaus

Der Absichtsbegriff in den Straftatbeständen des Besonderen Teils des StGB, Berlin 1986

Gieseking, Erik :

Der Fall Otto John, Entführung oder freiwilliger Übertritt in die DDR?, Lauf an der Pegnitz 2005

Glees, Anthony

The Secrets of the Service, New York 1987.

Godau-Schüttke, Klaus-Detlev, in:

Justizministerium des Landes NRW (Hrsg..), Zwischen Recht und Unrecht, Recklinghausen 2004

Godau-Schüttke, Klaus-Detlev

Der Bundesgerichtshof, Berlin 2005

zitiert *Godau-Schüttke II*

Gössner, Rolf

Die vergessenen Justizopfer des Kalten Krieges, Berlin 1998.

Graml, Hermann / Krausnick, Helmut, in:

Jacobsen, Hans-Adolf (Hrsg.) 20. Juli 1944, Eine Anthologie, S.271 - 310.

Henkel, Rüdiger

Was treibt den Spion? , Berlin 2001

Jäckel, Hartmut

Menschen in Berlin, Taschenbuchausgabe, Bergisch Gladbach 2002

John, Otto

Zweimal kam ich heim, Düsseldorf und Wien, 1969;

zitiert: *John I*

John, Otto

Falsch und zu spät. Der 20. Juli 1944, Erw., Korr. Ausgabe, Berlin 1989

zitiert: *John II*

Kirchheimer, Otto

Politische Justiz. Die Verwendung juristischer Verfahrensmöglichkeiten zu politischen Zwecken, Frankfurt am Main 1981

Kluge, Alexander

Interview mit dem Jahrhundert. Die Wirkung der Widerstandsbewegung in Deutschland nach dem Kriege in: *Jacobsen, Hans-Adolf (Hrsg..)* 20. Juli 1944, Eine Anthologie, S. 311-326 Hamburg 1995

Kluge, Alexander

Die Lücke, die der Teufel lässt, Frankfurt am Main 2003

Kosthorst, Erich

Die Geburt der Tragödie aus dem Geist des Gehorsams, Bonn 1998

Leber, Annedore

Das Gewissen entscheidet, Frankfurt am Main 1960

Mann. Golo

Deutsche Geschichte des 19.und 20. Jahrhunderts, 19.Aufl., Frankfurt am Main 1958

McCloy II, John

Die Wirkung der Widerstandsbewegung in Deutschland nach dem Kriege, in:

Jacobsen, Hans-Adolf (Hrsg.) 20. Juli 1944, Eine Anthologie, München 2005

Meier, Richard

Geheimdienst ohne Maske, Bergisch-Gladbach 1992

Messerschmidt, Manfred

Die Wehrmachtjustiz 1933-1945, Paderborn 2005

Miquel, Marc von in:

Frei, Norbert (Hrsg.) Hitlers Eliten nach 1945, Frankfurt am Main 2001, S.165 - 214

zitiert:

Miquel

Müller, Ingo

Furchtbare Juristen, München 1987

Münkel, Daniela

„Alias Frahm" Die Diffamierungskampagne gegen Willy Brandt in der rechtsgerichteten Presse, in: *Krohn, Claus-Dieter (Hrsg.),* Zwischen den Stühlen? Remigranten und Remigration in der deutschen Medienöffentlichkeit in der Nachkriegszeit, Hamburg 2002

Murphy, David E. / Kondraschow, Sergei A. / Bailey, George:

Battleground Berlin, CIA vs KGB in the cold war, London 1997 (deutsch: Die unsichtbare Front, Berlin 1997)

zitiert: *Murphy et al.*

Nollau, Günther

Das Amt. 50 Jahre Zeuge der Geschichte, München 1978

Nordbruch, Claus

Der Verfassungsschutz. Organisation, Spitzel, Skandale. Tübingen 1999

Oppelland, Torsten

Gerhard Schröder (1910 - 1989). Politik zwischen Staat, Partei und Opposition, Düsseldorf 2002

Passek, Irina Kristina

Die erstinstanzliche Zuständigkeit der Oberlandesgerichte in Staatsschutzstrafsachen, Frankfurt am Main 2002

Perels, Joachim

Entsorgung der NS-Herrschaft? Konfliktlinien im Umgang mit dem Hitler-Regime, Hannover 2004

Peters, Karl

Fehlerquellen im Strafprozeß, 3. Band, Karlsruhe 1974

Piekalkiewicz, Janusz.

Weltgeschichte der Spionage, München 1988

Philby, Kim

My Silent war, New York 1968

Ploetz, Karl

Der große Ploetz. Die Daten-Enzyklopädie der Weltgeschichte,

32. Aufl., Freiburg im Breisgau 1999

Podewin, Norbert

Braunbuch, Berlin 1968

Posser,Diether

Anwalt im Kalten Krieg: München 1991

Rottleuthner, Hubert

Recht, Rechtsphilosophie und Nationalsozialismus, Wiesbaden 1983 zitiert *Rottleuthner I*

Rottleuthner, Hubert in:

De Mildt, Dick (Hrsg.), Staatsverbrechen vor Gericht, Festschrift für Christiaan Frederik de Rüter, Amsterdam 2003

zitiert *Rottleuthner II*

Rottleuthner, Hubert

Karrieren und Kontinuitäten deutscher Justizjuristen vor und nach 1945, im Erscheinen, (Berlin 2008)

zitiert *Rottleuthner III*

Roxin, Claus

Strafrecht, Allgemeiner Teil, Band I, 4. Aufl., München 2006

Rüter, C.F./ Sage-Grande, Irene / Fuchs, H.(Hrsg.)

Justiz und NS-Verbrechen. Sammlung deutscher Strafurteile wegen nationalsozialistischer Tötungsverbrechen, Amsterdam 1979

zitiert *Rüter*

Rüthers, Bernd

Geschönte Geschichten - Geschonte Biographien, Tübingen 2001

Rüthers, Bernd

Entartetes Recht. Rechtslehren und Kronjuristen im Dritten Reich, München 1994

zitiert *Rüthers I*

Schätzler, Johann-Georg

Handbuch des Gnadenrechts, 2. Aufl., München 1992

Schiffers, Reinhard

Zwischen Bürgerfreiheit und Staatsschutz, Düsseldorf 1989

zitiert: *Schiffers I*

Schiffers, Reinhard

Verfassungsschutz und parlamentarische Kontrolle in der Bundesrepublik Deutschland 1949 - 1957, mit einer Dokumentation zum "Fall John" im Bundestagsausschuß zum Schutz der Verfassung, Düsseldorf 1997

zitiert: *Schiffers II*

Schlabrendorff, Fabian v

Offiziere gegen Hitler, Zürich 1946.

Schneider, Manfred

Pervertiertes Recht und modernes Rechtsdenken, Konstanz 1999

Schroeder, Friedrich-Christian

Strafprozeßrecht, 2. Aufl., München 1997

Tausch, Volker

Max Güde, Baden-Baden 2002
(Jur. Zeitgeschichte, Abt. 4, Bd. 5)

Tremper, Will

Meine wilden Jahre, Berlin 1993

Wagner, Walter / Willms, Günther:

Der 6. Strafsenat -Legende und Wirklichkeit

in: **Krüger-Nieland, Gerda (Hrsg.)** 25 Jahre Bundesgerichtshof am 1. Oktober 1975, München 1975

zitiert *Willms*

Wagner, Walter (Hrsg.)

Hochverrat und Staatsgefährdung, Band II, Urteile des Bundesgerichtshofes, Karlsruhe 1958

Wolf, Markus

Spionagechef im geheimen Krieg, München 1997

Aufsätze in Zeitschriften und Vorträge

Dubiel, Helmut / Frankenberg, Günther

Entsorgung der Vergangenheit, Die Zeit Nr.12 S.44, 18.März 1983

Friedrich, Jörg

Das letzte Opfer von Hitlers Vernichtungsauftrag, Berliner Zeitung 5. April 1997

zitiert *Friedrich II*

Friedrich, Jörg

Otto John - Das glücklose Gewissen, ZdF 14/2003, S. 62 - 70

zitiert *Friedrich III*

Grosse, Heinrich

Ankläger von Widerstandkämpfern und Apologet des NS-Regimes nach 1945 - Kriegsgerichtsrat Manfred Roeder, Krit. Justiz 2005, S. 36 - 55

Güde, Max

Totalitäre Vergangenheit und Rechtsprechung heute, Bulletin des Presse- und Informationsamtes der Bundesregierung, Nr. 230, Bonn 1958

Jäckel, Hartmut

Das Geheimnis des Doktor John, Die Zeit, Zeitläufte, Juli 2004

Mann, Thomas

Deutsche Ansprache, Ein Appell an die Vernunft, Berlin 1930

Schafheutle, Josef

Das Strafrechtsänderungsgesetz, JZ (1951), 609-620

Stoever, Bernd:

Der Fall Otto John, VfZ 47 (1999) 103 - 135

Nachlässe

Arndt, Adolf

Nachlaß im Archiv der sozialen Demokratie, Bonn

zitiert:

NL Arndt

Blücher, Franz

Nachlaß im Bundesarchiv Koblenz, Signatur N 1080 / 105

zitiert *NL Blücher*

John, Otto

Nachlaß im Imperial War Museum in Duxford, GB

zitiert: *NL John*

John, Otto

Nachlaßreste, die in Igls, dem letzten Wohnsitz von Otto John am 10.März 2007 aufgefunden wurden und mit *NL John* vereinigt werden sollen

zitiert: *NL John II*

Rheindorf, Kurt

Nachlaß im Bundesarchiv Koblenz, Signatur N 1263 / 161

zitiert *NL Rheindorf*

Schröder, Gerhard

Nachlaß in der Konrad-Adenauer-Stiftung in St. Augustin, Archiv für Christlich- Demokratische Politik (ACDP), 01 (früher I-483)

zitiert *NL Schröder*

Filme

Fröhder, Christoph M.
TV-Film „Ich will nicht als Verräter sterben“, Frankfurt 1993
Leiser, Erwin
TV-Film, Eine deutsche Geschichte. Berlin 1995

Kommentare und Lehrbücher

Heidelberger Kommentar

Lemke, Michael / Julius, Karl-Peter / Krehl, Christoph / Kurth, Hans-Joachim / Rautenberg, Erardo Cristoforo / Temming. Dieter (Hrsg..), Zur Strafprozeßordnung, 3. Aufl., Heidelberg 2001

Jescheck, Hans-Heinrich / Weigand, Thomas

Lehrbuch des Strafrechts, Allgemeiner Teil, 5. Aufl., Berlin 1996.

zitiert:

Jescheck/Weigand

Kleinknecht, Theodor / Meyer, Karlheinz / Meyer-Gößner, Lutz / Schwarz, Otto (Begr.)

Strafprozeßordnung, Gerichtsverfassungsgesetz, Nebengesetze und ergänzende Bestimmungen, 49. Aufl. München 2006
zitiert: *Kleinknecht*

Lackner, Karl / Kühl, Kristian

Strafgesetzbuch. Kommentar, 26. Aufl., München 1997
zitiert: *Lackner/Kühl*

Leipziger Kommentar

Laufhütte, Heinrich Wilhelm (Hrsg.), Strafgesetzbuch, 11. Aufl., Berlin 2003
zitiert: *LK¹¹*

Löwe, Ewald / Rosenberg, Werner

Rieß, Peter (Hrsg.), Die Strafprozeßordnung und das Gerichts- Verfassungsgesetz, 24. Aufl., Berlin 1998
zitiert: *L-R*

Ebermayer, Ludwig / Löbe, Adolf / Rosenberg, Werner / Jagusch, Heinrich et al.(Hsgb.)

Strafgesetzbuch (Leipziger Kommentar), 8. Aufl., Berlin 1957
zitiert: *LK⁸*

Nicht veröffentlichte Quellen

Caemmerer, Gerhard / Caemmerer, Hans

Plädoyer der Verteidigung, gehalten am 18. Dezember 1956, Abschrift aus dem Archiv von Dr. Hans Caemmerer dem Verfasser überlassen

Jescheck, Hans-Heinrich

Gutachten zu der Anklage in der Strafsache Dr. Otto John wegen verfassungsverräterischer Konspiration etc., Freiburg i.B., etwa Juli 1956

zitiert: *Jescheck*

John, Otto

Gefangener des sowjetischen Geheimdienstes.. Copyright by Otto John 1956 zitiert: *Gefangener*

Pfister, Andreas

Der Fall John, Hausarbeit Geschichte bei Prof. Rudolf Steininger, Universität Innsbruck Jan.1986, NL John

Archive und Behörden

Archiv für christlich-demokratische Politik
zitiert ACDP

Archiv der Sozialen Demokratie der Friedrich-Ebert-Stiftung
zitiert: FES

Bundesamt für Verfassungsschutz, Köln
zitiert:
Erkenntnislage des BfV

Bundesarchiv Koblenz
zitiert: BArchKO

Bundesarchiv Berlin-Lichterfelde
zitiert: BArch Li

Bundesarchiv-Militärarchiv Freiburg i. Br.

Die Bundesbeauftragte für die Unterlagen des Staatsicherheitsdienstes der ehemaligen Deutschen Demokratischen Republik
zitiert: BStU

Bundesgerichtshof, Karlsruhe, Personalakten

Bundesministerium der Justiz
zitiert: BMJ

Bundespräsidialamt

Bundesverfassungsgericht, Präsidialrat

Deutscher Bundestag, Parlamentsarchiv

Der Generalbundesanwalt beim Bundesgerichtshof, Karlsruhe
zitiert: GBA

Informationsdienst gegen Rechtsextremismus
zitiert IDGR

Imperial War Museum, Duxford, GB
zitiert: IWM

Justizministeriums Baden-Württemberg, Personalakten

National Archives, Kew, London, GB

Niedersächsischen Ministeriums der Justiz, Personalakten

Staatsarchiv Marburg

Staatsarchiv Wiesbaden

Abkürzungen

AA	Auswärtiges Amt
Abs.	Absatz
ACDP	Archiv für christlich-demokratische Politik
a. D.	außer Dienst
AdG	Kessing's Archiv der Geschichte
a. F.	alte Fassung
AG	Amtsgericht
AGR	Amtsgerichtsrat
BA	Bundesanwalt
BArchKO	Bundesarchiv Koblenz
BArchLi	Bundesarchiv Berlin-Lichterfelde
BBG	Bundesbeamtengesetz
BDB	Bund der deutschen Beamten
BDJ	Bund Deutscher Jugend
BEA.	British European Airways
Beschl.	Beschluß
BfV	Bundesamt für Verfassungsschutz
BGBl.	Bundesgesetzblatt
BGH	Bundesgerichtshof
BGHSt	Entscheidungen des BGH in Strafsachen, mit Bandzahl (fett)
BGHZ	Entscheidungen des BGH in Zivilsachen, mit Bandzahl (fett)
BHE	Bund der Heimatvertriebenen und Entrechteten
BKA	Bundeskriminalamt
BMI	Bundesminister des Inneren (Bundesministerium des Innern)
BMJ	Bundesminister der Justiz (Bundesministerium der Justiz)
BMVg	Bundesministerium für Verteidigung
BND	Bundesnachrichtendienst
BPA	Bundespresseamt
BPRA	Bundespräsidialamt
BR	Bundesrichter (auch Bundesrat)
BRP	Bundesratspräsident

BStU	Die Bundesbeauftragte für die Unterlagen des Staatssicherheitsdienstes der ehemaligen Deutschen Demokratischen Republik
BT-Ds.	Bundestag-Drucksache
BVerfG	Bundesverfassungsgericht
BVerfGE	Entscheidungen des BVerfG mit Bandzahl (fett)
CDU	Christlich Demokratische Union Deutschlands
CIA	Central Intelligence Agency (US-Geheimdienst)
DDR	Deutsche Demokratische Republik
d.h.	das heißt
DJZ	Deutsche Juristen-Zeitung
DNVP	Deutschnationale Volkspartei
dpa	Deutsche Presse-Agentur GmbH
dt.	deutsch(e)
EMRK	Europäische Menschenrechtkonvention
EWG	Europäische Wirtschaftsgemeinschaft
EVG	Europäische Verteidigungsgemeinschaft
FB	Fachbereich
FDGB	Freier Deutscher Gewerkschaftsbund
FDG	Freie Deutsche Jugend
Fn	Fußnote
fs	Fernschreiben (Telex)
FSB	**F**ederalnaja **S**luschba **B**esopasnoski Rossijskoj Federazzi (Russischer Inlandsgeheimdienst, Nachfolgeorganisation des KGB)
GA	Gerichtsassessor
GBA	Generalbundesanwalt
gem.	gemäß
Gen.	Genosse
GenLtn	Generalleutnant
GG	Grundgesetz
GI	Geheimer Informator der Stasi (1958 - 1968, später IM)
GStA	Generalstaatsanwalt
GM	Geheimer Mitarbeiter der Stasi (1950 -1968)
GVG	Gerichtsverfassungsgesetz
Hrsg..	Herausgeber

HJ	Hitlerjugend
hM	herrschende Meinung
HV	Hauptverhandlung
IDGR	Informationsdienst gegen Rechtsextremismus
IM	Inoffizieller Mitarbeiter der Stasi (1960-1989)
IWM	Imperial War Museum
i.R.	im Ruhestand
i.S.	im Sinne
iVm	in Verbindung mit
Jh.	Jahrhundert
JMBW	Justizministerium Baden-Württemberg
jr.	junior
KfS	Komitee für Sicherheit (Moskau)
KGB	Komitet Gossudarstwenoi Besopasnosti (Komitee für Staatssicherheit der UDSSR)
KGR	Kammergerichtsrat
KOA	Kriminaloberamtmann
KOS	Kriminalobersekretär
KPD	Kommunistische Partei Deutschland
Kripo	Kriminalpolizei
KZ	Konzentrationslager
LfV	Landesamt für Verfassungsschutz
LGD	Landgerichtsdirektor
LGP	Landgerichtspräsident
LGR	Landgerichtsrat
LK	Leipziger Kommentar zum StGB
LKA	Landeskriminalamt
Ltn.	Leutnant
MdB	Mitglied des Budestags
MfS	Ministerium für Staatssicherheit der DDR („Stasi")
MinDir.	Ministerialdirektor
Min.Dirig.	Minsiterialdiregent
MR	Ministerialrat
mUB	mündliche Urteilsbegründung
mwN	mit weiteren Nachweisen

NJM	Niedersächsisches Justizministerium
NRW	Nordrhein-Westfalen
NRWB	Nationalsozialistischer Rechtswahrerbund
NSDStB	Nationalsozialistischer Deutscher Studentenbund
NSKK	Nationalsozialistisches Kraftfahrer Korps
NSRB	Nationalsozialistischer Rechtswahrerbund
NSV	Nationalsozialistische Volkswohlfahrt
OB	Oberbürgermeister
OBA	Oberbundesanwalt
OKW	Oberkommando der Wehrmacht
OLG	Oberlandesgericht
OLGR	Oberlandesgerichtsrat
OLGP	Oberlandesgerichtspräsident
ORR	Oberregierungsrat
OStA	Oberstaatsanwalt
PAA	Pan American Airways
PD.	Privatdozent
PDS	Partei des Demokratischen Sozialismus
PKW	Personenkraftwagen
PM	Die Politische Meinung (Zeitschrift)
RA	Rechtsanwalt
RBD	Reichsbund Deutscher Beamter
RDir	Regierungsdirektor
RJM	Reichsjustizministerium, Reichsjustizminister
Rn	Randnummer
RR	Regierungsrat
RSHA	Reichssicherheitshauptamt
s.	siehe
S.	Seite
SA	Sturmabteilung (NS-Organisation ind Konkurrenz zur SS)
SAPMO	Stiftung Archiv der Parteien und Massenorganisationen der DDR
SBZ	Sowjetische Besatzungszone
schr. UB	schriftliche Urteilsbegründung
SED	Sozialistische Einheitspartei Deutschland

SG	Sicherungsgruppe (Sonderkommission des BKA)
SRP	Sozialistische Reichspartei
SSD	Staatssicherheitsdienst = Stasi
StA	Staatsanwalt
Stasi	Staatssicherheit = MfS
StPO	Strafprozeßordnung
StGB	Strafgesetzbuch
St. S.	Staatssekretär
stv.	stellvertretend
SVR	Alternative (englische) Schreibweise von SWR
SWR	**S**chuschba **W**neschnei **R**aswedki (Russischer Auslandsgeheimdienst)
tel.	telephonisch
u.a.	unter anderem
UdSSR	Union der Sozialistischen Sowjetrepubliken
U-Haft	Untersuchungshaft
UFJ	Untersuchungsausschuß Freiheitlicher Juristen
VB	Verfassungsbeschwerde
VDA	Verein für das Deutschtum im Ausland
Verf.	Verfasser
Vfg.	Verfügung
VGH	Volksgerichtshof
vgl.	vergleiche
VfZ	Vierteljahreszeitschrift für Zeitgeschichte
Vopo	Volkspolizist
VS	Verschlußsache (Einstufung „geheim“)
WA	Wiederaufnahme bzw. Wiederaufnahmeantrag
WEU	Westeuropäische Union
z.B.	zum Bespiel
ZK	Zentralkomitee

PERSONENINDEX

FSC
www.fsc.org
MIX
Papier | Fördert gute Waldnutzung
FSC® C083411

Kolibri 360 GmbH
Ferdinand-Jühlke-Straße 7
99095 Erfurt, Deutschland
produktsicherheit@kolibri360.de